Geschichte

Die Welt auf dem Weg ins 21. Jahrhundert

Anton Egner

Dr. Bernhard Müller

Rudolf Renz

Dr. Beate Rosenzweig

Dr. Dieter von Schrötter

Martin Vöhringer

Roland Wolf

Schroedel

Geschichte 13
Die Welt auf dem Weg ins 21. Jahrhundert

Anton Egner
Dr. Bernhard Müller
Rudolf Renz
Dr. Beate Rosenzweig
Dr. Dieter von Schrötter
Martin Vöhringer
Roland Wolf

unter Mitarbeit der Verlagsredaktion

ISBN 3-507-36802-1
© 2003 Schroedel Verlag
im Bildungshaus Schroedel Diesterweg
Bildungsmedien GmbH & Co. KG, Hannover

Druck A [54321] / 2007 2006 2005 2004 2003

Alle Drucke der Serie A sind im Unterricht parallel verwendbar. Die
letzte Zahl bezeichnet das Jahr dieses Druckes.

Alle Rechte vorbehalten.
Dieses Werk sowie einzelne Teile desselben sind urheberrechtlich
geschützt. Jede Verwertung in anderen als den gesetzlich zugelasse-
nen Fällen ist ohne vorherige schriftliche Zustimmung des Verlages
nicht zulässig.

Layout: Janssen Kahlert, Hannover
Grafik: Langner & Partner, Hannover
Satz: Schmiku Repro, Schwerte
Druck und Bindung: Westermann, Braunschweig

INHALTSVERZEICHNIS

Das 20. Jahrhundert – ein Blick zurück 6

Der Ost-West-Konflikt und die Teilung Deutschlands 11

1. Die USA und die Sowjetunion als Weltmächte **12**
    1.1 Die „unnatürliche Allianz" im Zweiten Weltkrieg 12
    1.2 Spaltung und Blockbildung in Europa – eine zwangsläufige Entwicklung? . . . 17
2. Deutschland 1945 bis 1949 . . . . **25**
    2.1 1945: Deutschland in der „Stunde Null"? 25
    2.2 Was soll aus Deutschland werden? – Die Konferenz von Potsdam 1945 . . . 30
    2.3 Flucht, Vertreibung und Integration 35
    Methoden: Erlebte Geschichte – Befragung eines Zeitzeugen 40
    2.4 Der Nürnberger Prozess – Auftakt zur Entnazifizierung? 41
    2.5 Politische und gesellschaftliche Weichenstellungen in den Westzonen . . . 44
    2.6 Ein „deutscher Weg zum Sozialismus" in der Ostzone? 51
    2.7 Die doppelte Staatsgründung 1949: Teil-, Übergangs- oder Kernstaaten? . . . 58
    2.8 Die Gründung eines neuen Bundeslandes: Baden-Württemberg 65

Zwei Staaten – eine Nation? 67

1. Internationale Politik im Zeichen des Ost-West-Konfliktes **68**
    1.1 Der lange Weg von der Konfrontation zur Kooperation 68
    1.2 Grundlinien der Entwicklung der beiden deutschen Staaten
        im internationalen Kontext – ein Überblick 74
2. Konsolidierung in Ost und West **84**
    2.1 Die soziale Marktwirtschaft – das „programmierte Wirtschaftswunder"? . . . 84
    2.2 Die Westintegration – Freiheit vor Einheit? 92
    2.3 Die DDR: ein Staat gegen das eigene Volk? 99
    2.4 Der 13. August 1961 – festgemauerte deutsche Teilung? 105
    Methoden: Analyse politischer Propaganda 108
    2.5 Wirtschafts- und sozialpolitischer Wandel –
        die Bundesrepublik auf dem Weg zum Sozialstaat 111
    2.6 Die sechziger Jahre – Aufbruch und Protest 118
    2.7 Die Politik der inneren Reformen 123
    2.8 Wandel durch Annäherung? – Die neue Ostpolitik seit 1969 130
    2.9 Die Bundesrepublik vor den Herausforderungen der achtziger Jahre . . . 137
    2.10 Die Ära Honecker und die Krise in der DDR 142
3. Das Ringen um die nationale Einheit **149**
    3.1 Die friedliche Revolution 150
    3.2 Eigenständigkeit der DDR oder deutsche Einheit? 156
    3.3 Kein Gesamtdeutschland ohne europäische Integration 160
    3.4 Das vereinigte Deutschland – ein Staat, zwei Gesellschaften? . . . 165

INHALT

4. Deutschland und seine Nachbarn **171**

    4.1 Die Aussöhnung zwischen Deutschland und Frankreich 171

    4.2 Deutsche und Polen – zwei Nachbarn kommen sich näher 176

    Methoden: Die Internet-Recherche 182

(*Werkstatt Geschichte*) **183**

1. Der Balkan als Konfliktherd **184**

    1.1 Der historische Hintergrund – eine lange Geschichte 186

    1.2 Das Zerbrechen Jugoslawiens 192

    1.3 Jugoslawiens Erben – die neuen Staaten und die internationale Politik . . . 198

    Anregungen zur Weiterarbeit 201

2. Die islamische Welt auf der Suche nach einem eigenen Platz in der Moderne **202**

    2.1 Die gespaltene islamische Welt 203

    2.2 Das Selbstverständnis des Islam: Religion als gesellschaftliches Ordnungsprinzip . . . 205

    2.3 Zwischen Austausch und Konfrontation:

        das Verhältnis von islamischer und westlicher Welt 210

    2.4 Fundamentalismus und Islamismus 215

    2.5 Jerusalem – Brennpunkt des israelisch-arabischen Konflikts 219

    2.6 Europa und der Islam: Kooperation oder Konfrontation? 224

    Anregungen zur Weiterarbeit 227

3. „Europa, unser gemeinsames Haus" **228**

    Anregungen zur Weiterarbeit 238

4. China – Entstehung eines neuen Machtzentrums **239**

    4.1 Chinas langer Weg vom „Reich der Mitte" zur Weltmacht des 21. Jahrhunderts 240

    4.2 Konfuzianismus und Maoismus – Grundlagen der chinesischen Gesellschaft? . . . 241

    4.3 Die Demütigung Chinas im Zeitalter des Imperialismus 248

    4.4 Die Antworten auf die imperialistische Herausforderung:

        die Geburt des modernen China 250

    4.5 Aufstieg zum Machtzentrum 255

    Anregungen zur Weiterarbeit 259

5. Japan – ein Machtzentrum im Umbruch **260**

    5.1 Vom Musterschüler zum Auslaufmodell? 261

    5.2 Zwischen westlicher Bedrohung und nationaler Selbstbehauptung:

        die Modernisierung Japans 262

    5.3 Großmachtstreben und Zusammenbruch 268

    5.4 Die Demokratisierung Japans und

        der Aufstieg zur Wirtschaftsmacht nach 1945 – ein Überblick 274

    Anregungen zur Weiterarbeit 280

Register 282

Bildquellenverzeichnis 287

Textquellenverzeichnis 288

in anderes Land hat Euro[pa]
[un]d der Welt im 20. Jahrhunder[t]
[so] tief seinen Stempel
[auf]gebrannt wie Deutschland,
[sch]on im Ersten Weltkrieg ...
[un]d dann natürlich im Zweiten
[...] Es ist durchaus vorstellbar
[un]d sogar wahrscheinlich, dass

[auf] der weltpolitischen Tages[ord]nung des 21. Jahrhunderts
[and]ere Probleme stehen werden.
[Ma]nches spricht dafür, d[ass]
[eh]er in Asien als in Europa
[auf]treten werden.

Die Welt auf dem Weg ins 21. Jahrhundert

Das 20. Jahrhundert – ein Blick zurück

Lenin ruft zur Revolution auf. Gemälde von Kuzenow, 1917.

Amerikanische Soldaten auf dem Weg zur Front in Frankreich, Foto 1917.

Roosevelt und Churchill bei ihrem Treffen auf dem Kriegsschiff „Augusta" 1941, als sie die Atlantikcharta vereinbarten.

„Mutter Heimat ruft". Sowjetisches Plakat zum „Großen Vaterländischen Krieg", 1941.

Die alliierten Truppen befreien 1945 die letzten Überlebenden aus den Konzentrationslagern.

Amerikanische und sowjetische Soldaten reichen sich 1945 an der Elbbrücke von Torgau die Hände.

Anfang Oktober 1962 fotografieren amerikanische Luftaufklärer auf Kuba sowjetische Atomraketen, die im Kriegsfall amerikanische Städte hätten zerstören können.

DIE WELT AUF DEM WEG INS 21. JAHRHUNDERT

Treffen des sowjetischen Staatschefs Gorbatschow mit US-Präsident Reagan in Genf, 1985.

Im November 1989 fällt die Mauer in Berlin.

Deutsche Soldaten in Kabul, 2002.

MATERIAL
Das 20. Jahrhundert – ein deutsches Jahrhundert? 1

Der Historiker Eberhard Jäckel, 1996:

Es war das deutsche Jahrhundert. Kein anderes Land hat Europa und der Welt im 20. Jahrhundert so tief seinen Stempel eingebrannt wie Deutschland, schon im Ersten Weltkrieg, als es im Mittelpunkt aller Leidenschaften stand, dann natürlich unter Hitler und im Zweiten Weltkrieg, zumal mit dem Verbrechen des Jahrhunderts, dem Mord an den europäischen Juden, und in mancher Hinsicht gilt es kaum weniger für die Zeit nach 1945. Die zweite Hälfte des Jahrhunderts war von den Nachwirkungen beherrscht, und noch an seinem Ende nimmt Deutschland wegen dieser Ereignisse einen herausragenden Platz im Gedächtnis der Völker ein.

Gewiss könnte man das 20. Jahrhundert auch das amerikanische nennen, denn in ihm vollzog sich der Aufstieg der Vereinigten Staaten zur schließlich einzigen Weltmacht. Oder auch das russische, von Lenins Revolution im Jahre 1917 bis zum Zerfall der Sowjetunion. Aber beide Vorgänge waren, in Herausforderung und Erwiderung, auf eigentümliche Weise durch Deutschland bedingt. Wer anders rief die Vereinigten Staaten zweimal auf die europäische Bühne? Wer schickte Lenin nach Petrograd, wer verschaffte Stalin seinen Ruhm und seine höchste Macht? Natürlich wird kein vernünftiger Betrachter die eigenen Voraussetzungen verkennen, die in beiden Ländern gegeben waren, und doch fällt es schwer, sich das Jahrhundert ohne den maßgeblichen Einfluss Deutschlands vorzustellen. […]
(Unsere Bezeichnung rechtfertigt sich allein) aus dem, was Deutschland sich selbst und der Welt in diesem Jahrhundert angetan hat. Zweifellos ist es einen besonderen Weg gegangen. Die Herrschaft Hitlers war eine schreckliche Abweichung von den westlichen Traditionen der Demokratie und der Menschenrechte. […]
Wenn das 20. Jahrhundert das deutsche Jahrhundert genannt werden kann, dann liegt die Begründung neben der Einzigartigkeit des Mordes an den europäischen Juden ganz besonders in dem deutschen Großmachtstreben. Zweimal versuchte Deutschland, die Vorherrschaft in Europa zu erringen. […]

Das Jahrhundert hat mit einem überwältigenden Sieg des demokratischen Westens im Kalten Krieg geendet. Das wird jedoch nicht […] das Ende der Geschichte sein. […]
Es ist durchaus vorstellbar und sogar wahrscheinlich, dass auf der weltpolitischen Tagesordnung des 21. Jahrhunderts […] andere Probleme stehen werden. Manches spricht dafür, dass sie eher in Asien als in Europa auftreten werden. Europa könnte vor einem allgemeinen Niedergang stehen, zumal wenn es nach dem Verlust seiner weltpolitischen Rolle noch mehr von seiner wirtschaftlichen Kraft und seiner kulturellen Dominanz einbüßt.
Die deutsche Geschichte könnte hingegen zu einem gewissen Abschluss gekommen sein, und das berechtigt bei aller Skepsis immerhin zur Hoffnung, […] dass das deutsche Jahrhundert zu Ende ist.

Aus: E. Jäckel, Das deutsche Jahrhundert. Eine historische Bilanz, Stuttgart 1996, S. 7 f., 342, 353, 355 f.

China im Aufbruch: ein Foto aus Shenzen im Jahr 2000.

MATERIAL

2 Die Welt am Ende des 20. Jahrhunderts

Der englische Historiker Eric J. Hobsbawm 1995:

Die Welt (unterschied sich) am Ende des 20. Jahrhunderts qualitativ in zumindest dreierlei Hinsicht (von derjenigen an seinem Anfang). Erstens war sie nicht mehr eurozentriert. Vielmehr hatten der Niedergang und der Untergang Europas stattgefunden, das zu Beginn des Jahrhunderts das unangefochtene Zentrum von Macht, Wohlstand, Intellektualität und „westlicher Zivilisation" darstellte. Europäer und ihre Nachkommen waren mittlerweile von etwa einem Drittel der Menschheit auf höchstens ein Sechstel reduziert und lebten in Ländern, die ihre Bevölkerungen kaum regenerierten. […] Die Großmächte von 1914 […] waren auf den Rang von regionalen oder provinziellen Mächten zurückgefallen, mit Ausnahme vielleicht von Deutschland. Gerade die Anstrengungen hin auf die Schaffung einer gemeinsamen, supranationalen „Europäischen Gemeinschaft" und die Bemühungen […], die alten Loyalitäten gegenüber historischen Nationen und Staaten zu ersetzen, […] beweisen das ganze Ausmaß dieses Niedergangs.
Eine andere Transformation war von weitaus größerer Bedeutung. Zwischen 1914 und den frühen neunziger Jahren war die Welt in viel höherem Maße zu einer einzigen Funktionseinheit geworden. […]
Die dritte […] Transformation war die Auflösung der alten Sozial- und Beziehungsstrukturen und, Hand in Hand damit, das Zerbersten der Bindeglieder zwischen den Generationen, zwischen Vergangenheit und Gegenwart also. Besonders deutlich trat dies in den fortgeschrittensten Staaten des westlichen Kapitalismus zutage, wo staatliche wie private Ideologien zunehmend von den Werten eines absolut asozialen Individualismus dominiert wurden. […] Aber diese Tendenz […] wurde nicht nur von der Erosion der traditionellen Gesellschaften und Religionen gefördert, sondern auch durch die Zerstörung oder Selbstzerstörung der Gesellschaften des „real existierenden Sozialismus".

Aus: E. Hobsbawm, Das Zeitalter der Extreme. Weltgeschichte des 20. Jahrhunderts. München/Wien 1995, S. 29–31.

Die Dekolonisation hat die Welt verändert: Konferenz der Organisation Afrikanischer Staaten in Lomé (Togo), 2000.

1. Betrachten Sie die Bilder auf den Seiten 6 bis 10 und erläutern Sie, inwieweit sie auf Wendepunkte des zwanzigsten Jahrhunderts hinweisen.
2. Setzen Sie sich mit Eberhard Jäckels These auseinander, dass das 20. Jahrhundert ein deutsches Jahrhundert gewesen sei. Erörtern Sie, was Ihrer Meinung nach dafür, was dagegen sprechen könnte.
3. „Auf der weltpolitischen Tagesordnung des 21. Jahrhunderts werden andere Probleme stehen."
Nennen Sie ausgehend von Eberhard Jäckel und Eric J. Hobsbawm mögliche Veränderungen und Herausforderungen der Weltpolitik im 21. Jahrhundert.

Der Ost-West-Konflikt
und die Teilung Deutschlands

1. Die USA und die Sowjetunion als Weltmächte

1.1 Die „unnatürliche" Allianz im Zweiten Weltkrieg

Die Entstehung der Allianz

Der deutsche Überfall auf die Sowjetunion am 22. Juni 1941 veränderte die weltpolitische Lage von Grund auf. Winston Churchill, der britische Premierminister, zögerte keinen Augenblick, der sowjetischen Regierung jede nur erdenkliche Hilfe anzubieten. In seiner Rundfunkansprache vom 22. Juni 1941 betonte er, er sei zwar immer ein unversöhnlicher Gegner des Kommunismus gewesen, doch dies alles verblasse angesichts der deutschen Aggression. Großbritannien, so erklärte er, habe nur ein Ziel, „Hitler und jede Spur des Naziregimes" auszutilgen. Schon im Juli 1941 schloss daher die britische Regierung einen Vertrag mit der sowjetischen Führung, in dem sich beide Seiten Unterstützung zusicherten und sich verpflichteten, „während des Krieges, außer in gegenseitigem Einverständnis, über keinen Waffenstillstand oder Friedensvertrag zu verhandeln noch einen solchen abzuschließen". Am 30. September 1941 schrieb auch der amerikanische Präsident Roosevelt an Stalin, den Diktator der Sowjetunion, dass er fest entschlossen sei, „alle nur mögliche materielle Hilfe zu leisten". Die amerikanischen Hilfslieferungen an die Kriegsgegner Deutschlands wurden jetzt auch auf die Sowjetunion ausgedehnt; eine Zusammenarbeit, die zum militärischen Bündnis wurde, begann. Wer waren diese beiden Mächte, deren Bündnis den Ausgang des Krieges entschied?

Die Sowjetunion unter Stalin

Im zaristischen Russland hatten die kommunistischen Bolschewiki in der Oktoberrevolution 1917, also während des Ersten Weltkrieges, die Macht erobert, sie in einem verlustreichen Bürgerkrieg behauptet und in den 20er Jahren durch Lenin und Stalin gefestigt. Es war das erste Mal in der Geschichte, dass eine Partei, die den Marxismus zu ihrer Ideologie gemacht hatte, die Macht in einem Staat übernehmen konnte. Lenin und später Stalin war es dann gelungen, das riesige Land der Diktatur der „Kommunistischen Partei der Sowjetunion" (KPdSU) zu unterwerfen und Wirtschaft und Gesellschaft ihre Vorstellungen vom Aufbau des Sozialismus und Kommunismus aufzuzwingen. Der Parteiapparat regierte die Partei, die Partei regierte die Sowjetunion. Stalins bürokratische Schreckensherrschaft, die bewusst den Terror als Mittel der Politik einsetzte und millionenfache Vertreibung und Todesopfer forderte, peitschte die Kollektivierung der Landwirtschaft und die Industrialisierung voran. Die Konsumgüterproduktion wurde dabei zugunsten der Produktionsmittelindustrie drastisch eingeschränkt. Eine riesige Rüstungsindustrie wurde aus dem Boden gestampft. Trotz dieser staatlichen Anstrengungen war jedoch die Sowjetunion auf einen Krieg gegen die deutsche Militärmacht schlecht vorbereitet. Eine Ursache dafür war sicher die Ermordung großer Teile des Offizierkorps im Rahmen der politischen Säuberungen innerhalb der Kommunistischen Partei zwischen 1936 und 1938.

Die USA nach dem 1. Weltkrieg

Die Vereinigten Staaten von Amerika waren im Ersten Weltkrieg wirtschaftlich und politisch zur führenden Weltmacht aufgestiegen. Aber auch sie waren anfangs für einen neuen Krieg nicht ausreichend gerüstet. Hinzu kam, dass die Wirtschaft zu Beginn der 30er Jahre auf Grund einer Überproduktionskrise, die 1929 den bisher

DIE USA UND DIE SOWJETUNION ALS WELTMÄCHTE

Churchill, Roosevelt und Stalin während der Konferenz von Teheran, 28. November bis 1. Dezember 1943.

schlimmsten Börsenkrach der Geschichte hervorgerufen hatte, in eine tiefe Rezession gefallen war, die eine Weltwirtschaftskrise ausgelöst hatte. Doch Präsident Roosevelt gelang es durch seine Wirtschaftspolitik, die als New Deal berühmt wurde, eine allmähliche wirtschaftliche Erholung einzuleiten. Ende der 30er Jahre konnten die Vereinigten Staaten schneller als Großbritannien, Frankreich oder die Sowjetunion ihr wirtschaftliches und militärisches Potenzial steigern.

Die japanische Expansion in Asien, die deutsche Wiederaufrüstung, Mussolinis Überfall auf Äthiopien und der Bürgerkrieg in Spanien ließen Roosevelt schon 1937 vor der „Epidemie der allgemeinen Gesetzlosigkeit" warnen. Nach dem Beginn des Zweiten Weltkrieges durch den deutschen Überfall auf Polen im September 1939 entschied sich die USA dafür, aufzurüsten und zunächst Großbritannien, dann auch die Sowjetunion zu unterstützen. Die demokratischen Staaten USA und Großbritannien schlossen somit eine „unnatürliche Allianz" mit der totalitären, kommunistischen Sowjetunion.

Die Verhandlungen der Alliierten über ihre Kriegsziele waren schon früh durch tiefe Interessengegensätze und ideologische Unterschiede beeinflusst. Doch während des Krieges bemühten sich die Alliierten darum, die Zusammenarbeit aufrechtzuerhalten. Roosevelt und Churchill besprachen sich kurz nach Hitlers Überfall auf die Sowjetunion auf hoher See vor Neufundland und verkündeten nach diesem Treffen am 14. August 1941 ihre Kriegsziele in der Atlantik-Charta. Die darin genannten demokratischen Prinzipien erkannte auch die Sowjetunion an – sie konnte zustimmen, denn die Prinzipien waren recht vage formuliert worden. *Atlantik-Charta*

Wie lauteten die konkreten Ziele der Alliierten? Am Anfang stand die Forderung nach bedingungsloser Kapitulation der Gegner. Auf der Konferenz von Casablanca am 24. Januar 1943 von Roosevelt und Churchill verkündet, fand diese Forderung auch die Zustimmung Stalins. Dieser wollte im Krieg jedoch auch eine territoriale Umge- *Ziele der Alliierten Casablanca*

DER OST-WEST-KONFLIKT UND DIE TEILUNG DEUTSCHLANDS

staltung Ostmitteleuropas erreichen. Das Schicksal Polens spielte dabei eine wichtige Rolle. Es sollte für die Abgabe seiner Ostgebiete an die Sowjetunion auf Kosten des *Teheran* Deutschen Reiches entschädigt werden. Auf der Konferenz von Teheran vom 28. November bis 1. Dezember 1943 erörterten die „Großen Drei" zum ersten Mal Pläne zur Aufteilung Deutschlands. Im September 1944 vereinbarten sie, Deutschland zum Zwecke der Besatzung in drei Zonen aufzuteilen. Berlin sollte – als Insel in der sow- *Jalta* jetischen Zone – in drei Sektoren gegliedert werden. Auf der Konferenz von Jalta vom 4. bis 11. Februar 1945 waren sich die Alliierten grundsätzlich einig, Deutschland zu entwaffnen und zu entmilitarisieren sowie die Kriegsverbrecher und weitere Verantwortliche des nationalsozialistischen Regimes zu bestrafen. Zu konkreten Regelungen aber kam es nicht. Dies galt auch für die Reparationsfrage. Sie sollte später zu einem der wichtigsten Streitpunkte zwischen den Westmächten und der Sowjetunion werden. Trotz der gemeinsamen Kriegsführung saß Stalins Misstrauen tief. Bereits 1944 unterstellte er den USA und Großbritannien, sie wollten letztlich die Sowjetunion zerstören. „Sie werden nie den Gedanken akzeptieren, dass eine so große Fläche rot ist, niemals, niemals", äußerte er im Gespräch mit einem Vertrauten.

MATERIAL

1 Der Große Vaterländische Krieg – Stalins Rundfunkaufruf vom 3. Juli 1941

Den Krieg gegen das faschistische Deutschland darf man nicht als gewöhnlichen Krieg betrachten. Er ist nicht nur ein Krieg zwischen zwei Armeen. Er ist zugleich der große Krieg des ganzen
5 Sowjetvolkes gegen die faschistischen deutschen Truppen. Dieser Vaterländische Volkskrieg gegen die faschistischen Unterdrücker hat nicht nur das Ziel, die über unser Land heraufgezogene Gefahr zu beseitigen, sondern auch allen Völkern Euro-
10 pas zu helfen, die unter dem Joch des deutschen Faschismus stöhnen.
In diesem Befreiungskrieg werden wir nicht allein

dastehen. In diesem großen Krieg werden wir treue Verbündete an den Völkern Europas und Amerikas haben, darunter auch am deutschen 15 Volk, das von den faschistischen Machthabern versklavt ist. Unser Krieg für die Freiheit unseres Vaterlandes wird verschmelzen mit dem Kampf der Völker Europas und Amerikas für ihre Unabhängigkeit, für die demokratischen Freiheiten. 20 Das wird die Einheitsfront der Völker sein, die für die Freiheit, gegen die Versklavung und die drohende Unterjochung durch die faschistischen Armeen Hitlers eintreten.

Aus: J. W. Stalin, Über den Großen Vaterländischen Krieg der Sowjetunion, Berlin 1951, S. 5 ff.

MATERIAL

2 Die USA und Großbritannien: Die Atlantik-Charta vom 14. August 1941

1. Die britische und die amerikanische Regierung erstreben weder die Erweiterung ihrer Gebiete noch ihrer Einflusssphären.
2. Sie wünschen keine Gebietsveränderungen,
5 die nicht mit den frei erklärten Wünschen der beteiligten Völker im Einklang stehen.
3. Sie achten das Recht aller Völker, die Regierungsform zu wählen, unter der sie leben wollen, und sie sind entschlossen, die souveränen Rechte
10 und die Selbstregierung jener Völker wiederherzustellen, die ihrer gewaltsam beraubt worden sind.

4. Sie werden unter Achtung ihrer bestehenden Verpflichtungen darauf hinarbeiten, dass alle Staaten, groß und klein, Sieger oder Besiegte, unter gleichen Bedingungen Zugang zu den Märkten 15 und den Rohstoffen der Welt erhalten, die für das Gedeihen ihrer Wirtschaft notwendig sind.
5. Sie wünschen die weitestgehende Zusammenarbeit aller Nationen auf wirtschaftlichem Gebiet mit dem Ziel, die Arbeitsbedingungen zu verbes- 20 sern, die Wirtschaft zu entwickeln und soziale Sicherheit für alle zu gewährleisten. [...]

6. Nach der endgültigen Vernichtung der Nazityrannei hoffen sie auf einen Frieden, der allen Nationen die Möglichkeit bietet, innerhalb der eigenen Grenzen sicher zu leben, und der allen Menschen die Sicherheit gibt, in ihren Ländern frei von Not und Furcht zu leben.
8. Sie glauben, dass alle Völker der Welt aus materiellen wie aus sittlichen Gründen von der Anwendung der Gewalt in Konflikten von Staaten absehen werden. Frieden kann nicht bewahrt werden, wenn angriffslustige Nationen weiterhin über eine Land-, See- oder Luftstreitmacht verfügen. Bis zur Schaffung eines umfassenderen und festen Systems, das den Frieden der Völker sichert, ist nach ihrer Ansicht die Entwaffnung solcher Nationen unerlässlich. Sie werden alle praktischen Maßnahmen fördern, die die erdrückenden Rüstungslasten vermindern können.

Franklin D. Roosevelt
Winston Churchill

Aus: Europa Archiv, 2. Jahrgang, 1947, S. 343.

MATERIAL 3

Die Teilung Europas zeichnet sich ab: Die Abgrenzung der Interessensphären

a) Unterredung zwischen Churchill und Stalin in Moskau am 9. Oktober 1944

Da mir der Moment günstig schien, [...] sagte ich: „Lassen Sie uns unsere Angelegenheiten im Balkan regeln. Ihre Armeen sind in Rumänien und Bulgarien. Wir haben dort Interessen, Missionen und Agenten. Um nur von Großbritannien und Russland zu sprechen, was würden Sie dazu sagen, wenn Sie in Rumänien zu neunzig Prozent das Übergewicht hätten und wir zu neunzig Prozent in Griechenland, während wir uns in Jugoslawien auf halb und halb einigen?" Während das übersetzt wurde, schrieb ich auf ein halbes Blatt Papier:

Rumänien
    Russland 90%
    Die anderen 10%
Bulgarien
    Russland 75%
    Die anderen 25%
Griechenland
    Großbritannien
    (im Einvernehmen mit den USA) 90%
    Russland 10%
Jugoslawien 50–50%
Ungarn 50–50%

Ich schob den Zettel Stalin zu [...]. Eine kleine Pause trat ein. Dann [...] machte [er] einen großen Haken und schob uns das Blatt wieder zu. Die ganze Sache beanspruchte nicht mehr Zeit, als sie zu schildern. [...]
Diesmal trat ein langes Schweigen ein. Das mit Bleistift beschriebene Papier lag in der Mitte des Tisches. Schließlich sagte ich: „Könnte man es nicht für ziemlich frivol halten, wenn wir diese Fragen, die das Schicksal von Millionen Menschen berühren, in so nebensächlicher Form behandeln? Wir wollen den Zettel verbrennen." – „Nein, behalten Sie ihn", sagte Stalin.

b) Auszug aus der „Erklärung über das befreite Europa" von Jalta vom 11. 2. 1945

Die Herstellung der Ordnung in Europa und der Wiederaufbau des nationalen Wirtschaftslebens müssen durch Verfahren erreicht werden, die es den befreiten Völkern ermöglichen, die letzten Spuren von Nationalsozialismus und Faschismus zu beseitigen und demokratische Einrichtungen ihrer eigenen Wahl zu schaffen.
Es entspricht dem Grundsatz der Atlantik-Charta über das Recht aller Völker auf die Wahl der Regierungsform, unter der sie leben wollen, die Wiederherstellung der souveränen Rechte und der Selbstregierung für jene Völker zu gewährleisten, die durch die Aggressorstaaten ihrer Rechte und Selbstregierung gewaltsam beraubt waren.

Aus: a) W. S. Churchill, Der Zweite Weltkrieg, Bern 1985, S. 989 f.
    b) E.-O. Czempiel/C.-C. Schweitzer, Weltpolitik der USA nach 1945, Bonn 1984, S. 43 f.

DER OST-WEST-KONFLIKT UND DIE TEILUNG DEUTSCHLANDS

„Dieses Mal bis nach Berlin". Amerikanisches Plakat, in Frankreich im Sommer 1944 verbreitet.

1. Zeigen Sie, was Stalin unter dem Begriff „Vaterländischer Krieg" versteht. An welche Gefühle appelliert er? (M 1)
2. Untersuchen Sie, welche Friedensvorstellungen der Atlantik-Charta (M 2) zu Grunde liegen.
3. Beschreiben und beurteilen Sie die Vereinbarung über eine Abgrenzung der Interessensphären (M 3 a). Vergleichen Sie die Abmachung mit der Erklärung von Jalta (M 3 b).

MATERIAL

4 Stalin über seine Außenpolitik, Frühjahr 1945

Milovan Djillas (1911–1995) hatte als einer der Führer der Kommunistischen Partei Jugoslawiens während des Krieges Kontakt zu Stalin. Er berichtet von einem Treffen im Frühjahr 1945:

Stalin legte dar, wie er über die besondere Art des Krieges dachte, den wir zurzeit führten: „Dieser Krieg ist nicht wie in der Vergangenheit; wer immer ein Gebiet besetzt, erlegt ihm auch sein
5 eigenes gesellschaftliches System auf. Jeder führt sein eigenes System ein, soweit seine Armee vordringen kann. Es kann gar nicht anders sein."
Er erklärte auch, ohne sich auf lange Erklärungen einzulassen, den Sinn seiner panslawistischen
10 Politik. „Wenn die Slawen zusammenbleiben und Solidarität wahren, wird in Zukunft niemand mehr einen Finger rühren können. Nicht einen Finger!" [...]
Jemand gab seinem Zweifel daran Ausdruck, dass
15 die Deutschen fähig sein würden, sich innerhalb von fünfzig Jahren wieder zu erholen. Aber Stalin war anderer Meinung. „Nein, sie werden sich wieder erholen, und zwar sehr rasch. Sie sind eine hoch entwickelte Industrienation mit einer äußerst qualifizierten und zahlreichen Arbeiterklasse 20 und einer technischen Intelligentsia. Gebt ihnen zwölf oder fünfzehn Jahre Zeit, und sie werden wieder auf den Beinen stehen. Und deshalb ist die Einheit der Slawen so wichtig. Aber ganz davon abgesehen – wenn die Einheit der Slawen 25 Tatsache ist, wird niemand wagen, auch nur einen Finger zu rühren."
Einmal stand er auf, zog die Hosen hoch, als trete er zu einem Ringkampf oder Boxkampf an, und rief fast wie hingerissen: „Der Krieg wird bald 30 vorbei sein. In fünfzehn oder zwanzig Jahren werden wir uns erholt haben, und dann werden wir es nochmal versuchen."
Seinen Worten haftete etwas Schreckliches an, hatte doch ein furchtbarer Krieg noch nicht sein 35 Ende gefunden. Es war aber auch etwas Eindrucksvolles an seiner Kenntnis von den Pfaden, die er einzuschlagen hatte, etwas Eindrucksvolles an der Gesetzmäßigkeit, in deren Zeichen die Welt, in der wir lebten, und die Bewegung, die er 40 anführte, standen.

Aus: M. Djilas, Gespräche mit Stalin, Frankfurt/M. 1962, S. 146 f.

1. Untersuchen Sie, wie Stalin seine Außenpolitik begründet. (M 4)
2. Welche Probleme zeichnen sich für die Nachkriegszeit ab?

DIE USA UND DIE SOWJETUNION ALS WELTMÄCHTE

1.2 Spaltung und Blockbildung in Europa –
eine zwangsläufige Entwicklung?

Wie sollten Europa und Deutschland nach dem Zweiten Weltkrieg neu geordnet werden? Wer sollte darüber entscheiden? Nach Kriegsende waren nur die USA und die
Sowjetunion auf Grund ihrer politischen, militärischen und wirtschaftlichen Potenzia-
le in der Lage, die weltpolitischen Entwicklungen für viele Jahrzehnte zu bestimmen.
Ein öffentlich propagiertes Selbst- und Sendungsbewusstsein sowie die Überzeugung,
die „richtige" Weltanschauung und das überlegene Herrschaftssystem zu besitzen,
waren weitere Merkmale ihres Weltmachtstatus. Nur diese beiden Mächte konnten
das in Europa entstandene Machtvakuum ausfüllen. Großbritannien und Frankreich
waren zu schwach geworden, Deutschland lag am Boden.

Weltmachtstatus

Auf der Konferenz von Jalta waren schon Spannungen zwischen den Weltmächten
über die Zukunft Deutschlands und Osteuropas deutlich geworden. Der Versuch, die
sich abzeichnende Spaltung Europas durch eine gemeinsame „Erklärung über das befreite Europa" (➔ S. 15, M 3b) aufzuhalten, erwies sich bald als Illusion. Die USA und
Großbritannien wollten den ost-mitteleuropäischen Staaten Selbstbestimmung zuge-
stehen und gleichzeitig dem Sicherheitsstreben der Sowjetunion Rechnung tragen.
Beide Ziele zusammen zu erreichen, gelang jedoch nicht. So begann ein grundsätz-
licher, durch die machtpolitische Rivalität und die weltanschaulichen Unterschiede ge-
prägter Konflikt, der als Ost-West-Konflikt die Weltpolitik bis 1990 bestimmen sollte.
Die Auseinandersetzung nahm jahrzehntelang die Form eines „Kalten Krieges" an und
eskalierte mehrmals bis an den Rand eines Atomkriegs.

Spannungen

Die sowjetische Politik ab 1945 wurde noch von den Erfahrungen der Vorkriegszeit
und der ersten Kriegsmonate bestimmt: 1938 war Stalin von der Konferenz, die
das Münchener Abkommen aushandelte, ausgeschlossen gewesen. Noch im Winter
1939/40 hatten die Briten und Franzosen wegen des sowjetischen Überfalls auf Finnland einen Angriff gegen die Sowjetunion erwogen. Auch der Verlauf des Krieges ließ
es Stalin als notwendig erscheinen, in Osteuropa eine strategische Sicherheitszone
durch einen Kranz kommunistischer und von der Sowjetunion kontrollierter Satelli-
tenstaaten zu errichten.

*Sowjetische
Außenpolitik*

Das amerikanische Interesse an einem weltweiten Freihandelssystem betrachteten die
Sowjets als Bedrohung ihrer Herrschafts- und Wirtschaftsordnung. Sie wollten nicht
zulassen, dass Europa dem wirtschaftlichen Einfluss der USA ausgesetzt war. Die sowjetische Nachkriegspolitik war demnach im Wesentlichen durch das Denken in Interessensphären bestimmt, zu dem 1945 als Fernziel die Konzeption eines sozialistischen
Europa kam – unter sowjetischer Hegemonie. Folgerichtig versuchte die Sowjetunion
die Nachkriegsordnung in Deutschland aktiv mitzugestalten. Viele Historiker betonen
auch die Rolle, welche die Entwicklung und Anwendung der Atombombe durch die
USA in diesem Zusammenhang spielte. Anders als die USA war die Sowjetunion 1945
noch keine Atommacht. Dies erhöhte das sowjetische Gefühl der Unsicherheit und
war mit ausschlaggebend für die einseitige Politik ihrer Herrschaftssicherung und Expansion.

DER OST-WEST-KONFLIKT UND DIE TEILUNG DEUTSCHLANDS

Leitmotiv US-amerikanischer Außenpolitik

Das Leitmotiv der amerikanischen Politik war das liberal-demokratische und universalistische Konzept der „One World", das zur Gründung der UNO geführt hatte. Es stand in fundamentalem Gegensatz zur sowjetischen Politik der Interessensphären. Die mit dieser Politik verknüpfte „Open Door World" brauchte Europa als bedeutenden Markt und Handelspartner. Washington war durchaus bereit, eine begrenzte sowjetische Hegemonie in Osteuropa zu akzeptieren, sofern dadurch die Wirtschaftsbeziehungen und eine globale Friedensordnung nicht gefährdet waren. Der amerikanische und britische Widerstand richtete sich jedoch gegen die sich abzeichnende völlige Beherrschung Osteuropas durch die Sowjets.

„Eiserner Vorhang"

In allen von sowjetischen Truppen besetzten Staaten Osteuropas sicherten sich die von Moskau abhängigen kommunistischen Parteien bald eine beherrschende Stellung. Ab 1946 konnten sie ihre Positionen durch Willkürakte und Wahlmanipulationen ausbauen. Die durch bilaterale Verträge zusätzlich an die Sowjetunion gebundenen Staaten wurden so in den Augen des Westens immer mehr auf einen Satellitenstatus herabgewürdigt. Churchill wiederholte daher im März 1946 in Fulton/USA öffentlich seine schon im Mai 1945 geäußerte Einschätzung von einem „Eisernen Vorhang" zwischen Ost und West (→ M 6). Die sowjetische Politik widersprach der UNO-Charta vom Juni 1945, dem Interesse des Westens an pluralistischen politischen Systemen und an einem ungehinderten Warenaustausch. Auch wollten sich Amerikaner und Briten wenigstens ein Minimum an politischem Einfluss in Osteuropa sichern.

Politischer Zündstoff

Auch außerhalb Mittel- und Osteuropas gab es politischen Zündstoff:
- In Griechenland operierten im Norden des Landes kommunistische Guerillas mit sowjetischer Unterstützung,
- in der Türkei forderte Stalin die Errichtung eines sowjetischen Stützpunktes an den Dardanellen und erhob Anspruch auf Provinzen,
- in Nordafrika forderte er einen Teil der italienischen Kolonien,
- im Iran weigerte sich die Sowjetunion, eine während des Krieges besetzte Grenzprovinz zu räumen,
- in China unterstützte Stalin im Bürgerkrieg die kommunistische Partei und ihre „Rote Armee".

Truman-Doktrin

Nach manipulierten Wahlen in Polen im Januar 1947, einem schweren Hungerwinter 1946/47 in Deutschland und dem sich abzeichnenden Sieg der Kommunisten in China stellten sich die Amerikaner auf ein langfristiges Engagement in Europa ein. 1947 unterstützten sie die griechische Regierung im Bürgerkrieg gegen kommunistische Aufständische. Auch die Türkei fühlte sich von der Sowjetunion bedroht. Der amerikanische Präsident Truman verkündete daraufhin am 12. März 1947 das Konzept der Truman-Doktrin als Element einer neuen Eindämmungspolitik (→ M 7). Diese Politik bedeutete die Abkehr von der Kooperation mit der sowjetischen Seite.

Marshall-Plan

Als auf einer Konferenz der Außenminister in Moskau im März und April 1947 deutlich wurde, dass die UdSSR kein Interesse an einem gemeinsamen Programm für den europäischen Wiederaufbau zeigte, verkündete der amerikanische Außenminister Marshall am 5. Juni 1947 ein entsprechendes Programm für Europa (→ M 8). Westdeutschland und West-Berlin wurden in das „European Recovery Program" (ERP) einbezogen. Die ERP-Hilfe erwies sich als eine der wirkungsvollsten Finanz- und Wirtschaftsoperationen der Geschichte.

DIE USA UND DIE SOWJETUNION ALS WELTMÄCHTE

„Was nun?" Karikatur aus der „Schweizer Illustrierten" vom 11. April 1945.

„Adolf Hitler was here." Karikatur aus der „New York Herald Tribune" vom 1. April 1949.

Der Text auf dem Trümmerstein (rechte Karikatur) zitiert ein nationalsozialistisches Lied:
„Wir werden weitermarschieren, wenn alles in Scherben fällt,
denn heute da hört uns Deutschland und morgen die ganze Welt."

Die enge internationale Verflechtung der kommunistischen Parteien und ihre unbedingte Unterordnung unter die KPdSU offenbarte im September 1947 die Gründung des Kominform (Kommunistisches Informationsbüro). Offiziell sollte das Kominform dem Erfahrungsaustausch der kommunistischen Parteien dienen; tatsächlich aber wollte Stalin mit seiner Hilfe nationale Eigenwege in seinem Machtbereich verhindern und die kommunistischen Parteien in den westlichen Ländern stärker lenken.

Das Kominform war eine Reaktion auf die Truman-Doktrin und den Marshall-Plan. Nach der sowjetischen „Zwei-Lager-Theorie" (→ M 9) standen sich fortan das antiimperialistische, friedliebende Lager unter der Führung der Sowjetunion und das imperialistische, kriegslüsterne unter der Vorherrschaft der USA gegenüber. Mit der sowjetischen Entscheidung gegen den Marshall-Plan und der Gründung des Kominform begann in Europa die Phase der Blockbildung.

Zwei-Lager-Theorie

1. Welche Personen sind auf den Karikaturen S. 19 jeweils dargestellt.
   Erläutern Sie, wie der Karikaturist der Schweizer Illustrierten (Karikatur links) vier Wochen vor Kriegsende die Kooperation der Alliierten sieht.
   Erklären Sie die Aussage der amerikanischen Karikatur aus dem Jahr 1949 (Karikatur rechts).

MATERIAL

5 Osteuropa vor und nach dem Zweiten Weltkrieg

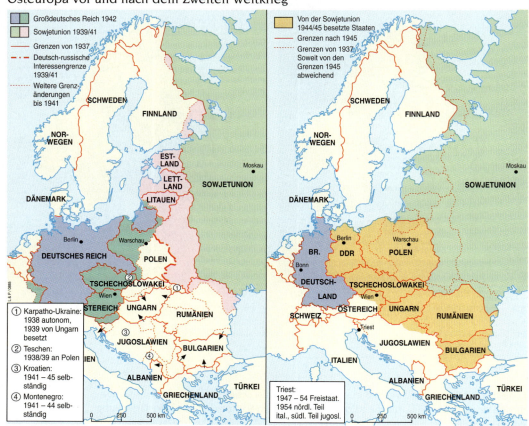

Von der Sowjetunion annektiert

Land	Bevölkerung (in Mio.)	Größe (qkm)	Jahr
Teile Finnlands	0,5	45 600	1940
Estland	1,1	47 700	1940
Lettland	2,0	64 700	1940
Litauen	3,0	59 600	1940
Teil Ostpreußens	1,2	13 500	1945
Teil Polens	11,8	181 300	1939
Teil der Tschechosl.	0,7	12 700	1945
Teil Rumäniens	3,7	50 200	1940
Insgesamt	24,0	475 300	

Von der Sowjetunion kontrolliert

Land	Bevölkerung (in Mio.)	Größe (qkm)	Jahr
Bulgarien	7,2	110 800	1945
Rumänien	16,1	237 200	1945
Polen (einschl. der unter polnischer Verwaltung stehenden deutschen Gebiete)	26,5	311 700	1945
Ungarn	9,8	93 000	1945
SBZ	18,8	111 100	1945
Tschechoslowakei	12,3	127 900	1948
Insgesamt	91,9	1 019 200	

1. Beschreiben Sie die Veränderungen der Grenzen und Einflusssphären in Osteuropa durch den Zweiten Weltkrieg. Wer sind die Gewinner, wer die Verlierer des Krieges?

MATERIAL 6: Der „Eiserne Vorhang", 12. Mai 1945

Aus einem Telegramm des britischen Premierministers Churchill an den amerikanischen Präsidenten Truman vom 12. Mai 1945:

2. Was aber soll in Bezug auf Russland geschehen? [...] Die falsche Auslegung der Jalta-Beschlüsse durch die Russen, ihre Haltung gegenüber Polen, ihr überwältigender Einfluss auf dem Balkan bis hinunter nach Griechenland [...] beunruhigen mich ebenso sehr wie Sie. [...]
3. Ein eiserner Vorhang ist vor ihrer Front niedergegangen. Was dahinter vorgeht, wissen wir nicht. Es ist kaum zu bezweifeln, dass der gesamte Raum östlich der Linie Lübeck-Triest-Korfu schon binnen kurzem völlig in einer Hand sein wird. Zu alldem kommen noch die weiten Gebiete, die die amerikanischen Armeen zwischen Eisenach und der Elbe erobert haben, die aber, wie ich annehmen muss, nach der Räumung durch ihre Truppen in ein paar Wochen gleichfalls der russischen Machtsphäre einverleibt sein werden. General Eisenhower wird alle nur möglichen Maßnahmen treffen müssen, um eine zweite Massenflucht der Deutschen nach Westen zu verhindern, wenn dieser enorme moskowitische Vormarsch ins Herz Europas erfolgt. Und dann wird der Vorhang von neuem bis auf einen schmalen Spalt, wenn nicht gänzlich niedergehen. Damit werden uns russisch besetzte Gebiete von vielen Hundert Kilometern Tiefe wie ein breites Band von Polen abschneiden.
4. Die Aufmerksamkeit unserer Völker aber wird sich mit der Bestrafung Deutschlands, das ohnehin ruiniert und ohnmächtig darniederliegt, beschäftigen, sodass die Russen, falls es ihnen beliebt, innerhalb sehr kurzer Zeit bis an die Küsten der Nordsee und des Atlantik vormarschieren können.

Aus: W. S. Churchill, Der Zweite Weltkrieg, Bern 1985, S. 1080 f.

MATERIAL 7: Die Truman-Doktrin, 12. März 1947

Aus einer Rede des amerikanischen Präsidenten Truman vor dem Kongress über die US-amerikanische Politik im Mittelmeerraum:

Eins der ersten Ziele der Außenpolitik der Vereinigten Staaten ist es, Bedingungen zu schaffen, unter denen wir und andere Nationen uns ein Leben aufbauen können, das frei von Zwang ist. Das war ein grundlegender Faktor im Krieg gegen Deutschland und Japan. [...] Im gegenwärtigen Abschnitt der Weltgeschichte muss fast jede Nation ihre Wahl in Bezug auf ihre Lebensweise treffen. Nur allzu oft ist es keine freie Wahl. Die eine Lebensweise gründet sich auf den Willen der Mehrheit und zeichnet sich durch freie Einrichtungen, freie Wahlen, Garantie der individuellen Freiheit, Rede- und Religionsfreiheit und Freiheit vor politischer Unterdrückung aus. Die zweite Lebensweise gründet sich auf den Willen einer Minderheit, der der Mehrheit aufgezwungen wird. Terror und Unterdrückung, kontrollierte Presse und Rundfunk, fingierte Wahlen und Unterdrückung der persönlichen Freiheit sind ihre Kennzeichen. Ich bin der Ansicht, dass es die Politik der Vereinigten Staaten sein muss, die freien Völker zu unterstützen, die sich der Unterwerfung durch bewaffnete Minderheiten oder durch Druck von außen widersetzen. [...] Ich bin der Ansicht, dass unsere Hilfe in erster Linie in Form wirtschaftlicher und finanzieller Unterstützung gegeben werden sollte, die für eine wirtschaftliche Stabilität und geordnete politische Vorgänge wesentlich ist. [...]
Die Saat der totalitären Regime gedeiht in Elend und Mangel. Sie verbreitet sich und wächst in dem schlechten Boden von Armut und Kampf. Sie wächst sich vollends aus, wenn in einem Volk die Hoffnung auf ein besseres Leben ganz erstirbt. Wir müssen diese Hoffnung am Leben erhalten. Die freien Völker der Erde blicken auf uns und erwarten, dass wir sie in der Erhaltung der Freiheit unterstützen.

Aus: Europa Archiv, 2. Jahrgang, 1947, S. 820.

MATERIAL

 8 Der Marshall-Plan, 5. Juni 1947

Rede des amerikanischen Außenministers Marshall:

Das moderne System der Arbeitsteilung, auf das sich der Warenaustausch gründet, steht vor dem Zusammenbruch. In Wahrheit liegt die Sache so, dass Europas Bedarf an ausländischen Nahrungs-
5 mitteln und anderen wichtigen Gütern – hauptsächlich aus Amerika – während der nächsten drei oder vier Jahre um so viel höher liegt als seine gegenwärtige Zahlungsfähigkeit, dass beträchtliche zusätzliche Hilfsleistungen notwendig sind,
10 wenn es nicht in einen wirtschaftlichen, sozialen und politischen Verfall sehr ernster Art geraten soll. [...]

Abgesehen von der demoralisierenden Wirkung auf die ganze Welt und von der Möglichkeit, dass aus der Verzweiflung der betroffenen Völker sich 15 Unruheherde ergeben könnten, dürfte es auch offensichtlich sein, welche Folgen dieser Zustand auf die Wirtschaft der Vereinigten Staaten haben muss. [...]
Unsere Politik richtet sich nicht gegen irgendein 20 Land oder irgendeine Doktrin, sondern gegen Hunger, Armut, Verzweiflung und Chaos. Ihr Zweck ist die Wiederbelebung einer funktionierenden Weltwirtschaft, damit die Entstehung politischer und sozialer Bedingungen ermöglicht wird, un- 25 ter denen freie Institutionen existieren können.

Aus: Europa Archiv, 2. Jahrgang, 1947, S. 821.

MATERIAL

 9 Die Zwei-Lager-Theorie, September 1947

Rede des Sekretärs des Zentralkomitees der Kommunistischen Partei der Sowjetunion, Shdanow bei der Gründung des Kominform im September 1947:

Die als Folge des Krieges eingetretenen grundlegenden Änderungen in der internationalen Lage und in der Lage der einzelnen Länder haben die gesamte politische Weltkarte umgestaltet. Es
5 entstand eine neue Gruppierung politischer Kräfte. Je größer die Periode ist, die uns vom Kriegsende trennt, desto krasser treten zwei Hauptrichtungen in der internationalen Nachkriegspolitik hervor, die der Teilung der in der Weltarena akti-
10 ven politischen Kräfte in zwei Hauptlager entspricht: das imperialistische und antidemokratische Lager einerseits und das antiimperialistische und demokratische Lager andererseits. Die führende Hauptkraft des imperialistischen Lagers
15 stellen die USA dar. [...] Das Hauptziel des imperialistischen Lagers stellt die Festigung des Imperialismus dar, die Vorbereitung eines neuen imperialistischen Krieges, der Kampf gegen Sozialismus und Demokratie sowie die Unterstüt-
20 zung reaktionärer und antidemokratischer profaschistischer Regimes und Bewegungen. [...]
Die antiimperialistischen und antifaschistischen Kräfte stellen das andere Lager dar. Die Grundlage dieses Lagers bilden die UdSSR und die Länder der neuen Demokratie. [...] 25
Das antiimperialistische Lager stützt sich auf die Arbeiterbewegung und auf die demokratische Bewegung in allen Ländern, auf die *brüderlichen kommunistischen Parteien in allen Ländern*, auf die Kämpfer der nationalen Befreiungsbewegung in den 30 Kolonial- und in den abhängigen Ländern sowie auf die Hilfe aller fortschrittlichen demokratischen Kräfte, die in jedem Lande vorhanden sind. *Das Ziel dieses Lagers ist der Kampf gegen die Gefahr neuer Kriege und gegen die imperialistische Expan-* 35 *sion*, die Festigung der Demokratie sowie die Ausrottung der Überbleibsel des Faschismus. [...]

Bei der Lösung dieser Hauptaufgabe der Nachkriegsperiode fällt der *Sowjetunion* und ihrer Außenpolitik die *führende Rolle* zu. Das ergibt sich 40 *aus dem Wesen des sozialistischen Sowjetstaates*, dem alle aggressiven Ausbeuterregungen zutiefst fremd sind. [...] *Eine dieser Voraussetzungen ist der äußere Frieden.* [...] Die sowjetische Außenpolitik geht von der Tatsache aus, dass zwei Systeme – der Kapitalismus und der Sozialismus – für eine längere Periode nebeneinander bestehen. 45
Der Übergang des amerikanischen Imperialismus zu einem aggressiven, unverhüllt expansionistischen Kurs nach Beendigung des Zweiten Welt-

DIE USA UND DIE SOWJETUNION ALS WELTMÄCHTE

50 krieges fand seinen Ausdruck sowohl in der Außen- als auch in der Innenpolitik der USA. [...] Konkrete Ausdrucksformen der expansionistischen Bestrebungen in den USA stellen gegenwärtig die „Truman-Doktrin" und der „Marshall-Plan" dar. [...] In beiden Dokumenten wird ein 55 und derselbe amerikanische Anspruch auf die Versklavung Europas serviert.

Aus: C. Gasteyger (Hrsg.), Einigung und Spaltung Europas, Frankfurt/Main 1966, S. 175 ff.

1. Erläutern Sie die Befürchtungen Churchills (M 6).
2. Beschreiben Sie, wie die amerikanische Regierung die internationale Lage beurteilt und welche Folgerungen sie daraus zieht (M 7 und M 8).
3. Untersuchen Sie die sowjetische Einschätzung der amerikanischen Politik. Welche Konsequenzen deuten sich an? (M 9)

MATERIAL

Die Ursachen des Kalten Krieges – die Einschätzung zweier Historiker 10

a) Wilfried Loth:

Der erste und wichtigste Grund für die Durchsetzung der Spaltungstendenzen ist darin zu sehen, dass sich in den USA [...] die Überzeugung durchsetzte, die Sowjetunion habe es auf eine Bedro-
5 hung der amerikanischen Sicherheit abgesehen. Die Erzwingung sowjetfreundlicher Orientierungen in den Ländern Ostmittel- und Südosteuropas wurde als Auftakt zur Unterwerfung von immer mehr Ländern in Europa und Asien gese-
10 hen. [...] Die Staaten des westlichen Europas schienen geradezu ideale Opfer des sowjetischen Machthungers darzustellen: Weitgehend kriegszerstört und desorganisiert, waren sie anfällig für die Entstehung sozialer Unruhen und den geziel-
15 ten Einsatz sowjetischer Drohungen. [...]
Das freilich war eine Fehlperzeption der sowjetischen Europapolitik. [...] Die sowjetischen Führer fürchteten vielmehr, die Wirtschaftskrise werde zu einer gewaltigen Expansion des amerikani-
20 schen Kapitalismus nach Europa führen und letztlich mit der politischen Hegemonie der USA über den europäischen Kontinent enden. Nur wenn es gelang, die europäischen Staaten weitgehend aus eigener Kraft zu restituieren, ließ
25 sich der Einfluss des amerikanischen Kapitalismus auf die europäischen Angelegenheiten in einigermaßen erträglichen Grenzen halten. [...] Anders als im Machtbereich der Roten Armee, wo die Sowjets [...] durchweg offensiv vorgingen,
30 war die sowjetische Politik in Bezug auf den vermuteten amerikanischen Einflussbereich in Europa darum von vornherein defensiver Natur. Die Verantwortung für die Durchsetzung der Spaltungstendenzen tragen die USA aber nicht allein.
35 [...] So taten die sowjetischen Führer wenig, um ihren amerikanischen Kollegen ihre tatsächlichen Absichten in der Europapolitik verständlich zu machen. Stalin beteuerte zwar sein lebhaftes Interesse an [...] einer einvernehmlichen Rege-
40 lung der europäischen Friedensordnung, In den konkreten Verhandlungen zeigten die sowjetischen Vertreter immer so viel im Misstrauen gründende Hartnäckigkeit, dass die gleichzeitigen Freundschaftsbeteuerungen als Einschläfe-
45 rungtaktik eines machthungrigen Gegenspielers erscheinen mussten. [...]
Das Äußerste, wozu Stalin sich [...] bereit fand, war die Jalta-Erklärung „Über das befreite Europa", mit der sich die Sowjetunion zu den Prinzi-
50 pien der Atlantikcharta bekannte. Als die kommunistischen Machthaber dann aber nicht vor Gewaltaktionen zurückschreckten, um die prosowjetische Orientierung ihres Machtbereichs zu sichern, wirkte die Erklärung kontraproduktiv:
55 Statt die Annäherung zu erleichtern, erschütterte sie die sowjetische Glaubwürdigkeit und verhalf einem grundsätzlichen Misstrauen gegenüber den sowjetischen Intentionen zum Durchbruch.

b) Lothar Kettenacker:

Die Argumentation, welche die Vereinigten Staaten auf die Anklagebank bugsiert, hebt gewöhnlich auf die Überlegenheit dieser neuen Supermacht ab, auf ihr wirtschaftliches Potential und den Besitz der Atombombe. Infolgedessen, so die Schlussfolgerung, habe für die amerikanischen Staatsmänner gar keine Veranlassung bestanden, sich in gleichem Maße von Moskau bedroht zu fühlen wie umgekehrt. Tatsächlich fühlte sich auch Washington zunächst gar nicht bedroht, erstrebte vielmehr eine Art Kondominium mit der neuen östlichen Weltmacht. Es fehlte keineswegs an Zeichen und Gesten des guten Willens, die darauf hindeuteten, dass man mit dem Kreml zu einer Verständigung über eine neue Weltfriedensordnung zu kommen suchte. [...] Es geht aber nicht an, um Verständnis für die Sicherheitsinteressen der Sowjetunion zu werben und von den USA zu verlangen, von der Verwirklichung ihrer Kriegsziele schleunigst abzusehen. Die Geringschätzung der ideologischen Komponenten der amerikanischen Politik ist so weit fortgeschritten, dass vielen Historikern bei dem Begriff Freiheit immer nur Freihandel in den Sinn kommt. [...] Diese Form der Entmythologisierung ist im Grunde nichts weiter als eine banale Reduktion der komplexen historischen Realität. Für die USA war der Zweite Weltkrieg nie nur, wie etwa für die um ihre Existenz kämpfende Sowjetunion, ein Krieg gegen Hitler-Deutschland, sondern eben doch auch ein Kreuzzug gegen die vom Nationalsozialismus vertretenen Prinzipien. Wenn man die Entstehung des Kalten Krieges verstehen will, kann man nicht die Atlantic Charter oder die Yalta Declaration einfach als bloße Kriegspropaganda abtun oder gar als Bemäntelung eines ökonomischen Imperialismus. Tatsächlich ist der Kalte Krieg Ausdruck eines Perzeptionswandels auf Seiten der westlichen Demokratien, die sich nicht damit abzufinden vermochten, dass die Sowjetunion nicht gewillt war, die ihr zugedachte Rolle im Rahmen einer freiheitlich organisierten, d. h. im Sinne der westlichen Kriegszielpolitik konzipierten Friedensordnung zu spielen. [...]

Warum sollten die Vereinigten Staaten der Sowjetunion eine freie Hand in Osteuropa einräumen, wenn britische Politiker vor dem Krieg bei allem Entgegenkommen gegenüber Hitler doch nicht bereit waren, diesem Osteuropa zu überantworten? Inkonsequent ist hier nur die Historiographie, die mit zweierlei Maß misst. [...] Die Ursachen des Kalten Krieges sind nicht in einem Mangel an Entgegenkommen gegenüber der Sowjetunion zu suchen, sondern in den durch das Kriegsbündnis genährten illusionären Vorstellungen von einer Fortsetzung der Allianz in Friedenszeiten. [...]

Im Übrigen waren es die Briten, die während des Krieges auf rechtzeitige Vereinbarungen mit der sowjetischen Regierung über ein gemeinsames Vorgehen nach Kriegsende gedrängt hatten und die sich nun angesichts der Entwicklungen in Osteuropa, zumal in Polen und in der sowjetisch besetzten Zone Deutschlands, als Erste in ihren Erwartungen getäuscht sahen. [...] Nicht in Washington, sondern in London brach sich zuerst die Erkenntnis Bahn, dass man, um eine englische Redewendung zu gebrauchen, mit den Russen nicht Cricket spielen konnte. Man fürchtete, dass eine neue Appeasement-Politik am Ende wiederum den Krieg unvermeidlich machen würde. So gesehen war die Akzeptanz des Kalten Krieges auf britischer Seite bewusste Vergangenheitsbewältigung, die Einsicht in die Notwendigkeit einer entschlossenen, aber ohne Hilfe Amerikas nicht zu verwirklichenden Containment- Politik.

a) Wilfried Loth, Ursachen und Strukturmerkmale des Kalten Krieges.
b) Lothar Kettenacker, Diskussionsbeitrag zum Referat Loth, in: Jörg Calließ (Hrsg.), Der West-Ost-Konflikt, Paderborn 1988, S. 26 – 37.

---

1. Untersuchen Sie arbeitsteilig die Ausführungen von Loth und Kettenacker zu den Ursachen des Kalten Krieges. Übernehmen Sie die Rolle eines der beiden Historiker in einem Streitgespräch.

2. Deutschland 1945 bis 1949

2.1 1945: Deutschland in der „Stunde Null"?

Hannover 1945.

Der Ausdruck „Stunde Null" ist schon 1945 geprägt worden; er zeigt an, dass die Deutschen die Niederlage und den Zusammenbruch des „Dritten Reiches" auch als Beginn ihrer Geschichte erfahren haben. Das besiegte und besetzte Land war den Siegermächten ausgeliefert. Ein damals Sechzehnjähriger erinnert sich: „Trotz Hunger und heute unvorstellbarer Unsicherheit spürten wir ein fast schmerzendes Hochgefühl von Freiheit, eine grenzenlose Erwartung. Schlimmeres als das Überlebte war nicht denkbar, und diesem Schlimmeren war ein Ende gesetzt."

Stunde Null?

1945 waren in Deutschland die wichtigsten Elemente einer modernen Industriegesellschaft weitgehend außer Kraft gesetzt. Große Teile der Bevölkerung waren unterwegs

Zerstörung und Zusammenbruch

und sahen sich vor drei elementare Lebensfragen gestellt: Wo kann ich unterkommen? – Wie werde ich satt? – Wann und wo finde ich die Angehörigen wieder? Viele Städte waren wie in eine gespenstische Stein- und Trümmerzeit versetzt. Für 14 Millionen Haushalte standen nur noch etwa 8 Millionen Wohnungen zur Verfügung. Eine Bilanz für das Köln der Stunde Null lautete beispielsweise: 53 000 Kriegstote von einst 768 000 Einwohnern; etwa 20 000 der Kriegstoten waren Opfer des Bombenkrieges. Mehr als drei Viertel der Wohnungen Kölns waren vernichtet. Im Reichsgebiet funktionierte das Transport- und Nachrichtennetz fast nicht mehr. Nur noch etwa 1 000 km der 13 000 Streckenkilometer der Reichsbahn konnten befahren werden. Die Rheinbrücken waren bis auf eine zerstört, und alle Wasserwege und die meisten Binnenhäfen waren durch Wracks und Trümmer blockiert.

Hunger Der Hunger und der Mangel an Gütern des täglichen Bedarfs bestimmten das Leben im Vier-Zonen-Deutschland. In der US-Zone war die Versorgung mit Nahrungsmitteln relativ gesehen am besten. Mitte 1946 entfielen pro Tag auf einen Einwohner 1 330 Kalorien, in der sowjetischen Zone waren es 1 083 Kalorien, in der britischen 1 056 Kalorien und in der französischen 900 Kalorien. Solche Kalorienmengen entsprechen ungefähr der Hälfte des heutigen Verbrauchs. Die fast völlig zerstörte Infrastruktur verstärkte die Ernährungs- und Versorgungskrise; ein Viertel der landwirtschaftlichen Nutzflächen von 1937 war verloren gegangen und Zonengrenzen zerschnitten in Jahrhunderten gewachsene Wirtschaftsräume.

Schwarzmärkte Die Verwaltung des Warenmangels und das Schrumpfen der Vorräte schufen wie von selbst Schwarzmärkte, auf denen sich die Menschen durch Tausch oder zu völlig überhöhten Preisen lebenswichtige Naturalien und begehrte Waren verschafften. Für viele war der Schwarzmarkt die einzige Überlebenschance. Obwohl die Militärbehörden persönliche Kontakte zwischen den Angehörigen ihrer Streitkräfte und der deutschen Bevölkerung verboten hatten, beteiligten sich auch alliierte Soldaten am Tauschhandel. Neben der offiziellen Währung entstand eine „Zigarettenwährung"; es bildete sich ein überregional organisierter Tauschhandel zwischen gewerblichen Unternehmen und Bauernhöfen aus. 10 bis 20 Prozent der landwirtschaftlichen und 50 bis 70 Prozent der wiederbeginnenden industriellen und gewerblichen Produktion dürften im Jahre 1946 in illegale Geschäfte geflossen sein. Ein Zentner Kartoffeln wurde gegen 15 Zentner Kohle getauscht, und ein Pfund Butter kostete auf dem Schwarzmarkt in der britischen Zone im April 1947 den Monatsverdienst eines Facharbeiters. Improvisieren können wurde eine entscheidende Überlebenstechnik.

Aufbruchsdenken Und doch rückten die Zeiger auf den Uhren in Deutschland langsam über den „Nullpunkt" hinaus. „Wir sind noch einmal davongekommen" – im Titel dieses damals viel gespielten Theaterstücks des Amerikaners Thornton Wilder drückte sich diese Zeiterfahrung aus. Vereinzelt meldeten sich nun Stimmen, die Wege der Umkehr und der Neubesinnung wiesen und versuchten moralische und politische Perspektiven zu eröffnen. Der Rat der Evangelischen Kirche Deutschlands bekannte im Oktober 1945 in Stuttgart öffentlich die Schuld der Kirche – und erntete heftigen Widerspruch. Eine vielstimmige, nicht länger ideologisch gleichgeschaltete öffentliche Meinung meldete sich, neue von den Militärregierungen lizenzierte Zeitungen und Zeitschriften erschienen. Die entscheidende „deutsche Frage" war aber, ob auf dieses hochgestimmte Aufbruchsdenken ein politischer und moralischer Neubeginn und ein wirtschaftlicher Wiederaufbau folgen würden.

DEUTSCHLAND 1945 BIS 1949

MATERIAL 1

Titelseite der ersten Ausgabe der Wochenzeitung „DIE ZEIT", 21. Februar 1946

Zeichnung von Mirko Szewszuk.

TREIBEIS

15 Millionen Menschen irren durch Deutschland oder haben nur ein dürftiges Notquartier gefunden. Flüchtlinge aus den bombenzerschlagenen Städten, aus den kriegsverheerten Gauen, aus anderen Besatzungszonen oder Ausgewiesene aus Nachbarländern.
Das ist fast ein Viertel der deutschen Bevölkerung überhaupt.
Aber sind diejenigen anders daran, die noch auf heimischer Scholle sitzen? Sind nicht auch sie Entwurzelte, dem Boden entrissen, den Überlieferung, Vergangenheit, Erziehung und Gewohnheit bildeten, aus dem sie früher ihre Kraft zogen? Genauso tragisch wie die sinnlose Zerstörung wirtschaftlicher Güter ist der Zusammenbruch der sittlichen Werte. Inmitten von Not, Hunger und Kälte schauen wir uns um nach einem geistigen Halt, nach einem sicheren Grunde, auf dem wir stehen, auf dem wir wieder festen Fuß fassen können. Zu unserem Schrecken spüren wir, wie die Grundlagen, auf die wir uns verlassen, ins Gleiten gekommen sind.
Am ergreifendsten wirkt sich dieser doppelte Zusammenbruch, der äußere und innere, bei denen aus, die am bereitwilligsten sind, zu glauben, zu vertrauen und zu hoffen: bei der Jugend.
Die alten Werte früherer Jahrzehnte haben sie nicht mehr kennen gelernt, was sie später erfuhren, wurde vom Sturm hinweggefegt. Worauf sollen sie bauen?
Dennoch tragen sie die feste Zuversicht in sich, nicht dem Chaos entgegenzutreiben, sondern zu neuen Ufern. Aber wie lange wird das noch dauern? Wie viele von ihnen werden unterwegs den Elementen zum Opfer fallen, die gierig aus dem Nichts nach ihnen greifen.

1. Welche Erfahrungen und Grundstimmungen des Zusammenbruchs kommen in der Zeichnung und im Text von M 1 zum Ausdruck?
2. Was könnte die Menschen nach Meinung der Wochenzeitung DIE ZEIT davor retten, „dem Chaos entgegenzutreiben"?

MATERIAL
2 Eine deutsche Großstadt im Jahr 1945

Der englische Schriftsteller Stephen Spender reiste vom Juni 1945 bis Februar 1946 durch das vom Krieg zerstörte Deutschland. Seine Eindrücke veröffentlichte er in dem Buch „European Witness 1946":

Köln, am 13. Juli 1945:
Nur wenige Häuser Kölns sind bewohnbar geblieben, insgesamt vielleicht 300, sagt man mir. Von einer Straße geht man in die andere, deren Häuser einen aus geschwärzten und hohlen Fenstern anblicken – wie der offene Mund eines verkohlten Leichnams. […]
Durch die großen Straßen Kölns schleppen sich tagein, tagaus Tausende von Menschen, die einmal ganz normale Bürger einer großen Stadt waren, als dieser verwesende Stadtleichnam einmal das Herz des Rheinlandes war.
[…] Die äußere Zerstörung ist so groß, dass sie nicht geheilt werden kann; das Leben aus dem umliegenden Land kann nicht mehr zurückfließen und die Stadt wieder zum Leben erwecken, die verstümmelt und abgeschnitten ist vom übrigen Deutschland und Europa. […]
Die Menschen, die dort leben, scheinen gar nicht zu Köln zu gehören. Sie ähneln vielmehr einem Stamm von Nomaden, die eine Trümmerstadt in einer Wüste entdeckt und dort ihr Lager aufgeschlagen haben, in ihren Kellern hausen und zwischen den Trümmern nach Beute suchen. Überreste einer toten Zivilisation.

Aus: FAZ, 18.7.1995, S. 25, aus dem Englischen von Joachim Utz.

An einem Zeitungsstand 1945. Ausgehungert nach Nachrichten.

Der Kölner Kardinal Frings billigte öffentlich den Diebstahl zur „Erhaltung von Leben und Gesundheit": Ein Kohletransport wird „gefringst".

MATERIAL 3: Frauen in der Trümmergesellschaft

1945 gab es über 2 Millionen Soldatenwitwen. Mehr als 12 Millionen Männer waren in Gefangenschaft, ihre Frauen wussten häufig nicht, ob sie noch lebten.

a) 1945 war Deutschland ein Land der Frauen. Sie bestimmten neben den Trümmern, die sie mit ihren Händen beiseite räumten, das Bild des Landes. In langen Schlangen standen sie vor den Geschäften. Auf Handkarren zogen sie den Rest ihrer Habe und ihre Kinder über die Chausseen. Auf den Bahnhöfen suchten sie unter Heimkehrern ihre Männer oder mit dem Foto in der Hand wenigstens einen Hinweis auf ihr Schicksal.

Die Männer, die aus der Gefangenschaft heimkehrten, [...] waren von den Strapazen des Krieges und der Gefangenschaft körperlich aufgezehrt, viele zu Pflegefällen geworden. Die Frauen hatten die Bombennächte in Sorge um ihre Familien in den Kellern verbracht und die knappen Rationen geteilt. Als der Krieg vorüber war, waren es die Frauen, die Land und Menschen am Leben halten mussten.

b) Klara Steiner aus Berlin erinnert sich:

Dann ging das hier los in der Prinzenstraße mit dem Aufräumen. Wir mussten die Steine wegräumen. [...] Ich musste ja Geld verdienen, und da hab' ich Steine geklopft. Was die für das Steineklopfen bezahlt haben, das waren pro Stunde 57 Pfennige, die erste Zeit. Hinterher gab es 61 Pfennige.

c) Aus Briefen an eine Frauenzeitschrift:

1946: Nun, nach der Niederlage (und viele Männer kehren mit der Miene des Siegers heim!), können die Männer nicht verlangen, dass wir uns weiter ihrer Führung anvertrauen.
1948: Nach fast fünf Jahren Gefangenschaft ist mein Mann endlich zurück und die ersten Wochen sind wir sehr glücklich gewesen. Jetzt aber gibt es einen Streit nach dem anderen. Er ist mit allem unzufrieden. Haben die Männer denn noch nicht genug bekommen vom Kommandieren?

Aus: a) M. Eiken, Frauenpolitik im Nachkriegsdeutschland, in: Trümmer, Träume, Truman. Die Welt 1945–1949, Berlin 1985, Elefantenpress, S. 75. b) und c) Spiegel spezial 4, 1995, S. 86.

MATERIAL 4: Kinderspiele nach Kriegsende

Peter Weiss, Schriftsteller, 1946 bis 1947 Mitarbeiter der US-Militärregierung. Er beobachtete Kinder:

Auf einem Autowrack sitzt ein kleines Mädchen. Mit seiner Puppe spielt es „Vergewaltigung". Es schildert dies mit der Intensität eines Erlebnisses aus erster Hand.
Ein anderes Kind schneidet den Bauch seines Teddybärs auf und reißt seine Perlaugen heraus; es singt: Der Soldat hat keine Augen mehr, der Soldat hat keine Augen mehr! Eine Schar kleiner Jungen kommt gerannt. Sie haben einem jungen Mädchen sein Brot geraubt. Ich halte sie fest, und die Jungen verteidigen sich: Wir haben ihr nicht wehgetan!
Sie haben bereits ihre eigenen Rechtsbegriffe. Es gibt kein: Stehlen, es gibt nur: den Besitzer wechseln.

Aus: P. Weiss, Die Besiegten, Frankfurt/Main 1985, S. 25.

---

1. Erschließen Sie aus den Zeitzeugnissen von M 2–4 die Lebenssituationen und Gefühlslagen der Deutschen in der Zusammenbruchgesellschaft 1945.

DER OST-WEST-KONFLIKT UND DIE TEILUNG DEUTSCHLANDS

2.2 Was soll aus Deutschland werden? –
Die Konferenz von Potsdam 1945

Im kriegszerstörten Potsdam, dem symbolischen Ort des preußisch-deutschen Militarismus trafen sich vom 17. Juli bis 2. August 1945 im Schloss Cecilienhof die Großen Drei der Anti-Hitler-Kriegskoalition: Harry S. Truman, Nachfolger des im April 1945 verstorbenen amerikanischen Präsidenten Roosevelt, Winston Churchill, britischer Premierminister und noch während der Konferenz nach verlorenen Unterhauswahlen von Clement Attlee abgelöst, sowie Josef Stalin, schon 20 Jahre lang unbestrittener Führer der Sowjetunion.

Die Großen Drei
- Stalin, der als Einziger auch Teilnehmer an den früheren Kriegskonferenzen von Teheran und Jalta gewesen war, spielte in Potsdam seine Erfahrungen aus. Ihm ging es vordringlich darum, das eroberte westliche Vorfeld der Sowjetunion vetraglich festzuschreiben und abzusichern. Zweihundert sowjetische Divisionen standen in Ost- und Mitteleuropa.
- Churchill und nach ihm Attlee machten sich große Sorgen wegen des Verhaltens, der Absichten und der Machtstellung der Sowjets.
- Truman, ein Neuling in der weltpolitischen Arena, teilte zunächst noch nicht Churchills Misstrauen gegenüber Stalin. Am Vortage der Konferenz war das erste Atombombenexperiment gelungen, und so erschien Truman zur Konferenz selbstbewusst mit „Big Baby", wie die Amerikaner die Atombombe verharmlosend nannten, in der Tasche.

Vorentscheidungen
Vor der Konferenz waren bereits wichtige Entscheidungen über ein Nachkriegsdeutschland und -europa gefallen:
- Deutschland war bereits in vier Besatzungszonen eingeteilt, also nicht aufgeteilt und zerstückelt worden. In den Zonen regierten die jeweiligen militärischen Oberbefehlshaber. In Berlin sollte als oberste Verwaltungsinstanz für Deutschland ein Alliierter Kontrollrat eingerichtet werden.
- Die ehemalige Reichshauptstadt sollte in vier Sektoren eingeteilt und als Ganzes einer Stadtkommandantur unterstellt werden.
- Eine Reparationssumme von 20 Milliarden Dollar war festgelegt worden, von der die Hälfte der Sowjetunion zukommen sollte.

Grenzen Polens
- Die Curzon-Linie, eine bereits 1918 vom britischen Außenminister Curzon vorgeschlagene Grenzlinie zwischen Polen und Russland, war als Ostgrenze Polens vereinbart worden; für seine Gebietsverluste an die Sowjetunion sollte nun Polen im Norden und Westen auf Kosten Deutschlands entschädigt werden.

Gleich zu Beginn der Verhandlungen stellten sich den drei Delegationen ganz elementare Fragen:

„Potsdam-deutschland"
- Was war unter einem „Potsdamdeutschland" eigentlich zu verstehen? – Ein sich 1945 abzeichnendes Deutschland, dessen Ostgrenzen durch Flucht und Vertreibung nach Westen verschoben wurden? Oder das in den Grenzen von 1937 damals völkerrechtlich anerkannte Deutschland? War es im „Feuer des Krieges" untergegangen oder nur niedergekämpft worden (→ M 5)

Das besetzte Deutschland, 1945 bis 1949.

● Wie sollten die Sieger die Besiegten behandeln? – So wie die deutschen Besatzer die polnischen, russischen oder die Bevölkerungen anderer eroberter Staaten behandelt hatten? Sollten sie Rache üben, bestrafen, die Feindschaft fortsetzen oder die Besetzten umerziehen und die Kriegsziele in Friedensziele umwandeln?

Behandlung der Besiegten

Worüber haben sich die Großen Drei am Konferenztisch schließlich noch einigen können? Während einer zeitlich nicht fixierten Dauer der Besetzung wollten sie Deutschland als Wirtschafts- und Währungseinheit behandeln. Eine zentrale deutsche Regierung sollte aber nicht errichtet werden, wohl aber deutsche Verwaltungen unter der Aufsicht eines Alliierten Kontrollrats. In dehnbaren Formelkompromissen verständigten sie sich über *Denazifizierung*, *Demilitarisierung*, über *Demontage* kriegswichtiger Industriebetriebe, über eine *Dekartellisierung* (Entflechtung) der Großindustrie und über eine *Demokratisierung* des öffentlichen Lebens. In den Vereinbarungen steckten kaum zu überbrückende gegensätzliche Vorstellungen von politischer, gesellschaftlicher und wirtschaftlicher Ordnung. So erklärten beispielsweise Amerikaner und Briten den Nationalsozialismus, den es zu beseitigen galt, nicht wie die Sowjetmarxisten sozialökonomisch als einen gesetzmäßigen Fäulnisprozess in kapitalistischen Gesellschaften, sondern als eine antidemokratische Fehlentwicklung in Deutschland, die mit politischen Umerziehungsmaßnahmen ohne radikale gesellschaftliche Umwälzungen behoben werden könnte. Unvereinbar waren auch die Demokratie- und Weltfriedensmodelle. Die aufbrechenden Interessengegensätze wurden zunehmend als Systemgegensätze wahrgenommen.

Kompromisse

Gegensätzliche Positionen

In einem folgenschweren Kompromiss, Package Deal (Paketlösung) genannt, stimmten die Amerikaner der Oder-Neiße-Linie als deutsch-polnischer Grenzlinie zu. Im Gegenzug akzeptierten die Sowjets, dass jede Besatzungsmacht ihre Reparationsansprüche in ihrer jeweiligen Zone befriedigen sollte. Die Westzonen wurden damit von weitgehenden Reparationsleistungen an die Sowjets, die ja eigentlich die Hälfte aller Reparationen erhalten sollten, entbunden. Die Sowjets hielten sich an ihrer Zone schadlos und beuteten sie aus. In der Folge wurden die Interzonengrenzen zur SBZ als Grenzen des Wohlstandes vertieft. Der Package-Deal verstieß gegen das Prinzip der wirtschaftlichen Einheit Deutschlands.

Deutschland als Ganzes Die im Protokoll festgeschriebene gemeinsame Verantwortung der Siegermächte für Deutschland als Ganzem endete erst 1990 mit dem Zwei-Plus-Vier-Vertrag (→ S. 154). Die völkerrechtliche Verbindlichkeit des Abschlussprotokolls von Potsdam blieb umstritten. Die Sowjetunion beharrte gegenüber den Westmächten auf dem Vertragscharakter des Protokolls, die abwesende Siegermacht Frankreich sah sich durch die Beschlüsse nicht gebunden.

MATERIAL

5 Aus der Verhandlung der Großen Drei über die Deutsche Frage, 18. 7. 1945

Churchill: Ich möchte nur eine Frage stellen. Ich bemerke, dass hier das Wort „Deutschland" gebraucht wird. Was bedeutet Deutschland jetzt? Kann man es in dem Sinne verstehen wie vor
5 dem Kriege?
Truman: Wie fasst die sowjetische Delegation diese Frage auf?
Stalin: Deutschland ist das, was es nach dem Krieg wurde. Ein anderes Deutschland gibt es jetzt
10 nicht. […] Deutschland ist, wie man bei uns sagt, ein geographischer Begriff. Wollen wir es vorläufig so auffassen! Man darf nicht von den Ergebnissen des Krieges abstrahieren.
Truman: Ja, aber es muss doch irgendeine Defini-
15 tion des Begriffes „Deutschland" erfolgen. Ich meine, das Deutschland von 1886 oder 1937 ist nicht dasselbe wie das Deutschland von heute, 1945.
Stalin: Es hat sich infolge des Krieges verändert und so fassen wir es auf. Denkt man beispiels-
20 weise daran, im Sudetengebiet der Tschechoslowakei die deutsche Verwaltung wieder einzusetzen? Das ist das Gebiet, aus dem die Deutschen die Tschechen vertrieben haben.
Truman: Vielleicht werden wir trotzdem von
25 Deutschland, wie es vor dem Kriege, im Jahre 1937 war, sprechen?

Stalin: Formal kann man es so verstehen, in Wirklichkeit ist es nicht so. Wenn in Königsberg eine deutsche Verwaltung auftauchen wird, werden wir sie fortjagen, ganz gewiss fortjagen. 30
Truman: Auf der Krim-Konferenz wurde vereinbart, dass die Territorialfragen auf der Friedenskonferenz entschieden werden müssen. Wie definieren wir nun den Begriff „Deutschland"?
Stalin: Lassen Sie uns die Westgrenzen Polens 35 festlegen und dann wird die deutsche Frage klarer werden. Es ist für mich sehr schwierig auszudrücken, was jetzt unter Deutschland zu verstehen ist. Das ist ein Land, das keine Regierung, das keine fixierten Grenzen hat.[…] Es ist in Be- 40 satzungszonen zerteilt. Und nun definieren Sie, was Deutschland ist! Es ist ein zerschlagenes Land.
Truman: Vielleicht nehmen wir die Grenzen Deutschlands von 1937 zum Ausgangspunkt? 45
Stalin: Ausgehen kann man von überall. […] In diesem Sinne kann man auch das Jahr 1937 nehmen. […] Das ist einfach eine Arbeitshypothese zur Erleichterung unserer Arbeit.
Churchill: Nur als Ausgangspunkt. Das heißt nicht, 50 dass wir uns darauf beschränken.
Truman: Wir sind einverstanden. […]

Aus: Teheran, Jalta, Potsdam, Die sowjetischen Protokolle von den Kriegskonferenzen der „Großen Drei",
hrsg. und eingel. von A. Fischer, Köln 1973, S. 214 f.

DEUTSCHLAND 1945 BIS 1949

MATERIAL 6

Aus dem Abschlussprotokoll der Konferenz von Potsdam, 2. 8. 1945

III. Deutschland

Alliierte Armeen führen die Besetzung von ganz
Deutschland durch und das deutsche Volk fängt
an, die furchtbaren Verbrechen zu büßen, die unter Leitung derer, welche es zur Zeit ihrer Erfolge
5 offen gebilligt hat und denen es blind gehorcht
hat, begangen wurden.

A. Politische Grundsätze

1. […] Die höchste Regierungsgewalt in Deutschland wird durch die Oberbefehlshaber der Streit-
10 kräfte […] nach den Weisungen ihrer entsprechen-
den Regierungen ausgeübt, und zwar von jedem
in seiner Besatzungszone, sowie gemeinsam in ihrer Eigenschaft als Mitglied des Kontrollrates in
den Deutschland als Ganzes betreffenden Fragen.
15 2. Soweit dieses praktisch durchführbar ist, muss
die Behandlung der deutschen Bevölkerung in
ganz Deutschland gleich sein.
3. Die Ziele der Besetzung Deutschlands, durch
welche der Kontrollrat sich leiten lassen soll, sind:
20 (I) Völlige Abrüstung und Entmilitarisierung
Deutschlands und die Ausschaltung der gesamten deutschen Industrie, welche für eine Kriegs-
produktion benutzt werden kann oder deren
Überwachung. […]
25 (II) Das deutsche Volk muss überzeugt werden,
dass es eine totale militärische Niederlage erlitten hat und dass es sich nicht der Verantwortung
entziehen kann für das, was es selbst auf sich geladen hat, dass seine eigene mitleidslose Kriegs-
30 führung und der fanatische Widerstand der Nazis
die deutsche Wirtschaft zerstört und das Chaos
und Elend unvermeidlich gemacht haben.
(III) Die Nationalsozialistische Partei mit ihren
angeschlossenen Gliederungen und Unterorga-
35 nisationen ist zu vernichten; alle nationalsozialistischen Ämter sind aufzulösen. […] Jeder nazisti-
schen und militaristischen Betätigung und Propaganda ist vorzubeugen.
(IV) Die endgültige Umgestaltung des deutschen
40 politischen Lebens auf demokratischer Grundlage
und eine eventuelle friedliche Mitarbeit Deutschlands am internationalen Leben sind vorzubereiten […]

B. Wirtschaftliche Grundsätze

12. […] das deutsche Wirtschaftsleben [ist] zu 45
dezentralisieren mit dem Ziel der Vernichtung
der bestehenden übermäßigen Konzentration
der Wirtschaftskraft. […]
13. Das Hauptgewicht [ist] auf die Entwicklung
der Landwirtschaft und der Friedensindustrie für 50
den inneren Bedarf (Verbrauch) zu legen.
14. Während der Besatzungszeit ist Deutschland
als eine wirtschaftliche Einheit zu betrachten […].
19. Die Bezahlung der Reparationen soll dem
deutschen Volk genügend Mittel belassen, um 55
ohne Hilfe von außen zu existieren.

IV. Polen

Die Häupter der drei Regierungen stimmen darin
überein, dass bis zur endgültigen Festlegung der
Westgrenze Polens, die früher deutschen Gebiete östlich der Linie, die von der Ostsee […] west- 60
lich von Swinemünde und von dort die Oder entlang bis zur Einmündung der westlichen Neiße
und die westliche Neiße entlang bis zur tsche-
choslowakischen Grenze verläuft, einschließlich
des Teiles Ostpreußens, der nicht unter die Ver- 65
waltung der Union der Sozialistischen Sowjetre-
publiken in Übereinstimmung mit den auf dieser
Konferenz erzielten Vereinbarungen gestellt wird
und einschließlich des Gebietes der früheren
Freien Stadt Danzig, unter die Verwaltung des 70
polnischen Staates kommen und in dieser Hinsicht nicht als Teil der sowjetischen Besatzungszone in Deutschland betrachtet werden sollen.

XIII. Ordnungsgemäße Überführung deutscher Bevölkerungsteile

[…] Die drei Regierungen erkennen an, dass die
Überführung der deutschen Bevölkerung oder 75
Bestandteile derselben, die in Polen, Tschechoslowakei und Ungarn zurückgeblieben sind, nach
Deutschland durchgeführt werden muss. Sie stimmen darin überein, dass jede derartige Überführung, die stattfinden wird, in ordnungsgemäßer 80
und humaner Weise erfolgen soll.

Aus: H. Kistler, Die Bundesrepublik Deutschland, Vorgeschichte und Geschichte 1945–1983, Bonn 1985, S. 27 ff.

DER OST-WEST-KONFLIKT UND DIE TEILUNG DEUTSCHLANDS

Attlee, Truman und Stalin während der Potsdamer Konferenz im Sommer 1945.

MATERIAL

7 Der amerikanische Diplomat George F. Kennan über die Verhandlungen in Potsdam im Sommer 1945

Die Idee, Deutschland gemeinsam mit den Russen regieren zu wollen, ist ein Wahn. Ein ebensolcher Wahn ist es, zu glauben, die Russen und wir könnten uns eines schönen Tages höflich zurückziehen und aus dem Vakuum werde ein gesundes und friedliches, stabiles und freundliches Deutschland steigen. Wir haben keine andere Wahl, als unseren Teil von Deutschland – den Teil, für den wir und die Briten die Verantwortung übernommen haben – zu einer Form von Unabhängigkeit zu führen, die so befriedigend, so gesichert, so überlegen ist, dass der Osten sie nicht gefährden kann. […]
Zugegeben, dass das Zerstückelung bedeutet. Aber die Zerstückelung ist bereits Tatsache, wegen der Oder-Neiße-Linie. Ob das Stück Sowjetzone wieder mit Deutschland verbunden wird oder nicht, ist jetzt nicht wichtig. Besser ein zerstückeltes Deutschland, von dem wenigstens der westliche Teil als Prellbock für die Kräfte des Totalitarismus wirkt, als ein geeintes Deutschland, das diese Kräfte wieder bis an die Nordsee vorlässt. […]
Auch die unpräzise Ausdrucksweise, die Verwendung so dehnbarer Begriffe wie „demokratisch", „friedlich", „gerecht" in einem Abkommen mit den Russen lief allem direkt zuwider, was siebzehn Jahre Russlanderfahrung mich über die Technik des Verhandelns mit der sowjetischen Regierung gelehrt hatten.

Aus: G. F. Kennan; Memoiren eines Diplomaten, München 1983, S. 264 f. Übers. H. von Alten.

1. Schließen Sie aus der Diskussion der „Großen Drei" über den Begriff „Deutschland" auf ihre Interessen, auf ihr Verhandlungsgeschick und auf die politischen Konsequenzen der Begriffsbestimmung. (M 5)
2. Erläutern Sie die im Abschlussprotokoll formulierten Ziele und Maßnahmen der Siegermächte. (M 6)
3. Welche Vereinbarungen hinsichtlich Deutschlands als Ganzem werden sich eher als Klammer, welche eher als Keil auswirken?
4. Erläutern und beurteilen Sie Kennans Kritik. (M 7)
5. Welche deutschlandpolitischen Prognosen stellte Kennan bereits 1945?

DEUTSCHLAND 1945 BIS 1949

2.3 Flucht, Vertreibung und Integration

Nach dem gescheiterten Eroberungs- und Vernichtungskrieg des nationalsozialistischen Deutschland strömten seit Herbst 1944 in mehreren Wellen Massen von Flüchtlingen und Vertriebenen aus dem Osten in die Mitte und in den Westen Deutschlands. Die Wanderbewegung dauerte jahrelang. Etwa 14 Millionen entwurzelte und heimatlos gewordene Menschen waren davon erfasst und etwa 2 Millionen verloren bei dieser Vertreibung oder Flucht ihr Leben.

Bereits im September 1944 hatte Churchill im britischen Unterhaus erklärt, es werde, anders als nach dem Ersten Weltkrieg, keine Mischungen der Bevölkerung mehr geben. Diesmal werde im Osten „reiner Tisch" gemacht werden. Auf der Potsdamer Konferenz im Sommer 1945 wurde die Umsiedlung der deutschen Bevölkerung, die östlich der Oder-Neiße-Grenze, in der Tschechoslowakei und in Ungarn lebte, beschlossen; sie sollte in humaner und ordnungsgemäßer Weise erfolgen. Aber schon vor der Konferenz erfolgten Vertreibungen, die von den neuen Regierungen in Osteuropa teils geduldet, teils angeordnet waren. Gegenläufig und fast gleichzeitig mit dieser Ost-West-Bewegung kehrten etwa 8,5 Millionen sog. Displaced Persons, in der Regel Verschleppte und Zwangsarbeiter aus Osteuropa, in ihre Heimat zurück.

Bevölkerungs-bewegungen in Ostmitteleuropa

Niemand konnte sich 1945 vorstellen, dass das kriegszerstörte verkleinerte Deutschland diesen Zustrom verelendeter Menschen, die meist nur ihr nacktes Leben gerettet hatten, aufnehmen könnte. Eine Rückkehr war ausgeschlossen, und so mussten etwa 8 Millionen in den Westzonen und etwa 4 Millionen in der Ostzone notdürftig unterkommen und versorgt werden. Im ländlich geprägten Bayern war die Bevölkerung zeitweilig um 32,7 Prozent, in Niedersachsen um 51,9 Prozent und in Schleswig-Holstein gar um 73,1 Prozent angewachsen.

Regionale Verteilung

Die Millionen von Flüchtlingen galten als ein sozialer und politischer Sprengstoff und als ein potenzieller Herd der Radikalisierung. Deshalb wollten die Militärbehörden zentrale Flüchtlingslager auf Dauer möglichst vermeiden. Sie erzwangen eine weiträumige Verteilung der Flüchtlingsmassen und versuchten das Entstehen eigener Vertriebenenorte zu verhindern. Verboten wurde auch die Gründung einer eigenen Partei für Flüchtlinge und Vertriebene, eine solche Partei entstand erst 1950 in der Bundesrepublik. Sie nannte sich BHE, Block der Heimatvertriebenen und Entrechteten, und erzielte besonders in Schleswig-Holstein und Niedersachsen hohe Wahlergebnisse. Der Wirtschaftsaufschwung der fünfziger Jahre, als auch Vertriebene zunehmend zu Wohlstand kamen, entzog der Partei allmählich ihre Wähler.

Sozialer und politischer Sprengstoff

Für den wirtschaftlichen Wiederaufbau des Landes haben die Flüchtlinge einen wesentlichen Beitrag geleistet. Ihr Leistungs- und Sparwille bestimmten die Mentalität der Aufbaujahre. Aus ihrer noch weitgehend ländlich geprägten Herkunftswelt vertrieben, mussten sie sich in einer stärker industriell geprägten Arbeitswelt zurechtfinden. Die Bereitschaft der Einheimischen, mit den Zugewanderten gemeinsam die Folgen des verlorenen Krieges zu tragen, war dabei gering entwickelt. Das Wirtschaftswachstum der fünfziger Jahre hat die Integration ermöglicht und begünstigt; aber diese Integration war kein „ökonomischer Selbstläufer", sondern sie musste durch po-

Wiederaufbau-leistung und Integration

DER OST-WEST-KONFLIKT UND DIE TEILUNG DEUTSCHLANDS

Flüchtlinge und Vertriebene sowie ihre Verteilung auf die Länder.

Verbände der Heimatvertriebenen

litische Maßnahmen wie Soforthilfegesetz (Gewährung von Unterhaltshilfen u. ä.), sozialen Wohnungsbau und Lastenausgleich (→ S. 86–89) gesteuert und abgefedert werden. Anfang der sechziger Jahre war die Integration im Wesentlichen erreicht. 1969 wurde das Flüchtlingsministerium aufgelöst. Die volle Chancengleichheit zwischen Vertriebenen und Einheimischen wurde aber in der Regel erst in der zweiten Generation hergestellt. Viele Vertriebene organisierten sich in Landsmannschaften; sie pflegten ihr kulturelles Erbe und veranstalteten viel beachtete „Tage der Heimat". Solche Kundgebungen, die im In- und Ausland häufig als revisionistisch, ja revanchistisch kritisiert wurden, hatten auch die Funktion, der Öffentlichkeit ihr Schicksal in Erinnerung zu halten. In der SBZ und DDR war jede eigenständige Organisation den Vertriebenen verwehrt; sie wurden offiziell „Umsiedler" genannt und ihre Integration wurde schon Anfang der fünfziger Jahre offiziell für abgeschlossen erklärt.

DEUTSCHLAND 1945 BIS 1949

Flucht und Ankunft – zwei Berichte von Betroffenen — MATERIAL 8

a) *Erlebnisbericht von Frau Ella K.:*
Ich versuchte am 20. Januar 1945 beim Herannahen der russischen Front aus meinem Wohnort Mohrungen in Ostpreußen zu fliehen. Der letzte Zug verunglückte und blieb liegen. […] Ich versuchte nun zu meiner Mutter zu gelangen. […] Im Dorf Wiese hatte ich die furchtbarste Nacht zu durchstehen. Die Russen hatten sich aus den Vorräten eines Proviant-Depots betrunken. Fast alle Männer des Dorfes wurden erschossen, die Frauen bestialisch vergewaltigt.

b) *Bericht eines Wohnungseinweisers*, 1946:
Die Flüchtlinge finden heute oftmals einen fast oder ganz leeren Raum vor. Dass sie auf dem Fußboden schlafen müssen, ihrer geringe Habe nirgends unterbringen können, nehmen sie mit Bitternis hin.
Aber womit sich kaum jemand abfinden kann, ist, dass man ihm nicht einmal das Kochen gestatten will. […] Was soll der Flüchtling denn tun? […] In die Volksküche gehen? Vielleicht mit einem Säugling auf dem Arm kilometerweit bis in die Stadt marschieren? Der Einweiser dringt (beim Wohnungsbesitzer) auf eine Mitbenutzung der Küche. Dieser lässt sich im Moment darauf ein, und kurze Zeit später sitzen die Flüchtlinge wieder bei ihm und bitten um Umquartierung, weil sie vom Vermieter wieder aus der Küche verwiesen worden sind. Der Vermieter sagt dazu: Der Flüchtling verbraucht zu viel Gas und was der Dinge mehr sind.

Aus: a) W. Benz, Die Vertreibung der Deutschen, Frankfurt/Main 1991, S. 100. gek., b) Stadtarchiv Bielefeld, HA 232.

Erklärung des sowjetischen Außenministers Molotow am 16.9.1946 — MATERIAL 9

Es ist schon über ein Jahr her, dass die Westgrenze Polens auf der Linie Swinemünde-Oder-Weißnitze liegt. Die Verwaltung des gesamten Gebietes östlich dieser Linie liegt schon das zweite Jahr in der Hand der polnischen Regierung. Schon am 20. November 1945 legte der Kontrollrat in Deutschland den Plan der Aussiedlung der deutschen Bevölkerung aus Polen fest. […]

Wem könnte es einfallen, dass diese Aussiedlung der Deutschen lediglich als zeitweiliges Experiment unternommen wurde?
Wer die Entscheidung traf, dass die Deutschen ausgesiedelt werden sollen, damit sich dort sogleich Polen aus anderen Gebieten Polens ansiedeln, kann nicht nach einiger Zeit die Durchführung entgegengesetzter Maßnahmen vorschlagen. Selbst der Gedanke, dass mit Millionen Menschen derartige Experimente unternommen werden könnten, ist an sich unwahrscheinlich, abgesehen davon, dass dies eine Grausamkeit sowohl gegen die Polen als auch gegen die Deutschen wäre.

All das zeugt davon, dass der von Truman, Attlee und Stalin unterzeichnete Beschluss der Berliner Konferenz die Westgrenzen Polens bereits bestimmt hat und lediglich seiner Formulierung auf der künftigen internationalen Konferenz über den Friedensvertrag mit Deutschland harrt.

Aus: Keesings Archiv der Gegenwart, Essen 1946.

1. Beschreiben Sie, welche Probleme in M 8, M 9 sowie in den Abbildungen S. 38 und S. 39 deutlich werden.
2. Setzen Sie sich mit der Argumentation des sowjetischen Außenministers (M 9) auseinander.

Flüchtlingstreck, Foto 1945.

Mutter und Kinder auf dem Weg nach Westen.

MATERIAL

10 Charta der deutschen Heimatvertriebenen, 5. August 1950

Am 5. August 1950, zum 5. Jahrestag des Potsdamer Abschlussprotokolls, wurde in Stuttgart auf einer Großkundgebung die Charta der deutschen Heimatvertriebenen verkündet. Vertreter der Bundesregierung, der Parlamente und der Kirchen waren anwesend. 29 Sprecher von Landsmannschaften der Vertriebenen hatten die Charta unterzeichnet.

Im Bewusstsein ihrer Verantwortung vor Gott und den Menschen, im Bewusstsein ihrer Zugehörigkeit zum christlich-abendländischen Kulturkreis, im Bewusstsein ihres deutschen Volks-
5 tums und in der Erkenntnis der gemeinsamen Aufgabe aller europäischen Völker, haben die erwählten Vertreter von Millionen Heimatvertriebenen nach reiflicher Überlegung und nach Prüfung ihres Gewissens beschlossen, dem deut-
10 schen Volk und der Weltöffentlichkeit gegenüber eine feierliche Erklärung abzugeben, die die Pflichten und Rechte festlegt, welche die deutschen Heimatvertriebenen als ihr Grundgesetz und als unumgängliche Voraussetzung für die
15 Herbeiführung eines freien und geeinten Europas ansehen.
1. Wir Heimatvertriebene verzichten auf Rache und Vergeltung. [...]
3. Wir werden durch harte unermüdliche Arbeit
20 teilnehmen am Wiederaufbau Deutschlands und Europas. Wir haben unsere Heimat verloren. Heimatlose sind Fremdlinge auf dieser Erde. Gott hat die Menschen in ihre Heimat hineingestellt. Den Menschen mit Zwang von seiner Heimat zu trennen, bedeutet, ihn im Geiste zu töten. Wir 25 haben dieses Schicksal erlitten und erlebt. Daher fühlen wir uns heute berufen zu verlangen, dass das Recht auf die Heimat als eines der von Gott geschenkten Grundrechte der Menschheit anerkannt und verwirklicht wird. [...] 30
Darum fordern und verlangen wir heute wie gestern:
1. Gleiches Recht als Staatsbürger nicht nur vor dem Gesetz sondern auch in der Wirklichkeit des Alltags. 35
2. Gerechte und sinnvolle Verteilung der Lasten des letzten Krieges [...]
3. Sinnvoller Einbau aller Berufsgruppen der Heimatvertriebenen in das Leben des deutschen Volkes. 40
Die Völker müssen erkennen, dass das Schicksal der deutschen Heimatvertriebenen, wie aller Flüchtlinge, ein Weltproblem ist. [...]
Wir rufen Völker und Menschen auf, die guten Willens sind, Hand anzulegen ans Werk, damit 45 aus Schuld, Unglück, Leid, Armut und Elend für uns alle der Weg in eine bessere Zukunft gefunden wird.

Aus: A. de Zayas, Anmerkungen zur Vertreibung der Deutschen aus dem Osten, Stuttgart 1986, S. 188.

MATERIAL
Die politische Instrumentalisierung der Vertreibung 11

a) *Der Journalist Klaus Bednarz (geb. 1942 in Berlin):*

Die Vertreibung im Osten Europas begann [...] nicht mit der – von den alliierten Siegermächten beschlossenen – Vertreibung der Deutschen durch Russen und Polen, sondern mit der Vertreibung von Polen aus dem Wartheland und dem Danziger Gebiet durch Deutsche im Jahr 1939 sowie der gleichzeitigen Deportation von Teilen der ostpolnischen Bevölkerung durch die Rote Armee nach Sibirien und Kasachstan. [...]
So unterschiedlich die Behandlung des Themas Flucht und Vertreibung in den Jahrzehnten nach dem Zweiten Weltkrieg in Polen und Deutschland auch war – eine Parallele ist durchgehend: In beiden Ländern wurde es – vor dem Hintergrund des Kalten Krieges – politisch instrumentalisiert, partiell tabuisiert und seiner historischen Kausalität entkleidet. In Westdeutschland wurde der Zusammenhang zwischen den von Deutschen verübten Verbrechen und den Vertreibungen verdrängt. [...]

In der polnischen Öffentlichkeit hingegen wurde das Schicksal der Deutschen im Osten bagatellisiert oder als gerechte Strafe für vergangene Verbrechen aufgefasst und als unausweichlich dargestellt.

b) *Äußerung der Journalistin Marion Gräfin Dönhoff (1909–2002), die 1945 von dem ostpreußischen Rittergut ihrer Familie geflohen war:*

Ich kann mir nicht vorstellen, dass der höchste Grad der Liebe zur Heimat dadurch dokumentiert wird, dass man sich in Hass verrennt gegen diejenigen, die sie in Besitz genommen haben, und dass man jene verleumdet, die einer Versöhnung zustimmen.

Aus: a) Der Hass ist verschwunden. Flucht und Vertreibung in den Berichten von Deutschen und Polen, in: DIE ZEIT, Nr. 25, 13.6. 2001.
b) in: Schreiben ist Handeln, Nachruf auf Marion Gräfin Dönhoff, FAZ, 12. 3. 2002.

Kommentar zur Haltung der einheimischen Bevölkerung gegenüber den Vertriebenen auf einem Spruchband des Fastnachtumzuges in Lahr, 1949.

1. Vergleichen Sie die Charta der Vertriebenen mit der Atlantikcharta (S. 14 f.), dem Artikel XIII des Potsdamer Abschlussprotokolls (S. 33) und der Präambel des Grundgesetzes (S. 63). Erläutern Sie Entsprechungen und Unterschiede.
2. In ihrer Charta fordern die Vertriebenen ein „Recht auf Heimat" und zugleich die Eingliederung. Erörtern Sie, welche Position der Vertriebenensprecher darin zum Ausdruck kommt.
3. Zeigen Sie, inwiefern die Sprecher der Vertriebenen ihre Charta als Teil einer europäischen Friedensordnung verstanden wissen wollten.
4. Erschließen Sie ausgehend von den Meinungen der beiden Journalisten in M 11 den öffentlichen und privaten Umgang mit dem Thema „Flucht und Vertreibung".

Erlebte Geschichte – Befragung eines Zeitzeugen

„Wie war das eigentlich wirklich?" So oder ähnlich fragen Kinder ihre Eltern oder Großeltern, weil sie vermuten, dass die, die etwas miterlebt haben, am besten Bescheid wissen müssten. Dies muss nicht so sein, das Gedächtnis kann trügen. Doch wenn sich Zeitgenossen an ein historisches Ereignis oder eine Epoche erinnern, können wir Geschichte aus einem anderen Blickwinkel betrachten. Wir können das, was wir von ihnen erfahren, mit den Erkenntnissen vergleichen, die wir offiziellen Dokumenten und wissenschaftlichen Veröffentlichungen entnommen haben.

Bevor wir mit dem Projekt beginnen, müssen wir uns klar machen, dass jeder Mensch Geschichte anders erlebt. Jeder nimmt seine Perspektive ein und gibt Geschichte von dort aus wieder. Die Befragung von Zeitzeugen macht uns daher deutlich, dass die Teilnahme an der Geschichte begrenzt und die Wahrnehmung subjektiv ist.

Vorbereitung einer Zeitzeugenbefragung:
- Verschaffen Sie sich einen soliden Überblick über das Thema.
- Legen Sie Aspekte fest, über die Sie sich von Zeitzeugen Auskunft erhoffen.
- Stellen Sie einen Zeitplan auf.
- Stellen Sie die Namen der möglichen Zeitzeugen zusammen und verschaffen Sie sich Klarheit über deren Möglichkeiten (Alter, Geschlecht, Beruf, Nähe zu dem Ereignis). Um Zeitzeugen zu finden, kann man sich im Bereich der eigenen Familie und der näheren Umgebung umsehen. Bei gezielten Interessen lohnt es sich auch, in der Zeitung zu inserieren. Viele Menschen kann man auch über Kirchengemeinden erreichen, an die man über die Pfarrerinnen und Pfarrer herantreten kann.
- Diskutieren Sie, wie Sie Ihrem Gegenüber persönlich gerecht werden.
- Entwerfen Sie einen passenden Fragenkatalog für den oder die ausgewählten Zeitzeugen. Die Fragen sollten möglichst offen gestellt werden und die Befragten zum Erzählen ermuntern.
- Planen Sie dabei auch Fragen über den Alltag und die tägliche Umgebung des Zeitzeugen ein. Hier funktioniert das Gedächtnis oft am besten.

Durchführung einer Zeitzeugenbefragung:
- Bestimmen Sie einen aus Ihrer Gruppe, der das Gespräch leitet, und einen Protokollanten. Zeichnen Sie das Gespräch auf (vorher Erlaubnis einholen).
- Stellen Sie die Fragen nicht suggestiv.
- Versuchen Sie eine offene, verständnisvolle Atmosphäre herzustellen und bewerten sie die Antworten nicht während des Gespräches, auch ihr Gesichtsausdruck und ihr Tonfall sollte keine Bewertung deutlich werden lassen.
- Lassen Sie zu, dass Ihr Gegenüber auch über seine Gefühle spricht.

Auswertung der Zeitzeugenbefragung
- Erstellen Sie anhand der Aufzeichnungen eine Niederschrift des Gesprächs.
- Werten Sie das Gespräch im Hinblick auf Ihre Interessen aus und notieren Sie neue, unerwartete Aspekte, die sich ergeben haben.
- Achten Sie auf historische Ungenauigkeiten. Oft fällt älteren Menschen die genaue Datierung schwer.
- Vergleichen Sie die Ergebnisse mit anderen Quellenbefunden und Geschichtsdarstellungen.
- Stellen Sie Ihr Ergebnis in geeigneter Form dar.

2.4 Der Nürnberger Prozess:
Auftakt zur Entnazifizierung?

In Ausführung ihrer Potsdamer Beschlüsse zur Entnazifizierung errichteten die Siegermächte Anfang August 1945 ein Internationales Militärtribunal. Der Gerichtshof sollte in einem Strafprozess über Verbrechen von 24 führenden Personen aus Regierung, Partei, SS, Wehrmacht und Wirtschaft urteilen. Gerichtsort war Nürnberg, ehemals Stadt der „Reichsparteitage". Der Prozess war eine der letzten gemeinsamen Aktionen der alliierten Sieger in Deutschland.

Die Rechtsgrundlagen des Prozesses, dem zwölf weitere Prozesse in Nürnberg gegen 177 Personen folgten, waren nicht unumstritten. Der Prozess betrat Neuland im Völkerrecht; er untersuchte Regierungs- und Staatsverbrechen eines vor seiner bedingungslosen Kapitulation souveränen Staates. Mehrere, meist neuartige Straftatbestände wurden verhandelt: *Rechtsgrundlagen*

- Verbrechen gegen den Frieden: Planung, Vorbereitung und Durchführung eines Angriffskrieges *Straftatbestände*
- Kriegsverbrechen, z. B. Verletzung von Kriegskonventionen zum Schutze von Zivilbevölkerung und Kriegsgefangenen
- Verbrechen gegen die Menschlichkeit wie z. B. Deportation, Zwangsarbeit, Völkermord
- Mitgliedschaft in für verbrecherisch erklärten Organisationen wie SS, SD, Parteiführung, Reichsregierung, Generalstab.

Die Verteidigung der Hauptangeklagten machte geltend, dass der Prozess gegen ein Prinzip jeder Rechtsprechung verstoße, „nulla poena sine lege": Niemand dürfe wegen einer Handlung verurteilt werden, die zum Zeitpunkt, da sie verübt worden ist, noch nicht unter Strafe gestellt war. Man hielt dem Gerichtshof auch vor, er übe Siegerjustiz aus, die vier Siegermächte seien Ankläger und Richter in einem. Trotz dieser Einwände konnte aber niemand ernsthaft in Frage stellen, dass die nationalsozialistischen Verbrechen eine Bestrafung der Schuldigen erforderten. Im Prozess erklärten alle Angeklagten, sie seien „nicht schuldig im Sinne der Anklage". Am Ende wurden zwölf Personen als Hauptkriegsverbrecher „zum Tode durch den Strang" verurteilt, die übrigen zu lebenslangen oder mehrjährigen Freiheitsstrafen. *Prozessrechtliche Bedenken*

Auf den Prozess gegen die „Hauptkriegsverbrecher" folgten 12 Nachfolgeprozesse, die aber nicht mehr vor einem interalliierten Gerichtshof stattfanden. Verurteilt wurden hohe SS-Funktionäre, Generäle, Diplomaten, Großindustrielle, Ärzte. Die Prozesse fanden weltweite Beachtung; Rundfunk, Presse, Film informierten eine meist schweigende deutsche Öffentlichkeit, um diese aufzuklären und zugleich umzuerziehen. Indem die Prozesse wenige „Hauptverbrecher" ins Rampenlicht rückten, wirkten sie ungewollt für viele untergeordnete Mittäter und Mitläufer entlastend. *Nachfolgeprozesse*

Einzelne zeitgenössische Publizisten setzten große Erwartungen in das internationale Militärtribunal. Sie erblickten in ihm den Durchbruch eines neuen Völkerrechts, den Vorläufer eines Weltgerichtshofs. Doch erst im April 2002 einigten sich über 60 Mitglied-

„Die Spruchkammer". Karikatur von H. Beyer in: Stuttgarter Wespennest, 1946.

staaten der UNO darauf, einen Ständigen Internationalen Strafgerichtshof unter Schirmherrschaft der UNO einzurichten, der Kriegsverbrechen gegen die Menschlichkeit aburteilen soll. Im Nürnberger Prozess waren die Hauptkriegsverbrecher zur Rechenschaft gezogen worden. Was aber sollte mit den vielen Millionen Parteigenossen und Amtsträgern des nationalsozialistischen Deutschland geschehen? Besonders nachdrücklich, aber auch schematisch wurde die Entnazifizierung in der US-Zone praktiziert. Über 500 Spruchkammern mit deutschen Laienrichtern stuften anhand von Fragebögen mit einhundert Fragen rund 6 Millionen Parteigenossen und Funktionäre ein. 17 000 galten als Hauptschuldige, 23 000 als Belastete, 1,5 Millionen als Minderbelastete und 1 Million als Mitläufer. 4 Millionen wurden völlig entlastet.

Rehabilitierung Schon 1948 versickerte die Entnazifizierung in den Westzonen in der Praxis der Rehabilitierung und Amnestie. Auch die beginnende Konfrontation zwischen Ost und West ließ die Entnazifizierung in den Hintergrund geraten. Überdies wurde ihr Fachwissen beim Wiederaufbau der Verwaltung, der Justiz, des Schulwesens und der Wirtschaft benötigt.

Entnazifizierung in der SBZ Am rigorosesten, aber auch am willkürlichsten wurde die Entnazifizierung in der Sowjetzone durchgeführt. Mit dem Ziel, die Gesellschaft von Grund auf zu verändern, wurden Tausende von Parteigenossen inhaftiert, über 120 000 kamen – oft zusammen mit unbelasteten Menschen, die politische Gegner der Besatzungsmacht waren, – in Speziallager. Bis 1950 sollen dort etwa 42 000 umgekommen sein.

Seit 1951 wurden in der Bundesrepublik die meisten Beamten, die als Belastete entlassen worden waren, wieder in den öffentlichen Dienst übernommen. Der Artikel 131 des neu geschaffenen Grundgesetzes sah ihre Versorgung vor. Eine erneute Auseinandersetzung mit den Verbrechen, die Deutsche in der nationalsozialistischen Zeit begangen hatten, setzte in den sechziger Jahren ein. Auslöser waren die Prozesse gegen Adolf Eichmann, einen der Organisatoren des Völkermordes an den Juden, in Jerusalem sowie gegen Wächter der Konzentrationslager Auschwitz und Treblinka in der Bundesrepublik Deutschland.

DEUTSCHLAND 1945 BIS 1949   43

MATERIAL
Zeitgenössische Kommentare zum Nürnberger Prozess 12

a) Der Schriftsteller Alfred Döblin (Hauptwerk: Berlin Alexanderplatz) verfasste unter dem Pseudonym Hans Fiedler im Auftrag der französischen Militärregierung 1946 eine Aufklärungsschrift „Der Nürnberger Lehrprozess", die in einer Auflage von 200 000 Exemplaren verbreitet wurde.

In früheren Zeiten blieben Vorgänge, wie sie in diesem Prozess verhandelt werden, ohne Ahndung und ohne wirklich bindende Folgen. […] Man musste das Urteil […] der „Geschichte" über-
5 lassen und begnügte sich praktisch mit einer sehr vergänglichen Neuordnung der Machtverhältnisse. […]
Man kann es nicht oft genug und nicht laut (und nicht freudig) genug wiederholen: Es geht bei
10 der Wiederaufrichtung des Rechts in Nürnberg um die Wiederherstellung der Menschheit, zu der auch wir gehören. Darum die Sicherstellung des Charakters dieses Prozesses, diese minutiöse Arbeit, das Sammeln des Beweismaterials aus
15 ganz Europa, das Vernehmen der tausend Zeugen, wodurch er ein Monsterprozess von amerikanischem Ausmaß wurde. Man baute einen juristischen Wolkenkratzer, wie ihn die Welt noch nicht gesehen hat. Das Fundament aber, auf dem
20 er errichtet wurde, der Beton, war der solideste Stoff, er sich auf Ernden finden ließ: die Moral und die Vernunft.

b) Der Literaturhistoriker Hans Mayer in einem Zeitungsartikel über „Deutschland und die politische Humanität" (2.10.1946):

Heute erleben wir den Vorgang, dass sich über der Gerichtsbarkeit der Staaten und Länder eine Weltjustiz aufbaut, die nach den geltenden Regeln des Völkerrechts urteilt. – […] Die Richter von Nürnberg bedeuten eine Etappe in der Welt- 5 rechtsentwicklung, denn sie zeigten den internationalen Rechtsbrechern, den jetzigen und als Warnung allen künftigen, dass die Willkür der Staatsmänner und internationalen Abenteurer der Politik ihre Schranken findet im Völkerrecht 10 und in den Gesetzen der Menschlichkeit. Hier liegt die zukunftsweisende Bedeutung des Nürnberger Prozesses.

c) Der Philosoph Karl Jaspers zum Nürnberger Prozess:

Er war im Effekt ein einmaliger Prozess von Siegermächten gegen die Besiegten, bei dem die Grundlage des gemeinsamen Rechtszustandes und Rechtswillens der Siegermächte fehlte. Daher hat er das Gegenteil erreicht von dem, was er 5 sollte. Nicht Recht wurde begründet, sondern das Misstrauen gegen das Recht gesteigert. Die Enttäuschung ist angesichts der Größe der Sache niederschmetternd.

Aus: a) H. Fiedeler, Der Nürnberger Lehrprozess, Baden-Baden 1946, S. 9.
b) H. Mayer, Deutschland und die politische Humanität. Rede zum Nürnberger Prozess, wieder abgedruckt in: DIE ZEIT, 31.3.1978.
c) J. Weber, Sinn und Problematik der Nürnberger Kriegsverbrecherprozesse, Aus Politik und Zeitgeschichte, 48, 1968, S. 3.

1. Erklären Sie, welche Aspekte der Entnazifizierung werden in der Karikatur S. 42 hervorgehoben werden?
2. Erläutern und beurteilen Sie die zeitgenössischen Kommentare zum Nürnberger Prozess. (M 12)
3. Erörtern Sie, inwieweit mit der Entnazifizierung folgende Ziele erreicht werden sollten und konnten: Bestrafung, Wiedergutmachung, Umerziehung, Aufklärung, Vergangenheitsbewältigung, Demokratisierung, Prävention.
4. Informieren Sie sich in der Tagespresse oder im Internet über den neu eigerichteten Internationalen Strafgerichtshof und erörtern Sie, welche Handlungsspielräume er hat und was seine Existenz bewirken könnte.

2.5 Politische und gesellschaftliche Weichenstellung in den Westzonen

Die amerikanischen und britischen Alliierten waren als Sieger nach Deutschland gekommen. Doch nach der Kapitulation wurde deutlich, dass ihre Hauptaufgabe nicht sein würde, weiteren militärischen Widerstand niederzuschlagen, sondern einen völligen wirtschaftlichen Zusammenbruch und eine Hungerkatastrophe zu verhindern. Die Besatzungszonen wurden für die Amerikaner und Briten riesige Zuschussbetriebe, die vor allem die Mittel des durch den Krieg ausgezehrten Großbritannien zu überfordern drohten.

Rolle der Minister-
präsidenten

Um die besetzten Gebiet zu verwalten, sahen sich die Militärregierungen bald auf die Mitarbeit der besiegten Deutschen angewiesen. Sie ernannten Bürgermeister und Landräte, formten Länder (häufig, aber nicht immer entsprechend den früheren Ländern) und beriefen Ministerpräsidenten, deren Amtshandeln sie streng kontrollierten. Da eine zentrale deutsche Regierung nicht gebildet werden durfte, spielten in den ersten Nachkriegsjahren die Ministerpräsidenten der Länder in den Westzonen eine herausragende Rolle. Hans Ehard, CSU, in Bayern, Wilhelm Kaisen, SPD, in Bremen, Karl Arnold, CDU, in Nordrhein-Westfalen, Kurt Georg August Zinn, SPD, in Hessen oder Reinhold Maier, FDP/DVP, in Württemberg-Baden, sie alle gehörten zu den Politikern der ersten Stunde. Da es keine gesamtdeutsche Regierung und kein gesamtdeutsches Parlament gab, verstanden sie sich als Treuhänder aller Deutschen und zugleich als Vertreter ihrer Länder. Am 6. und 7. Juni 1947 trafen sich alle Ministerpräsidenten aus Ost und West in München, aber eine gesamtdeutsche Verständigung scheiterte, weil die westdeutschen Vertreter auf Weisung ihrer Militärregierungen nur über die akute Ernährungs- und Flüchtlingsnot verhandeln durften.

Byrnes' Stutt-
garter Rede

In einer programmatischen Rede vor repräsentativen Vertretern der US-Zone in Stuttgart kündigte im September 1946 der amerikanische Außenminister Byrnes eine Wende in der Besatzungspolitik an. Er wandte sich gegen Einschränkungen einer deutschen Friedenswirtschaft und regte sogar die Schaffung einer Bundesverfassung für die „Vereinigten Staaten von Deutschland" an. Im Zeichen des Kalten Krieges wurde das westliche Deutschland schließlich verstärkt als ein potenziell wichtiger Faktor der amerikanischen Eindämmungspolitik gegenüber der Sowjetunion wahrgenommen und unterstützt.

Demokratisierung

In den Westzonen erzwangen die Militärregierungen einschneidende gesellschaftliche Veränderungen und Reformen mit dem Ziel einer Demokratisierung des öffentlichen Lebens.

Umerziehung

- Bildungsoffiziere setzten im Rahmen eines Re-education-Programms, einer politischen Umerziehung, Veränderungen von Lerninhalten an den Schulen durch. So wurden z. B. Gemeinschaftskundeunterricht, Schülermitverwaltung, Schülerzeitungen und Schüleraustausch als Mittel demokratischer Erziehung eingeführt. Die von den Alliierten propagierte Form der Gesamtschule konnte sich aber nicht gegen das traditionelle dreigliedrige deutsche Schulsystem durchsetzen.

Rundfunk
und Presse

- In der britischen Zone wurden beispielhaft nach dem Modell der BBC öffentlich-rechtliche Rundfunkanstalten geschaffen, frei von staatlicher Kontrolle; in der britischen und amerikanischen Zone wurde die Entstehung einer liberalen Presse gefördert.

DEUTSCHLAND 1945 BIS 1949

Plakat der amerikanischen Militärregierung für ihre Besatzungstruppen, 1946.

- Großkonzerne wie IG-Farben oder Krupp wurden entflochten ebenso wie die Großbanken. Die britische Labourregierung befürwortete eine Verstaatlichung der Schlüsselindustrien und förderte die Mitbestimmung der Arbeitnehmer sowie die Autonomie möglichst vieler einzelner Gewerkschaften. Die Amerikaner dagegen lehnten jede Sozialisierung ab. Auch das überkommene deutsche Berufsbeamtentum, das den Amerikanern und Briten als undemokratisch und sozial überprivilegiert galt, konnte sich behaupten.   *Sozialisierungsfrage*
- Die Parteien wurden für den Neuaufbau eines öffentlichen Lebens und für die Entwicklung einer so genannten „Graswurzeldemokratie" von unten ausschlaggebend. Vier Parteien, SPD, FDP/DVP/LDP, KPD und – als ein Novum in der deutschen Parteiengeschichte – die überkonfessionelle Volkspartei CDU/CSU waren zunächst   *Parteien*

Plakat zum Marshallplan.

nur auf Landesebene zugelassen worden (Lizenzparteien). 1946 und 1947 fanden bereits Gemeinderats und Landtagswahlen statt. Parteivorsitzende wie Kurt Schumacher (SPD), Konrad Adenauer, (CDU), Jakob Kaiser (CDU-Ost) profilierten sich zonenübergreifend und vertraten eigene Vorstellungen über eine neue deutsche Staatlichkeit.

Nachdem im Kontrollrat alle Vorschläge, die vier Zonen wirtschaftlich zu verflechten, an Gegensätzen in der Frage der Reparationen, der Demontage und der Kontrolle des Ruhrgebiets gescheitert waren, schlossen Großbritannien und die USA ihre beiden Zonen am 1. Januar 1947 wirtschaftlich zu einer Bizone zusammen, dem Vereinigten Wirtschaftsgebiet, VWG. Es sollte sich möglichst bald aus eigener Kraft versorgen können. Die Bizonenverwaltung wurde im Juni 1947 einem in Frankfurt geschaffenen Wirtschaftsrat unterstellt, dessen Mitglieder aus den Fraktionen der Länderparlamente ausgewählt worden waren. Direktor der Verwaltung für Wirtschaft des VWG wurde der neoliberale Professor Ludwig Erhard.

Marshall-Plan Im Jahre 1948 wurde Westdeutschland in das amerikanische Hilfsprogramm zum Wiederaufbau Europas (European Recovery Program, ERP), das der amerikanische Außenminister Marshall im Sommer 1947 vorgeschlagen hatte, einbezogen und erhielt zwischen Herbst 1947 bis 1951 1,7 Milliarden Dollar Krediten Kredithilfe von den insgesamt 12,4 Milliarden des Programms (→ S. 22).

MATERIAL

13 Meinungen der deutschen Bevölkerung in der amerikanischen Zone (repräsentative Umfragen im Auftrag der Militärregierung, 1946–1949)

1946: 70% der Befragten meinen, dass die vier Alliierten zusammenarbeiten werden, um Deutschland als Ganzes zu erhalten.
1947: 52% der Befragten meinen, dass der Nationalsozialismus eine gute Idee war, aber schlecht ausgeführt wurde.
1948: 55,5% der Befragten äußern dieselbe Meinung zum Nationalsozialismus wie 1947.
70% der Befragten sprechen sich für die baldige Errichtung einer provisorischen Regierung Westdeutschlands aus.
1949: 67% der Befragten wollen Politik lieber anderen überlassen.
20% meinen, dass sich politische Parteien für das allgemeine Wohl eines Landes einsetzen.
36% geben an, Interesse an Politik zu haben.
76% wären bereit, täglich ohne Bezahlung eine Stunde länger zu arbeiten für den wirtschaftlichen Wiederaufbau Deutschlands.
71% geben an, sie seien nicht bereit, politische Verantwortung zu übernehmen und sich politisch in ihrer Gemeinde zu beteiligen.

Aus: Public Opinion in Occupied Germany, The OMGUS SURVEYS 1945–1949, ed. by Anna I. Merrit and Richard L. Merrit, Urbana 1970, S. 25 ff., Übers. B. Müller.

DEUTSCHLAND 1945 BIS 1949

Bericht eines amerikanischen Beobachters zur Deutschen Frage, Herbst 1947

MATERIAL 14

Der Historiker Hajo Holborn bereiste im Herbst 1947 sechs Wochen lang im Auftrag des amerikanischen Außenministers Deutschland, um über die Militärregierung in der US-Zone zu berichten.

In der Bevölkerung herrscht das Gefühl vor, dass die Westmächte die Deutschen am Boden halten wollen und deshalb das Ernährungsniveau [...] bzw. die industrielle Aktivität auf ein Minimum
5 drücken. Im gleichen Atemzug werden gewöhnlich wilde Anklagen über die rücksichtslose Ausbeutung Deutschlands durch die Alliierten geäußert. Ihre Hauptbeschwerde richtet sich gegen den exzessiven Einschlag in den deutschen Fors-
10 ten, der, so glauben die Deutschen, zur Versteppung Deutschlands führen wird. [...]
Ich war betroffen von der Intensität des deutschen Hasses gegen die Russen und habe versucht, diesem Hass von allen Seiten auf den
15 Grund zu gehen. Rein menschlich gesehen ist es die völlige „Andersartigkeit" der Russen, die jeden Deutschen in Schrecken versetzt. [...] In deutschen Augen sind die Russen Fremde geblieben. Die Gewaltakte, die während der An-
20 fangsphase der Besetzung durch die Russen verübt wurden, sind noch immer der schlimmste Alptraum eines jeden Deutschen. [...]

Bereits im Oktober traf ich bei Deutschen in Berlin und in der sowjetischen Zone auf bitteres Res-
25 sentiment gegen die Westdeutschen, denen vorgeworfen wurde, Ostdeutschland und die Idee eines vereinigten Deutschlands für die Aussicht auf bessere materielle Bedingungen zu verkaufen. [...]
Die Stärke des deutschen Widerstandes gegen
30 kommunistische Ideen hat mich tief beeindruckt, eine dringende Notwendigkeit für einen amerika-

nischen Krieg der Werte gegen den Kommunismus in Deutschland habe ich nicht entdecken können. [...]
Die meisten Deutschen stimmen darin überein, 35 dass nach den Russen die Franzosen am unbeliebtesten sind. Die Ausbeutung der französischen Zone hat bittere Ressentiments geweckt. [...]
Eine der ständig wiederkehrenden Beschwerden 40 war die Behauptung, die Amerikaner seien nicht an Deutschland an sich interessiert, für sie seien die Deutschen lediglich Bauern auf dem Schachbrett der Machtpolitik. [...]

Es gibt keinen anderen und besseren Weg zur 45 Förderung der Demokratie als die Ermöglichung, sie zu praktizieren, und die größte Stärke der amerikanischen Politik im Vergleich mit anderen Mächten lag in der Entschlossenheit und Schnelligkeit, mit denen sie auf die praktische Verwirk- 50 lichung von Demokratie drängte. Aber Demokratie kann nicht einfach durch die Einführung von Verfassung und Verfahrensgesetzen geschaffen werden, ihr Leben wird immer von den sozialen und wirtschaftlichen Bedingungen und vom 55 Geist der Bürger bestimmt. [...]
In ihrem tiefen Misstrauen gegen Russland [...] würde eine Mehrheit der Deutschen heute einen Zusammenschluss der Westzonen als besten Weg zur Verbesserung ihrer materiellen Lage be- 60 grüßen. Aber nur wenige Deutsche wären bereit, dafür die Verantwortung zu übernehmen, dass sie glauben, dass ihnen, wenn nicht schon heute, so doch in fünf Jahren das Stigma des Verrats aufgedrückt werden würde. [...] Wir sollten alles 65 vermeiden, was die Schuld an einer definitiven Teilung Deutschlands den USA zuschieben würde.

Aus: Vierteljahresheft für Zeitgeschichte 1987, 1. H., S. 146–166.

---

1. Erläutern und beurteilen Sie Holborns Aussagen über die Gefühlslagen der Deutschen und über ihre Einstellung zu den Alliierten und zu sich selbst.
2. Inwieweit lässt sich ein Lernprozess der Deutschen und der Alliierten seit der „Stunde Null" erkennen? Berücksichtigen Sie auch M 13.

DER OST-WEST-KONFLIKT UND DIE TEILUNG DEUTSCHLANDS

MATERIAL

15 Was soll aus Deutschland werden? Überlegungen dreier „Politiker der ersten Stunde"

a) Am 31. 10. 1945 *schrieb Konrad Adenauer, CDU, an den Oberbürgermeister von Duisburg, Dr. Weitz:*

Russland entzieht sich immer mehr der Zusammenarbeit mit den anderen Großmächten und schaltet in den von ihm beherrschten Gebieten völlig nach eigenem Gutdünken. In den von ihm
5 beherrschten Ländern herrschen schon jetzt ganz andere wirtschaftliche und politische Grundsätze als in dem übrigen Teil Europas. Damit ist die Trennung in Osteuropa, das russische Gebiet, und Westeuropa eine Tatsache. […]
10 Der nicht von Russland besetzte Teil Deutschlands ist ein integrierender Teil Westeuropas. Wenn er krank bleibt, wird das von schwersten Folgen für ganz Westeuropa. […]
Dem Verlangen Frankreichs und Belgiens nach
15 Sicherheit kann auf die Dauer nur durch wirtschaftliche Verflechtung von Westdeutschland, Frankreich, Belgien, Luxemburg, Holland wirklich Genüge geschehen. Wenn England sich entschließen würde, auch an dieser wirtschaftlichen
20 Verflechtung teilzunehmen, so würde man dem doch so wünschenswerten Endziele „Union der westeuropäischen Staaten" ein sehr großes Stück näher kommen.
Zum staatsrechtlichen Gefüge des nicht von Russ-
25 land besetzten Teiles Deutschlands: […] Die Schaffung eines zentralisierten Einheitsstaats wird nicht möglich, auch nicht wünschenswert sein. […]

b) *Kurt Schumacher, SPD, 1947*

Die Westzonen haben dank der naiven und mehr pädagogischen als politischen Haltung der Westmächte mit „dem Aufbau der Demokratie von unten auf" und den Souveränitätsspielereien der
5 einzelnen Länder einen gefährlichen Mangel an Konzentrationsmöglichkeiten erreicht. […]
Man kann nicht mit einem Programm der bloßen Worte die Demokratie für ganz Deutschland durchsetzen. Man muss soziale und ökonomi-

sche Tatsachen schaffen, die das Übergewicht 10 der drei Westzonen über die Ostzone deklarieren, die das Leben im Westen als nützlicher und sinnvoller und angenehmer beweisen.
Die Prosperität der Westzonen, die sich auf der Grundlage der Konzentrierung der bizonalen Wirt- 15 schaft erreichen lässt, kann den Westen zum ökonomischen Magneten machen. Es ist realpolitisch vom deutschen Gesichtspunkt aus kein anderer Weg zur Erringung der deutschen Einheit möglich als diese ökonomische Magnetisie- 20 rung des Westens, die ihre Anziehungskraft auf den Osten so stark ausüben muss, dass auf die Dauer die bloße Innehabung des Machtapparates dagegen kein sicheres Mittel ist. […]

c) *Jakob Kaiser, CDU (Ost), im Februar* 1946:

Mir scheint für Deutschland die große Aufgabe gegeben, im Ring der europäischen Nationen die Synthese zwischen östlichen und westlichen Ideen zu finden. Wir haben Brücke zu sein zwischen West und Ost; zugleich aber suchen wir unseren eige- 5 nen Weg zu gehen zu neuer sozialer Gestaltung. Die europäische Welt muss einmal wieder zur Ruhe kommen. Sie wird es, wenn die Ideen, die mit der aufsteigenden Schicht der Arbeiterschaft um Gestaltung ringen, Raum gefunden haben. […] 10 Ich sehe den Sinn des für uns so schmerzlichen Geschehens in der gegenseitigen Befruchtung der Nationen, in der gegenseitigen Abstimmung auf eine europäische Gemeinschaft. […]
Wir wollen uns klar darüber sein, dass wir an die 15 schwere Lage unserer Menschen in der Zone schon manche Konzession gemacht haben. Wir haben sie gemacht, weil wir hier für die innere und äußere Verbundenheit der zwanzig Millionen in der Ostzone mit dem übrigen Deutschland 20 stehen. Wir stehen aber auch um weitere Ziele hier: Wir stehen hier, um Deutschland nicht einer einseitigen politischen Westorientierung zuführen zu lassen und um der Mittleraufgabe Deutschlands zwischen Ost und West treu zu bleiben. 25

Aus: a) K. Adenauer, Briefe 1945–1947 (Rhöndorfer Ausgabe), Berlin 1983, S. 130 f.
   b) Vorstand der SPD (Hrsg.), Acht Jahre sozialdemokratischer Kampf um Einheit, Frieden und Freiheit, Bonn 1954, S. 26 f.
   c) W. Conze, Jakob Kaiser, Politiker zwischen Ost und West, Bd. 3, Stuttgart 1969, S. 68.

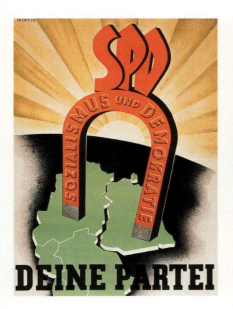

Erste Wahlplakate aus den Westzonen 1946/1947.

1. Vergleichen Sie die Gedanken der drei deutschen Politiker (M 15) über eine neue politische und wirtschaftliche Ordnung und über die Rolle Deutschlands in Europa miteinander.
2. Nennen Sie die Lageeinschätzungen der drei deutschen Politiker und erörtern Sie die mögliche Realisierung ihrer Zielvorstellungen.

DER OST-WEST-KONFLIKT UND DIE TEILUNG DEUTSCHLANDS

MATERIAL

16 Die westliche Besatzungsherrschaft, eine Zäsur in der deutschen Sozialgeschichte?

In den Westzonen hielten sich die gesellschaftlichen Eingriffe der Besatzungsmächte in vergleichsweise engen Grenzen. Anläufe zu einer Bodenreform führten nirgendwo zum Ziel. Im industriellen Bereich wurden einige [...] Großunternehmen und Großbanken – die IG Farben, die Eisen- und Stahlindustrie der britischen Zone [...], die Dresdner und die Deutsche Bank – beschlagnahmt und Treuhändern unterstellt. Aus den zwölf größten Montangesellschaften machte die britische Besatzungsmacht, nachdem sie im Dezember 1945 zunächst die entschädigungslose Enteignung verfügt hatte, 28 voneinander unabhängige Unternehmungen. Eine Sozialisierung von Großbetrieben, wie sie vor allem Sozialdemokraten und Gewerkschaften forderten, [...] fand beim amerikanischen Militärgouverneur nicht Beifall. [...]
Die Frage der Sozialisierung wurde mit der Begründung vertagt, sie sei so wichtig, dass sie nicht in einem einzelnen Land oder einer einzelnen Besatzungszone, sondern nur von einem späteren deutschen Gesetzgeber entschieden werden könne.

Der Einschnitt, den das Jahr 1945 in der deutschen Sozialgeschichte hinterlassen hat, lässt sich erst dann ermessen, wenn man zum Vergleich die Situation Deutschlands am Ende des Ersten Weltkrieges heranzieht. Damals musste keine der „alten Machteliten" als ganze abtreten. Der ostelbische Rittergutsbesitz verlor zwar vorübergehend an politischem Einfluss, konnte aber die gesellschaftlichen Grundlagen seiner Macht behaupten. Der Schwerindustrie gelang es, der Sozialisierungsbewegung zu trotzen. Das Beamtentum wurde durch die Revolution von 1918/19 nicht wesentlich, die Justiz überhaupt nicht erschüttert. Das Militär [...] blieb [...] in der Republik, was es im Kaiserreich gewesen war: ein „Staat im Staat" und ein innenpolitischer Machtfaktor, der im Falle des Ausnahmezustandes zum Träger der vollziehenden Gewalt aufsteigen konnte.

Nach dem Zweiten Weltkrieg gab es [...] jahrelang überhaupt kein deutsches Militär mehr. Der ostelbische Rittergutsbesitz hörte zu bestehen auf. Die Schwerindustrie wurde im Osten enteignet, im Westen zunächst von den Besatzungsmächten entflochten und später, nach Gründung der Bundesrepublik Deutschland, der paritätischen Mitbestimmung der Arbeitnehmer unterworfen. Damit konnte keine dieser Machteliten, die in ihrer Mehrheit vor 1933 entschiedene Widersacher der Demokratie in Deutschland gewesen waren, nach 1945 dieselbe oder eine ähnliche politische Rolle spielen wie in der Weimarer Republik.

Viel stärker war die Kontinuität, was die Westzonen betrifft, im öffentlichen Dienst. Amerikanischen und englischen Versuchen, das deutsche Berufsbeamtentum abzuschaffen, [...] war kein Erfolg beschieden. Kein Richter, der an Terrorurteilen des „Dritten Reiches" mitgewirkt hatte, wurde deswegen seinerseits verurteilt. [...] Die politische Überprüfung des Beamtentums wirkte jedoch so disziplinierend, wie die Erfahrung des „Zusammenbruchs" ernüchternd gewirkt hatte. Offene Demokratiefeindschaft war fortan diskreditiert. Das galt für das Beamtentum ebenso wie für die Justiz.
Eine „Stunde Null" hat es nach dem Untergang des „Dritten Reiches" nicht gegeben. [...]

Aus: H. A. Winkler, Der lange Weg nach Westen, 2. Bd., München 2000, S. 120 f.

1. Benennen Sie die sozialen und politischen Veränderungen (Kontinuitäten und Brüche) in Deutschland nach dem Ende des Ersten und des Zweiten Weltkriegs.
2. Erörtern Sie, welche Auswirkungen die Entscheidungen der britischen und amerikanischen Militärregierungen auf die deutsche Nachkriegsgeschichte hatten.

2.6 Ein „deutscher Weg zum Sozialismus" in der Ostzone?

Die Sowjetunion hatte ihre Besatzungspolitik schon vor der deutschen Kapitulation am 8./9. Mai 1945 eingeleitet. Sie wurde dabei von deutschen Kommunisten unterstützt, die nach 1933 in die Sowjetunion emigriert waren. Drei kleine Gruppen dieser deutschen Kommunisten wurden im Auftrag Stalins von der Roten Armee im Mai 1945 nach Berlin eingeflogen.

- Walter Ulbricht, Reichstagsabgeordneter bis 1933 und Teilnehmer am Spanischen Bürgerkrieg, leitete die erste Gruppe. Während des Zweiten Weltkrieges hatte er unter deutschen Kriegsgefangenen politische Schulungen organisiert und das „Nationalkomitee Freies Deutschland" gegründet, das anti-nationalsozialistisch, aber nicht prokommunistisch ausgerichtet war. Die Ulbricht-Gruppe wirkte in Berlin. *Gruppe Ulbricht*
- Die zweite Gruppe, für Sachsen zuständig, wurde von Anton Ackermann geleitet. Er war Absolvent der Lenin-Parteihochschule, auch Teilnehmer am Spanischen Bürgerkrieg, Mitglied des Zentralkomitees der verbotenen KPD und nach 1945 Chefideologe der Partei. Er vertrat bis 1948 die These vom „besonderen deutschen Weg zum Sozialismus", die er im September 1948 widerrufen musste (→ M 20).
- Die dritte Gruppe wurde von Gustav Sobottka in Mecklenburg-Pommern geleitet. Alle drei Gruppen unterstützten die Militärbehörden beim Neuaufbau der Verwaltung getreu nach Ulbrichts Devise: „Es muss demokratisch aussehen, aber wir müssen alles in der Hand haben." Mit „alles" waren die Schlüsselpositionen in Politik, Wirtschaft und Kultur gemeint.

Die Entnazifizierung wurde in der sowjetischen Besatzungszone als Teil einer „antifaschistisch-demokratischen" und gesellschaftlichen Umwälzung durchgeführt und sollte auch dazu dienen, die „Vorherrschaft der Arbeiterklasse" durchzusetzen. Bis zum März 1948 waren insgesamt 520 734 Personen aus ihren früheren Ämtern entfernt worden. Im Frühjahr 1948 wurden auf Befehl der sowjetischen Militäradministration (SMAD) die Säuberungen abgeschlossen, nachdem zuvor schon allen NSDAP-Mitgliedern, die keine Funktionsträger gewesen waren, als Mitläufern eine Rehabilitierung in Aussicht gestellt worden war. *Entnazifizierung*

Die Besatzungsmacht führte grundlegende und umwälzende Reformen durch:
- Die Justiz und Strafverfolgung lag zunächst ganz in den Händen der SMAD. Eine sowjetische Geheimpolizei unterhielt bis 1950 Konzentrationslager, beispielsweise in Buchenwald und Sachsenhausen, für etwa 130 000 politische Gefangene (auch nationalsozialistisch Unbelastete), von denen 50 000 bis 70 000 ums Leben kamen und 20 000 bis 30 000 in die Sowjetunion deportiert wurden. Kurzfristig ausgebildete „Volksrichter" und „Volksrichterinnen" ersetzten frühere Richter, die fast alle wegen Mitgliedschaft in der NSDAP entlassen wurden.

Plakat aus Brandenburg, 1946.

DER OST-WEST-KONFLIKT UND DIE TEILUNG DEUTSCHLANDS

Bodenreform • Im September 1945 begann in Sachsen eine Bodenreform; 7 000 Großgrundbesitzer mit 2,5 Millionen Hektar Land wurden entschädigungslos enteignet. Ihr Land wurde unter der Losung „Junkerland in Bauernhand" an etwa 500 000 „Neubauern" verteilt. Diese Bodenverteilung an Privatbauern und Genossenschaften war die erste Stufe auf dem Weg zur vollständigen Kollektivierung der Landwirtschaft Ende der fünfziger Jahre; sie war eine radikale, aber keine rein kommunistische Maßnahme. Alle Parteien unterstützten sie. Auch in den Westzonen wurde sie zeitweise geplant, um Flüchtlinge einzugliedern.

Schulreform • Schon im Jahre 1946 wurde eine Schulreform durchgesetzt, um gleiche Bildungschancen für alle herzustellen. Die neu geschaffene Einheitsschule umfasste eine achtklassige Grundschule, der eine vierklassige Oberschule oder eine dreijährige Berufsschule folgte. Im Herbst 1946 ersetzten bereits 40 000 Neulehrer und Neulehrerinnen die bisherigen, zum Teil politisch nicht zuverlässig erscheinenden Lehrkräfte.

Industriereform • Im Zuge der Industriereform wurden schwerindustrielle Betriebe in Sowjetische Aktiengesellschaften umgewandelt. Bereits im Juli 1945 waren Banken und Sparkassen enteignet worden, nach einem Volksentscheid Ende Juni 1946 wurden im Industrieland Sachsen Fabriken als „Betriebe von Kriegs- und Naziverbrechern und Kriegsinteressenten" verstaatlicht. 93,7 Prozent der Wahlberechtigten waren zur Urne gegangen, 77,6 Prozent hatten für, nur 16,5 Prozent gegen die Enteignung gestimmt.

Parteien Bereits am 10 Juni 1945 erlaubte die SMAD durch ihren Befehl Nr. 2 die Gründung antifaschistischer Parteien und Gewerkschaften.

KPD • Einen Tag später wurde als erste Partei im Nachkriegsdeutschland die KPD neugegründet. Dreizehn der sechzehn Mitglieder des Zentralkomitees (ZK), die den Aufruf unterschrieben, waren Emigranten aus der Sowjetunion, die die stalinistischen Säuberungen überstanden hatten. Vorsitzender wurde Wilhelm Pieck.

SPD • Am 15. Juni wurde unter Führung von Otto Grotewohl die SPD neu gegründet. Sie bekannte sich zu Demokratie und Sozialismus. Die KPD grenzte sich gegen diese mit ihr konkurrierende Arbeiterpartei entschieden ab, taktierte aber äußerst vorsichtig. Der aktive Widerstand vieler SPD-Mitglieder gegen Hitler verschaffte ihr Ansehen.

CDU und LDPD • Ende Juni wurde die Ost-CDU und Anfang Juli als vierte Partei die LDPD (Liberaldemokratische Partei Deutschlands) gegründet.
Diese vier Parteien wurden schon am 14. Juli 1945 in einer Einheitsfront der antifaschistisch-demokratischen Parteien, dem Antifa-Block, verbunden, der einheitliche Beschlüsse fasste. Die Blockpolitik wurde für die KPD ein Mittel, ihre Führung im Parteiensystem durchzusetzen.

FDGB Statt der früheren kommunistischen, sozialdemokratischen und christlichen Gewerkschaften wurde im Juni 1945 als einheitliche Massenorganisation der Freie Deutsche Gewerkschaftsbund (FDGB) gegründet. Die vier Parteien und die Einheitsgewerkschaft waren gesamtdeutsch ausgerichtet wie auch die von der SMAD geschaffenen Zentralverwaltungen für die SBZ. Dieses entsprach den sowjetischen Reparations- und Sicherheitsinteressen.

Zusammenschluss der SED Am 21./22. April 1946 schlossen sich KPD und SPD auf einem gemeinsamen Parteitag zur Sozialistischen Einheitspartei Deutschlands (SED) zusammen. Grotewohl (SPD) leitete den Vereinigungsparteitag mit den Worten ein: „Als wir beide (er und Wilhelm Pieck, der Vorsitzende der KPD) auf diese Bühne kamen, wurde mir die symbolische Bedeutung dieses Aktes klar. Wilhelm Pieck kam von links und ich kam von rechts. Wir

DEUTSCHLAND 1945 BIS 1949

Auslosung von Ackerparzellen bei Güstrow, 1945.

Plakat der Kommunistischen Partei Deutschlands in der SBZ, 1945.

Handzettel zum Volksentscheid über die Enteignung der Betriebe, 1946.

kamen beide, um uns in der Mitte zu treffen." Pieck beteuerte, dass weder eine Diktatur noch ein Einparteiensystem aufgerichtet würde.

Die KPD wollte durch die Vereinigung aus ihrer Isolierung herauskommen, ihre Massenbasis verbreitern, die Konkurrenz der SPD ausschalten, ihre Wahlaussichten verbessern und die neue Einheitspartei über geschulte Parteifunktionäre („Kader") und unter Mithilfe der SMAD in den Griff bekommen. Mit Druck, Zwang und Überzeugungsarbeit wurde der Zusammenschluss herbeigeführt. Eine Urabstimmung der Parteimitglieder der SPD zur Frage der Verschmelzung konnte nur in West-Berlin stattfinden. Hier stimmten 82 % dagegen.

Taktik der SED

Das Parteiprogramm der SED stellte einen Kompromiss dar. Die Partei bekannte sich zur Einheit Deutschlands, zu einer antifaschistisch-parlamentarischen Republik, zu demokratischen Wahlen, zur gleichberechtigten Mitwirkung der Gewerkschaften und zu einer sozialistischen Warenproduktion, deren Durchsetzung revolutionäre Mittel nicht ausschließe. Alle Ämter und Funktionen sollten paritätisch besetzt werden.

Programm der SED

Die SED war keine Kader-, sondern eine Massenpartei; sie zählte bis Mitte 1948 zwei Millionen Mitglieder, also etwa 16 % aller Erwachsenen in der SBZ. Sie kämpfte erfolgreich um die Führung im Parteiensystem. Bei den Gemeindewahlen in der SBZ im Sep-

Wahlen in der SBZ und in Berlin

Leipzig, Parteihaus der SED: Propaganda für die Volksabstimmung in Sachsen zur Enteignung der Privatindustrie am 30. Juni 1946.

tember 1946 konnte sie eine knappe absolute Mehrheit erringen. In den Landtagswahlen schwankten die Ergebnisse zwischen 39% und 44%. Ein besserer Gradmesser für die politische Haltung der Bevölkerung und weit aufschlussreicher waren jedoch die gleichzeitigen Wahlen in Gesamtberlin. Dort erzielte die SPD 48,7%, die CDU 22,2%, die SED 19,8% und die LDPD 9,3%. Versuche der SED, auch in den Westzonen Fuß zu fassen, stießen auf den Einspruch der westlichen Militärregierungen und auf Ablehnung der SPD. Die Gründung der SED wurde parteipolitisch ein entscheidender Schritt zur Trennung der Ostzone von den Westzonen.

DEUTSCHLAND 1945 BIS 1949

MATERIAL

Erste parteipolitische Verlautbarungen in der SBZ **17**

a) Gründungsaufruf der KPD (11. Juni 1945):

Mit der Vernichtung des Hitlerismus gilt es gleichzeitig, die Sache der Demokratisierung Deutschlands, die Sache der bürgerlich-demokratischen Umbildung, die 1848 begonnen wurde, zu Ende zu führen, die feudalen Überreste völlig zu beseitigen und den reaktionären altpreußischen Militarismus […] zu vernichten.
Wir sind der Auffassung, dass der Weg, Deutschland das Sowjetsystem aufzuzwingen, falsch wäre, denn dieser Weg entspricht nicht den gegenwärtigen Entwicklungsbedingungen in Deutschland. Wir sind vielmehr der Auffassung, dass die entscheidenden Interessen des deutschen Volkes in der gegenwärtigen Lage für Deutschland einen anderen Weg vorschreiben, und zwar den Weg der Aufrichtung eines antifaschistischen, demokratischen Regimes, einer parlamentarisch-demokratischen Republik mit allen demokratischen Rechten und Freiheiten für das Volk.
An der gegenwärtigen historischen Wende rufen wir Kommunisten alle Werktätigen, alle demokratischen und fortschrittlichen Kräfte des Volkes zu diesem großen Kampf für die demokratische Erneuerung Deutschlands, für die Wiedergeburt unseres Landes auf! […] Das ZK der KPD ist der Auffassung, dass das vorstehende Aktionsprogramm als Grundlage zur Schaffung eines Blocks der antifaschistischen demokratischen Parteien dienen kann.

b) Gründungsaufruf der SPD (15. Juni 1945):

Niemals und von niemandem soll das deutsche Volk wieder als vertrauensseliges Opfer gewissenloser politischer Abenteurer missbraucht werden. Der politische Weg des deutschen Volkes in eine bessere Zukunft ist damit klar vorgezeichnet: Demokratie in Staat und Gemeinde, Sozialismus in Wirtschaft und Gesellschaft! Wir sind bereit und entschlossen, hierbei mit allen gleich gesinnten Menschen und Parteien zusammenzuarbeiten. Wir begrüßen daher aufs Wärmste den Aufruf des Zentral-Komitees der Kommunistischen Partei Deutschlands vom 11. Juni 1945, der zutreffend davon ausgeht, dass der Weg für den Neubau Deutschlands von den gegenwärtigen Entwicklungsbedingungen abhängig ist und dass die entscheidenden Interessen des deutschen Volkes in der gegenwärtigen Lage die Aufrichtung eines antifaschistischen demokratischen Regimes und einer parlamentarisch-demokratischen Republik mit allen demokratischen Rechten und Freiheiten für das Volk erfordern.

c) Kommuniqué der antifaschistisch-demokratischen Parteien (14. Juli 1945):

Hitler hat Deutschland in die tiefste Katastrophe seiner Geschichte gestürzt. Die Kriegsschuld Hitlerdeutschlands ist offenkundig. Weite Kreise des deutschen Volkes waren dem Hitlerismus und seiner Ideologie verfallen und haben seinen Eroberungskrieg bis zum furchtbaren Ende unterstützt. Groß war die Zahl jener Deutschen, die willenlos der Hitlerpolitik folgten. […] Nur durch einen grundlegenden Umschwung im Leben und Denken unseres ganzen Volkes, nur durch Schaffung einer antifaschistischen demokratischen Ordnung ist es möglich, die Nation zu retten. Die Vertreter der vier Parteien beschließen, unter gegenseitiger Anerkennung ihrer Selbstständigkeit die Bildung einer festen Einheitsfront der antifaschistisch-demokratischen Parteien, um mit vereinter Kraft die großen Aufgaben zu lösen.

Aus: E. Deuerlein, DDR, München 1971, S. 49 f.

---

1. Erläutern Sie die Zielvorstellungen der Parteien in der SBZ und erschließen Sie die Intention der Formel „antifaschistisch-demokratisch".

MATERIAL
18 Walter Ulbricht 1945 zur Personal- und Blockpolitik

a) Die Bezirksverwaltungen müssen politisch richtig zusammengestellt werden. Kommunisten als Bürgermeister können wir nicht gebrauchen [...]. Die Bürgermeister sollen in den Arbeiterbezirken in der Regel Sozialdemokraten sein. In den bürgerlichen Vierteln – Zehlendorf, Wilmersdorf, Charlottenburg usw. – müssen wir an die Spitze einen bürgerlichen Mann stellen, einen, der früher dem Zentrum, der Demokratischen oder Deutschen Volkspartei angehört hat. Am besten, wenn er ein Doktor ist; er muss aber gleichzeitig auch Antifaschist sein und ein Mann, mit dem wir gut zusammenarbeiten können. [...]
Für den stellvertretenden Bürgermeister, für Ernährung, für Wirtschaft und Soziales sowie für Verkehr nehmen wir am besten Sozialdemokraten, die verstehen was von Kommunalpolitik. Für Gesundheitswesen parteilose Spezialisten, die etwas davon verstehen. Jedenfalls müssen zahlenmäßig mindestens die Hälfte aller Funktionen mit Bürgerlichen oder Sozialdemokraten besetzt werden. [...]
Und nun zu unseren Genossen. Der erste stellvertretende Bürgermeister, der Dezernent für Personalfragen und der Dezernent für Volksbildung – das müssen unsere Leute sein. Dann müssen wir noch eine ganz zuverlässigen Genossen in jedem Bezirk ausfindig machen, den wir für den Aufbau der Polizei brauchen. [...]
Es ist doch ganz klar: Es muss demokratisch aussehen, aber wir müssen alles in der Hand haben.

b) Auch in der SED gibt es manche Genossen, die an den Erfolgen der Blockpolitik zweifeln. Diese Genossen erkennen oft nicht den Unterschied zwischen Blockpolitik und Koalitionspolitik. Während das Wesen der Koalitionspolitik darin bestand, dass unter den Bedingungen des Fortbestehens der Herrschaft der Konzerne, Großbanken und Großgrundbesitzer die Bourgeoisie die führende Kraft war, während sich die Arbeitervertreter mehr oder weniger in ihrem Schlepptau befanden, besteht das Wesentliche der Blockpolitik darin, dass durch die gemeinsamen Anstrengungen die Macht der Kriegsverbrecher, Konzerne, Großbanken und militaristischen Großgrundbesitzer beseitigt wird und die Arbeiterschaft die führende Rolle in der demokratischen Entwicklung übernimmt.

Aus: a) W. Leonhard, Die Revolution entlässt ihre Kinder, Köln 1955, S. 364f. b) E. Deuerlein, DDR, München 1971, S. 36f.

Wilhelm Pieck (KPD), Otto Grotewohl (SPD) und Walter Ulbricht (KPD) (v.l.n.r.) auf dem Vereinigungsparteitag der SED am 21./22. April 1946.

DEUTSCHLAND 1945 BIS 1949

Zum Begriff der Volksdemokratie (1947)

MATERIAL 19

Die mit Hilfe der Blockpolitik geschaffene neue Ordnung ist keine sozialistische Ordnung. Sie ist jedoch demokratischer als die bürgerlich-parlamentarische Demokratie und entspricht mehr als diese den Interessen des werktätigen Volkes. Sie versperrt einer späteren sozialistischen Entwicklung nicht den Weg, im Gegenteil, sie schafft notwendige und günstige Voraussetzungen für eine solche Entwicklung.

Die Arbeiterklasse hat die Demokratie immer als den besten Kampfboden für den Sozialismus angesehen. Umso mehr trifft diese Feststellung für den neuen Typus der Demokratie, für die Volksdemokratie, zu.

Historisch notwendige Etappen lassen sich nicht überspringen. Die Schaffung einer volksdemokratischen Ordnung ist heute für eine Reihe von Ländern eine notwendige Etappe in der Richtung zum Sozialismus.

Aus: Die Einheit. Zeitschrift für Theorie und Praxis des Sozialismus Nr. 9, Berlin 1947.

Anton Ackermann, Absage an einen deutschen Weg zum Sozialismus

MATERIAL 20

Diese Theorie von einem „besonderen deutschen Weg" bedeutet zweifellos eine Konzession an die starken antisowjetischen Stimmungen in gewissen Teilen der deutschen Bevölkerung: Sie bedeutet ein Zurückweichen vor der wilden antikommunistischen Hetze, wie sie in Deutschland besonders krass im Zusammenhang mit der Vereinigung der KPD und SPD zur SED einsetzte.

Diese Theorie enthält das Element einer Abgrenzung von der Arbeiterklasse und von der bolschewistischen Partei der Sowjetunion, ganz unbeschadet, ob man sich dessen bewusst war oder nicht, ob es beabsichtigt war oder nicht. Die Theorie von einem besonderen deutschen Weg zum Sozialismus lässt dem Antibolschewismus Raum, statt ihn entschieden zu bekämpfen.

Aus: Neues Deutschland vom 24. September 1948.

---

1. Erklären Sie den inneren Zusammenhang zwischen antifaschistisch-demokratischer Einheitsfront, Blockpolitik und Volksdemokratie. (M 18 und M 19)
2. Welche Gründe nennt Ackermann für die Aufgabe des zunächst propagierten „deutschen Weg zum Sozialismus"? Welche Gründe nennt er nicht?
3. Vergleichen Sie die Weichenstellung in der SBZ mit derjenigen in den Westzonen.

2.7 Die doppelte Staatesgründung 1949
Teil-, Übergangs- oder Kernstaaten?

MATERIAL

21 Hymne der Deutschen Demokratischen Republik

Auferstanden aus Ruinen
und der Zukunft zugewandt,
lass uns dir zum Guten dienen,
Deutschland, einig Vaterland.
Alte Not gilt es zu zwingen
und wir zwingen sie vereint,
denn es muss uns doch gelingen,
dass die Sonne, schön wie nie,
über Deutschland scheint.

Der Schriftsteller Johannes R. Becher, Mitglied des Zentralkomitees der SED und später Minister für Kultur in der DDR, verfasste 1949 den Text der DDR- Hymne. Der Komponist Hans Eisler schuf die Melodie. Der Vers „Deutschland einig Vaterland" widersprach der seit Anfang 1970 verfolgten Politik der SED in der nationalen Frage. Der Text wurde seitdem nicht mehr gesungen, nur die Melodie wurde gespielt.

Das neue Reichswappen, Karikatur aus dem Simpl, 1949

ZWEI VOLK –
ZWEI REICH –
ZWEI FÜHRER

Hymne der Bundesrepublik Deutschland

3. Einigkeit und Recht und Freiheit für das deutsche Vaterland!
Danach lasst uns alle streben brüderlich mit Herz und Hand!
Einigkeit und Recht und Freiheit sind des Glückes Unterpfand.
Blüh im Glanze dieses Glückes, blühe deutsches Vaterland!

In der Bundesrepublik wurde zunächst zu offiziellen Anlässen meist Schillers „Ode an die Freude" in der Vertonung Beethovens gespielt. Erst 1952 wurde „Das Lied der Deutschen", 1842 von Heinrich Hoffmann von Fallersleben auf eine Melodie Haydns gedichtet, zur Nationalhymne. Friedrich Ebert hatte es 1922 zur Hymne der Weimarer Republik erklärt.
Um politische Missverständnisse zu vermeiden und um keine Erinnerungen an nationalsozialistische Machtansprüche wachzurufen, wurde im Jahr 1952 in einem Briefwechsel zwischen dem damaligen Bundespräsidenten Heuss und dem Bundeskanzler Adenauer vereinbart, nur die dritte Strophe als deutsche Nationalhymne zu singen.

1. Erläutern Sie die in der Karikatur verwendeten Wortspiele und Symbole.

„Frankfurter Dokumente" Die vier Siegermächte konnten sich im beginnenden Kalten Krieg über die Deutsche Frage, über Reparationen, Kontrolle des Ruhrgebiets, Entnazifizierung, Demokratisierung, Wirtschaftsordnung und über eine deutsche Zentralregierung nicht mehr verständigen. Die USA, Großbritannien und widerstrebend auch Frankreich entschieden sich schließlich im Widerspruch zu den Potsdamer Beschlüssen für eine Weststaatslösung. Am 1. Juli 1948 übergaben die drei westlichen Militärgouverneure den elf Ministerpräsidenten der Westzonen die so genannten „Frankfurter Dokumente".
- Dokument Nr. 1 autorisierte die Ministerpräsidenten, eine verfassungsgebende Versammlung einzuberufen, die eine demokratische, liberale, föderale und durch Volksabstimmung zu ratifizierende Verfassung ausarbeiten sollte.

DEUTSCHLAND 1945 BIS 1949   **59**

- Das Dokument Nr. 2 forderte eine Neugliederung der Länder.
- Das Dokument Nr. 3 skizzierte Grundzüge eines Besatzungsstatus, das die Beziehungen zwischen einer künftigen westdeutschen Regierung und den Alliierten Behörden regelte. Die drei Westmächte bestanden auf einer Kontrolle der Ruhrindustrie, Reparationen, Entflechtung von Großbetrieben und Abrüstung. Für den Fall eines die Sicherheit bedrohenden Notstandes würden die Militärgouverneure wieder ihre vollen Machtbefugnisse ausüben. Das Besatzungsstatut wurde im April 1949 von den westlichen Außenministern in Washington verabschiedet und trat am 21. September 1949 in Kraft.

Im Sommer 1948 erarbeitete ein Konvent aus je zwei Vertretern der elf westdeutschen Länder in Herrenchiemsee einen Verfassungsentwurf. Am 1. September 1948 trat in Bonn der „Parlamentarische Rat" zusammen, der auf der Grundlage dieses Entwurfs das Grundgesetz erarbeitete. Der Parlamentarische Rat bestand aus 65 Abgeordneten, je 27 gehörten der CDU und der SPD, 5 der FDP und je 2 dem Zentrum, der KPD und der DP (Deutsche Partei) an. 5 Abgeordnete aus Berlin waren nicht stimmberechtigt. 4 der 65 Abgeordneten waren Frauen: Helene Weber (CDU), Helene Wessel (Zentrum), Friederike Nadig (SPD) und Elisabeth Selbert (SPD). Zum Präsidenten des Parlamentarischen Rates wurde der Vorsitzende der CDU für die britische Zone, Konrad Adenauer, gewählt; zum Vorsitzenden des Hauptausschusses der SPD-Abgeordnete Carlo Schmid.

Parlamentarischer Rat

Der Parlamentarische Rat verstand sich als Treuhänder aller Deutschen, auch derer in der SBZ, im Saarland und im Gebiet jenseits der Oder und Neiße, denen es versagt war, mitzuwirken. Die Verwendung der Begriffe „Verfassungsgebende Versammlung" und „Verfassung" wurde abgelehnt, die Bezeichnungen „Parlamentarischer Rat" und „Grundgesetz" sollten den provisorischen Charakter des Gründungsakts, der nicht Gesamtdeutschland mit einbeziehen konnte, betonen.

Verfassung oder Grundgesetz?

Parteien, Verbände, Kirchen und auch die Besatzungsmächte nahmen auf die Beratungen Einfluss. Uneinig blieb der Parlamentarische Rat sich über die Wirtschaftsordnung. In Artikel 20 formulierte man schließlich, dass der neue Staat ein Sozialstaat sein solle; über die inhaltliche Ausgestaltung der Sozial- und Wirtschaftsordnung sollte aber erst ein künftiges Parlament entscheiden. Heftig umstritten war die Kompetenzverteilung zwischen Bund und Ländern, vor allem in der Gesetzgebung und Finanzverfassung. Als Name für den neuen Staat wurden „Deutsches Reich" und „Bund Deutscher Länder" erörtert, ehe man sich auf den Vorschlag von Theodor Heuss, die Bezeichnung „Bundesrepublik Deutschland" zu wählen, verständigte.

Wirtschaftsordnung

Föderalismus

Name

Am 8. Mai 1949, vier Jahre nach der bedingungslosen Kapitulation, wurde das Grundgesetz verabschiedet. Es wurde von den Militärgouverneuren genehmigt und anschließend von zehn der elf westlichen Länder ratifiziert. Nur Bayern lehnte es ab, da es der Mehrheit der bayerischen Abgeordneten zu zentralistisch erschien. Doch da die Zustimmung von zwei Dritteln der Länder für die Annahme genügte, trat das Grundgesetz auch in Bayern in Kraft. Am 23. Mai 1949 wurde das Grundgesetz in der neuen provisorischen Bundeshauptstadt Bonn verkündet. Am 14. August 1949 fanden die Wahlen zum Ersten Bundestag statt. Die CDU/CSU erhielten zusammen 31 Prozent, die SPD 29,2 Prozent, die FDP 11,9 Prozent und die KPD 5,7 Prozent der Stimmen. Bei einer Wahlbeteiligung von 78,5 Prozent lässt sich diese Wahl auch als Zustimmung

Bundestagswahlen

zum Grundgesetz und zur Entscheidung der Ministerpräsidenten für den „Westen" auffassen. Der erste Bundestag wählte am 15. September 1949 mit einer Stimme Mehrheit Konrad Adenauer zum ersten Bundeskanzler; Theodor Heuss wurde am 12. September 1949 zum ersten Bundespräsidenten gewählt.

Merkmale der Bundesrepublik

Die neu geschaffene Bundesrepublik Deutschland war eine parlamentarisch-repräsentative Demokratie, ein liberaler und sozialer Rechtsstaat. Unveränderbarer Kernbestand der neuen freiheitlichen, demokratischen Grundordnung waren die Grundrechte und die bundesstaatliche Gliederung. Die Verfassung war antifaschistisch und antikommunistisch angelegt. Der Parlamentarische Rat hatte Lehren aus dem Scheitern der Weimarer Republik, aus den Erfahrungen des Dritten Reiches und der beginnenden kommunistischen Diktatur in der SBZ gezogen. Die plebiszitären Elemente der Weimarer Demokratie wurden beschnitten, die Macht des Präsidenten wurde erheblich beschränkt, der Kanzler konnte nur mit einem konstruktiven Misstrauensvotum gestürzt werden. Auch wurde ein Verbot verfassungsfeindlicher Parteien ermöglicht.

Der Charakter des neuen Staates blieb aber umstritten: War er ein Teilstaat, ein Übergangsstaat, ein Kernstaat? Denn fast gleichzeitig wurde in der SBZ ein zweiter deutscher Staat gegründet, der auch den Anspruch hatte, Gesamtdeutschland zu vertreten.

Sechsmächte-konferenz

Zu der vom Februar bis Juli 1948 tagenden Sechsmächtekonferenz in London über die westliche Deutschlandpolitik war die Sowjetunion zum ersten Mal nicht eingeladen worden. Daraufhin hatte am 20. März 1948 der sowjetische Vertreter, Marshall Sokolowski, den Alliierten Kontrollrat, dem Deutschland als Ganzes unterstand, demonstrativ verlassen.

„Deutscher Volks-kongress für Einheit und gerechten Frieden"

Die SED organisierte nun einen „Deutschen Volkskongress für Einheit und gerechten Frieden". Zum 100. Jahrestag der Märzrevolution von 1848 am 17./18. März 1948 fand in Berlin der von der SED geleitete Volkskongress statt. 2000 Delegierte aus Parteien und Massenorganisationen (Gewerkschaften, Jugendverbände) waren geladen; 464 von ihnen kamen aus den Westzonen. Der Volkskongress beschloss ein Volksbegehren über die deutsche Einheit abzuhalten. Ein Ausschuss unter Leitung von Wilhelm Pieck (SED) arbeitete eine Verfassung für ein vereintes Deutschland aus, bereitete aber gleichzeitig auch die Bildung eines ostdeutschen Separatstaates vor.

Gründung der DDR

Ein Jahr später wurde, eine Woche vor der Verabschiedung des westdeutschen Grundgesetzes, im Bereich der sowjetischen Besatzungszone die geplante Volksabstimmung über die deutsche Einheit abgehalten. Mit der Volksabstimmung war die Abstimmung über den neuen Volkskongress verbunden. Dessen Zusammensetzung war allerdings durch eine Einheitsliste bereits vor der Abstimmung festgelegt worden. Bei der Wahl konnte nur noch über eine Zustimmung oder eine Ablehnung dieser Liste entschieden werden. Das Wahlergebnis wies eine Mehrheit von 61,1 % für die Einheitsliste aus (allerdings wurden Enthaltungen als Zustimmung gewertet), ein Drittel der Wähler antwortete mit „Nein". Der neue Volkskongress wählte aus seinen Reihen einen deutschen Volksrat. Dieser erklärte sich am 7. Oktober ohne weitere demokratische Legitimation zur Volkskammer, setzte die Verfassung in Kraft und bildete eine provisorische Regierung unter dem Ministerpräsidenten Otto Grotewohl. Dieser 7. Oktober 1949 gilt als Gründungsdatum der DDR.

DEUTSCHLAND 1945 BIS 1949

Anspruch und Verfassung der DDR

Die Schritte zur Gründung eines sozialistischen Staates auf deutschem Boden wurden stets den westlichen nachgeordnet, um die Weststaatsgründung als separatistisch darstellen zu können. Für die SED war die Gründung der DDR aber mehr als die Gründung eines Gegenstaates; sie galt ihr als die Gründung eines sozialistischen deutschen Modellstaates mit gesamtdeutscher Ausstrahlung. Aus westlicher Sicht fehlte dem östlichen Teilstaat die Legitimation durch freie Wahlen. Der Verfassungstext selbst war an dem der Weimarer Republik ausgerichtet, er enthielt einen Katalog von Grundrechten und machte keine Aussagen zur praktizierten Führungsrolle der SED. Bedenklich waren aber vor allem der Artikel 6, der jegliche Opposition als „Boykotthetze" gegen demokratische Einrichtungen unter Strafe stellte, und Artikel 92, der das Blockprinzip auf die Regierungsbildung übertrug. Damit war eine parlamentarische Opposition ausgeschlossen. Die beiden deutschen Staaten wurden in die Blocksysteme der beiden Weltmächte eingebunden. Nicht nur Deutschland, sondern auch Europa war geteilt.

MATERIAL 22

Karikatur „Die ersten Schritte" (Baltimore Sun, September 1949)

1. Erläutern Sie die dargestellte „Polit-Szene" (Rolle der Darsteller, Situation, Absichten).
2. Welche Vorsorge können die dargestellten Eltern treffen, dass ihr Kleinkind nicht wie dessen Bruder „Weimar" endet? Welche Stolpersteine liegen auf dem Lebensweg des Kindes?

DER OST-WEST-KONFLIKT UND DIE TEILUNG DEUTSCHLANDS

MATERIAL

23 Der Parlamentarische Rat zur Legitimation und zum Charakter des neuen Staates

a) *Carlo Schmid (SPD) am 8. 9. 1948:*

Meine Damen und Herren! Worum handelt es sich denn eigentlich bei dem Geschäft, das wir hier zu bewältigen haben? [...] Eine Verfassung ist nichts anderes als die in Rechtsform gebrachte Selbstverwirklichung der Freiheit eines Volkes. Darin liegt ihr Pathos und dafür sind die Völker auf die Barrikaden gegangen. [...]

Aber man kann die Ausübung der Volkssouveränität ganz oder teilweise sperren. Das ist bei uns 1945 geschehen. Sie wurde ursprünglich völlig gesperrt. Dann wurde diese Sperrung stückweise von den Besatzungsmächten zurückgezogen. [...] Die Volkssouveränität ist, wo man von ihrer Fülle spricht, unteilbar. Sie ist räumlich nicht teilbar. Sollte man sie bei uns für räumlich teilbar halten, dann würde das bedeuten, dass man hier im Westen den Zwang zur Schaffung eines separaten Staatsvolkes setzt. Das will das deutsche Volk in den drei Westzonen aber nicht sein! (Lebhafte Zustimmung.) Es gibt kein westdeutsches Staatsvolk und wird keines geben! (Erneute Zustimmung.) [...] Wo nur fragmentarische Ausübung möglich ist, kann auch nur ein Staatsfragment organisiert werden. [...]

Die eigentliche Verfassung, die wir haben, ist auch heute noch das geschriebene oder ungeschriebene Besatzungsstatut. [...] Wir haben unter Bestätigung der alliierten Vorbehalte das Grundgesetz zur Organisation der heute freigegebenen Hoheitsbefugnisse des deutschen Volkes in einem Teile Deutschlands zu beraten und zu beschließen. Wir haben nicht die Verfassung Deutschlands oder Westdeutschlands zu machen. Wir haben keinen Staat zu errichten.

Wofür schmieden wir dieses Instrument? Schmieden wir es, um Deutschland zu spalten? Wir schmieden es, weil wir es brauchen, um die erste Etappe auf dem Weg zur staatlichen Einigung aller Deutschen zurückzulegen! Noch liegen die weiteren Etappen außerhalb unseres Vermögens. Möchten die Besatzungsmächte sich der Verantwortung bewusst sein, die sie übernommen haben, als sie sich zu Herren unseres Schicksals aufwarfen!

Diese Verantwortung schließt die Pflicht ein, um des Friedens Europas willen Deutschland endlich den Frieden zurückzugeben und damit dem deutschen Volk die Möglichkeit, von seinem unverzichtbaren Recht auf eigene Gestaltung der Formen und Inhalte seiner politischen Existenz Gebrauch zu machen. Ein geeintes demokratisches Deutschland, das seinen Sitz im Rate der Völker hat, wird ein besserer Garant des Friedens und der Wohlfahrt Europas sein als ein Deutschland, das man angeschmiedet hält wie einen bissigen Kettenhund! (Beifall)

b) *Adolf Süsterhenn (CDU) am 8. 9. 1948:*

Unser aller Wille ist darauf gerichtet, die staatliche Einheit wiederherzustellen und Deutschland als voll souveränen Staat in die europäische Volksgemeinschaft und in die Gemeinschaft der freien demokratischen Organisationen der Welt wieder einzuordnen.

Die Verwirklichung dieses Vorhabens ist zurzeit noch nicht möglich. [...] Wir freuen uns, dass es durch unsere Arbeit hier im Parlamentarischen Rat nunmehr ermöglicht werden soll, die politische und wirtschaftliche Einheit wenigstens der drei Westzonen wiederherzustellen. Wir würden es von ganzem Herzen begrüßen, wenn auch die gesamte Ostzone durch frei gewählte Vertreter hier vollberechtigt vertreten wäre, um Gesamtdeutschland mit uns gemeinsam aufzubauen. Die Konfliktsituation zwischen den Alliierten, der verhängnisvolle Riss zwischen Ost und West, der quer durch Deutschland und Europa geht, hindert uns an der Durchführung unseres Vorhabens. [...]

Aus a) Geschichte in Quellen. Die Welt seit 1945, München 1980, S. 169ff., S. 180ff.
b) C. C. Schweitzer (Hrsg.), Die Deutsche Nation: Aussagen von Bismarck bis Honecker, Köln 1976, S. 315ff.

DEUTSCHLAND 1945 BIS 1949

MATERIAL 24

Aus dem Grundgesetz der Bundesrepublik Deutschland vom 23. 5. 1949

Präambel

Im Bewusstsein seiner Verantwortung vor Gott und den Menschen, von dem Willen beseelt, seine nationale und staatliche Einheit zu wahren und als gleichberechtigtes Glied in einem vereinten Europa dem Frieden der Welt zu dienen, hat das Deutsche Volk in den Ländern [...; s. Art. 23], um dem staatlichen Leben für eine Übergangszeit eine neue Ordnung zu geben, kraft seiner verfassungsgebenden Gewalt dieses Grundgesetz der Bundesrepublik Deutschland beschlossen. Es hat auch für jene Deutschen gehandelt, denen mitzuwirken versagt war.

Das gesamte Deutsche Volk bleibt aufgefordert, in freier Selbstbestimmung die Einheit und Freiheit Deutschlands zu vollenden.

Artikel 1

(1) Die Würde des Menschen ist unantastbar. Sie zu achten und zu schützen ist Verpflichtung aller staatlichen Gewalt.

(2) Das Deutsche Volk bekennt sich darum zu unverletzlichen und unveräußerlichen Menschenrechten als Grundlage jeder menschlichen Gemeinschaft, des Friedens und der Gerechtigkeit in der Welt.

(3) Die nachfolgenden Grundrechte binden Gesetzgebung, Verwaltung und Rechtsprechung als unmittelbar geltendes Recht.

Artikel 23

(galt bis 23. 9. 1990)

Dieses Grundgesetz gilt zunächst im Gebiete der Länder Baden, Bayern, Bremen, Großberlin, Hamburg, Hessen, Niedersachsen, Nordrhein-Westfalen, Rheinland-Pfalz, Schleswig-Holstein, Württemberg-Baden, und Württemberg-Hohenzollern. In anderen Teilen Deutschlands ist es nach deren Beitritt in Kraft zu setzen.

Artikel 146

Dieses Grundgesetz verliert seine Gültigkeit an dem Tage, an dem eine Verfassung in Kraft tritt, die von dem Deutschen Volke in freier Entscheidung beschlossen worden ist.

MATERIAL 25

Aus der Verfassung der Deutschen Demokratischen Republik vom 7. 10. 1949

Von dem Willen erfüllt, die Freiheit und die Rechte des Menschen zu verbürgen, das Gemeinschafts- und Wirtschaftsleben in sozialer Gerechtigkeit zu gestalten, dem gesellschaftlichen Fortschritt zu dienen, die Freundschaft mit allen Völkern zu fördern und den Frieden zu sichern, hat sich das deutsche Volk diese Verfassung gegeben.

Artikel 1

(1) Deutschland ist eine unteilbare demokratische Republik, sie baut sich auf den deutschen Ländern auf.

(4) Es gibt nur eine deutsche Staatsangehörigkeit.

Artikel 6

(1) Alle Bürger sind vor dem Gesetz gleichberechtigt.

(2) Boykotthetze gegen demokratische Einrichtungen und Organisationen, Mordhetze gegen demokratische Politiker, Bekundung von Glaubens-, Rassen-, Völkerhass, militaristische Propaganda sowie Kriegshetze und sonstige Handlungen, die sich gegen die Gleichberechtigung richten, sind Verbrechen im Sinne des Strafgesetzbuches. Ausübung demokratischer Rechte im Sinne der Verfassung ist keine Boykotthetze.

(3) Wer wegen Begehung dieser Verbrechen bestraft ist, kann weder im öffentlichen Dienst noch in leitenden Stellen [...] tätig sein. Er verliert das Recht, zu wählen und gewählt zu werden.

Artikel 144

(2) Die verfassungsmäßigen Freiheiten und Rechte können nicht den Bestimmungen entgegengehalten werden, die ergangen sind und noch ergehen werden, um den Nationalsozialismus und Militarismus zu überwinden und das von ihnen verschuldete Unrecht wieder gutzumachen.

1. Erläutern Sie die Auffassung der beiden Redner in M 23 hinsichtlich Legitimation, Aufgabe, Souveränität und Staatscharakter des zu gründenden Staates.
2. Inwieweit sind die Gedanken von Schmid und Süsterhenn in das Grundgesetz eingegangen?
3. Untersuchen Sie die beiden Artiklel 6 und 144 der DDR-Verfassung auf eine möglicherweise missbräuchliche, verfassungswidrige Anwendung.
4. Vergleichen Sie die beiden Präambeln (mögliche Vergleichspunkte: Staatsziele, Staatscharakter, Normen, Legitimation, deutsche Einheit).

MATERIAL
26 Der Historiker Ernst Nolte über die doppelte Staatsgründung

Die DDR war von ihren Anfängen an der „staatlichere" der beiden Staaten, die formell im Frühherbst des Jahres 1949 auf dem Boden des Deutschen Reiches gebildet wurden, denn sie
5 verdankte ihre Entstehung nicht einem relativ inhaltsarmen und überwiegend abwehrenden Konsensus, sondern dem sehr konkreten Geschichts- und Zielbewusstsein einer ohne öffentliche Diskussion regierenden Partei. [...]

10 Dass in diesem Teil Deutschlands die Potsdamer Beschlüsse durchgeführt und ehemalige Nationalsozialisten nicht in führenden Positionen zu finden seien, war die Basis ihres Selbstverständnisses und es war zugleich die Grundlage für die
15 Sympathie, die sie auch im westlichen Ausland schon bald an manchen Stellen fand. Freilich war weder die eine noch die andere Aussage in der Sache ganz richtig, denn der „Geist von 1945" wurde in der Praxis und in der Theorie nur sehr
20 partiell bewahrt: Von einem „deutschen Weg zum Sozialismus" durfte schon 1948 nicht mehr die Rede sein, ehemalige Nationalsozialisten fanden in erheblichem Ausmaß Verwendung und die von Ulbricht 1945 restaurierte KPD prägte ab 1948 die SED nach ihrem eigenen Bild zu einer „Partei 25 neuen Typs" um, in der von „Parität" keine Rede mehr war.

Ein radikales wechselseitiges Missverständnis war unvermeidlich: In den Augen der Bundesrepublik war die Deutsche Demokratische Republik „we- 30 der deutsch noch demokratisch", sondern ein abgerissenes Stück Deutschlands unter russischer Herrschaft (als wären Ulbricht und Grotewohl nur Kollaborateure einer Besatzungsmacht); in der Perspektive der DDR, d. h. ihrer Staatspartei, 35 erschien die Bundesrepublik als ein Nazi-Land auf dem Wege zum Krieg (als wäre „Klassenstruktur" eine fixe und allbeherrschende Gegebenheit, unbeeinflussbar durch Lernvorgänge und unabhängig von Konstellationen). Von entsprechender 40 Simplizität mussten die Selbsteinschätzungen sein: Die Bundesrepublik sah sich als den „freien Teil Deutschlands", die DDR verstand sich selbst als Bestandteil eines auf Klassenhomogenität beruhenden „Friedenslagers". 45

Aus: E. Nolte, Deutschland und der Kalte Krieg, Stuttgart 1974, S. 259 f.

1. Inwiefern führte nach dem Urteil von Ernst Nolte das Selbstverständnis der beiden deutschen Staaten unvermeidlich zu einem wechselseitigen Missverständnis?
2. Vergleichen Sie die Gründung der Bundesrepublik Deutschland und die der DDR unter folgenden Gesichtspunkten: Vorgaben und Interessen der Besatzungsmächte, Handlungsspielraum der Deutschen, demokratische Legitimation, Schuld an der Teilung, Folgerungen aus der NS-Diktatur, Selbstverständnis.

2.8 Die Gründung eines neuen Bundeslandes: Baden-Württemberg

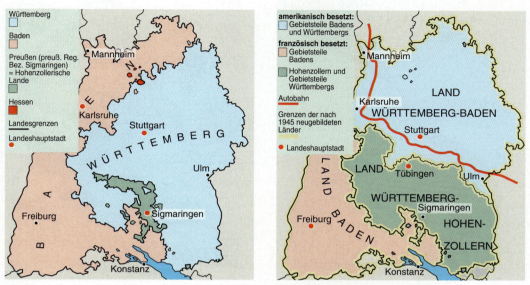

Gliederung des heutigen Landes Baden-Württemberg bis zum Kriegsende 1945 und 1945 bis 1952.

Die Militärregierungen hatten in ihren Zonen zum Teil ganz neue Länder geschaffen und bereits vor dem Grundgesetz Länderverfassungen in Kraft gesetzt. Im deutschen Südwesten waren drei neue Länder entstanden: Württemberg-Baden (die Regionen Nordwürttemberg und Nordbaden) mit Stuttgart als Hauptstadt, Württemberg-Hohenzollern (die Region Südwürttemberg und das alte Land Hohenzollern) mit Tübingen als Hauptstadt und Baden (die Region Südbaden) mit Freiburg als Hauptstadt. Württemberg-Baden stand unter amerikanischer Verwaltung, Württemberg-Hohenzollern sowie Baden unter französischer Verwaltung.

Drei Länder im Südwesten

Anfang der fünfziger Jahre entbrannte ein erbitterter Streit: Sollten die früheren Länder Baden und Württemberg mit ihrer eigenständigen Tradition wieder erstehen oder sollte man die Chance zur Bildung eines neuen, schlagkräftigen „Südweststaates" ergreifen, der die drei jetzt getrennten Länder zusammenfasste? Motor der Vereinigung war Württemberg-Baden unter dem Ministerpräsidenten Reinhold Maier (FDP/DVP). Hauptgegner war Baden unter dem Staatspräsidenten Leo Wohleb (CDU).

Am 9. Dezember 1951 stimmten die Bürger im Südwesten ab. Die Ergebnisse unterschieden sich regional stark: Für eine Gründung des Südweststaates sprachen sich 91,4 % der Abstimmenden in Württemberg-Hohenzollern, 93,5 % in Nordwürttemberg, aber nur 57,1 % in Nordbaden und 37,8 % im Land Baden (Südbaden) aus. Im alten Land Baden hatten somit 52,2 % der Abstimmenden für ein Gesamtbaden und gegen die Bildung des Südweststaates gestimmt. Da aber badische und württembergische Ergebnisse zusammengezählt wurden und die württembergische Bevölkerung

Drei Plakate aus dem Wahlkampf 1951.

zahlreicher war, ergab sich insgesamt eine Mehrheit von 69,7 % für die Bildung des Südweststaates. Am 25. April 1952 wurde Baden-Württemberg gegründet.

Ein „Heimatbund Badner Land" klagte beim Bundesverfassungsgericht gegen das Abstimmungsverfahren und erhielt 1956 Recht: „Der Wille des badischen Volkes ist überspielt worden." Doch erst 1970 fand im badischen Landesteil ein Volksentscheid statt, in dem über die Wiederherstellung des Landes Baden oder dessen Verbleib beim Bundesland Baden-Württemberg entschieden wurde. Mittlerweile aber hatte sich der Zusammenschluss bewährt, das Land war zusammengewachsen: 81,9 % stimmten für den Verbleib. Selbst in Bühl, wo 1951 89,6 % der Wähler für die Bildung eines eigenständigen Landes Baden votiert hatten, stimmten nun mehr als zwei Drittel (67,8 %) der Wähler für den Verbleib im neuen Bundesland. Baden-Württemberg war somit, wenn auch verspätet, durch eine Volksabstimmung als Bundesland legitimiert worden.

"Jetzt wächst zusammen, was zusammen gehört."
(Willi Brandt, November 1989)

Zwei Staaten – eine Nation?

1. Internationale Politik im Zeichen des Ost-West-Konfliktes

1.1 Der lange Weg von der Konfrontation zur Kooperation

Bipolarität

Ende 1949 zeichneten sich deutlich die Konturen zweier fest gefügter Blöcke ab. Die in der Zwei-Lager-Theorie (→ S. 22) ausgesprochene These, dass es in der Weltpolitik nicht nur eine machtpolitisch-militärische und ökonomische, sondern auch ideologische Bipolarität gab, stellte nun für lange Zeit das Grundmuster der internationalen Politik dar. Mit der Gründung der Bundesrepublik Deutschland und der DDR 1949 sowie dem Koreakrieg begann auch eine Umorientierung der amerikanischen Außenpolitik vom Prinzip des Containment zum Konzept des „Roll Back". Ziel dieses Konzeptes sollte die Zurückdrängung der sowjetischen Macht überall in der Welt sein. Im Koreakrieg 1950–1953 wurde der erste Versuch dazu gemacht.

Koreakrieg 1950–1953

Japan hatte das Königreich Korea 1910 annektiert. Nach dem Zweiten Weltkrieg wurde das Land von der japanischen Okkupation befreit und in zwei Staaten entlang dem 38. Breitengrad geteilt. Das kommunistische Nordkorea empfing Unterstützung von der UdSSR, Südkorea von den USA. Im Juni 1950 drang die nordkoreanische Armee in Südkorea ein und eroberte bis September fast das ganze Gebiet. Die amerikanische Regierung berief den Sicherheitsrat der UNO ein; dieser empfahl ein Eingreifen der UNO-Truppen unter amerikanischem Kommando – eine Entscheidung, gegen die die UdSSR kein Veto einlegte. Die USA wurden von fünfzehn anderen UNO-Mitgliedern militärisch unterstützt. Erst im Juli 1953 schlossen beide Seiten einen Waffenstillstand, der die alte Teilungslinie weitgehend bestätigte.

Die Lehren aus dem Krieg

Der Koreakrieg verstärkte in den USA und in Westeuropa den Antikommunismus und die Kriegsfurcht. Er hat wesentlich zur Wiederbewaffnung der Bundesrepublik Deutschland und zu ihrem Beitritt zur NATO im Mai 1955 beigetragen. Die Sowjetunion reagierte darauf mit der Gründung des Warschauer Pakts, der seine Mitglieder „im Falle eines bewaffneten Überfalls in Europa auf einen oder mehrere Teilnehmerstaaten" zu gegenseitigem Beistand verpflichtete.

Zweite Berlinkrise 1958

Bau der Mauer 1961

Im Jahr 1958 löste die Sowjetunion die zweite Berlinkrise aus, indem sie ultimativ die Beendigung des Viermächte-Status von Berlin und die Umwandlung West-Berlins in eine „entmilitarisierte Freie Stadt" forderte. Die Westmächte lehnten das Ultimatum ab, konnten aber den Bau der Berliner Mauer am 13. August 1961 nicht verhindern.

Die Kuba-Krise 1962

Die weltpolitische Offensive der Sowjets war mit dem Scheitern des Berlin-Ultimatums und dem Teilerfolg des Mauerbaus noch nicht vorüber. Der Höhepunkt ihrer gegen die USA gerichteten Konfrontationspolitik war 1962 der Versuch, auf Kuba Mittelstreckenraketen zu stationieren. Als die Amerikaner am 14. Oktober 1962 sowjetische Raketenrampen auf Kuba entdeckten, forderte Präsident Kennedy deren Abbau und den Rücktransport aller Raketen. Er verhängte eine Seeblockade um Kuba.

INTERNATIONALE POLITIK IM ZEICHEN DES OST-WEST-KONFLIKTES

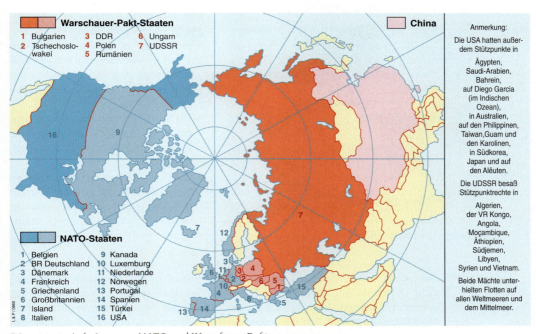

Die geostrategische Lage von NATO und Warschauer Pakt.

Am 28. Oktober lenkte die sowjetische Führung unter Chruschtschow ein und zog die Raketen zurück. Der sowjetische Versuch, die USA atomar zu erpressen, war gescheitert. Die daraus resultierende „Krise der 13 Tage" von der Entdeckung der Raketen bis zu ihrem Abzug brachte die Welt an den Rand eines Atomkriegs.

Welche Bedeutung hatte die Krise? Sie war Höhe- und Wendepunkt des Kalten Krieges. Sie schärfte das Bewusstsein für die Notwendigkeit einer Politik der nuklearen Kooperation und der Kriegsverhütung, wenn die Menschheit überleben wollte. Sie führte daher zu Gesprächen über Rüstungskontrolle. Deren erstes Ergebnis war im Juli 1963 die Errichtung eines „heißen Drahtes" zwischen Moskau und Washington.

Wendepunkt des Kalten Krieges

Damit begann die Phase der Entspannungspolitik in den Ost-West-Beziehungen, aber auch paradoxerweise ein neues Wettrüsten durch die verstärkte sowjetische Aufrüstung auf dem maritimen und nuklearen Sektor. Der Verlauf der Krise hatte den Sowjets die amerikanische Überlegenheit in diesen Bereichen nur zu klar demonstriert. Sie begannen ein umfangreiches Flottenbauprogramm, größer als das amerikanische, und bauten ihr Raketenpotenzial in großem Tempo aus. Innerhalb von drei Jahren holte die UdSSR die USA in der Entwicklung von Interkontinentalraketen ein. Damit war Ende der 60er Jahre zwischen beiden Mächten ein Gleichstand der strategischen Rüstungen erreicht.

Entspannungspolitik und Wettrüsten

Nach der Kuba-Krise wurde das Konzept der „Friedlichen Koexistenz" zum offiziellen Leitfaden der Außenpolitik der UdSSR und des von ihr geführten Warschauer Paktes. Dieses Konzept beruhte auf der Einsicht in die Gefährdung durch die moderne Waf-

„Friedliche Koexistenz"

Karikatur von Horst Haitzinger, 1981.

fenentwicklung. Es basierte auf folgenden Überlegungen:
- Ein friedliches Zusammenleben von Staaten unterschiedlicher Gesellschaftsordnung sei angesichts der Zerstörungskraft der Nuklearwaffen unumgänglich.
- Ein friedliches Nebeneinander bedeutet nicht, dass die ideologische Auseinandersetzung, der Klassenkampf, beendet sei.
- Die Überlegenheit des sozialistischen Systems würde sich letztendlich nicht in kriegerischer Gewaltanwendung, sondern im wirtschaftlichen Wettbewerb erweisen.

Breschnew-Doktrin

Die Länder der Dritten Welt waren in dieses Konzept der „Friedlichen Koexistenz" nicht eingeschlossen, dort konnten Befreiungsbewegungen jederzeit auch militärisch unterstützt werden. Auch für die zwischenstaatlichen Beziehungen innerhalb ihres Machtbereichs behielt sich die Sowjetunion die Androhung oder gar den Gebrauch militärischer Gewalt ausdrücklich vor: Nach der Lehre der so genannten „Breschnew-Doktrin" (benannt nach Leonid Breschnew, dem sowjetischen Generalsekretär von 1964 bis 1981) trugen die Staaten des Warschauer Paktes gemeinsam die Verantwortung für die Bewahrung und Entwicklung des Sozialismus in allen Staaten des Paktes; dies schränkte ihr jeweiliges Selbstbestimmungsrecht ein. Dieses Denken hatte schon die Intervention in der DDR 1953 sowie die Niederwerfung des ungarischen Aufstandes 1956 gerechtfertigt, 1968 rechtfertigte sie den Einmarsch in die Tschechoslowakei und die Niederschlagung des „Prager Frühlings".

Overkill und „Gleichgewicht des Schreckens"

Anfang der 70er Jahre erreichten Ost und West eine „Overkill-Kapazität", ein Potenzial, das vom Umfang her ein Mehrfaches dessen umfasst, was zur Vernichtung der Überlebensbedingungen eines Gegners notwendig ist. Die wechselseitig gesicherte Zerstörungsfähigkeit, die auf dem „atomaren Patt" beruhte und die gegenseitige Anerkennung der Parität wurden nun zum Ausgangspunkt der Entspannungspolitik. Die Politik der Rüstungskontrolle unter dem Vorzeichen des „Gleichgewichts des Schreckens" strebte drei Ziele an:
- das Ziel, eine weitere Verbreitung von Kernwaffen zu verhindern,
- das Ziel, die Gefahr eines unbeabsichtigten Ausbruchs eines Atomkriegs durch Unfall, Missverständnis oder technisches Versagen zu beseitigen,
- das Ziel, die Rüstungsentwicklung im nuklearstrategischen Sektor zur Erhaltung des strategischen Gleichgewichts zu steuern.

Teststoppvertrag 1963 und Nichtverbreitungsvertrag 1968

Schon vor der Kubakrise war es zwischen den USA, Großbritannien und der UdSSR zu ersten Verhandlungen über eine Beendigung von Atomtests gekommen. Nach Kuba konnten die Gespräche zu einem raschen Abschluss geführt werden. Der Teststoppvertrag über ein Verbot der Kernwaffenversuche in der Atmosphäre, im Weltraum und unter Wasser trat am 10. Oktober 1963 in Kraft. Ihm folgte am 5. März 1968 der

Atomwaffensperrvertrag. Er verbot die Weitergabe von Kernwaffen der Atommächte an Staaten ohne Atomwaffen. Letztere mussten sich verpflichten, friedlich genutzte Kernenergie nicht zur Herstellung von Atomwaffen zu benutzen. Beide Verträge sind unbegrenzt gültig. mit ihnen wurde die erste Phase der atomaren Rüstungskontrollpolitik abgeschlossen.

Doch die 70er Jahre zeigten, dass sich Sicherheit auf zwei Säulen berufen muss: auf Verteidigungsfähigkeit und auf Entspannungspolitik. Diese „Zwei-Säulen-Theorie" und ökonomische Zwänge im Osten und Westen, die durch die astronomisch angewachsenen Rüstungskosten entstanden waren, führten schließlich zu Rüstungsbegrenzungsabkommen. Wichtig wurde der Vertrag zur Begrenzung der strategischen, interkontinentalen Angriffswaffen (SALT I) von 1972. Beide Weltmächte waren erstmals bereit, ihre offensiven Trägerwaffen zu begrenzen. Im Jahr 1979 unterzeichneten Präsident Carter und der sowjetische KP-Chef Breschnew ein weiteres Abkommen zur Rüstungskontrolle, SALT II. Zum ersten Mal sollte dadurch die Zahl der nuklearstrategischen Angriffswaffen vermindert werden. Die sowjetische Invasion in Afghanistan im Dezember 1979 zur Stützung eines prokommunistischen Regimes verhinderte jedoch die Ratifikation im amerikanischen Senat, der Vertrag wurde dennoch von beiden Seiten eingehalten.

Karikatur von Horst Haitzinger, 1982.

SALT I 1972

Im Dezember 1979 kündigte die NATO in einem Doppelbeschluss an, modernisierte amerikanische Mittelstreckenraketen in Westeuropa als Antwort auf entsprechende sowjetische Waffensysteme zu stationieren; gleichzeitig bot sie Abrüstungsverhandlungen darüber an. Da Moskau auf das Verhandlungsangebot nicht einging, wurde das Wettrüsten erneut angeheizt. Die Beziehungen zwischen Ost und West befanden sich in der tiefsten Krise seit Kuba. Ein neuer Kalter Krieg schien sich anzubahnen. Der Wendepunkt kam erst 1985 mit dem Amtsantritt Gorbatschows als Generalsekretär der KPdSU.

Ein neuer Kalter Krieg?

Die Abrüstungsbemühungen waren in den 70er Jahren von einer Reihe politischer Durchbrüche begleitet gewesen: das Viermächteabkommen über Berlin 1971, das den Zugang nach West-Berlin sicherstellte, das Ende des Vietnamkrieges 1973, der Beginn des arabisch-israelischen Friedensprozesses nach dem Nahostkrieg 1973 und schließlich die Konferenz über Sicherheit und Zusammenarbeit in Europa (KSZE). 1975 unterzeichneten die 35 Teilnehmerstaaten der KSZE (33 europäische Staaten Ost- und Westeuropas sowie Kanada und die USA) die „Schlussakte von Helsinki", in denen sie sich verpflichteten, die Grenzen in Europa zu respektieren, auf Gewaltanwendung zu verzichten und im Inneren die Menschenrechte zu achten. In den folgenden Jahren beriefen sich Bürgerrechtsgruppen in Osteuropa trotz massiver Unterdrückungsmaßnahmen immer wieder auf diese Schlussakte, um ihre Forderung nach Meinungs- und Pressefreiheit durchzusetzen.

Beginn des KSZE-Prozesses

ZWEI STAATEN – EINE NATION?

Die demokratische Revolution in den Ländern Mittel- und Osteuropas im Herbst 1989 wurzelte in Entwicklungen, die durch die tschechische Bürgerrechtsbewegung Charta '77 und die Arbeiterunruhen und Streiks in Polen 1980 beeinflusst waren. Gorbatschow schuf dann seit 1985 durch seine Politik von „Perestroika" (Umgestaltung) und „Glasnost" (Offenheit) ein allgemeines Klima für Reformideen in vielen sozialistischen Ländern. Mit seiner Politik des „neuen Denkens" zielte er auf eine Modernisierung des sowjetischen politischen Systems, die Stärkung der sowjetischen Wirtschaft und die Intensivierung der internationalen Zusammenarbeit. Gorbatschow benötigte dringend Ressourcen für seine Reformen. Aus politischen und wirtschaftlichen Gründen eröffneten sich deshalb neue Chancen für die Abrüstungspolitik.

Politik des „neuen Denkens"

Konferenz von Genf 1985

Auf einem Gipfeltreffen in Genf im November 1985 einigten sich Reagan und Gorbatschow auf die Feststellung, dass eine prinzipielle Korrektur des Ost-West-Verhältnisses ohne Rüstungskontrolle nicht erreichbar ist. Sie verständigten sich auf die Grundzüge eines Abkommens über die Mittelstreckenraketen und auf neue Leitlinien ihrer Außenpolitik. Sie verkündeten:
- Ein Atomkrieg kann nicht gewonnen und darf nie geführt werden.
- Auch ein nicht nuklearer, konventioneller Krieg muss verhindert werden.
- Keine Seite wird militärische Überlegenheit anstreben.

INF-Vertrag 1987

Ein Jahr später, am 7. Dezember 1987, konnte dann in Washington das INF-Abkommen über den Abbau der Mittelstreckenraketen (Intermediate Nuclear Force) unterzeichnet werden. Durch die „doppelte Null-Lösung", der Verschrottung aller amerikanischen und sowjetischen Waffen dieser Gattung, wurde so erstmals eine ganze Klasse von Kernwaffen bis 1991 beseitigt. Am 31. Juli 1991, wenige Monate vor der Auflösung der UdSSR, konnte der START-Vertrag über eine Halbierung der strategischen Atomwaffen (START = Strategic Arms Reduction Talks) geschlossen werden.

START-Vertrag 1991

„Das gemeinsame europäische Haus"

1989/90 war das Sowjetsystem in Osteuropa endgültig zusammengebrochen. Gorbatschow hatte im März 1988 in Jugoslawien „Respekt für verschiedene Wege zum Sozialismus" bekundet. Vor dem Europarat in Straßburg erklärte er am 7. Juli 1989, „jede Einmischung in innere Angelegenheiten, alle Versuche, die Souveränität von Staaten … zu beeinträchtigen" seien unzulässig. Die „Philosophie des gemeinsamen europäischen Hauses" schließe „die Anwendung von Gewalt … zwischen den Bündnissen, innerhalb der Bündnisse oder wo auch immer" aus. Im Oktober 1989 widerrief die sowjetische Regierung offiziell die Breschnew-Doktrin. Die osteuropäischen Verbündeten konnten jetzt ohne Bevormundung und Kontrolle durch Moskau politische, wirtschaftliche und soziale Reformen einleiten. Polen, die Tschechoslowakei, Ungarn, Bulgarien und Rumänien suchten zunehmend den Anschluss an den Westen. Die DDR brach zusammen, die Chance zur Herstellung der deutschen Einheit konnte genutzt werden.

Ende des Sowjetsystems 1991

Neben dem Umbruch in Osteuropa leitete Gorbatschows Politik das Ende des Ost-West-Konflikts und, von Gorbatschow nicht vorhergesehen und gewollt, das Ende der Sowjetunion und des Sowjetsystems ein. Dieser Wandel beendete auch die alten Bündnisstrukturen in Osteuropa. Der „Rat für gegenseitige Wirtschaftshilfe" (RGW) löste sich im Juni 1991 auf, der Warschauer Pakt am 1. Juli 1991. Das Ende der Ost-West-Konfrontation stellt den Westen, Russland und die Staaten des früheren Ostblocks vor neue innen- und außenpolitische Herausforderungen. Es schaffte aber auch neue Chancen zur Konfliktverhütung.

INTERNATIONALE POLITIK IM ZEICHEN DES OST-WEST-KONFLIKTES

MATERIAL
Fieberkurve der Ost-West-Beziehungen **1**

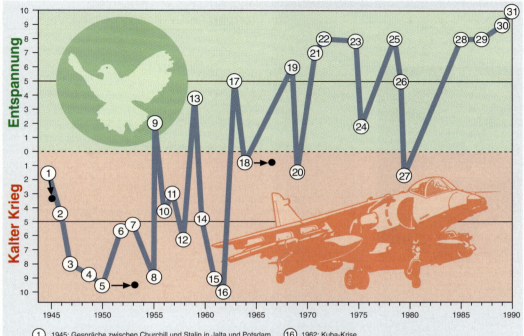

①	1945: Gespräche zwischen Churchill und Stalin in Jalta und Potsdam	⑯	1962: Kuba-Krise
②	1947: Truman-Doktrin	⑰	1963: Abkommen zwischen USA und UdSSR über Atombombenteststopp
③	1948: Kommunistischer Staatsstreich in der Tschechoslowakei, 1948/1949: Berliner Blockade	⑱	1964: Verstärkung des amerikanischen Engagements in Vietnam
④	1949: Gründung der NATO	⑲	Juli 1968: Kernwaffensperrvertrag zwischen USA, UdSSR, Großbritannien und 59 weiteren Ländern
⑤	1950 – 1953: Koreakrieg	⑳	Aug. – Nov. 1968: Ende des Prager Frühlings
⑥	1952: Stalinnote, Angebot zur Neutralisierung ganz Deutschlands	㉑	1971: Viermächteabkommen über Berlin
⑦	1953: Waffenstillstand in Korea	㉒	1972: SALT-I-Abkommen
⑧	Mai 1955: Gründung des Warschauer Paktes	㉓	1975: KSZE-Schlussakte von Helsinki
⑨	Juli 1955: Gipfelkonferenz über Abrüstung in Genf	㉔	1975 – 1976: Konflikt um Angola
⑩	1956: Aufstand in Ungarn, Besetzung des Suezkanals durch Großbritannien und Frankreich	㉕	Juni 1979: SALT-II-Abkommen
⑪	1957: Start eines Erdsatelliten durch die UdSSR (Sputnik)	㉖	Dez. 1979: Nachrüstungsbeschluss der NATO
⑫	1958: Berliner-Ultimatum der UdSSR	㉗	Dez. 1979: Einmarsch der UdSSR in Afghanistan
⑬	1959: Gipfeltreffen zwischen am. Präsident Eisenhower und sowj. Parteichef Chruschtschow	㉘	1985: Amerikanisch-sowjetisches Gipfeltreffen in Genf
⑭	1960: Abschuss eines amerikanischen Aufklärungsflugzeugs über der UdSSR	㉙	1987: INF-Vertrag über Abbau der Mittelstreckenraketen
⑮	1961: Bau der Mauer in Berlin, Atombombentests der UdSSR und der USA	㉚	1989: Ungarn öffnet Grenzen nach Westen. Fall der Berliner Mauer
		㉛	1990: „Charta von Paris": NATO und KSZE verkünden das Ende des Kalten Krieges und den Aufbau von Partnerschaften

Gestaltet nach Karl Dietrich Bracher, Die Krise Europas 1917 bis 1975, Frankfurt/Main 1976, S. 443.

1. Erläutern Sie mithilfe des Textes S. 68–72 den Verlauf der „Fieberkurve".
Suchen Sie in diesem Buch nach Bildern zu ihrer Illustration.

74 ZWEI STAATEN – EINE NATION?

1.2 Grundlinien der Entwicklung der beiden deutschen Staaten
im internationalen Kontext – ein Überblick

Internationale Politik

1945

Atombombenabwurf über Hiroshima, 1945.

4. bis 11. Februar: Konferenz von Jalta: Roosevelt, Stalin und Churchill beschließen die Aufteilung Deutschlands in vier Besatzungszonen

26. Juni: Gründung der Vereinten Nationen (UNO) durch 50 Staaten in San Francisco

6./9. August: Abwurf von Atombomben auf Hiroshima und Nagasaki durch die USA. Mehr als 150 000 Tote und gleiche Zahl an Verletzten. Japan kapituliert am 2. September.

1946

Das zerstörte Dresden, 1945.

April bis Juli: Pariser Viermächtekonferenz: Differenzen über die Reparationen, eine gesamtdeutsche Regierung und den sowjetischen Anspruch auf Mitverwaltung des Ruhrgebietes.

September: Rede des amerikanischen Außenministers Byrnes in Stuttgart.

1947

März: Truman Doktrin: Zusage wirtschaftlicher und militärischer Hilfe an die Türkei, Griechenland und andere „freie Länder".

Juni: Marshall-Plan: Amerikanisches Wiederaufbauprogramm für Europa (ERP)

1948

Plakat zum Marshallplan.

Februar: Kommunistischer Staatsstreich in der Tschechoslowakei

März: Brüsseler Vertrag: Großbritannien, Frankreich und die Benelux-Staaten schließen den Brüsseler Vertrag. Ziel ist die kollektive Selbstverteidigung

Juni 1948 bis Mai 1949: Berlin-Blockade durch die UdSSR; Luftbrücke der USA und Großbritanniens.

INTERNATIONALE POLITIK IM ZEICHEN DES OST-WEST-KONFLIKTES

Westliche Besatzungszonen	Sowjetische Besatzungszone
Von 1944 bis 1947 fliehen mehr als 16 Millionen Menschen in die späteren Besatzungszonen.	
7./9. Mai: Bedingungslose Kapitulation Deutschlands in Reims und Berlin-Karlshorst	
	Juni: Zulassung „antifaschistischer" Parteien und Gewerkschaften
17. Juli bis 2. August: Potsdamer Konferenz: Festlegung der Grundlinien zur Behandlung Deutschlands, endgültige Festlegung der Besatzungszonen und Beschluss zur Einrichtung des Alliierten Kontrollrats für „Deutschland als Ganzes"	
August/September: Zulassung von Parteien und Gewerkschaften, Bildung der Länder Württemberg-Baden, Bayern und Hessen	Juli: Bildung des Blocks „Einheitsfront der antifaschistisch-demokratischen Parteien"
Oktober: Beginn des Nürnberger Prozesses	September/Oktober: Enteignung der landwirtschaftlichen Betriebe über zehn Hektar; Überführung von 7 000 Privatbetrieben in „Volkseigene Betriebe" (VEB)
Januar: Kommunalwahlen in der amerikanischen Zone (erste freie Wahlen in Deutschseit 1933)	Zahlreiche Demontagen und Reparationen aus der laufenden Produktion
November/Dezember: Erste Landtagswahlen	April: Zwangsvereinigung von KPD und SPD zur SED: Organisationsprinzip folgt dem Vorbild der KPdSU
	Mai/Juni: Einführung der Einheitsschule
Januar: Vereinigung der Wirtschaftsgebiete der amerikanischen und britischen Zone (Bizone)	Januar: Ende der Demontagen
Juni: Scheitern der Münchner Konferenz aller deutschen Ministerpräsidenten, da die SBZ-Vertreter die „Bildung einer deutschen Zentralverwaltung" fordern	
März: Londoner Sechsmächtekonferenz: USA, Großbritannien und Frankreich beschließen, die deutschen Westzonen in den Marshall-Plan einzubeziehen	Januar: Übergang zur Zentralverwaltungswirtschaft
Juni: Währungsreform: Einführung der D-Mark, Beginn der Sozialen Marktwirtschaft	März: UdSSR verlässt den Alliierten Kontrollrat. Der „Deutsche Volkskongress" unter Leitung der SED beschließt eine Verfassung vorzubereiten.
Juli: Frankfurter Dokumente: Aufforderung zur Errichtung eines föderalistischen westdeutschen Staates durch die Westmächte	Juni/Juli: Währungsreform
	Juli: Aufstellung der kasernierten Volkspolizei

ZWEI STAATEN – EINE NATION?

Konrad Adenauer, der erste Bundeskanzler.

Plakat der deutschen Bundesregierung, 1956.

Volksaufstand in Ungarn, 1956.

Internationale Politik

1949 — *April*: Gründung der NATO

1950 — *Juni*: Ausbruch des Koreakrieges; Eingreifen der USA nach der Empfehlung des Sicherheitsrates der UNO; allgemeine Furcht vor einem 3. Weltkrieg

1951 — *April*: Montanunion zwischen Frankreich, Italien, BRD und den Benelux-Staaten (Europäische Gemeinschaft für Kohle und Stahl)

1952 — *März*: Angebot Stalins an die Westmächte (Stalin-Note): Wiedervereinigung bei Neutralisierung Deutschlands

Mai: Vertrag über die Europäische Verteidigungsgemeinschaft (EVG), 1954 am Veto Frankreichs gescheitert

1953 — *März*: Tod Stalins; Nachfolger wird Nikita Chruschtschow

Juli: Ende des Koreakrieges

1954 — *Oktober*: Gründung der Westeuropäischen Union (WEU)

1955 — *Mai*: Gründung des Warschauer Paktes

1956 — *Februar*: XX. Parteitag der KPdSU: Beginn der Entstalinisierung

Oktober/November: Volksaufstand in Ungarn

1957 — *März*: Römische Verträge: Gründung der Europäischen Wirtschaftsgemeinschaft (EWG) und der Europäischen Atomgemeinschaft (Euratom)

INTERNATIONALE POLITIK IM ZEICHEN DES OST-WEST-KONFLIKTES

Bundesrepublik Deutschland	Deutsche Demokratische Republik
23. Mai: Verkündigung des Grundgesetzes **August**: Erste Bundestagswahlen **September**: Theodor Heuss wird zum Bundespräsidenten und Konrad Adenauer zum Bundeskanzler gewählt.	**7. Oktober**: Konstituierung der Volkskammer und Gründung der DDR; Wilhelm Pieck (SED) Staatspräsident, Otto Grotewohl (SED) Ministerpräsident
Mai: Schumanplan: engere Kooperation zwischen Deutschland und Frankreich **August**: BRD wird assoziiertes Mitglied des Europarates (Vollmitglied am 2.5. 1951)	**Juni**: Anerkennung der Oder-Neiße-Linie als Ostgrenze (Görlitzer Vertrag mit Polen) **September**: Beitritt zum Rat für gegenseitige Wirtschaftshilfe (RGW)
April: Unterzeichnung des Vertrages zur Montanunion	**November**: Erster Fünfjahresplan: Ausbau der Grundstoff- und Schwerindustrie
Februar: Der Bundestag beschließt einen deutschen Verteidigungsbeitrag innerhalb West-.europas zu leisten. **April**: Entschließung des Bundestages zur Stalin-Note: Forderung gesamtdeutscher Wahlen unter internationaler Kontrolle als Voraussetzung **Juli**: Lastenausgleichsgesetz für Schäden durch Krieg und Vertreibung vom Bundestag verabschiedet.	**Mai**: Die DDR errichtet eine Sperrzone entlang der Zonengrenze (Demarkationslinie) **Juli**: Kollektivierung der Landwirtschaft beginnt; Auflösung der Länder und Bildung eines zentralistischen Einheitsstaates
Mai: Bundesvertriebenengesetz zur Eingliederung der Vertriebenen und Flüchtlinge	**16./17. Juni**: Volksaufstand in der DDR, Niederschlagung durch sowjetische Truppen
Oktober: Pariser Verträge (nach dem Scheitern der EVG)	**März**: Die Sowjetunion erklärt die DDR für souverän
Mai: Die Pariser Verträge treten in Kraft. Die Bundesrepublik Deutschland wird souverän. Beitritt zur NATO **September**: Moskau-Reise Adenauers: Aufnahme diplomatischer Beziehungen zwischen der Bundesrepublik Deutschland und der UdSSR	**Mai**: Die DDR wird Mitglied des Warschauer Paktes
Juli: Einführung der allgemeinen Wehrpflicht	**Januar**: Gesetz über die Schaffung der Nationalen Volksarmee
Januar: Nach einer Volksabstimmung im Saarland wird das Saarland am 1. Januar 1957 der Bundesrepublik angegliedert	

ZWEI STAATEN – EINE NATION?

13. August 1961: Mauerbau in Berlin.

Luftaufnahmen sowjetischer Raketenbasen auf Kuba, 1962.

Vietnamkongress deutscher Studenten in Berlin, 1968.

Internationale Politik

1958

1959 Die Viermächte-Konferenz in Genf über Deutschlandfrage und Abrüstung endet ergebnislos.

September: Gipfeltreffen Chruschtschow – Eisenhower

1961 *Juni*: Gipfeltreffen Chruschtschow – Kennedy

1962 *Oktober/November*: Kuba-Krise: USA erzwingen den Abzug sowjetischer Mittelstreckenraketen aus Kuba

1963 *Juni*: „Rotes Telefon" zwischen Washington und Moskau

August: USA, UdSSR und Großbritannien beschließen Verbot von Kernwaffentests in der Atmosphäre, im Weltraum und unter Wasser.

November: Ermordung des US-Präsidenten Kennedy

1964 Die USA greifen militärisch direkt in Vietnam ein

1966 *März*: Frankreich tritt aus der militärischen NATO-Integration aus.

1967 Studentenrevolten in den USA und anderen westlichen Ländern gegen das Eingreifen der USA in Vietnam, zur Unterstützung der Befreiungsbewegungen in der Dritten Welt und gegen hierarchische Strukturen

1968 *Juli*: Atomwaffensperrvertrag: Verbot der Weitergabe von Kernwaffen durch die Atommächte an Staaten ohne Atomwaffen

August: Gewaltsame Beendigung des „Prager Frühlings" in der CSSR durch Truppen des Warschauer Paktes

1969 *März*: Militärischer Zusammenstoß der UdSSR und Chinas am Grenzfluss Ussuri

1970 *März*: Beginn der Viermächteverhandlungen über Berlin

1971 *September*: Viermächteabkommen über Berlin: Die UdSSR gewährleistet freien Verkehr zwischen West-Berlin und der Bundesrepublik.

INTERNATIONALE POLITIK IM ZEICHEN DES OST-WEST-KONFLIKTES

Bundesrepublik Deutschland	Deutsche Demokratische Republik
November: Die UdSSR fordert eine Beendigung des Viermächtestatus von Berlin und löst zweite Berlin-Krise aus.	
November: Die SPD verabschiedet in Bad Godesberg ein neues Grundsatzprogramm, das die Partei für neue Wählerschichten öffnen soll.	*Juni*: LPG-Gesetz (LPG = Landwirtschaftliche Produktionsgenossenschaft): Die Kampagne zur Vergesellschaftung der landwirtschaftlichen Betriebe erreicht ihren Höhepunkt
Juni bis August: Dramatische Zunahme der Flüchtlingszahlen	
13. August: Beginn des Baus der Berliner Mauer und Sperrung der Zugangswege nach West-Berlin durch die DDR	
Oktober/November: Spiegelaffäre: Vorwurf des Landesverrats gegen den Spiegel führt zu einer Regierungskrise	*Januar*: Einführung der allgemeinen Wehrpflicht
Januar: Deutsch-Französischer Freundschaftsvertrag *Oktober*: Rücktritt Adenauers, Ludwig Erhard wird Bundeskanzler	*Januar*: VI. Parteitag der SED beschließt eine leichte wirtschaftliche Liberalisierung ohne Demokratisierung (NÖSPL)
Dezember: Erstes Passierscheinabkommen zwischen West-Berlin und der DDR	
Dezember: Einführung eines Mindestumtausches von 5 DM für Westbesucher in der DDR	
Eine Wirtschaftskrise führt zu Regierungskrise, Große Koalition von CDU/CSU und SPD: Bundeskanzler wird Kurt Georg Kiesinger (CDU)	Erstes Kernkraftwerk in Rheinsberg
Juni: Radikalisierung und Ausweitung der studentischen Protestbewegung nach dem Tod des Studenten Ohnesorg in West-Berlin.	
Bildung der „Außerparlamentarischen Opposition" (APO)	*April*: Neue „Sozialistische Verfassung" tritt in Kraft
Juni: Pass- und Visumspflicht für den Transitreiseverkehr zwischen der Bundesrepublik und West-Berlin	
Oktober: Beginn der sozialliberalen Koalition; Willi Brandt (SPD) wird Bundeskanzler	7 westliche Länder erkennen die DDR völkerrechtlich an
August: Moskauer Vertrag mit der UdSSR *Dezember*: Warschauer Vertrag mit Polen	Versorgungsschwierigkeiten mit Konsumgütern führen zu einer Wirtschaftskrise
März: Erstes Umweltschutzgesetz tritt in Kraft	*Mai*: Rücktritt Ulbrichts als Erster Sekretär der SED, Nachfolger wird Honecker

ZWEI STAATEN – EINE NATION?

Am Grenzübergang Friedrichstraße in Berlin, 1972.

Proteste gegen die Nachrüstung, 1982.

Michail Gorbatschow.

Internationale Politik

1972 — *Mai*: Salt-I-Vertrag der USA und UdSSR über die Begrenzung der strategischen atomaren Rüstung und ABM-Vertrag über die Begrenzung von Raketenabwehrsystemen

1973 — *Januar*: Abzug der amerikanischen Truppen aus Vietnam

Oktober: 4. israelisch-arabischer Krieg führt zu einer weltweiten Erdölkrise

1974

1975 — *August*: Schlussakte der KSZE-Konferenz in Helsinki

1979 — *Juni*: SALT-II-Vertrag zwischen den USA und der UdSSR begrenzt die Zahl der nuklearstrategischen Raketen.

Dezember: Die NATO beschließt die Stationierung atomarer Mittelstreckenwaffen in Europa als Reaktion auf entsprechende Waffen der Sowjetunion; gleichzeitig bietet sie Verhandlungen an (NATO-Doppelbeschluss).
Einmarsch der UdSSR in Afghanistan

1982 — *Juli/August*: Die USA und die UdSSR schließen ein Abkommen über Getreidelieferung

1983

1985 — *März*: Michail Gorbatschow wird Generalsekretär der KPdSU; Beginn seiner Reformpolitik (Glasnost und Perestroika)

November: Amerikanisch-sowjetisches Gipfeltreffen in Genf (Präsident Reagan und Generalsekretär Gorbatschow)

1987 — *Dezember*: USA und UdSSR unterzeichnen INF-Vertrag zur Beseitigung der Mittelstreckenwaffen, so genannte Null-Lösung.

INTERNATIONALE POLITIK IM ZEICHEN DES OST-WEST-KONFLIKTES

Bundesrepublik Deutschland	Deutsche Demokratische Republik
September: Olympische Spiele in München werden von einem Terrorangriff von Palästinensern gegen israelische Sportler überschattet	Anerkennung der DDR durch weitere, auch westliche Staaten (z. B. Österreich und Schweiz)

Dezember: Unterzeichnung des Grundlagenvertrages zwischen DDR und BRD

Juni: Grundlagenvertrag der Bundesrepublik mit der DDR: Anerkennung der DDR, Einrichtung von „Ständigen Vertretungen" in Bonn und Ostberlin

September: Die Bundesrepublik Deutschland und die Deutsche Demokratische Republik werden Mitglieder der UNO

Mai: Helmut Schmidt (SPD) wird Bundeskanzler, seine Regierung muss terroristische Aktionen linksradikaler Gruppen (u. a. der „Roten Armee Fraktion") bekämpfen.	**Oktober**: Neue Verfassung betont Souveränität und Eigenständigkeit der DDR.

Bundeskanzler Schmidt und Parteichef Honecker führen Gespräche in Helsinki.

Schärfste Rezession der Nachkriegszeit	Bruttoinlandsprodukt (BIP) der DDR entspricht 10,7 % des westdeutschen BIP.
Juni: Erste Direktwahlen zum Europäischen Parlament	Aufnahme verstärkter Kontakte zu den westlichen Industrieländern

Oktober: Die GRÜNEN ziehen in Bremen zum ersten Mal in ein Landesparlament ein.

September/Oktober: Die SPD-FDP-Koalition zerbricht, am 1. Oktober wird Helmut Kohl Bundeskanzler einer CDU/CSU-FDP-Regierung.	**Februar**: Jugendliche fordern die Einführung eines zivilen Ersatzdienstes.
Proteste gegen die Stationierung von Mittelstreckenraketen	**Juni**: Milliardenkredit durch westdeutsche Banken

Februar: Erleichterungen im Transitverkehr nach Westberlin

September: Arbeitsbesuch des DDR-Staatsratsvorsitzenden Honecker bei Kohl

	Ablehnung der Perestroika- und Glasnostpolitik Gorbatschows; das BIP sinkt weiter.

ZWEI STAATEN – EINE NATION?

Ungarische Soldaten beginnen mit dem Abbau des „Eisernen Vorhangs".

Kirchen als Orte des Protestes gegen die SED-Herrschaft, Ost-Berlin 1989.

Internationale Politik

1988   *Mai*: Abzug der sowjetischen Truppen aus Afghanistan

1989   *Februar*: Sowjetischer Truppenabzug aus Afghanistan wird abgeschlossen.

Mai: Abbau der Grenzbefestigungen zwischen Ungarn und Österreich beginnt.

September: Ungarn öffnet die Grenze zu Österreich für DDR-Flüchtlinge

1990   *August*: Irakische Invasion Kuwaits führt zum 2. Golfkrieg; militärisches Eingreifen der UNO unter Führung der USA im Januar/Februar 1991.

September: Vertrag der vier Großmächte und der zwei deutschen Staaten „über die abschließende Regelung in Bezug auf Deutschland" (2 + 4-Vertrag)

Juli: NATO-Gipfel in London: NATO-Staaten streben Zusammenarbeit mit den Staaten Mittel- und Osteuropas an.

November: Gipfeltreffen der KSZE-Staaten in Paris: Vertrag über die konventionelle Abrüstung in Europa und „Charta von Paris für ein neues Europa": Die Spaltung wird für beendet erklärt.

1991   *Juli*: Auflösung des Warschauer Paktes

Dezember: Gründung der GUS (Gemeinschaft unabhängiger Staaten) und Auflösung der UdSSR

9./10. November 1989 in Berlin.

M. Gorbatschow und H. Kohl im Kaukasus, 1990.

INTERNATIONALE POLITIK IM ZEICHEN DES OST-WEST-KONFLIKTES

Bundesrepublik Deutschland	Deutsche Demokratische Republik
	Verschärfte Repressionen gegen Regimegegner
Juni: Staatsbesuch des sowjetischen Präsidenten Gorbatschow 9. *November*: Öffnung der Mauer in Berlin und anderer Grenzübergänge. 28. *November*: Bundeskanzler Kohl legt „10-Punkte-Programm zur Überwindung der Teilung Deutschlands und Europas" vor.	*Mai*: Beginn einer Massenflucht aus der DDR über Ungarn und die Tschechoslowakei (insg. ca. 250 000 Menschen) 11. *September*: Gründung des „Neuen Forums" in Ost-Berlin durch Bürgerrechtler. 7. *Oktober*: Staatsfeierlichkeiten zum 40. Jahrestag der DDR werden von Protesten gestört. Gorbatschow fordert Reformen. 9. *Oktober*: Massendemonstrationen für demokratische Reformen.
	März: Erste freie Volkskammerwahlen; Lothar de Maiziere (CDU) wird Ministerpräsident.
Juli: Währungs-, Wirtschafts- und Sozialunion der Bundesrepublik Deutschland und der DDR. *August*: Volkskammer der DDR beschließt Beitritt zur Bundesrepublik. 20. *September*: Einigungsvertrag regelt Beitritt. 3. *Oktober*: Die DDR tritt dem Geltungsbereich des Grundgesetzes bei: „Tag der Deutschen Einheit" *November*: Deutsch-polnischer Grenzvertrag: Anerkennung der polnischen Westgrenze 2. *Dezember*: Erste gesamtdeutsche Bundestagswahlen	
Im Rahmen des NATO-Einsatzes gegen den Irak werden deutsche Jagdbomber in die Türkei verlegt: Beginn von Diskussionen über den Einsatz deutscher Truppen in Kampfeinsätzen im Ausland.	

Feier zur Deutschen Einheit, 1990.

Einsatz der Bundeswehr im Kosovo, 1999.

ZWEI STAATEN – EINE NATION?

2. Konsolidierung in Ost und West

2.1 Die soziale Marktwirtschaft – das „programmierte Wirtschaftswunder"?

MATERIAL

1 Die Währungsreform in der Erinnerung

a) Ich kann mich erinnern, wir waren mit den Falken 1948 am Tag der Währungsreform […] im Zeltlager an der Wedau. Und am Währungsstichtag, das war der Sonntag, da mussten wir extra
5 von Wedau nach Essen kommen, um diese 40 DM Kopfgeld, wie sie damals genannt wurden, einzutauschen. Man musste persönlich erscheinen. Und wie wir an dem Abend zurückkamen, da hatten wir auch 'ne Gaststätte, wo wir schon mal,
10 wenn wir keine offiziellen Gruppenabende hatten, uns trafen. Da gab's also plötzlich […] Wein. Vorher gab es nur Dröppelbier; an dem Tag war sofort Wein da. (Ich) kann mich erinnern, da haben wir zusammengeschmissen und haben uns
15 'ne Flasche Wein gekauft, 3 Mark 50 oder was sie gekostet hat, in der Preislage ungefähr. Und am Montag: Das Erstaunliche war, dass man also wieder Waren angeboten bekommen hat, die vorher überhaupt nicht auf dem Markt waren. Also in-
20 nerhalb der ersten Woche konnte man Fahrräder, Kochtöpfe und Gott weiß was alles wieder kaufen, was es vorher nicht gab. Zu diesem Zeitpunkt hatte sich die Lebensmittelversorgung auch schon gebessert gehabt, sodass man also
25 bei Lebensmitteln nicht mehr so knapp war. […] Obst tauchte auf und so weiter, was also vorher irgendwo in finstere Kanäle verschwand. Aber nachdem wieder 'ne vernünftige, stabile Währung da (war), war alles plötzlich wieder kaufbar.

b) „So schwer war es noch nie, die Familie satt zu bekommen, wie gerade jetzt nach der Währungsreform", sagt Frau Schäfer. Sie legt ihr Einkaufsnetz auf den Küchentisch. Sie hat Kartoffeln,
5 Zwiebeln und einen großen Wirsingkohl mitgebracht. Nichts von den anderen schönen Sachen, die man in den Gemüseläden sieht: weiße, feste Blumenkohlköpfe, lange grüne Gurken, dunkle saftige Kirschen, Pilze, von denen noch der würzige Geruch des Waldes ausgeht. Davon ist nichts 10 in dem Einkaufsnetz. […]

Wenn man zusammenrechnet, was Herr Schäfer an den vier Freitagen im Monat bei der Conti herausbekommt, hat die Familie 160 Mark zur Verfügung. Die Miete kostet 32 Mark. Dann kommt 15 die Gasrechnung, dann muss das elektrische Licht bezahlt werden, dann sind noch andere regelmäßige Ausgaben.
Frau Schäfer führt ein Wirtschaftsbuch. Wenn es einigermaßen gehen soll, muss sie 33 Mark in 20 der Dekade haben. Jeden Tag ist ein Brot nötig. Herr Schäfer nimmt sechs Schnitten mit zur Arbeit. Die Kinder essen natürlich auch tüchtig, es fehlt ja an allem anderen. „Brot ist bei uns die Hauptsache und ein Brot kostet 60 Pfennig. Das 25 ist viel zu teuer. Und sehen Sie hier, ein Liter Magermilch 24 Pfennig! War so etwas schon einmal da?"

Aus: a) L. Niethammer (Hrsg.), „Hinterher merkt man, dass es richtig war, dass es schief gegangen ist", Berlin/Bonn 1983, S. 83 ff.; b) Der Bund/Gewerkschaftsstimme vom 31. 7. 1948.

1. Beschreiben Sie die Alltagssituation der Menschen vor und nach der Währungsreform.

KONSOLIDIERUNG IN OST UND WEST

Vor der Währungreform.   Nach der Währungsreform in Westdeutschland.

In den ersten Nachkriegsjahren litten die Menschen in den westlichen Besatzungszonen unter einem unvorstellbaren Mangel an Konsumgütern. Bei Gewerkschaften und Sozialdemokraten, aber auch bei einzelnen Politikern der CDU war die Meinung weit verbreitet, diese Versorgungskrise könne nur durch eine zentrale wirtschaftliche Planung überwunden werden. Demgegenüber trat Ludwig Erhard für die soziale Marktwirtschaft ein: Nicht staatliche Stellen, sondern der Wettbewerb auf freien Märkten sollte die Produktion steuern; die Produktionsmittel sollten in den Händen privater Eigentümer liegen. Diesen Grundsatz der Freiheit auf dem Markt verbindet die soziale Marktwirtschaft mit dem Gedanken der sozialen Sicherheit des Individuums. Das 1949 verabschiedete Grundgesetz legte sich jedoch nicht auf eine bestimmte Wirtschaftsordnung fest. Einerseits fordert es den aktiven Staat, andererseits überlässt es viele Entscheidungen dem Einzelnen.

Zentrale Planwirtschaft oder soziale Marktwirtschaft?

Wesentliche Voraussetzung für eine funktionierende Marktwirtschaft war nach Erhards Auffassung ein geordnetes Geldwesen. Eine Währungsreform war daher für ihn unabdingbar. Politische Unterstützung für seine Vorstellungen fand Erhard insbesondere bei der amerikanischen Besatzungsmacht. Als dann im Jahre 1948 die Währungsreform auf Anordnung der Besatzungsbehörden durchgeführt wurde, füllten sich plötzlich die Schaufenster und Läden mit den lange vermissten Waren. Die Menschen schöpften Mut und Zuversicht. Dennoch konnte von einem „Wirtschaftswunder" zunächst keine Rede sein. Nach einem kurzfristigen Strohfeuer kam es wieder zu Rückschlägen in der industriellen Produktion. Die Zahl der Arbeitslosen stieg rasch an. Im Februar 1950 betrug die Arbeitslosenquote 13,5 Prozent – knapp zwei Millionen Menschen waren arbeitslos.

Währungsreform 1948

Mit welchen Mitteln wollte nun Ludwig Erhard (1949–1963 Bundeswirtschaftsminister) diese für den langfristigen Erfolg der sozialen Marktwirtschaft so entscheidende kritische Phase bewältigen? Seine Überlegungen liefen darauf hinaus, die westdeutsche Industrie mit Hilfe niedriger Löhne und großzügiger steuerlicher Investitionsabschreibungen zu einer international wettbewerbsfähigen „Exportmaschine" auszubauen.

Erhards Wirtschaftspolitik

Diese Politik enthielt ein gewisses Risiko. Sie setzte nämlich bewusst auf mittelfristige Erfolge und nicht auf kurzfristige Erleichterungen für die große Masse der sozial Schwachen wie Arbeitslose oder Rentenbezieher. Erst recht nicht strebte sie eine sofortige Verteilungsgerechtigkeit an.

Obwohl der Wirtschaftsminister im Prinzip die Auffassung vertrat, „die beste Wirtschaftspolitik ist der Verzicht auf Wirtschaftspolitik", enthielt seine Wirtschaftspolitik zumindest in der frühen Adenauer-Ära viele dirigistische Elemente. So gab es z. B. bei den Lebensmittelpreisen, auf dem Wohnungsmarkt und im Außenhandel staatliche Eingriffe. Vor allem versuchte man denjenigen zu helfen, die durch Flucht, Vertreibung und kriegsbedingte Zerstörungen viel verloren hatten. Im Gesetz über den allgemeinen Lastenausgleich vom 14. August 1952 wurden ihnen Entschädigungen gewährt. Besitzer von Vermögen (z. B. Grundstückseigentümer oder Aktienbesitzer) mussten Ausgleichsabgaben leisten, die den Mittellosen in Form von Ausgleichszahlungen zukamen und so zu ihrer sozialen Integration beitrugen.

Lastenausgleich

Montanmit-bestimmung

Einen wichtigen Beitrag zum Ausgleich sozialer Gegensätze leistete auch das im Mai 1951 verabschiedete „Gesetz über die Mitbestimmung der Arbeitnehmer in den Aufsichtsräten und Vorständen der Unternehmen des Bergbaus und der Eisen und Stahl erzeugenden Industrie" (Montanmitbestimmungsgesetz). Darin war die paritätische Mitbestimmung in bestimmten Großbetrieben – eine zentrale Forderung der Gewerkschaft, die den Anfang einer weitergehenden „Wirtschaftsdemokratie" bilden sollte – geregelt. Der Erfolg der Montanmitbestimmung trug wesentlich dazu bei, die Gewerkschaften mit dem neuen Staat auszusöhnen.

Korea-Krieg

Die wirtschaftliche Durststrecke ging erst zu Ende, als mit dem Ausbruch des Korea-Krieges am 25. Juni 1950 in der ganzen westlichen Welt ein Wirtschaftsboom einsetzte, von dem auch die Bundesrepublik profitierte. Nun öffneten sich die Märkte des westlichen Auslandes für die bundesdeutschen Produkte. Mit dem Anschluss an den Weltmarkt und dem „Korea-Boom" hatte sich Ludwig Erhards liberale Wirtschaftspolitik, die zunächst selbst innerhalb der Regierung nicht unumstritten war, endgültig durchgesetzt. Erhard galt fortan nicht nur als Vater der Sozialen Marktwirtschaft, sondern auch als Garant des „Wirtschaftswunders" und des Wohlstandes: Zwischen 1950 und 1960 verdoppelte sich das reale Bruttosozialprodukt. Und obwohl im gleichen Zeitraum annähernd zwei Millionen Menschen aus dem Osten zuwanderten und zudem eine Million Beschäftigte aus der Landwirtschaft in anderen Wirtschaftssektoren integriert werden mussten, gab es am Ende des Jahrzehnts weniger als 300 000 Arbeitslose bei fast doppelt so vielen offenen Stellen. Das Wirtschaftswunder wurde zum „Selbstläufer" und garantierte zugleich politische Stabilität. Ludwig Erhard fasste den Stolz auf das Erreichte 1963 in dem Slogan „Wir sind wieder wer!" zusammen.

Beginn des Wirtschaftswunders

Nachkriegsboom

Unbestritten ist allerdings, dass in allen vergleichbaren europäischen Staaten ein Nachkriegsboom, also eine Art „Wunder", stattfand. Dies gilt auch für Länder, die stärkere staatliche Eingriffe in das Wirtschaftsleben favorisierten, wie beispielsweise Schweden. Einzigartig ist allenfalls das Tempo des westdeutschen Aufschwungs. Manche Wirtschaftswissenschaftler ordnen deshalb die wirtschaftliche Blütezeit der Industriestaaten nach 1950 in einen längerfristigen konjunkturellen Aufwärtstrend ein, der durch die Weltwirtschaftskrise und den Zweiten Weltkrieg unterbrochen, aber nicht gebrochen wurde und bis zur ersten „Ölkrise" 1974/75 andauerte.

KONSOLIDIERUNG IN OST UND WEST

Nur ein Drittel der Deutschen konnte sich einen Sommerurlaub mit der ganzen Familie leisten. In der Regel blieb man in Deutschland; die beliebtesten Ziele waren die bayerischen Alpen, der Schwarzwald sowie die Nord- und Ostseeküste.

Ursachen des westdeutschen Wirtschaftswunders

- Gute Startbedingungen: Währungsreform, freie Preisbildung und Aufhebung der Bewirtschaftungsmaßnahmen fallen mit einem enormen Nachholbedarf zusammen.
- Westdeutschland ist zwischen Kriegsende und Währungsreform 1948 ein hungerndes und armes, aber kein unterentwickeltes Land; es verfügt über relativ große und moderne Maschinen und Fabrikanlagen, die – anders als die Innenstädte und Verkehrswege – relativ geringe Kriegsschäden aufweisen, zudem über ein großes technologisches Knowhow sowie hochqualifizierte Arbeitskräfte auf allen Ebenen.
- Die großen Zerstörungen in der Verkehrsinfrastruktur werden durch staatliche Maßnahmen behoben. Privater und staatlich geförderter sozialer Wohnungsbau sowie die sich rasch entwickelnde Automobilindustrie bilden die Konjunkturlokomotiven.
- Die durch den Krieg geschädigte Bevölkerung besitzt einen ungeheueren Aufbauwillen und große Arbeitsdisziplin. Wirtschaftlicher Mut und Erfolg werden durch steuerliche Erleichterungen belohnt.
- Die Flüchtlinge und Vertriebenen bilden ein räumlich mobiles und häufig besonders motiviertes Arbeitskräftereservoir. Ihre erfolgreiche Integration verhindert politische Instabilität.
- Das Ausbleiben extremer sozialer Spannungen in der sozialen Marktwirtschaft begünstigt die wirtschaftliche Aufwärtsentwicklung. Die Gewerkschaften begnügen sich mit maßvollen Lohnforderungen.
- Adenauers Politik der Westintegration baut Misstrauen bei den westlichen Handelspartnern ab. Die Marshallplan-Gelder lindern den Kapital- und Devisenmangel und bringen den europäischen Handel in Gang; sie stärken damit indirekt die deutsche Exportwirtschaft.
- Der Korea-Krieg führt zu einer weltweiten Konjunkturbelebung und fördert den Welthandel, von dem die Bundesrepublik besonders profitiert.

ZWEI STAATEN – EINE NATION?

MATERIAL

2 Aus einer Denkschrift von Alfred Müller-Armack aus dem Jahre 1948

Die Lage unserer Wirtschaft zwingt uns zu der Erkenntnis, dass wir uns in Zukunft zwischen zwei grundsätzlich voneinander verschiedenen Wirtschaftssystemen zu entscheiden haben, nämlich
5 dem System der antimarktwirtschaftlichen Wirtschaftslenkung und dem System der auf freie Preisbildung, echten Leistungswettbewerb und soziale Gerechtigkeit gegründeten Marktwirtschaft. Alle Erfahrungen mit wirtschaftlichen Lenkungs-
10 systemen verschiedenster Schattierungen haben erwiesen, dass sie unvermeidlich zu einer mehr oder weniger weit gehenden Vernichtung der Wirtschaftsfreiheit des Einzelnen führen, also mit demokratischen Grundsätzen unvereinbar sind,
15 und zweitens mangels zuverlässiger Maßstäbe infolge der Aufhebung des Preismechanismus nicht in der Lage sind, die verschiedenen Knappheitsgrade zuverlässig zu erkennen. Jede Lenkungswirtschaft hat daher in der Praxis am wirk-
20 lichen volkswirtschaftlichen Bedarf „vorbeigelenkt". […]
Die angestrebte moderne Marktwirtschaft soll betont sozial ausgerichtet sein. Ihr sozialer Charakter liegt in der Tatsache begründet, dass sie in
25 der Lage ist, eine mannigfaltigere Gütermenge zu Preisen anzubieten, die der Konsument durch seine Nachfrage entscheidend mitbestimmt und dadurch eine größere Befriedigung der menschlichen Bedürfnisse erlaubt […]
30 Durch die freie Konsumwahl wird der Produzent gezwungen, hinsichtlich Qualität, Sortiment und Preis seiner Produkte auf die Wünsche der Konsumenten einzugehen, die damit eine echte Marktdemokratie ausüben. Eine ähnliche, die Wirtschaft maßgeblich bestimmende Stellung 35 vermag eine Lenkungswirtschaft der Masse der Verbraucher nicht einzuräumen.
Um den Umkreis der sozialen Marktwirtschaft zu umreißen, sei folgendes Betätigungsfeld künftig sozialer Gestaltung genannt: 40
a) Schaffung einer sozialen Betriebsordnung, die den Arbeitnehmern ein soziales Mitgestaltungsrecht einräumt, ohne dabei die Verantwortung des Unternehmens einzuengen
b) Befolgung einer Antimonopolpolitik zur Be- 45 kämpfung möglichen Machtmißbrauchs […]
c) Dem Arbeitgeber Sicherheit gegenüber Krisenrückschlägen zu geben […]
d) Einkommensausgleich zur Beseitigung ungesunder Einkommens- und Besitzverschieden- 50 heiten […] durch Besteuerung und durch Familienzuschüsse, Kinder- und Mietbeihilfen an sozial Bedürftige
e) Siedlungspolitik und sozialer Wohnungsbau
f) Soziale Bestriebsstruktur durch Förderung klei- 55 nerer und mittlerer Betriebe […]
g) Ausbau der Sozialversicherung
h) Städteplanung
i) Minimallöhne und Sicherung der Einzellöhne durch Tarifverhandlungen […] 60

Aus: A. Müller-Armack, Vorzüge der Verwirklichung der Sozialen Marktwirtschaft, in: Genealogie der Sozialen Marktwirtschaft, Bern 1974, S. 98 ff. gek.

MATERIAL

3 Kurt Schumacher über die Neuordnung der deutschen Wirtschaft, 1945

[…] Auf der Tagesordnung steht heute als der entscheidende Punkt die Abschaffung der kapitalistischen Ausbeutung und die Überführung der Produktionsmittel aus der Hand der großen Besitzen-
5 den in gesellschaftliches Eigentum, die Lenkung der gesamten Wirtschaft nicht nach privaten Profitinteressen, sondern nach den Grundsätzen volkswirtschaftlich notwendiger Planung. […]
Planung und Lenkung sind noch nicht Sozialis-
10 mus, sondern erst die Voraussetzung dazu. Der entscheidende Schritt ist erst in einschneiden-
den Sozialisierungsmaßnahmen zu sehen. […]
Der Sozialismus ist nicht mehr Angelegenheit der Arbeiterklasse in dem alten engen Sinne des Wortes. Es ist das Programm für Arbeiter, Bauern, 15 Handwerker, Gewerbetreibende und geistige Berufe! Sie alle stehen in einem unüberbrückbaren Gegensatz zu der eigentlichen Ausbeuterschicht. Es hat zur nationalen und wirtschaftlichen Katastrophe geführt, dass die Kreise des so genannten 20 Mittelstandes von der Propaganda der Reaktion, der Militaristen und der Nazis eingefangen wor-

KONSOLIDIERUNG IN OST UND WEST

Flugblätter der SPD vom Mai 1951.

den sind und sich damit gegen Demokratie und den Sozialismus als politisches Kanonenfutter haben verwenden lassen.
All die tatsächlichen und angeblichen Vorzüge der freien Konkurrenz sind im Hochkapitalismus längst verloren gegangen. […]
Die Verstaatlichung der Großindustrie, der Großfinanz und die Aufsiedlung des Großgrundbesitzes sind volkswirtschaftlich eine absolute Notwendigkeit. Vor allem sind der Bergbau, die Schwerindustrie, die Energiewirtschaft, das Verkehrswesen, ein sehr großer Teil der Verarbeitungsindustrie sowie Versicherungs- und Bankwirtschaft nicht nur sozialisierungsreif, sondern müssen sozialisiert werden, wenn die deutsche Wirtschaft ausreichend funktionieren soll. […]

Aus: C. Kleßmann, Die doppelte Staatsgründung, Bonn 1982, S. 419 f.

1. Erläutern Sie die Argumentation Alfred Müller-Armacks für die Einführung der sozialen Marktwirtschaft (M 2) und vergleichen Sie seine ordnungspolitischen Vorstellungen mit denen Kurt Schumachers (M 3).
2. Stellen Sie fest, welche Rolle dem Staat bei Müller-Armack und bei Schumacher zukommt.
3. Prüfen Sie, ob und inwieweit soziale Aspekte in Müller-Armacks Ausführungen zur Gestaltung der sozialen Marktwirtschaft berücksichtigt werden (M 2). Welches Bild vermitteln die Flugblätter der SPD aus dem Jahr 1951?

MATERIAL

4 Gerd Bucerius im Jahr 1978 über das Lastenausgleichsgesetz

Manchmal fällt einem der Abschied nicht schwer. Seit dem 1. April 1949 musste ich an das Finanzamt jedes Vierteljahr 650 Mark „Lastenausgleich" zahlen, jährlich 2600, in dreißig Jahren zusammen 78000 Mark. Das ist vorbei. Eben habe ich die letzte Rate gezahlt.

2600 Mark im Jahr, das hat mich in den letzten Jahren nicht mehr getroffen. Dank Nannens „Stern" und trotz schwerer Verluste in der „Zeit" war ich schließlich recht wohlhabend geworden (und das Geld weniger wert). Aber in den fünfziger Jahren gingen die Geschäfte schlecht; meine Ausgaben waren größer als die Einnahmen; die Zukunft war ungewiss; und ich musste mich sehr verschulden. Da war der Lastenausgleich eine arge Last.

Sie war mir auferlegt worden, weil ich am Stichtag der Währungsreform (30. Juni 1948) Vermögen gehabt hatte. Dass ich es inzwischen verloren hatte, spielte keine Rolle. Wie mir ging es vielen: Über drei Millionen Westdeutsche, die etwas Vermögen gerettet hatten, sollten zahlen. 37 Milliarden wurden ihnen aufgebrummt, die sie, mit Zinsen, in dreißig Jahren abstottern mussten. „Die Vermögensabgabe beträgt fünfzig Prozent des abgabepflichtigen Vermögens (§ 31 Lastenausgleichsgesetz, LAG). Mein Vermögen waren zwei leicht beschädigte, im Krieg heruntergewirtschaftete, aber schuldenfreie Mietgrundstücke (beide am Stichtag der Währungsreform unverkäuflich) und einige noch nicht wieder notierte Aktien. Das „abgabepflichtige" Vermögen wurde – Beschädigung hin, Beschädigung her – nach dem Einheitswert berechnet; es waren bei mir etwa 96000 Mark. Die Hälfte ging an den Lastenausgleich. Man brauchte aber nicht gleich bar bezahlen – so viele Grundstücke und Aktien hätten sich in kurzer Zeit gar nicht versilbern lassen. Deshalb: „Die Abgabeschuld wird am 1. April 1949 in gleichen Jahresleistungen, die Tilgung und Verzinsung umfassen, abgetragen. [...]"

37 Milliarden der neuen Deutschen Mark, zu zahlen von drei Millionen Bürgern, das war die größte Vermögensabgabe der Weltgeschichte.

Ein gewaltiges Gesetz; heute ist es fast vergessen. Wie kam es zustande?

Nach dem Krieg waren in das Gebiet der heutigen Bundesrepublik (damals „Tri-Zone" genannt) zunächst sechs, später fast zehn Millionen Vertriebene aus dem Osten gekommen, viele nur mit durchgewetzten Schuhsohlen, einige mit einem kleinen Koffer, die ganz Klugen mit Unterlagen darüber, was sie im Osten verloren hatten. Das waren zusammen etwa vierzig Milliarden Reichsmark. Der Bombenkrieg hatte zudem fast ein Drittel des deutschen Hausbesitzes zerstört. Verlust etwa zwölf Milliarden Reichsmark. Auch die Währungsreform hatte Schäden verursacht. Wer einem anderen ein Darlehen von tausend Reichsmark gegeben hatte, konnte nur noch zehn Prozent davon, also hundert Deutsche Mark fordern. Wer ein Sparkassenguthaben von tausend Reichsmark hatte, bekam sogar nur 65 Deutsche Mark. Alle Hypotheken waren auf ein Zehntel abgewertet. Verluste: etwa zehn Milliarden. Alle Schäden zusammen ergaben sechzig Milliarden Reichsmark.

Die Vertriebenen, die Bombengeschädigten und die Währungsgeschädigten verlangten, wir sollten an ihrem Schicksal teilhaben; wir sollten Beträchtliches aus unserem Vermögen zur Deckung ihrer Schäden abgeben. Alle, auch die Geschädigten, waren sich darüber klar, dass die dazu nötigen riesigen Vermögensbewegungen den Wiederaufbau ernstlich hätten verhindern können, ginge man nicht behutsam zu Werke. Auf der einen Seite also Millionen schwer Geschädigter; ihre Unzufriedenheit drohte unsere Gesellschaft zu sprengen. Auf der anderen Seite eine darniederliegende Wirtschaft mit ungewisser Zukunft. [...]

Wer einen Prozentsatz vom Vermögens- oder Hausratschaden ersetzen will, muss erst einmal feststellen, wie viel der Vertriebene einst besessen hatte. „In der alten Heimat waren sie alle reich", erboste man sich damals. [...]

Aus: K.-J. Ruhl (Hrsg.), „Mein Gott, was soll aus Deutschland werden?". Die Adenauer-Ära 1949–1963, München 1985, S. 227 ff.

KONSOLIDIERUNG IN OST UND WEST   91

In der Mitte eine Neubausiedlung, links und rechts Nissenhütten, in denen Ausgebombte und Vertriebene noch bis in die fünfziger Jahre hinein leben mussten.

MATERIAL 5

Lohnkaufkraft eines Industriearbeiters in der Bundesrepublik

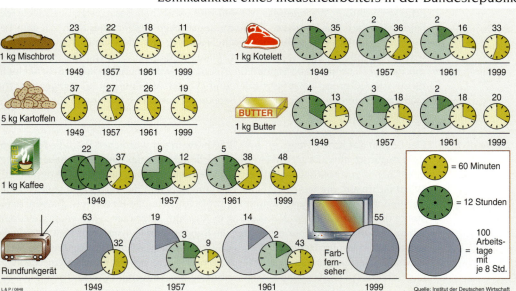

Quelle: Institut der Deutschen Wirtschaft

1. Welchen sozialen Sprengstoff versuchte das Lastenausgleichsgesetz zu entschärfen? Welche Bedeutung hatte es für die soziale Marktwirtschaft?
2. Ein Historiker nannte den Lastenausgleich das „soziale Grundgesetz". Nehmen Sie Stellung.
3. Beschreiben Sie die Entwicklung der Lohnkaufkraft eines Industriearbeiters (M 5). Nennen Sie Gründe für diese Entwicklung.

2.2 Die Westintegration – Freiheit vor Einheit?

Westintegration

Die Szene hatte Symbolcharakter: Am 21. September 1949 empfingen die Alliierten Hohen Kommissare auf dem Petersberg bei Bonn Konrad Adenauer. Er sollte ihnen sein erstes Regierungskabinett vorstellen und zugleich das Besatzungsstatut von den Alliierten erhalten. Die Hochkommissare standen auf dem roten Teppich, den Adenauer laut Protokoll nicht betreten sollte. Der aber brach die Spielregeln der Sieger und stellte sich gleich zu Beginn der Zeremonie auf einen Zipfel des prunkvollen Teppichs, wie um zu beweisen, dass damit ein wichtiger Schritt auf dem Weg zur Wiedererlangung der Souveränität und Gleichberechtigung gelungen war. Die Staatsgewalt hatten nämlich nach 1945 die Alliierten übernommen, die Deutschen saßen allenfalls am Katzentisch. Ziel westdeutscher Politik musste deshalb die Wiedererlangung von Handlungsspielräumen sein. Als wirksamste Methode zur Erreichung dieses Ziels betrachtete Konrad Adenauer die Westintegration, d.h. den freiwilligen Verzicht auf bestimmte Souveränitätsrechte durch die Einordnung in westliche Bündnisse.

Schon kurz nach dem Ende des Zweiten Weltkrieges hatte Adenauer eine wirtschaftliche Verflechtung Westeuropas mit den drei westlichen Besatzungszonen Deutschlands gefordert. Aus Sorge vor der kommunistischen Gefahr, aber auch um dem Bedürfnis Frankreichs und Belgiens nach Sicherheit vor den Deutschen auf Dauer gerecht zu werden, strebte er darüber hinaus eine enge politische Zusammenarbeit mit den westeuropäischen Staaten an. Adenauer wollte eine wackelige Schaukelpolitik zwischen Ost und West vermeiden und gab der Westintegration – gegen manche Widerstände innerhalb der eigenen Partei und vor allem im Gegensatz zur SPD – eindeutige Priorität.

Deutsche Wiederbewaffnung

Der Beginn des Koreakrieges im Juni 1950 hatte in der westlichen Welt die Furcht vor dem Ausbruch eines Dritten Weltkrieges verbreitet. Bundeskanzler Adenauer sah hier eine Chance zur politischen Aufwertung Westdeutschlands und forderte deshalb die Westmächte auf, die Bundesrepublik auch militärisch in die Verteidigung einzubeziehen und die westliche Verteidigungslinie vom Rhein an die Elbe vorzuschieben; dafür stellte er einen deutschen Wehrbeitrag in Aussicht. Adenauer sah in einer westdeutschen Aufrüstung nicht nur ein Mittel, die Bundesrepublik nach Osten hin zu sichern, sondern auch einen Hebel zur Erringung politischer Gleichberechtigung. Ein westdeutscher Verteidigungsbeitrag erforderte nach Meinung des Kanzlers eine Revision des Besatzungsstatuts sowie eine Erweiterung der Souveränität und machte aus Besatzungstruppen Schutztruppen und Verbündete. Seine politischen Vorstellungen deckten sich mit den Interessen der westlichen Besatzungsmächte. Für die westlichen Alliierten bedeuteten die Bewaffnung und gleichzeitige Sicherung der Bundesrepublik, sie zu integrieren und zu kontrollieren. Sie verfolgten damit eine doppelte „Politik der Eindämmung". Sie wollten sowohl die Expansion des Ostblocks als auch die Blockfreiheit Deutschlands verhindern.

Proteste

Die SPD, aber auch weite Teile der bürgerlichen Parteien, bekämpften die Politik der Bewaffnung. Nach ihrer Auffassung diente die Aufrüstung nur der Verteidigung eines westlichen militärischen Vorfeldes zwischen Rhein und Elbe, schützte also eher die westeuropäischen Staaten als die Bundesrepublik. Während einer Debatte im Bundes-

KONSOLIDIERUNG IN OST UND WEST

tag nannte der SPD-Vorsitzende Kurt Schumacher Adenauer sogar einen „Kanzler der Alliierten".

In beginnende Verhandlungen mit den Westmächten über eine atlantische Verteidigungsgemeinschaft hinein unterbreitete der französische Ministerpräsident René Pleven im Herbst 1950 einen Plan zur Schaffung einer europäischen Armee, einer europäischen Verteidigungsgemeinschaft (EVG). Die deutschen Truppen sollten in kleinen Einheiten in diese europäische Armee eingebunden werden und nicht unter selbstständigem nationalem Kommando stehen. Der Plan versuchte auf diese Weise, massive französische Sicherheitsbedenken gegen eine deutsche Aufrüstung aufzufangen.

Am 10. März 1952 richtete die Sowjetunion gleich lautende Noten an die drei Westmächte, in denen sie einen Friedensvertrag mit einem geeinten, neutralen Deutschland vorschlug (→ M 8). Bundeskanzler Adenauer sah in dieser so genannten Stalinnote ein Störmanöver gegen die EVG-Ver-

Protest gegen die Wiederbewaffnung, Kundgebung in Frankfurt am Main, 1957.

handlungen. Eine Neutralisierung Deutschlands stellte er als eine Vorstufe zur Sow- *Stalinnote* jetisierung dar. Für ein neutrales Deutschland gab es keinen Platz im antikommunistischen Weltbild Adenauers. Die öffentliche Meinung war gespalten; die Opposition drängte darauf, die Stalinnote zu prüfen und auf Chancen für eine Wiedervereinigung auszuloten. Historiker halten es für wahrscheinlich, dass Stalin 1952 an einer Neutra- *Historische* lisierung Deutschlands ernsthaft interessiert und bereit gewesen sei, die DDR aufs *Beurteilung* Spiel zu setzen, um die Integration eines wiederbewaffneten Westdeutschlands in das westliche Verteidigungsbündnis zu verhindern, denn „für die USA und den Westblock insgesamt hätte eine Ausklammerung Westdeutschlands aus dem Bündnis einen unvergleichbar größeren Verlust bedeutet". Da der deutsche Weststaat für die amerikanische Europa- und Sicherheitspolitik aber eine unersetzliche Basis geworden war, habe die Ablehnung der Stalinnote durch die USA von vornherein festgestanden, unabhängig von der Position Adenauers. Von daher sei der Vorwurf, Adenauer habe die Ostdeutschen der Westintegration geopfert, nicht haltbar.

Im August 1954 scheiterte die Ratifizierung des EVG-Vertrages in der Französischen *Pariser* Nationalversammlung. Eine Mehrheit der Abgeordneten konnte sich nicht mit dem *Verträge* Verzicht auf nationalstaatliche Souveränität abfinden, die damit auch für die Franzosen verbunden war. Als Antwort auf das Scheitern der EVG wurden noch im Oktober 1954 vier Verträge zwischen den Staaten der westlichen Gemeinschaft abgeschlossen, die so genannten Pariser Verträge:

- Ein Vertrag über die Beziehungen zwischen der Bundesrepublik und den drei west- *Deutschland-* lichen Siegermächten löste das Besatzungsstatut von 1949 ab. In diesem so genann- *vertrag* ten Deutschlandvertrag behielten sich die Westmächte Befugnisse für Deutschland als Ganzes und für Berlin vor. Der Vertrag kam 1990 bei der deutschen Einigung zum Tragen.

ZWEI STAATEN – EINE NATION?

Truppen- • Ein Truppenstationierungsvertrag regelte den Verbleib der westalliierten Truppen
stationierung als verbündete Streitkräfte in Westdeutschland und in West-Berlin.

NATO-Beitritt • Die Bundesrepublik wurde Mitglied der Westeuropäischen Union, eines ursprünglich gegen Deutschland gerichteten unkündbaren Beistandspaktes Großbritanniens,
Frankreichs, der Beneluxstaaten und Italiens von 1948. Als Mitglied dieser WEU
sollte die Bundesrepublik der NATO beitreten. Sie verpflichtete sich, ihre zwölf Divisionen der NATO zu unterstellen, auf die Herstellung atomarer, biologischer und
chemischer Waffen zu verzichten und eine Änderung ihrer Grenzen nur mit friedlichen Mitteln anzustreben.

Saarabkommen • Zwischen Frankreich und der Bundesrepublik wurde eine Sonderregelung für das
Saarland vereinbart. (→ S. 172).

Der Deutsche Bundestag stimmte im Februar den Pariser Verträgen zu. Sie traten am
5. Mai 1955 in Kraft; zehn Jahre nach der bedingungslosen Kapitulation des Reiches
wurde die Bundesrepublik Mitglied der NATO.

Beziehungen Nachdem die Integration in den Westen gelungen war, versuchte Adenauer die deutsch-
zur UdSSR sowjetischen Beziehungen zu normalisieren. Im September reiste eine überparteiliche
Bonner Delegation unter Leitung von Bundeskanzler Adenauer nach Moskau. Nach
zähen Verhandlungen gab die Sowjetunion die letzten etwa 10 000 deutschen Kriegsgefangenen und etwa 20 000 Zivilinternierten frei.

MATERIAL

6 Die öffentliche Auseinandersetzung um die Wiederbewaffnung

a) Aus der Regierungserklärung Konrad Adenauers am
8. November 1950:

Ich wende mich jetzt, meine Damen und Herren,
zu der Frage eines Beitrags der Bundesrepublik
Deutschland zu der Verteidigung des Westens.
[…] Ein solcher Beitrag ist von uns bisher nicht
5 verlangt und von uns auch nicht angeboten worden. […]

Totalitäre Staaten, insbesondere Sowjetrussland,
kennen nicht wie die demokratischen Staaten als
wesentliche Faktoren des Zusammenlebens der
10 Menschen und der Völker Recht und Freiheit; sie
kennen nur einen maßgebenden Faktor; das ist
die Macht. Mit einem totalitären Staat können
daher Verhandlungen zur Regelung internationaler Fragen mit Aussicht auf Erfolg nur geführt
15 werden, wenn derjenige, der diese Verhandlungen führt, ebenso stark, wenn nicht noch stärker
ist als Sowjetrussland. […]

Die Deutschen müssen sich klar darüber sein,
dass sie unmöglich erwarten können, dass die
20 Vereinigten Staaten, Kanada und die westeuro-

päischen Länder die Opfer, die mit der Schaffung
einer solchen Abwehrfront verbunden sind, auf
sich nehmen, während Deutschland selbst nichts
dazu beiträgt. […] Für jeden Deutschen, meine
Damen und Herren, mit gesundem Empfinden 25
muss es auch ein zwingendes Gebot sein, seine
Heimat und seine Freiheit zu verteidigen. Ich bin
der Auffassung, dass auf dem Wege der Bildung
einer solchen Abwehrfront auch die Wiedervereinigung mit unseren deutschen Brüdern und 30
Schwestern in der Sowjetzone zu erreichen ist.

Die Bundesregierung ist der Auffassung, dass die
Bundesrepublik Deutschland […] bereit sein
muss, einen angemessenen Beitrag zu dem Aufbau dieser Abwehrfront zu leisten, und zwar um 35
ihren Fortbestand, die Freiheit ihrer Bewohner
und die Weitergeltung der westlichen Kultur-
ideale zu sichern. […] Voraussetzung für die Leistung eines solchen Beitrags ist die völlige
Gleichberechtigung Deutschlands in dieser Ab- 40
wehrfront mit den übrigen an ihr teilnehmenden
Mächten und ferner eine Stärke dieser Abwehrfront, die genügt, um jede russische Aggression
unmöglich zu machen.

Links: Mit dem amerikanischen Präsidenten Eisenhower vor dem Weißen Haus, 1953. Adenauer reiste 1953 erstmals zu einem Staatsbesuch in die USA. Rechts: 1955 nahm die Bundesrepublik diplomatische Beziehungen zur Sowjetunion auf. Erste Reise Adenauers nach Moskau: Adenauer und Chruschtschow, 1955.

b) Rede des Theologieprofessors Helmut Gollwitzer in der Frankfurter Paulskirche am 29. Januar 1955:

Dass der Russe nie wieder herausgibt, was er hat – dass man mit den Sowjets weder verhandeln noch Verträge schließen könne –, diese weit verbreiteten Schlagworte sind, sobald man ihre Konsequenzen durchdenkt, Sätze von ungeheuerlicher Bedeutung, von so verderblicher und verwerflicher Hoffnungslosigkeit, dass wir uns nie mit ihnen abfinden dürfen. Wer sich mit ihnen abfindet und von ihnen aus Politik treibt, der möge aufhören, von Deutschland zu sprechen, das dann nicht einmal mehr ein geographischer Begriff ist, der möge [...] den unglücklichen Bewohnern der DDR zurufen: „Lasst alle Hoffnung fahren, ihr habt Pech gehabt, und wir können und wollen nur noch für uns selber sorgen!" [...]

Am groteskesten ist deshalb, wenn der Opposition gegen die westdeutsche Wiederbewaffnung vorgeworfen wird, sie besorge die Geschäfte der Russen und käme aus pro-östlicher Gesinnung. Wir wollen allerdings mit den Russen ins Geschäft kommen, weil es ohne ihre Zustimmung keine Wiedervereinigung gibt, und insofern müssen wir uns auch überlegen, wie weit wir den russischen Interessen entgegenkommen können. Wer das von vornherein ablehnt, soll nicht behaupten, dass er die Wiedervereinigung will. Aber unter denen, die hier sprechen, ist keiner, der sich über das Wesen des Kommunismus die geringsten Illusionen machte.

K.-J. Ruhl (Hrsg.), „Mein Gott, was soll aus Deutschland werden?". Die Adenauer-Ära 1949–1963, München 1985, a) S. 99 ff., b) 195 f.

1. Erschließen Sie aus der Rede Adenauers (M 6 a) Leitgedanken seiner Außen- und Deutschlandpolitik.
2. Zeigen Sie, welchen Verdächtigungen sich die innenpolitischen Gegner der Westverträge und der Wiederbewaffnung im politischen Meinungsstreit ausgesetzt sahen und wie sie sich dagegen wehrten (M 6 b).

MATERIAL

7 Offene Türen in Bonn, Karikatur von David Low, Mai 1952

Die Personen am Tisch sind von links nach rechts: der französische Außenminister Robert Schuman, der britische Außenminister Anthony Eden, Bundeskanzler Adenauer sowie der amerikanische Außenminister Dean Acheson.

MATERIAL

8 Grundlagen eines Friedensvertrages – die Stalinnote vom 10. März 1952

In der Stalinnote vom 10. 3. 1952 bot die sowjetische Regierung einen Friedensvertrag mit einem geeinten Deutschland an und nannte folgende Bedingungen für einen Frieden mit Deutschland (Zusammenfassung):

1. Deutschland wird wieder vereinigt und soll ein unabhängiger, demokratischer und friedliebender Staat sein.
2. Rückzug aller Besatzungstruppen nicht später als ein Jahr nach Inkrafttreten des Friedensvertrages.
3. Garantie der demokratischen Rechte für das vereinte Deutschland
4. Freiheit für politische Parteien und Organisationen.
5. Verbot „antidemokratischer" und „friedensfeindlicher" Organisationen.
6. Gleiche bürgerliche und politische Rechte auch für alle Mitglieder der ehemaligen Wehrmacht und der NSDAP, sofern sie nicht wegen Verbrechen verurteilt wurden.
7. Verbot von Koalitionen oder militärischen Allianzen.
8. Die Grenzen Deutschlands werden entsprechend dem Potsdamer Abkommen festgelegt.
9. Deutschland erhält zur Verteidigung nationale Land-, Luft- und Seestreitkräfte und darf dafür Rüstungsgüter produzieren.
10. Aufnahme des vereinten und neutralen Deutschland in die Vereinten Nationen.

KONSOLIDIERUNG IN OST UND WEST

MATERIAL 9

Neujahrsläuten, Karikatur von Mirko Szewczuk, 1955

Plakat der SED, 1952.

1. Charakterisieren Sie die in der englischen Karikatur (M 7) dargestellte Gesprächssituation, die aufzeigt, in welchem außenpolitischen Spannungsfeld die Diskussionen um die Wiederbewaffnungspolitik erfolgt.
2. Erörtern Sie, worin das in der Karikatur abgeschlossene Geschäft (deal) bestehen könnte.
3. Arbeiten Sie die für Adenauer kritischen Punkte des sowjetischen Angebots für einen Friedensvertrag heraus (M 6 a und M 8).
4. Erörtern Sie den Handlungsspielraum der westdeutschen Politik im Jahr 1952.
5. Welche neue Ära bundesdeutscher Politik läuten die Glocken in der Karikatur (M 9) ein?

MATERIAL

10 Adenauers Deutschland- und Außenpolitik im historisch-politischen Meinungsstreit

a) *Erhard Eppler* (SPD) *am 17. Juni 1989 vor dem Deutschen Bundestag:*

Für mich ist die Grundentscheidung Adenauers auch heute weder die einzig mögliche noch die denkbar beste, wohl aber eine geschichtlich legitime, vor der deutschen und europäischen Geschichte verantwortbare. Adenauer hat durchgesetzt, was er im Interesse seines Landes mit vertretbaren Gründen für die zwingende Konsequenz aus der deutschen Geschichte hielt. Seine Entscheidung ist zur unbestrittenen Grundlage für das Handeln aller geworden. Sie hat eine Epoche unserer Geschichte eingeleitet, die sich – trotz der Spaltung – sehen lassen kann.

Natürlich hat Konrad Adenauer das getan, was in aller Regel das leidige Geschäft jedes handelnden Politikers ist: Er hat eine Prioritätsentscheidung getroffen. Ihm erschien, ganz gleich, wie ernst das Angebot Stalins vom 10. März 1952 gemeint sein mochte, die rasche Integration der Bundesrepublik in das westliche Verteidigungssystem wichtiger, richtiger und dringlicher als die Auslotung eines Angebots, das bestenfalls zu jenem parlamentarisch-demokratischen, aber bündnisfreien Gesamtdeutschland geführt hätte, das er für gefährlich und gefährdet hielt.

Für Adenauer war schlicht das eine besser als das andere; – aus Gründen, die sich hören lassen –, und er hat durchgesetzt, was er für besser hielt. Kein Politiker bekommt alles auf einmal, sondern meist nur eines auf Kosten des anderen. Warum sollte es bei Adenauer anders sein?

b) *Der Historiker Foschepoth im Jahr 1988 über Adenauers Deutschlandpolitik:*

Versuche, Adenauer eine ernsthafte Politik zur Wiedervereinigung Deutschlands zu unterstellen, stehen zur historischen Wirklichkeit konträr. [...] Plausibel klingt die Erklärung, „dass die große Mehrheit des deutschen Volkes damals nichts anderes hören wollte". Die Wiedervereinigungsfrage war also eine Frage des politischen Überlebens, eine Frage des Machterhalts, eine Frage der Innenpolitik. [...]

Hierin liegt nun der eigentliche Zynismus der Adenauer'schen Deutschlandpolitik, immer wieder der Hoffnungen auf eine Wiedervereinigung Deutschlands erzeugt zu haben, obwohl er selbst alles tat, um sie zu verhindern; den Eindruck vermittelt zu haben, als wünsche der Westen nichts sehnlicher als die Wiedervereinigung Deutschlands, obwohl Adenauer genau wusste, dass die Westmächte dazu am allerwenigsten bereit waren. Ohne das permanente Bekenntnis zur Wiedervereinigung war die Westintegration innenpolitisch nicht durchzusetzen, ohne die Westintegration war die Souveränität der Bundesrepublik nicht zu bekommen.

Das war die Logik, die das politische Handeln Konrad Adenauers bestimmte.

Aus: a) Das Parlament, Nr. 26, 23. Juni 1989.
b) J. Foschepoth, Adenauer und die deutsche Frage. Westintegration statt Wiedervereinigung, in: ders. (Hrsg.), Adenauer und die deutsche Frage, Göttingen 1988, S. 16f. und S. 42.

Plakat der SPD, 1957.

1. Erörtern Sie Argumente und Positionen in Form eines Streitgesprächs und versuchen Sie, sich ein eigenes Urteil zu bilden.

KONSOLIDIERUNG IN OST UND WEST

2.3 Die DDR: Ein Staat gegen das eigene Volk?

Nach ihrer Gründung 1949 wurde die DDR von der herrschenden SED zu einem Gegenstaat gegen die Bundesrepublik Deutschland aufgebaut und als antifaschistische, friedliebende Volksdemokratie propagiert. Der „besondere deutsche Weg zum Sozialismus" war 1948 aufgegeben worden, die SED zu einer stalinistischen Partei verändert worden. In Angleichung an Stalins Führungsrolle innerhalb der KPdSU wählten die Delegierten des 3. Parteitags der SED im Frühjahr 1950 Walter Ulbricht zum Ersten Sekretär der Partei und damit zum Führer der DDR.

Ein deutscher Weg zum Sozialismus

Jetzt proklamierte die SED den „Aufbau des Sozialismus nach sowjetischem Modell". Eine Zentrale Wirtschaftsplanung wurde eingeführt und die DDR ökonomisch in den Ostblock integriert. 1950 trat sie dem RGW (Rat für gegenseitige Wirtschaftshilfe) bei, der den Handel zwischen den osteuropäischen Staaten auf der Basis des Austauschs von Gütern regelte. Die SED gab langfristige Etappenziele vor: Ein erster Fünfjahresplan sollte die Produktion steigern und den Lebensstandard der Bevölkerung heben. Besonders gefördert wurden aber die Schwerindustrie, die chemische Industrie und die Energiegewinnung zu Lasten der Konsumgütererzeugung, was, anders als im Fünfjahresplan propagiert, zu Versorgungsmängeln führte.

Aufbau des Sozialismus nach sowjetischem Vorbild

Gleichzeitig ging die „Vergesellschaftung der Produktionsmittel" weiter, sodass bis 1955 83 % der industriellen Produktion in „Volkseigenen Betrieben" hergestellt wurde. Auch das mittelständische Handwerk und der private Handel gerieten unter Druck: Der Großhandel ging schließlich ganz, der Einzelhandel zum großen Teil in staatlichen „Handelsorganisationen" (HO) auf, Handwerker mussten sich zu staatlichen „Produktionsgenossenschaften des Handwerks" (PGH) zusammenschließen. Nur noch Kleinbetriebe blieben in privatem Besitz.

Volkseigene Betriebe

Produktionsgenossenschaften

Ein Kult um die Person Stalins begleitete die Übernahme des stalinistischen Entwicklungsmodells; er drückte sich aus in Huldigungen, Treuebekenntnissen, Denkmälern. So antwortete 1953 das SED-Zentralorgan „Neues Deutschland" auf seine selbst gestellte Frage, woher denn dieses Maß an Liebe und Verehrung für Stalin komme, mit der Feststellung, dass „sein Genius die gesamte Menschheit auf die breite, lichte Bahn des erfolgreichen Kampfes für ein Leben in Wohlstand und Freiheit führt". Die Parteimitglieder wurden auf Stalins dogmatische Lehren eingeschworen. Nach stalinistischen Herrschaftsmethoden wurde eine unpolitische Bevölkerung mobilisiert, aber auch neutralisiert und in Privatnischen des Alltags isoliert. Eine parteihörige Justiz, Polizei und der Staatssicherheitsdienst schreckten vor Terror gegen politisch Andersdenkende nicht zurück, und eine allgegenwärtige Propaganda versuchte, die Herrschaft ideologisch abzustützen und ihre Methoden zu verschleiern. Durch ihren rigorosen Wirtschaftskurs, die Verstaatlichung und ihre Herrschaftsmethoden löste die SED eine Fluchtwelle, eine „Abstimmung mit den Füßen", aus. In den Jahren von 1949 bis 1955 verließen 1,4 Millionen DDR-Bewohner das Land.

Kult um die Person Stalins

Stalinistische Herrschaftsmethoden

Nach Stalins Tod im März 1953 kam es zu Machtkämpfen innerhalb der sowjetischen Führung. Dies verunsicherte die Parteiführung in der DDR. Ein „Neuer Kurs" wurde verkündet, der den Lebensstandard verbessern, die Preiserhöhungen zurücknehmen,

Neuer Kurs 1953

ZWEI STAATEN – EINE NATION?

Plakate zum ersten Fünfjahresplan in der DDR, 1951.

Volksaufstand 17. Juni 1953

aber dafür die Arbeitsnormen um zehn Prozent „nach oben korrigieren" sollte. Dies erbitterte die Arbeiterschaft. An Großbaustellen der Stalinallee in Ost-Berlin formierte sich am Vormittag des 16. Juni ein Demonstrationszug. Die Demonstranten riefen zum Generalstreik für den folgenden Tag auf. Der Aufruf verbreitete sich, unterstützt durch westliche Rundfunksendungen, über die ganze DDR. Etwa zehn Prozent aller Arbeiter in über 150 Orten beteiligten sich, vor allem in den Industriezentren. Dort übernahmen zeitweise Streikkomitees der Arbeiter die Macht. Sie befreiten Gefangene, formulierten politische Ziele, die über bloß wirtschaftliche Forderungen hinausgingen. Der Aufstand war weitgehend diszipliniert und besonnen, nicht vom Westen gesteuert oder gar organisiert. Sowjetische Panzertruppen unterdrückten ihn. Über 200 Demonstranten und über 100 Volkspolizisten sollen den Tod gefunden haben. Der Aufstand zeigte aller Welt, dass die Macht der SED auf der militärischen Präsenz der Sowjetunion beruhte und trotz Massenorganisationen in den Massen selbst keinen Rückhalt hatte. Die Partei wurde rigoros gesäubert, in den Bezirksleitungen wurden bis zu 60 Prozent der Amtsinhaber entlassen.

Unterdrückung der innerparteilichen Opposition

1956 rechnete der Generalsekretär der KPdSU Chruschtschow mit den Verbrechen Stalins und seinem Personenkult – nicht jedoch mit den fortwirkenden Herrschaftsstrukturen des Stalinismus selbst – ab. Im Gefolge dieser Entstalinisierungskampagne forderte eine innerparteiliche Oppositionsgruppe um den Parteiphilosophen Wolfgang Harich einen „Dritten Weg" – jenseits von Sowjetkommunismus und westlichem Kapitalismus zu einer sozialistischen DDR und eine Wiedervereinigung über freie

KONSOLIDIERUNG IN OST UND WEST

Wahlen. Nach der Krise des Volksaufstandes von 1953 überstand Ulbricht auch diesmal die Auseinandersetzungen um seinen politischen Kurs. Die Gruppe Harich und eine zweite der Führung noch gefährlichere innerparteiliche Oppositionsgruppe um das Politbüromitglied Schirdewan wurden gewaltsam unterdrückt.

Seit 1955 versuchte die DDR in einem zweiten Fünfjahresplan die Bundesrepublik wirtschaftlich einzuholen. Das Angebot an Konsumgütern nahm zu und die Rationierung für Lebensmittel konnte 1958 aufgehoben werden. Doch die DDR-Wirtschaft richtete sich weiterhin starr am parallel laufenden Siebenjahresplan der Sowjetunion aus, der Druck auf den verbliebenen privaten Sektor im Handel und im Handwerk stieg, schließlich wurde 1959/60 die Landwirtschaft rigoros zwangskollektiviert.

Zweiter Fünfjahresplan

Merkmale des politischen Systems der DDR

● *Führungsanspruch der SED*
Die SED setzte der Gesellschaft Entwicklungsziele und erzwang durch ihre Macht über den Staatsapparat deren Durchsetzung.

● *Demokratischer Zentralismus*
Die innerparteiliche Willensbildung in der SED erfolgte von oben nach unten. Gewählt wurden einstimmig die von den übergeordneten Parteigremien vorgeschlagenen Kandidaten. Von der Parteilinie durfte nicht abgewichen werden.

● *Sozialistische Gesetzlichkeit*
Das Recht war im System der DDR nicht allgemein gültig, überparteilich, universell, sondern diente der Machtsicherung der angeblich herrschenden Arbeiterklasse. Richter und Staatsanwälte unterlagen staatlichen Anordnungen und Kontrollen, waren weisungsgebunden.

● *Zentrale Planung*
Die Volkswirtschaft der DDR beruhte auf dem sozialistischen Eigentum an Produktionsmitteln. Es konnte staatlich (etwa in den VEBs, den volkseigenen Betrieben) oder genossenschaftlich sein (etwa in den LPGs, den landwirtschaftlichen Produktionsgenossen-

schaften). Die SED entwarf Mehrjahrespläne für Produktion und andere Bereiche der Gesellschaft wie Erziehung oder Sport.

● *Massenmobilisierung, Agitation und Propaganda*
Die sozialistische Demokratie organisierte von oben eine umfassende Beteiligung aller Bürger und Bürgerinnen am politischen, wirtschaftlichen, sozialen und kulturellen Leben, die öffentliche Meinung wurde verordnet. Wahlen dienten der Zustimmung, der Akklamation.

● *Ausschaltung politischer Opposition*
Politik war seit der Aufhebung des Privateigentums an Produktionsmitteln und damit der Klassenkonflikte im Verständnis der SED nicht mehr Konfliktaustrag zwischen Parteien und Interessengruppen, sondern nur noch „Bündnispolitik" und gesamtgesellschaftliche Integration; Opposition galt als systemwidrig, ja „verbrecherisch".

● *Diktatur der Staatssicherheit*
Die Staatssicherheit galt als „Schwert und Schild der Partei". Der Überwachungsapparat der DDR umfasste am Ende der achtziger Jahre 85 000 hauptamtliche und 109 000 aktive inoffizielle Mitarbeiter.

ZWEI STAATEN – EINE NATION?

MATERIAL
11 Plakat aus dem Jahr 1953

1949 mussten sich die politischen Parteien und gesellschaftlichen Organisationen der DDR zur „Nationalen Front" unter Führung der SED zusammenschließen.

MATERIAL
12 „Sozialistische Feierlichkeiten" um Geburt, Eheschließung und Tod in Stalinstadt, 1959

Aus einem Beschluss des Rates der Stadt:

Die Arbeiterklasse der Deutschen Demokratischen Republik und ihre führende Partei beginnen von der dialektischen-materialistischen Weltanschauung her und mithilfe der sozialistischen Staatsmacht die Geburt, die Eheschließung und den Tod feierlich als Ereignisse des Lebens der werdenden sozialistischen Gesellschaft zu würdigen.

Inhalt dieser Feierlichkeiten der Werktätigen ist der sozialistische Humanismus, der atheistisch ist und kein höheres Wesen als die für Frieden, Demokratie und Sozialismus arbeitende und kämpfende Menschheit anerkennt. [...]
Der Gehalt dieser Feierlichkeiten ergibt sich aus der Verknüpfung individueller Erfahrungen und Bestrebungen von Eltern, Brautleuten und Hinterbliebenen mit dem fortschrittlichen Menschheitsstreben. [...]
Der sozialistischen Staatsmacht kommt deshalb bei der Vorbereitung und Abhaltung von Feierlichkeiten um Geburt, Eheschließung und Tod die Aufgabe zu, auf Eltern, Brautleute und Hinterbliebene sozialistisch-erzieherisch einzuwirken. [...]
Der Rat der Stadt Stalinstadt[1] [...] schuf für die Gestaltung sozialistischer Feierlichkeiten um Geburt, Eheschließung und Tod eine Planstelle.

[1] Im Rahmen des ersten Fünfjahresplans wurde 1950 die Stadt „Stalinstadt" (heute Eisenhüttenstadt) gegründet.

Aus: C. Kleßmann/G. Wagner (Hrsg.), Das gespaltene Land. Leben in Deutschland 1945–1990, München 1993, S. 453f.

KONSOLIDIERUNG IN OST UND WEST

17. Juni 1953 in Ost-Berlin: Sowjetische Panzer fahren auf.

Karikatur in einer westdeutschen Zeitschrift, 1953.

Geheimbericht an Chruschtschow zum 16. und 17. Juni 1953 — MATERIAL 13

Ein sowjetischer Berichterstatter verfasste einen vierzehnseitigen Bericht „über die Ereignisse in Berlin am 16. und 17. Juni 1953", den der Chefredakteur der Prawda an den Generalsekretär der KPdSU als Geheimsache weiterleitete.

Die Demonstrationen trugen von Anfang an rein politischen Charakter. Zu den Losungen des vorhergehenden Tages kamen (am 17. Juni) neue hinzu:
5 „Nieder mit der Regierung Grotewohl!"
„Nieder mit dem SED-Regime!"
[...]
Die Sowjettruppen erschienen am frühen Morgen in den Straßen von Berlin. Zuerst wurden sie
10 von den Demonstranten mit Pfeifen und Brüllen begrüßt und als die Stimmung sich aufheizte, begannen die Beschimpfungen. Ich hörte mehrmals: „Russische Schweine", „Affen". [...]
Nach meinen vorsichtigen Berechnungen nahmen an den Demonstrationen am 17. Juni aktiv 15 etwa hunderttausend Menschen teil. [...]
Man muss zugeben, dass in den Volksmassen ein Hass gegen die sowjetischen Menschen erhalten blieb und jetzt wieder aufflammte. [...]
Die SED zeigte völlige Unkenntnis der Massen- 20 stimmung, Fehlen eines Zusammenhangs mit den Klassen, Unfähigkeit, mit dem Volke zu sprechen. Das Verhalten der Parteimitglieder während der Unruhen war nicht anders als mit Feigheit zu bezeichnen. 25

Aus: G. Beier, Wir wollen freie Menschen sein. Der 17. Juni 1953: Bauleute gingen voran, Köln 1993, S. 164 ff.

---

1. Charakterisieren Sie das in M 11 propagierte Selbstverständnis der DDR.
2. Erschließen Sie die Intention und Legitimation des Beschlusses M 12.
3. Erläutern Sie, was der sowjetische Korrespondent über die Ereignisse des 16. und 17. Juni 1953 berichtet und wie er sie bewertet.
4. Streik, Demonstration, Arbeiter- und Volksaufstand, Revolution, „faschistisch-imperialistischer Putsch durch verführte Massen"? Versuchen Sie, die Ereignisse des 16./17. Juni 1953 begrifflich zu fassen.

ZWEI STAATEN – EINE NATION?

MATERIAL

14 Bertolt Brecht zum 17. Juni 1953

a) Die Lösung – ein Gelegenheitsgedicht

Nach dem Aufstand des 17. Juni
Ließ der Sekretär des Schriftstellerverbands
In der Stalinallee Flugblätter verteilen,
Auf denen zu lesen war, daß das Volk
Das Vertrauen der Regierung verscherzt habe
Und es nur durch verdoppelte Arbeit
Zurückerobern könne. Wäre es da
Nicht doch einfacher, die Regierung
Löste das Volk auf und
Wählte ein anderes?

b) Einige Monate nach dem 17. Juni 1953 erklärte Brecht öffentlich:

Die sozialistische Einheitspartei hat Fehler begangen. […] Ich gehöre ihr nicht an, aber ich respektiere viele ihrer historischen Errungenschaften, und ich fühlte mich ihr verbunden, als sie – nicht ihrer Fehler, sondern ihrer Vorzüge wegen – von faschistischem und kriegstreiberischem Gesindel angegriffen wurde. Im Kampf gegen Krieg und Faschismus stand und stehe ich an ihrer Seite.

Aus: a) B. Brecht, Gesammelte Werke 10, Frankfurt/Main 1967, S. 1009 f. b) Deutscher Bundestag (Hrsg.), Enquête-Kommission zur Aufarbeitung von Geschichte und Folgen der SED-Diktatur in Deutschland, Bd. II/1, Baden-Baden 1995, S. 751 f.

MATERIAL

15 Artikel in der SED-Zeitung „Neues Deutschland" zur Opposition in der DDR, 17. Mai 1957

Manche Bürger fragen, warum es bei uns keine Opposition gibt, und meinen, zu einer richtigen Demokratie gehöre doch auch eine Opposition. Demokratie herrscht aber nicht dort, wo ver-
5 schiedene Parteien gegeneinander auftreten, wo die Kraft der Arbeiterklasse gespalten ist und eine Opposition besteht. […]
Die Bourgeoisie kann die aus den unversöhnlichen Klassengegensätzen hervorwachsende Op-
10 position nicht leugnen. Deshalb versucht sie, diese zu einem „Charakteristikum wahrer Demokratie" für jeden Staat umzufälschen. Auch von der rechten Sozialdemokratie wurde und wird diese Ansicht verbreitet. […]
15 In unserer Deutschen Demokratischen Republik sind die Kriegsverbrecher, Monopolisten und Junker entmachtet. Hier gehören die Fabriken und Banken dem Volk. Die Armee, Polizei und Justiz – die Machtmittel des Staates – sind Instrumente
20 der Werktätigen. Es gibt keinen Gegensatz zwi-
schen der Politik unserer Regierung und den Interessen der gesamten Bevölkerung.
Eine Opposition in der DDR könnte doch nur gegen die Politik unserer Regierung gerichtet sein. Sie müsste sich also gegen die Einführung 25 der 45-Stunden-Woche, gegen den Bau von zusätzlich hunderttausend Wohnungen, gegen unsere niedrigen Mieten, gegen die hohen Ausgaben für Wissenschaft und Kultur […] und gegen unsere Friedenspolitik richten. Sie müsste sich 30 gegen die Einheit der Arbeiterklasse, gegen unseren Arbeiter-und-Bauern-Staat richten. Sie müsste für den Einsatz von Militaristen und Faschisten in hohe Machtpositionen, für den NATO-Kriegspakt und für die Vorbereitung eines Atom- 35 krieges sein. Solch eine Opposition zu dulden wäre verbrecherisch.

Aus: H. Weber, Dokumente zur Geschichte der Deutschen Demokratischen Republik 1945–1985, München 1986, S. 229 f.

1. Erörtern Sie Brechts Gelegenheitsgedicht und seine öffentliche Erklärung.
2. Ist Opposition in der DDR verbrecherische Aktion gegen die DDR? Zeigen Sie, mit welchen Argumenten der Verfasser von M 15 die Frage bejaht. Erörtern Sie sein Staats- und Gesellschaftsverständnis. (Vgl. S. 63, M 24; S. 102, Plakat und M 11)

KONSOLIDIERUNG IN OST UND WEST

2.4 Der 13. August 1961 – festgemauerte deutsche Teilung?

Links: Durch Bayerische Wälder, an der Ostseeküste und über das geteilte Berlin verließen 1949 bis 1961 2,6 Millionen Menschen die DDR. Rechts: 13. August 1961: Der Bau der Mauer.

Je konsequenter die SED Staat und Gesellschaft aufbaute, umso mehr musste sie die DDR von der Bundesrepublik abgrenzen. Am stärksten fiel der Gegensatz zwischen den beiden deutschen Staaten im geteilten Berlin, dem Brennpunkt des Ost-West-Konflikts, ins Auge.

In den fünfziger Jahren wurde Ost-Berlin als Hauptstadt und Regierungssitz in die DDR eingegliedert, obwohl alle vier Siegermächte Hoheitsrechte nicht nur in ihren Sektoren, sondern auch über Berlin als Ganzes innehatten. 1958 verschärfte Chruschtschow den Nervenkrieg um West-Berlin und forderte von den drei Westmächten in ultimativer Form, ihre Truppen aus ihren Berliner Sektoren abzuziehen und West-Berlin den Status einer „freien, neutralen und entmilitarisierten Stadt" zu verleihen. Andernfalls würde die Sowjetunion nach einer bestimmten Frist mit der souveränen DDR einen separaten Friedensvertrag abschließen und ihre Hoheitsrechte über Berlin einschließlich der Kontrolle der Zugangswege nach Berlin der DDR übertragen.

Zweite Berlinkrise

Diese neue Krise um Berlin sowie die Unzufriedenheit der Bevölkerung in der DDR mit dem politischen und wirtschaftlichen Kurs der SED führten zu einem Anstieg der Flüchtlingszahlen, einer „Abstimmung mit den Füßen": Von 1949 bis zum 13. August 1961 verließen über 2,6 Millionen Menschen die DDR – ein Großteil von ihnen über West-Berlin. Auf Drängen der SED-Führung beschlossen die Parteiführer aller Staaten des Warschauer Paktes eine Mauer um die drei Westsektoren Berlins zu bauen und Ost-Berlin und die DDR so gegen West-Berlin abzuriegeln. In der Nacht vom 12. auf den 13. August 1961 versperrten Volkspolizisten und Soldaten der NVA die quer durch Berlin laufende Sektorengrenze mit Stacheldraht, spanischen Reitern und Mauern.

Flucht aus der DDR

Abriegelung West-Berlins

ZWEI STAATEN – EINE NATION?

In der Folgezeit wurde die bereits zuvor abgesperrte Zonengrenze der DDR zur Bundesrepublik mit Minenfeldern und Wachtürmen zum fast unüberwindlichen Grenzwall ausgebaut.

Reaktionen Die Menschen in Ost- und West-Berlin mussten am 13. August ohnmächtig mit ansehen, wie die Mauer immer höher wuchs; Familien wurden auseinander gerissen, Besuche bei Verwandten und Freunden unmöglich. Adenauer erklärte den Bau der Mauer als eine „beispiellose Bankrotterklärung des Ostens", die Westmächte protestierten in Moskau, bewerteten aber die Mauer unausgesprochen als eine „Grenzsicherungsmaßnahme" und als einen Faktor der Stabilisierung und damit der Entspannung. Ost-Berlin war zwar gewaltsam in die DDR eingegliedert worden, aber die Verantwortlichkeiten der Vier Mächte, Berlin betreffend, blieben formal gewahrt. Die Propaganda der DDR deutete die Mauer zu einem „antifaschistischen Schutzwall" vor einer revanchistischen Bundesrepublik um und feierte sie als Sieg des internationalen Sozialismus im Kalten Krieg.

Tatsächlich zementierte die Berliner Mauer im Wortsinn die deutsche Teilung. Die DDR blutete nicht länger aus, da eine Flucht in den Westen nur noch in Einzelfällen möglich war. Die Wirtschaft stabilisierte sich bei steigendem Lebensstandard. Die Bevölkerung der DDR musste sich mit der Tatsache arrangieren, in einem abgeschlossenen, sie bevormundenden Staat zu leben. Sie musste sich an scheinbar Unvermeidliches gewöhnen und flüchtete verstärkt in die Nischen, die das Privatleben bot. Letztlich vergeblich versuchte die SED dieser Flucht durch immer neue Propaganda und Mobilisierungsoffensiven entgegenzuwirken.

MATERIAL

16 Die DDR – Prüfstein des Kommunismus

Der hochrangige sowjetische Politiker Anastas Mikojan einige Wochen vor dem Mauerbau 1961 vor einem kleinen Kreis ostdeutscher Politiker:

Die DDR ist [...] der westliche Vorposten des sozialistischen Lagers. Die DDR, Deutschland, ist das Land, in dem sich entscheiden muss, dass der Marxismus-Leninismus richtig ist, dass der
5 Kommunismus auch für Industriestaaten die höhere, bessere Gesellschaftsordnung ist. Und weil das so ist, deshalb ist die Bewährung des Sozialismus in Deutschland nicht eure Sache allein. Der Nachweis für die Richtigkeit des Marxismus-Leninismus in Deutschland ist eine grundsätz-
10 liche Frage für die kommunistische Weltbewegung. [...]
Gegenüber Westdeutschland können und dürfen wir uns einen Bankrott nicht leisten. [...] Wenn der Sozialismus in der DDR nicht siegt, wenn der
15 Kommunismus sich nicht hier als überlegen und lebensfähig erweist, dann haben wir nicht gesiegt.

Deutscher Bundestag (Hrsg.), Enquête-Kommission zur Aufarbeitung von Geschichte und Folgen der SED-Diktatur in Deutschland, Bd. V/1, Baden-Baden 1995, S. 2291 f.

1. Zeigen Sie, wie der sowjetische Politiker Mikojan die besondere Situation und entscheidende Rolle der DDR einschätzt.
2. Erklären Sie den Zusammenhang zwischen den Äußerungen Mikojans und der Entscheidung der Warschauer Paktstaaten zum Bau einer Mauer in Berlin.

KONSOLIDIERUNG IN OST UND WEST

MATERIAL
Waffengebrauch an der innerdeutschen Grenze 17

Albert Norden, führendes Mitglied der SED, 1963 vor Soldaten der Berliner Grenztruppen:

1962 verblutete der angeschossene Peter Fechter beim Versuch, über die Mauer zu fliehen.

Ich sage, jeder Schuss aus der Maschinenpistole eines unserer Grenzsicherungsposten zur Abwehr solcher Verbrechen, Grenzverletzung und Republikflucht, rettet in der Konsequenz Hunderten von Kameraden, rettet Tausenden Bürgern der DDR das Leben und sichert Millionenwerte an Volksvermögen.
Ihr schießt nicht auf Bruder und Schwester, wenn ihr mit der Waffe den Grenzverletzer zum Halten bringt. Wie kann der euer Bruder sein, der die Republik verrät, der die Macht des Volkes verrät, der die Macht des Volkes antastet! Auch der ist nicht unser Bruder, der zum Feinde desertieren will. Mit Verrätern muss man sehr ernst sprechen. Verrätern gegenüber menschliche Gnade zu üben, heißt unmenschlich am ganzen Volk handeln.

Aus: Volksarmee Nr. 41, 1963.

MATERIAL
Reaktionen in der Bundesrepublik 18

Tagebucheintrag des Vorsitzenden der CDU/CSU-Fraktion im Bundestag Heinrich Krone zum 30./31. Dezember 1961:

Der 13. August ist in der Bevölkerung der Tag der großen Ernüchterung und Enttäuschung. Bis dahin glaubte und traute man den Amerikanern blindlings. Der 13. August ist ein Schicksalstag des deutschen Volkes. [...]
Es kommt um Berlin zu keinem Krieg, dessen bin ich sicher. Das freie Deutschland muss sich zu einer viel stärkeren und kraftvolleren Haltung aufraffen. Wir müssen aufhören zu schlafen. Wir verfetten in unserem Wohlstand, und drüben hungern die Deutschen an Leib und Seele. Wir müssen Fanal sein, das in der Zone leuchtet. Die Stunde kommt, wo wir wieder eins werden. [...] Der deutsche Westen ist in Gefahr, seinen Teil für das Ganze zu halten. Es bleibt bei dem geteilten Deutschland. Noch lange. Der Westen findet sich mit dem geteilten Deutschland ab. Man sucht Koexistenz auf dem Boden des Status quo. Wir müssen der Welt immer wieder sagen, dass der Weltkommunismus keine Koexistenz kennt.

Aus: R. Morsey/K. Repgen, Adenauerstudien 3, Mainz 1974, S. 165f.

1. Erläutern Sie, wie Norden in M 17 den Schusswaffengebrauch begründet.
2. Auf welche Haltungen im Westen reagiert Krone (M 18)? Wofür spricht er sich aus?
3. Setzen Sie sich mit folgenden Bewertungen des Mauerbaus auseinander: „deutschlandpolitische Ernüchterung" – „zweite Gründung der DDR" – „Offenbarungseid des sozialistischen Systems" – „Stabilitätsfaktor in Europa" – „Herausforderung der nationalen Solidarität".

Analyse politischer Propaganda

Der Kalte Krieg, jahrzehntelang unterhalb der Schwelle zum „Heißen Krieg" ausgetragen, war auch ein Propagandakrieg, der mithilfe der modernen Massenmedien geführte wurde. Lange stand die Berliner Mauer als Symbol im Brennpunkt der Propaganda.

Der Begriff

Der Begriff „Propaganda" ist eine sprachliche Neuprägung aus dem 19. Jahrhundert. Er leitet sich vom lateinischen Verb „propagare" (= etwas fortpflanzen, etwas erweitern) ab. Der Begriff ist mehrdeutig. Wertneutral bezeichnet man damit Massenkommunikation, häufig aber wird er abwertend im Sinne von Verfälschung, Meinungsmanipulation verwendet. In totalitären Systemen dient Propaganda im Sinne ideologischer Beeinflussung der öffentlichen Meinungs- und Willensbildung der Herrschaftslegitimation.

Zentrale Funktion und Merkmale der Propaganda:
- Propaganda vereinfacht Sachverhalte.
- Sie vermischt Information mit parteilicher Deutung.
- Sie versucht zu überreden, beispielsweise durch die Benutzung von Metaphern, Analogien, Begriffsumdeutungen, Benennungen.
- Sie ordnet Vorgänge oder Sachverhalte in ein feststehendes (dogmatisches) und als unbezweifelbar geltendes Erklärungs- und Orientierungsmodell, eine Weltanschauung, ein.
- Propaganda vermittelt Schemata (Stereotypen) des Denkens, Fühlens und Verhaltens.
- Sie polarisiert in Freund und Feind.
- Sie erzeugt ein Wir-Bewusstsein der Zusammengehörigkeit und Identifikation.

MATERIAL

19 Eduard von Schnitzler, Objektivität und Propaganda

1960 bis 1989 moderierte der Journalist Eduard von Schnitzler wöchentlich im DDR-Fernsehen den „Schwarzen Kanal", eine gegen die Bundesrepublik gerichtete Propagandasendung. In einem Kommentar wandte er sich im November 1961 gegen die Devise: „Man muss auch die andere Seite hören, um sich eine Meinung bilden zu können."

Gegenüber Feinden der Menschheit kann es keine wohlwollende oder wie immer geartete Objektivität geben. Die Argumente der Fernsehanstalten, Rundfunksender und Zeitungen der Kriegshetzer sind Argumente des Feindes! [...]
Stellen wir die Frage: Krieg oder Frieden? An dieser Frage lässt sich am besten erläutern, wie unverantwortlich und falsch diejenigen handeln, die „objektiv" sein wollen, die beiden Seiten – Wahrheit und Lüge, Frieden und Krieg – gleiche Möglichkeiten geben. In Wahrheit handelt objektiv, wer sich in seinen Handlungen auf die Seite des Friedens und des gesellschaftlichen Fortschritts stellt, dann entspricht seine Tätigkeit der objektiven Wahrheit.
Die Wahrheit ist erkennbar. Sie kann nur von einem vertreten werden, nämlich von dem, der den Frieden will. Was er sagt, ist wahr und richtig. Was die anderen sagen, ist unwahr und falsch. Unser Fernsehen, unser Rundfunk und unsere Presse geben jedem genügend Information und Orientierung, um die Methoden der Kriegshetzer zu erkennen, ihre Argumente zu widerlegen und mit klarem Kopf zu handeln.

Aus: Funk und Fernsehen der DDR, Nr. 45, 1. Novemberheft 1961.

MATERIAL 20

Flugblatt der SED-Bezirksleitung Suhl zum Mauerbau, 13. August 1961

Das Maß ist voll!

Unsere Geduld ist zu Ende!

Der Staat der Arbeiter und Bauern, unsere Deutsche Demokratische Republik, schützt vom heutigen Tage an wirksam seine Grenzen gegen den Kriegsherd Westberlin und gegen den Bonner Atomkriegstaat

Arbeiter und Genossenschaftsbauern, Angehörige der Intelligenz, Handwerker und Bürger des Mittelstandes, Werktätige in Stadt und Land des Bezirkes Suhl!

Stellt Euch geschlossen hinter die Schutzmaßnahmen unseres Arbeiter-und-Bauern-Staates!

Nehmt von allen Reisen nach Berlin, die nicht der unmittelbaren Arbeit dienen, Abstand!

Bekundet jetzt noch entschlossener Eure Treue zur Arbeiter-und-Bauern-Macht!

Wir bedrohen niemanden – aber wir fürchten auch keine Drohung!

Nicht Strauß siegt – Ulbricht wird siegen – und Ulbricht sind wir!

Wir sind eins mit dem mächtigsten sozialistischen Weltsystem, an dessen Spitze die unbesiegbare Sowjetunion steht. Wir sind eins mit den Worten Chruschtschows: „Ihr Herren Imperialisten, eure Arme sind zu kurz!" Wer uns angreift, wird durch die Riesenfaust des Sozialismus zerschlagen!

Schuld an Unbequemlichkeiten, die für diesen oder jenen unserer Bürger mit unseren Schutzmaßnahmen verbunden sind, hat einzig und allein das Verbrechergesindel in Bonn und Westberlin!

ZWEI STAATEN – EINE NATION?

MATERIAL

21 Aufruf in West-Berlin, 1962

Aufruf zum 13. August

Der 13. August ist nicht nur ein Tag der Empörung, des Schmerzes und der Trauer. Er ist auch ein Tag der Besinnung und des Gedenkens.

Mit der unmenschlichen Schandmauer wurden Familien- und Freundesbande zerrissen. Das Bewußtsein untrennbarer Zusammengehörigkeit und unlösbarer Verbundenheit kann jedoch nicht zerstört werden.

Ihr Menschen im ganzen Berlin seid am stärksten von der Mauer betroffen. Euch wurden die tiefsten Wunden geschlagen. Ihr tragt die schwerste Last!

Im freien Teil der schwergeprüften Stadt könnt Ihr dennoch am meisten für jene Menschen tun, die unter Mißachtung der Menschenrechte gewaltsam von Euch getrennt wurden. Ihr könnt der Welt zeigen, daß Ihr nicht bereit seid zu vergessen.

Und deshalb bitten wir Euch, an diesem Tag einen lautlosen, aber eindringlichen Ruf über die Schandmauer an Eure Verwandten und Freunde zu richten, die unser aller Schwestern und Brüder sind.

Am 13. August, so meinen wir, solltet Ihr in der Zeit von 20 bis 21 Uhr den Straßen fern und in Euren Familien bleiben, um an jene einen Gruß zu richten, die Euch, die uns lieb und teuer sind.

Ihr Bürger des freien Berlins solltet Eure Verbundenheit vor aller Welt bekunden. In dieser Stunde der Besinnung sollten die Menschen diesseits und jenseits der Schandmauer in Gedanken beieinander sein.

LUCIUS D. CLAY	**OTTO DIBELIUS**	**THEODOR HEUSS**
Ehrenbürger von Berlin	Ehrenbürger von Berlin	Ehrenbürger von Berlin
PAUL LÖBE	**MARIE-ELISABETH LÜDERS**	**RUDOLF WISSELL**
Ehrenbürger von Berlin	Ehrenbürger von Berlin	Ehrenbürger von Berlin

Die Westberliner wurden aufgerufen als Zeichen ihrer Verbundenheit mit den Ostberlinern Kerzen in ihre Fenster zu stellen.

1. Wenden Sie die im Methodenteil „Analyse politischer Propaganda" (S. 108) formulierten Gesichtspunkte auf Eduard von Schnitzlers Kommentar (M 19), auf das Flugblatt M 20 sowie auf das Plakat M 21 an. Erörtern Sie die Grenzen politischer Propaganda.

KONSOLIDIERUNG IN OST UND WEST

2.5 Wirtschafts- und sozialpolitischer Wandel –
die Bundesrepublik auf dem Weg zum Sozialstaat

Das mit den fünfziger Jahren häufig verbundene Bild vom schlemmenden Wohlstandsbürger, der von der „Fresswelle" zur „Auto- und Italienurlaubs-Welle" überging, ist unzutreffend. Trotz verbesserter wirtschaftlicher Lage ging es in den meisten Haushalten lange noch bescheiden zu. Besonders groß war die Not der Rentner, Invaliden, Witwen und Waisen. Hier lag ein Herd sozialer Unruhe. Die Regierung plante deshalb eine Reform der Rentenversicherung. Kernpunkt war die Abkehr vom Kapitaldeckungsprinzip der Bismarck'schen Rentenversicherung. Die von Arbeitnehmern und Arbeitgebern in die Rentenkasse eingezahlten Beiträge sollten sofort an die nicht mehr erwerbstätigen Rentner weitergegeben werden. Die Rente sollte jährlich an die Lohnentwicklung angepasst werden („dynamische Rente"). CDU/CSU und SPD stimmten für das Reformgesetz, die FDP dagegen. Aufgrund dieser Rentenreform stieg 1957 – in einem Wahljahr – die Arbeiterrente um durchschnittlich 65 Prozent, die der Angestellten sogar fast um 72 Prozent. Die Rentenreform wirkte sozial integrierend; sie stärkte zugleich die Akzeptanz der parlamentarischen Demokratie und der sozialen Marktwirtschaft. Finanzierungsprobleme wurden nicht vorausgesehen: Es herrschte Vollbeschäftigung und die Zahl der jungen Bundesbürger stieg beständig.

Dynamische Rente

Die sozialen Verbesserungen sollten die Bundesrepublik auch gegen kommunistische Unterwanderungen immunisieren. Denn nur eine ökonomisch und sozialpolitisch attraktive Bundesrepublik konnte ihre Vorbild- und Magnetwirkung auch gegenüber den Menschen in der DDR entfalten. Die anhaltende wirtschaftliche Prosperität vergrößerte in allen Bevölkerungsgruppen das Wohlstandsgefälle zur DDR und wirkte so – ungewollt – an einer Verfestigung der deutschen Teilung mit.

Die wirtschaftliche Hochkonjunktur verschärfte den Mangel an Arbeitskräften. Ausländische „Gastarbeiter" vornehmlich aus Südeuropa, die aufgrund von Regierungsabkommen mit ihren Heimatländern nach Deutschland kamen, füllten die Lücken. Im September 1966 erreichte ihre Zahl 1,4 Millionen. Dass mit dem Zuzug so vieler Menschen auch neue Aufgaben, wie die Familienzusammenführung oder die Integration in das aufnehmende Land, verbunden waren, wurde allerdings nur ansatzweise erkannt. Der Schriftsteller Max Frisch fasste die Problematik in dem Satz zusammen: „Es wurden Arbeitskräfte gerufen – und es kamen Menschen."

Gastarbeiter-anwerbung

Mit dem Rücktritt Adenauers als Bundeskanzler im Jahre 1963 ging die Ära der Gründer- und Aufbaujahre der Bundesrepublik zu Ende. Sein Nachfolger, der bisherige Wirtschaftsminister Ludwig Erhard, galt als personifizierte Verkörperung des Slogans „Wohlstand für alle". Doch nach der seit 1950/51 andauernden Hochkonjunktur kündigte sich eine wirtschaftliche Rezession an. Die Zahl der Arbeitslosen wuchs von 100 000 im September 1966 auf 673 000 im Februar 1967 an. Hinzu kamen eine hohe Inflationsrate – die Lebenshaltungskosten stiegen innerhalb eines Jahres um 4,5 % – und härtere Lohnauseinandersetzungen. Dies verunsicherte die an wirtschaftlichen Aufschwung gewöhnte Bevölkerung. Viele warfen Erhard vor, das Ausmaß der Rezession – die allerdings aus heutiger Sicht nur eine längst fällige Normalisierung darstellte –

1967: Erste Rezession

1959 demonstrierten 50 000 Bergleute in Bonn gegen Zechenstilllegungen.

Große Koalition

nicht ernst genug zu nehmen. Innerhalb der Union meldeten sich diejenigen zu Wort, die eine Große Koalition mit der SPD anstrebten. Ein Streit darüber, ob die Steuern erhöht werden sollten, führte schließlich zum Rücktritt der FDP-Minister und zur Bildung der Großen Koalition von CDU/CSU und SPD unter Kurt-Georg Kiesinger (CDU) am 1. Dezember 1966.

Stabilitätsgesetz

Der Staat griff nun – auf der Grundlage des neu geschaffenen Stabilitätsgesetzes von 1967 – aktiv in das wirtschaftliche Geschehen ein. Wirtschaftsminister Karl Schiller (SPD) und Finanzminister Franz Josef Strauß (CSU) gelang es dank gezielter Investitionsprogramme, die durch eine höhere Staatsverschuldung („deficit spending") finanziert wurden, die Wirtschaft anzukurbeln und die Krise schnell zu überwinden. So trauten viele jetzt der Wirtschaftspolitik auch die Lösung schwierigerer Probleme zu, wenn man nur, wie Karl Schiller formulierte, „das richtige Instrumentarium zum richtigen Zeitpunkt anwendet". Der sozialpolitische Daseinsvorsorgestaat war durch den wirtschaftspolitischen Interventionsstaat ergänzt worden.

Strukturwandel: von der Kohle zum Erdöl

Auf dem Energiesektor hatte sich seit 1957 eine revolutionäre Entwicklung vollzogen. Das Kohlezeitalter wurde durch das Erdölzeitalter abgelöst. Dies war nicht in erster Linie eine Folge politischer Entscheidungen, sondern ergab sich aus den Verhältnissen auf den Weltenergiemärkten: Die Frachtkosten für Erdöl sanken durch den Einsatz von Supertankern, die während der Sperrzeit des Suez-Kanals 1956/57 erstmals gebaut worden waren. Zugleich führte eine vermehrte Ölproduktion in den USA und im Nahen Osten zu einer weltweiten Überproduktion. Die Mineralölgesellschaften reagierten mit massiven Preissenkungen, um den lockenden Energiemarkt Bundesrepublik zu erobern. Das kostengünstige Erdöl verdrängte die heimische Kohle. Überall wuchsen die Halden der nicht absetzbaren Kohlen. Die Unruhe unter den Bergleuten im Revier war groß. Glücklicherweise vollzog sich dieser Strukturwandel anfangs noch unter den Bedingungen einer Hochkonjunktur. Die durch Zechenstilllegung arbeitslos gewordenen Bergleute konnten außerhalb des Bergbaus neue Beschäftigung finden.

KONSOLIDIERUNG IN OST UND WEST

MATERIAL

Lebenserinnerungen der Bäuerin Anna Wimschneider 22

Wir haben zwei Tage Kartoffeln angebaut und viel Rüben fürs Vieh, und wenn es mondhell war, gingen wir noch einmal aufs Feld zum Hacken. In anderen Nächten habe ich das Brot gebacken, immer sechs große Brotlaibe. Oder ich habe gewaschen, damit ich tagsüber wieder mit meinem Mann bei der Arbeit sein konnte. Ich habe als Haustrunk Bier aus Malz und Hopfen gebraut, weil wir kein Geld hatten, uns Bier zu kaufen. [...] Langsam besserte sich unsere Lage. Während die Nachbarn auf der Feierabendbank saßen und über uns lachten, ging es endlich aufwärts. Nun wurden sie neidisch, wenn sie den Ertrag sahen. [...] Dann haben wir einen modernen Stall für (70 Schweine) gebaut. [...]
Wir hatten jetzt viel Schulden. [...] Erst haben wir aus unseren Erlösen die Raten bezahlt, dann Futter und Düngemittel gekauft, damit der Ertrag immer höher wurde. [...] Mein Plan war auf einen Schlepper gerichtet. Einmal beim Melken, nun hatten wir schon zwölf Kühe, habe ich meinem Mann von diesem Plan erzählt. Da wurde er zornig, aber ich habe ihn überzeugt, dass wir den Schlepper bezahlen können. Im nächsten Frühjahr haben wir den neuen 12-PS-Schlepper mit den Anbaugeräten bekommen. [...]
Mein Mann hatte nach dem Krieg keine Rente beantragt, weil damals ein solches Elend war, und er war zufrieden, dass er gesundheitlich noch so gut weggekommen war. Aber nun ging das Gerede, wir könnten ja leicht bauen, mit der großen Kriegsrente. Da habe ich meinem Mann so zugesetzt, dass er die Rente dann wirklich beantragt hat, und er hat sie auch ohne weiteres bekommen. [...] Immer öfter hörten wir im Landfunk, wie es den kleinen Betrieben ergehen wird, wenn

sie sich nicht umstellen. Dass nun die Kinder keine Zukunftsaussichten mehr hatten, erkannte mein Mann, und so ging Christine in eine kaufmännische Lehre. [...]
Die langen Jahre nie endender Arbeit hatten nun meine Gesundheit angegriffen, wochenlang lag ich im Krankenhaus und habe mich auch später nie ganz erholt. [...] Inzwischen war es 1971 geworden. Wir mussten uns anstrengen, um in der Landwirtschaft mitzuhalten. Der Maisanbau ermöglichte eine noch größere Viehhaltung und damit auch größere Einnahmen. Doch nun brauchten wir bessere Maschinen. Jetzt war die Entscheidung, weiterzumachen oder den Betrieb aufzugeben. [...] Mein Mann suchte in einem Handwerksbetrieb um Arbeit nach. [...] Wir haben die Grundstücke verkauft und die Kinder ausbezahlt. Mit ihrem Erbe und mit ihrem selbst ersparten Geld haben die Kinder, jedes für sich, eine Eigentumswohnung gekauft. Nun bleiben sie für immer in der großen Stadt.
Seit eineinhalb Jahren war ich jetzt nicht mehr im Krankenhaus. Es geht mir besser. Wir haben noch die Hofstelle und einen großen Garten mit allem Gemüse und vielen Blumen rund ums Haus. Das ist meine größte Freude. Jetzt ist mein Wunsch endlich doch in Erfüllung gegangen, den ich seit meiner Kindheit hatte, ich kann mich nun ausschlafen. [...] Mein Mann ist nach zehn Jahren im Betrieb in Rente gegangen. Er hat einen schönen Abschied gehabt. [...] Als wir das erste Auto kauften, waren wir die Letzten in der Gegend, die eines bekamen. Aber wir wollten erst den Betrieb in Ordnung haben. [...] Wenn ich noch einmal zur Welt käme, eine Bäuerin würde ich nicht mehr werden.

Aus: A. Wimschneider: Herbstmilch. Lebenserinnerungen einer Bäuerin, München 1984, S. 128 ff. Die Filmfassung der Lebensgeschichte kann über die Kreismedienzentren ausgeliehen werden (Sign. 32.10032).

1. Beschreiben Sie die Stationen im Lebensweg der Anna Wimschneider und zeigen Sie die sozialen Veränderungen auf. Inwiefern spiegeln sich in ihrer Geschichte sozialökonomische Entwicklungen der Bundesrepublik Deutschland wider?
2. Am wirtschaftlichen Aufstieg haben nicht alle Bevölkerungskreise gleichmäßig teilgenommen. Zeigen Sie dies am Beispiel der Anna Wimschneider.

ZWEI STAATEN – EINE NATION?

MATERIAL

23 „Eine umfassende Sozialreform"

Aus der Regierungserklärung des Bundeskanzlers Konrad Adenauer am 20. Oktober 1953:

Die Probleme und die Aufgaben der Sozialpolitik, Wirtschaft und Finanzen hängen eng miteinander zusammen. […] Sozialpolitik ist nur möglich, wenn die Wirtschaft gedeiht, Beschäftigung
5 gibt und Steuern liefert. […]
An dem wirtschaftlichen Aufstieg in der Bundesrepublik haben nicht alle Bevölkerungskreise gleichmäßig teilgenommen. Es waren bisher in erster Linie die im Arbeitsprozess Tätigen, die
10 sichtbaren Nutzen aus den Erfolgen der sozialen Marktwirtschaft zogen. Es wird das besondere Anliegen der Bundesrepublik sein müssen, die Arbeitslosen einzugliedern und dem Bundestag Maßnahmen vorzuschlagen, durch die die wirt-
15 schaftliche Lage der Rentner, Invaliden, Waisen und Hinterbliebenen weiter verbessert wird.
Dieses Ziel muss auf zwei Wegen erreicht werden, erstens durch eine weitere Erhöhung des Sozialproduktes, zweitens durch eine *umfassende Sozialreform*. Die Erhöhung des Sozialproduktes 20 ist nicht nur eine wirtschaftspolitische und eine finanzpolitische Aufgabe. Jedes weitere Ansteigen des Sozialproduktes gestattet auch eine entsprechend höhere Berücksichtigung der Sozialleistungsempfänger. Es liegt im eigensten Inter- 25 essse der sozial Schwachen, dass hierbei nicht die produktiven Elemente des Wirtschaftslebens geschwächt werden, weil sie davon durch Rückgang der sozialen Leistungen getroffen würden.

Eine *Umschichtung innerhalb des Sozialhaushalts* ist 30 nicht nur vertretbar, sondern notwendig, um manchen Schichten mehr helfen zu können, als das bisher möglich war. Diesem Ziel dienen die von der ersten Bundesregierung bereits eingeleiteten Vorarbeiten für die Durchführung einer Sozialre- 35 form. Die neue Bundesregierung wird diese Vorarbeiten energisch fördern und ein *umfassendes Sozialprogramm* vorlegen.

Aus: K.-J. Ruhl (Hrsg.), „Mein Gott, was soll aus Deutschland werden?", Die Adenauer-Ära 1949–1963, München 1985, S. 230 ff.

MATERIAL

24 Sozialbudget 1950 bis 1960

(Angaben in Millionen DM)	1950	1955	1960
Rentenversicherung	3 898	7 748	18 259
Altershilfe für Landwirte	–	–	182
Krankenversicherung und Mutterschutz	2 521	4 685	9 621
Unfallversicherung	585	1 027	1 733
Arbeitslosenversicherung	1 871	1 811	1 070
Kindergeld	–	463	916
Sozialhilfe	962	1 288	1 620
Jugendhilfe	27	51	54
Öffentlicher Gesundheitsdienst	123	218	342
Pensionen	2 479	5 094	6 859
Kinderzuschläge im öffentlichen Dienst	441	760	1 031
Kriegsopferversorgung	2 087	3 206	3 678
Lastenausgleich	718	980	1 345
Sozialbudget insgesamt	15 712	27 331	46 710
Sozialleistungsquote in % des BSP	16	15,2	15,5

Aus: W. Abelshauser, Die Langen Fünfziger Jahre, Düsseldorf 1987, S. 80.

KONSOLIDIERUNG IN OST UND WEST

1. Nennen Sie die Gründe Adenauers für die Durchführung eines umfassenden Sozialprogramms (M 23). Zeigen Sie auf, auf welchem Weg er dies erreichen will.
2. a) Stellen Sie Vermutungen darüber an, welche staatlichen Leistungen die Familie Wimschneider in Anspruch genommen haben könnte.
b) Beschreiben Sie die Entwicklung des Sozialbudgets von 1950–1960 (M 24) und erörtern Sie, ob eine „umfassende Sozialreform" durchgeführt wurde.
3. „Die beste Sozialpolitik ist eine gute Wirtschaftspolitik." Erläutern Sie diese These Adenauers anhand von M 23 und M 24.

Werbetafel einer Ausstellung in Düsseldorf, 1952.

MATERIAL 25
Der Soziologe Ralf Dahrendorf über die „neue Gesellschaft" (1962)

Wohl der entscheidende Wandel in den sozialen Werten, an denen Menschen ihr Verhalten orientieren, ist die Entdeckung des individuellen Lebenserfolges und Lebensgenusses als Richt-
5 schnur des Handelns.
Was von Zeit- und Kulturkritikern gerne als „Materialismus" und „übersteigerter Individualismus" verworfen wird, ist tatsächlich notwendiges Korrelat einer quasi-kapitalistischen Wirtschaftsord-
10 nung: der Wunsch nach individuellem Glückszuwachs, gepaart mit dem latenten Protest gegen alle äußeren, insbesondere staatlichen Eingriffe in den eigenen Lebensplan. [...]
Als kürzlich eine Stichprobe der Bevölkerung der
15 Bundesrepublik befragt wurde, welche sozialen Gruppen ihrer Meinung nach zu mächtig seien, verteilten sich die Meinungen mit fast gleichen Gewichten auf die wirtschaftlichen Verbände, die Kirchen, das Militär. Wer sich daran gewöhnt hat, seinen Lebensplan selbst zu bestimmen und 20 sein individuelles Glück zur Richtschnur seines Handelns zu machen, wird nicht leicht bereit sein, die Unmündigkeit autoritärer oder totalitärer Herrschaft zu ertragen. [...]
In diesem Sinne scheint der Schluss gerecht- 25 fertigt, dass die Strukturwandlungen der westdeutschen Gesellschaft der Nachkriegszeit den Institutionen der repräsentativen Demokratie eine größere Chance geben, als diese je zuvor in Deutschland hatten. 30

Aus: R. Dahrendorf, Die neue Gesellschaft. Soziale Strukturwandlungen der Nachkriegszeit, in: W. Bührer (Hrsg.), Die Adenauer-Ära. Die Bundesrepublik 1949–1963, München 1993, S. 342 f.

1. Erläutern Sie, inwiefern die „neue Gesellschaft" für den Soziologen Dahrendorf ein Ergebnis des sozialen Wandels der Adenauer-Zeit ist (M 25). Erörtern Sie, ob die so stabilisierte Demokratie auch wirtschaftliche Rückschläge verkraftet.

MATERIAL
26 Leben in zwei Welten – Bericht einer jungen Türkin über ihr Leben in Deutschland

Vor achtzehn Jahren wurde ich hier geboren. Mein Vater lebte schon seit zwei Jahren in Deutschland, als er meine mit mir schwangere Mutter und meine drei Brüder aus der Türkei zu sich kommen ließ. Er war als Gastarbeiter hierhergekommen. [...] Die Zerreißprobe begann mit meiner Pubertät. Mein Körper nahm weibliche Formen an. Ich fing an, mich stärker mit mir und meiner Umwelt auseinanderzusetzen. [...] Während meine Freunde und Schulkameraden über ihre letzte Party und den neuesten Kinofilm berichteten, saß ich nur da und lauschte ihnen voller Neugier. Dies alles kannte ich nicht. Es war, als erzählten sie von einer anderen Welt, die es für mich nicht gab. [...]
Doch langsam wollte ich das alles auch erleben. Ich wollte eine von ihnen sein, zu ihnen gehören. [...] Seit meinem dreizehnten Lebensjahr verschlimmerte sich die Kontrolle. Das wurde mir bewusst, als ich mich von meiner Familie geistig abzukapseln begann. Die Familie ist bei uns in der Türkei eine Einheit; sie ist das Wichtigste in unserem Leben. Aber ich wollte mit meinen Freunden zusammensein, mit ihnen ausgehen, Partys besuchen, ins Kino gehen oder einfach ihre Gesellschaft genießen. Doch durfte ich nichts dergleichen. [...] Irgendwann fing ich an zu rebellieren. Ich widersetzte mich meinen Eltern. Fast jeden Tag wurde mir eine Moralpredigt gehalten: Ich dürfte nicht vergessen, dass ich eine Türkin bin. Ich müsse auf meine Jungfräulichkeit achten, mich von den Jungs fernhalten und dürfte keine anderweitigen Freundschaften eingehen. [...] Jetzt bin ich achtzehn. Manchmal denke ich, wie weitblickende Eltern ich doch habe. Sie wollen mich behüten, beschützen. Ich weiß: Das tun sie, weil sie mich lieben, mir nur das Beste wünschen. Aber ich möchte auch meine Erfahrungen sammeln, um später im Leben zurechtzukommen: Was soll ich tun?

Aus: FAZ vom 2. 11. 1992, S. 37

MATERIAL
27 Die türkische Bankkauffrau Hülya Kalan (30) über ihren beruflichen Aufstieg

Ich hab mir alles erkämpfen müssen. So wertvolle Energien musste ich nur deshalb verschwenden, weil ich in der Türkei geboren wurde. Im Nachhinein denke ich, dass so etwas formt. Man ist in jüngeren Jahren schon wahnsinnig reif. Ich muss da an einen Berufsschullehrer denken, der damals zu mir knallhart gesagt hat: „Du hast keine Chance als Ausländerin; die Banken sind total konservativ und stellen dich nicht ein." In dem Moment habe ich gedacht: Dem wirst du es zeigen.
Also bin ich auf eigene Faust zu den Banken gegangen. Bei einer bekam ich gleich wieder die alte Leier zu hören, dass Türkinnen immer ein Kopftuch tragen, dass Türkinnen alle jung heiraten und dann massenweise Kinder bekommen und zu Hause hocken. Dass ich sehr gute Schulnoten hatte, interessierte kaum. Aber dann habe ich mir einen Platz erkämpft, ich hatte bei der Bewerbung – als Türkin! – den besten Deutschaufsatz geschrieben.

Das war 1986. In der Zwischenzeit hat sich einiges geändert. Jetzt wundert sich niemand mehr in Deutschland über eine selbstbewusste und erfolgreiche Türkin.

Aus: Stuttgarter Zeitung, 19. 2. 2000.

KONSOLIDIERUNG IN OST UND WEST

Nachtschicht bei Opel, ein muslimischer Gastarbeiter beim Gebet.

Ein Polizist in Hamburg – seine Eltern kamen aus der Türkei nach Deutschland.

MATERIAL
Ausländer in Deutschland 28

1. „Die Integration der seit den 60er Jahren des 20. Jahrhunderts eingewanderten Gastarbeiter ist eine bleibende Herausforderung für beide Seiten." Setzen Sie sich mit dieser Auffassung auseinander. Berücksichtigen Sie dabei auch die Graphik „Ausländer in Deutschland". (M 28)

2.6 Die 60er Jahre – Aufbruch und Protest

NS-Prozesse Den meisten Westdeutschen erschien die nationalsozialistische Epoche angesichts des Wirtschaftswunders wie ein böser Traum, den man schnell vergisst. Sie interessierten sich wenig für die Bewältigung, d.h. das Aufarbeiten der nationalsozialistischen Vergangenheit. Mehr als ein Jahrzehnt nach der Gründung der Bundesrepublik entdeckte jedoch eine nachgewachsene Generation – vornehmlich Intellektuelle und kritische Studenten – die historische Erblast des NS-Regimes neu. Auslöser waren Prozesse gegen Männer und Frauen, die für die Gräuel mitverantwortlich waren. Die Verhandlungen brachten Abgründe an Unmenschlichkeit ans Licht. Es waren der Prozess gegen Adolf Eichmann, den Leiter des mit der „Endlösung des Judenproblems" beauftragten Referates im Reichssicherheitshauptamt, der 1961 mit dem Todesurteil vor einem israelischen Gericht endete, sowie die Prozesse gegen Wächter des Konzentrationslagers Auschwitz in Frankfurt (1963 bis 1965) und gegen Verantwortliche des Konzentrationslagers Treblinka in Düsseldorf (1964/65).

Vergangenheits-bewältigung Die Reaktionen waren unterschiedlich. Teile der Bevölkerung forderten, endlich einen „Schlussstrich" unter die Vergangenheit zu ziehen. Andere verlangten die schonungslose Verfolgung mindestens derjenigen, die sich schwerster Verbrechen schuldig gemacht hatten. Aber selbst diese Forderung war umstritten: Nach deutschem Strafrecht verjährten Mord und Beihilfe zum Mord schon nach 20 Jahren. Nach heftiger Debatte verlängerte der Deutsche Bundestag die Verjährungsfrist schließlich 1969 um zehn Jahre. Im selben Jahr kritisierte der Psychoanalytiker Alexander Mitscherlich in seiner Streitschrift „Die Unfähigkeit zu trauern" das mangelnde Einfühlungsvermögen der Tätergeneration gegenüber den Opfern. Einzelne intellektuelle Meinungsführer deuteten die Teilung Deutschlands als eine Strafe und Sühne für den Holocaust. 1979 wurde dann die völlige Aufhebung der Verjährung für Mord beschlossen.

Spiegel-Affäre 1962 Zu einer stärkeren Politisierung vieler Menschen trug auch die „Spiegel-Affäre" von 1962 bei, in der es zunächst um die Frage ging, ob ein Artikel des Nachrichtenmagazins über die Bundeswehr den juristischen Tatbestand des Landesverrats erfüllte. Zur politischen Affäre wurde diese Streitfrage, als Verteidigungsminister Franz-Josef Strauß die Verhaftung des Spiegel-Herausgebers und des verantwortlichen Redakteurs veranlasste. Diese Aktion löste große Empörung in der Öffentlichkeit aus; man deutete sie als einen Anschlag auf die Meinungs- und Pressefreiheit. Der „Spiegel" wurde rehabilitiert; der Minister musste zurücktreten. Entscheidend war die Tatsache, dass nicht die Staatsmacht, sondern das Recht der Öffentlichkeit auf Information als Sieger aus dieser Auseinandersetzung hervorging.

Die 68er Studenten-proteste Auch an den Universitäten gärte es. Mit der Losung „Unter den Talaren – der Muff von tausend Jahren" protestierten die Studenten gegen die hierarchischen Strukturen und die Kontinuität der Eliten an den Hochschulen. Die Proteste dehnten sich auf außeruniversitäre Bereiche aus; sie richteten sich gegen die amerikanische Verstrickung in den Vietnam-Krieg, aber auch gegen traditionelle Erziehungsgrundsätze und Lebensformen. Alternativen wie das Leben in Wohngemeinschaften und die „antiautoritäre Erziehung" wurden praktiziert. Neue Formen des Protestes wie „Sit-ins", „Go-ins" und „Teach-ins" breiteten sich nach amerikanischem Vorbild aus.

KONSOLIDIERUNG IN OST UND WEST

Bonn 1968: Rund 30 000 Bürger nahmen an einem Sternmarsch nach Bonn teil, um gegen die Notstandsgesetze, die eine Einschränkung der Grundrechte ermöglichten, zu demonstrieren.

Heidelberg 1969: Sitzstreik auf Straßenbahnschienen gegen Fahrpreiserhöhungen. Die Protestierenden verteilten rote Punkte an Autofahrer, die bereit waren, Anhalter mitzunehmen.

In der Innenpolitik nährte die Regierungsbeteiligung der SPD in der Großen Koalition die Zweifel am parlamentarischen System. Da die beiden großen Volksparteien an der Regierung beteiligt waren, fehlte es an einer kräftigen Opposition. Die Wortführer des Protestes, die häufig aus dem Sozialistischen Deutschen Studentenbund (SDS) und dem Sozialdemokratischen Hochschulbund (SHB) kamen, verstanden sich daher als einzig mögliche, nämlich als „außerparlamentarische Opposition" (APO). Da der Kommunismus sowjetischer Machart nach der Niederschlagung des „Prager Frühlings" im August 1968 auch in der Linken hoffnungslos diskreditiert war, wurden Exponenten des Widerstands gegen das westliche Gesellschaftssystem wie Che Guevara, Ho Chi Minh und Mao Tse-tung als alternative Leitfiguren idealisiert. Auch anarchistisches Gedankengut fand Eingang in die Protestbewegung.

Außerparlamentarische Opposition (APO)

1968 stand im Bundestag in Bonn die entscheidende Lesung der Notstandsgesetze an, welche die alliierten Vorbehalte im Falle einer inneren „Gefahr für die freiheitlich-demokratische Grundordnung" oder eines äußeren Notstandes abschaffen und die oberste Gewalt der Bundesregierung überlassen sollte. Das Gesetz sah gewisse Einschränkungen des Grundgesetzes im Fall eines Notstands vor. Die Demonstrations- und Protestwelle erreichte ihren Höhepunkt. 30 000 Menschen unternahmen einen Sternmarsch in die Bundeshauptstadt, im ganzen Land kam es zu Kundgebungen gegen die geplante Notstandsverfassung. Trotz des Proteststurms verabschiedete eine überwältigende Mehrheit des Bundestages im Juni 1968 die gegenüber den ersten Entwürfen entschärfte Notstandsverfassung. In Art. 20, Abs. 4 des Grundgesetzes wurde eine Widerstandsrecht der Bürger gegen einen Missbrauch der Notstandsgesetze eingeführt.

Notstandsgesetze

Die Protestaktionen dauerten bis 1969 mit unverminderter Heftigkeit an, zerfielen aber nach dem Machtwechsel in Bonn. Der neu gewählte Bundespräsident Gustav Hei-

Aufbruchstimmung der sozial-liberalen Koalition

nemann (SPD) bezeichnete sich als „Bürger-Präsident" und zeigte Verständnis für die Kritik der Jugend an Staat und Gesellschaft. Auch die neue Regierungskoalition von SPD (Wahlslogan: „Wir schaffen das moderne Deutschland") und FDP („Wir schneiden die alten Zöpfe ab!") stellte sich als Koalition des Fortschritts und der Reformen dar und zielte damit vor allem auf jüngere Wähler. Bundeskanzler Willy Brandt erzeugte bei der Jugend geradezu eine euphorische Aufbruchstimmung, als er in seiner Regierungserklärung ausrief: „Wir brauchen Menschen, die kritisch mitdenken, mitentscheiden und mitverantworten." Die Koalition setzte als Erstes das aktive und passive Wahlrecht auf 18 Jahre herab und verabschiedete ein Gesetz, das Straffreiheit für Gesetzesverstöße im Zusammenhang mit Demonstrationen vorsah, außer bei schweren Vergehen und Verbrechen. Mit diesem Gesetz sollte die Aussöhnung in die Wege geleitet und die Gutwilligen unter den Jugendlichen wieder für ein öffentliches Engagement im Rahmen der Gesetze zurückgewonnen werden. Nur wenige schlugen die ausgestreckte Hand aus, ein paar von den wenigen tauchten in der terroristischen Szene unter.

MATERIAL
29 Die „Spiegel-Affäre" im öffentlichen Meinungsstreit

Am 26. 10. 1962 durchsuchte die Bundesanwaltschaft die Redaktionsräume des Nachrichtenmagazins „Der Spiegel"; sie verhaftete den Herausgeber Rudolf Augstein und den verantwortlichen Redakteur, der in Spanien Urlaub machte. Der „Spiegel" hatte nach Meinung der Bundesregierung „publizistischen Landesverrat" begangen, indem er einen Bericht über eine NATO-Stabsübung veröffentlichte. Vergleichen Sie dazu auch die Ausführungen auf Seite 118.

Studenten protestieren mit einem Sitzstreik gegen die Verhaftung von Redakteuren des „Spiegel".

Zwei Leserbriefe an die Frankfurter Allgemeine Zeitung zeigen die unterschiedliche Bewertung der „Spiegel-Affäre" und ihre Wirkung auf die politische Kultur.

a) Prof. Dr. Gerhard Ritter, Historiker an der Universität Freiburg:

Gibt es denn gar nicht mehr so etwas wie ein öffentliches Gewissen, dem unser aller Mitverantwortung für unseren Staat und seine äußere Sicherheit bewusst und so selbstverständlich ist, dass ihm das Staatswohl sogar über die Störung spanischer Ferienreisen geht? Sind wir durch das ewige Starren auf die Schrecknisse der Hitler-Diktatur nachgerade so blind geworden für die uns umgebende Wirklichkeit, dass wir lieber jeden noch so groben Missbrauch der im Rechtsstaat garantierten persönlichen Freiheitsrechte hinnehmen als die eine oder andere Unschicklichkeit (oder auch Inkorrektheit) unserer Strafverfolgungsorgane?

Oder lebt man in Westdeutschland – auch das wäre eine Erklärung! – bereits unter einer Art von Terror der Nachrichtenmagazine, die ihre Giftpfeile für jeden bereithalten, der sich vor ihnen nicht fürchtet? Das wäre dann freilich eine jämmerliche Sorte von demokratischer Freiheit.

Leserbrief in der FAZ vom 10. 11. 1962.

West-Berlin 1968: Auf dem „Internationalen Vietnam-Kongress" protestierten Studierende gegen das militärische Eingreifen der USA in Vietnam und solidarisierten sich mit der kommunistischen Führung Nord-Vietnams.

Das Abgleiten der Außerparlamentarischen Opposition (APO) in den Terrorismus blieb die Ausnahme: Anschlag auf das Axel-Springer-Verlagshaus („Bild-Zeitung") in West-Berlin.

b) Prof. Dr. Karl Dietrich Bracher, Historiker und Politikwissenschaftler an der Universität Bonn:

(Sprache und Argumentation von Gerhard Ritter tragen) alle Kennzeichen einer Staatsideologie, die Politik nur von oben nach unten gelten lässt und einer außenpolitisch verstandenen Staatsräson den fast bedingungslosen Vorrang vor innerer Freiheit und Rechtsstaatlichkeit zuerkennt. Es ist ein Anschauungsunterricht, der Zynismus oder Resignation erzeugt statt Verständnis für das Wesen und die Probleme der Demokratie. […] Die Gefahr ist nicht das „ewige Starren auf die Schrecknisse der Hitler-Diktatur", sondern das Fortbestehen einer obrigkeitsstaatlichen Staatsideologie, die den Bürger zum Untertanen degradiert und die Prinzipien der Demokratie der Ordnungs- und Militärverteidigung unterwirft. Die Affäre hat bei alledem doch auch einen positiven Aspekt: dass sie diese Gefahren und Tendenzen aufgedeckt und eine umfassende Diskussion in Gang gesetzt hat, die hoffentlich weitergeht.

Leserbrief in der FAZ vom 13. 11. 1962.

1. Zeigen Sie am Beispiel des Leserbriefwechsels, welche gegensätzlichen Staatsverständnisse in der „Spiegel-Affäre" aufeinander treffen.
2. Erläutern Sie, warum Bracher in seiner Erwiderung die Zuschrift Ritters ein „bestürzendes Dokument" nannte.
3. Untersuchen Sie anhand der Fotos S. 119 bis 121 Ziele, Träger und Formen des Protests.

MATERIAL
30 1968 und die Folgen – Gefährdung oder Festigung der Demokratie?

a) Kurt Sontheimer, Eine Generation der Gescheiterten (1993):

Natürlich gehört die Studentenrevolte zur Geschichte der Bundesrepublik, aber doch nicht zu ihrer Erfolgsgeschichte.

Wenn diese Geschichte [...] einigermaßen erfolgreich verlief, so doch gewiss nicht wegen, sondern trotz der 68er-Generation. Sie hat sich unbrauchbaren politischen Ideen verschrieben. Sie war politisch zum Teil realitätsblind. Sie hat das Thema und die Praxis der Gewalt in die Geschichte der Bundesrepublik eingebracht. Sie hat, verlängert in den neuen sozialen Bewegungen, einen einseitigen ideologischen, gelegentlich freilich auch phantasievollen Kampfstil verbreitet; auf ihn lässt sich nach Bedarf immer wieder zurückgreifen, mit Fairness und Toleranz hat er jedoch nichts zu tun. Sie hat Autoritäten zerfleddert, aber nichts Neues an ihre Stelle setzen können. Sie hat alle Tabus, ohne die eine humane Gesellschaft nicht ganz auskommen kann, zur Verletzung freigegeben.

Es ist darum sehr die Frage, ob die 68er außer einem naiven Pazifismus wirklich Wesentliches zur Humanisierung und Zivilisierung unserer Gesellschaft beigetragen haben. Ich befürchte das Gegenteil. Ihr kritisches Potential stand in einem krassen Missverhältnis zu ihrer schöpferischen Kraft. Auch heute ist die 68er Generation, die damals den Aufbruch inszenierte und inzwischen längst in den durch sie erweiterten pluralistischen Rahmen unserer Gesellschaft eingefügt ist und an vielen Stellen auch politische Verantwortung trägt, ein schwankendes Rohr im Winde der neuen Zeit, ohne festen Orientierungsrahmen, ohne verlässliche Verhaltensmuster, ohne psychische Stabilität. [...]

b) Iring Fetscher, 1968 in der Geschichte der Bundesrepublik (1993):

Die „Bewegung" der so genannten Achtundsechziger hat die Bundesrepublik verändert. Sie hat – auch wenn das nicht das Ziel ihrer Exponenten war – die „bürgerliche" Demokratie in Deutschland gefestigt und sie hat erstarrte Institutionen in Bewegung gesetzt. Lebendige Demokratien benötigen von Zeit zu Zeit derartige Erschütterungen, um nicht in Selbstzufriedenheit und Selbstgerechtigkeit zu erstarren. [...]

Weder in den USA noch in Frankreich, in der Bundesrepublik oder in der Tschechoslowakei hat die 68er Bewegung „gesiegt", aber sie hat die Welt mehr verändert, als den meisten Zeitgenossen bewusst geworden ist. Der „lange Marsch durch die Institutionen", zu dem Rudi Dutschke[1] seinerzeit aufgerufen hatte, fand statt, auch wenn er nicht zu dem damals erhofften Ziel führte. Die öffentliche Moral, die Auffassungen von zulässigem Sexualverhalten und von legitimem öffentlichem Protest, vom Verhältnis zwischen Bürger und Staat haben sich entscheidend verändert.

Die Demokratie ist nicht mehr nur eine als unvermeidbar angesehene äußere Verfassung, sondern eine Norm, an der sich die Einzelnen orientieren, und ein Maßstab, den die Bürger an das Verhalten der Politiker anlegen.

[1] Rudi Dutschke: Führer der Studentenbewegung; 1968 wurde er angeschossen und lebensgefährlich verletzt. Er starb 1979 an den Spätfolgen des Attentats.

Aus: a) K. Sontheimer, Eine Generation der Gescheiterten, in: DIE ZEIT, 9. 4. 1993, S. 11.
b) I. Fetscher in: E. Jacoby und G. M. Hafner (Hrsg.), 1968 – Bilderbuch einer Revolte, Frankfurt/Main 1993, S. 54.

---

1. Arbeiten Sie die unterschiedlichen Standpunkte der Autoren Kurt Sontheimer und Iring Fetscher heraus und nehmen Sie Stellung.
2. Nehmen Sie zu den Standpunkten Stellung.

2.7 Die Politik der inneren Reformen

Zum ersten Male seit Gründung der Bundesrepublik stellte die CDU im Herbst 1969 nicht mehr den Bundeskanzler. Dies signalisierte vielen trotz der äußerst knappen Mehrheit von SPD und FDP einen „Wandel der Republik" durch Reformen und Veränderungen. Willy Brandt verkündete in seiner Regierungserklärung: „Wir wollen mehr Demokratie wagen." Innenpolitisch sollten auf den Gebieten der Bildung und Mitbestimmung weit reichende Reformen durchgeführt, außenpolitisch im Rahmen der Entspannungspolitik eine neue Ost-West- und Deutschlandpolitik angestrebt werden. Mehr als zwei Jahre zogen sich die erbitterten Auseinandersetzungen um die innen- und außenpolitischen Richtungsänderungen hin. Erst nach dem Scheitern eines konstruktiven Misstrauensvotums der CDU gegen Brandt im April 1972 und vorgezogenen Bundestagswahlen im November 1972 bekam das sozial-liberale Bündnis eine klare Mehrheit. Zum ersten Mal in der Geschichte der Bundesrepublik wurde die SPD stärkste Fraktion. Auch das internationale Ansehen Brandts hatte zugenommen. Für seine neue Ostpolitik (→ S. 130 ff.) erhielt er 1971 den Friedensnobelpreis.

Willi Brandt „Mehr Demokratie wagen"

Die Forderung nach „mehr Demokratie" und „mehr Mitbestimmung", die schon 1970 zur Herabsetzung des Wahlalters und zur Liberalisierung des Demonstrationsrechts geführt hatte, sollte auch für Arbeitnehmer gelten. Deshalb wurden mit der Reform des Betriebsverfassungsgesetzes (1971) die Befugnisse der Betriebsräte in personellen, sozialen und wirtschaftlichen Fragen ausgeweitet, die Zusammensetzung der Aufsichtsräte wurde im Gesetz über die paritätische Mitbestimmung (1976) geändert. Auch das Ehe- und Familienrecht wurde reformiert: Die Rechte der Ehefrau wurden verbessert, die elterliche Sorge für die Kinder gleichberechtigt auf Vater und Mutter verteilt sowie die Rechte der Kinder und Jugendlichen gestärkt. Im Scheidungsfall ersetzte nun das Zerrüttungsprinzip das frühere Schuldprinzip. Kernstück der sozialliberalen Reformpolitik sollte die neue Bildungspolitik sein, die das immer noch bestehende Bildungsgefälle zwischen Stadt und Land sowie zwischen Kindern unterschiedlicher sozialer Herkunft abbauen und Chancengleichheit herstellen sollte. Diesen Zielen sollte auch das Bundesausbildungsförderungsgesetz (BAFöG) durch eine bessere Unterstützung von einkommensschwächeren Studierenden dienen.

Innere Reformen

Solche hoch gesteckten Ziele waren aber nur mit einem beträchtlichen finanziellen Aufwand zu realisieren. Die finanzielle Situation hatte sich aber mittlerweile dramatisch verschärft (→ S. 124). Nicht ganz unerwartet trat am 6. Mai 1974 Willy Brandt als Kanzler zurück. Seit 1973 hatten sich Zeichen von Amtsmüdigkeit und Führungsschwäche gehäuft. Hinzu kam, dass sein persönlicher Referent Günter Guillaume als DDR-Spion enttarnt wurde. Brandts Nachfolger wurde der bisherige Wirtschafts- und Finanzminister Helmut Schmidt. In seiner Regierungserklärung setzte er auf eine Reduzierung der Reformpolitik, die nicht mehr finanzierbar zu sein schien. Schmidt verstand sich mehr als „solider Verwalter" der Politik denn als entschiedener Reformpolitiker. Das war nicht zuletzt bedingt durch zwei große Probleme, die nun auf der Bundesrepublik lasteten:

Rückhalt Brandts

- Die terroristische Organisation Rote Armee Fraktion (RAF) löste von 1970 bis 1977 mit Anschlägen, Geiselnahmen und Morden eine erregte Debatte um die innere Sicherheit der Bundesrepublik aus.

RAF-Terror

„Galilei irrte",
Karikatur 1975.

„Öl-Schock" • Durch den Siegeszug des Erdöls war die außenwirtschaftliche Abhängigkeit der Bundesrepublik von den Weltmärkten gewachsen. Dies zeigte sich mit schwerwiegenden Folgen während der ersten durch einen Nahostkrieg ausgelösten Ölkrise 1973/74, als die arabischen Ölstaaten die Fördermengen drosselten und damit die Preise für Rohöl sprunghaft nach oben trieben (→ S. 128, M 35). Der seit 1950 fast ununterbrochene wirtschaftliche Aufschwung kam jäh zum Stillstand. Die Arbeitslosenzahl stieg 1975 auf über eine Million. Steigende Sozialausgaben belasteten den Haushalt und engten den Handlungsspielraum der Regierung ein. Die optimistische Einschätzung der Politiker, wirtschaftliche Fehlentwicklungen seien beherrschbar und korrigierbar, musste der realistischen Einsicht weichen, dass es „Grenzen des politisch Machbaren" gibt.

Grenzen des Wachstums Vorbehalte gegenüber der Vorstellung, dass wirtschaftliches Wachstum problemlos weiter möglich sei, äußerte auch ein internationales Expertengremium, der „Club of Rome". 1972 veröffentlichte er seinen Bericht mit dem Titel „Die Grenzen des Wachstums", in dem er durch eine globale Betrachtungsweise auf die wachsende wechselseitige Verflochtenheit ökonomischer, ökologischer und sozialer Systeme hinwies. Er wurde zum Auslöser eines wachsenden Umweltbewusstseins. Am Anfang der Umweltproteste standen Bürgerinitiativen gegen den Bau von Kernkraftwerken, in Wyhl/Südbaden und Brokdorf bei Hamburg, oder gegen Großprojekte wie den Ausbau des Frankfurter Flughafens. Das punktuelle ökologische Protestpotential formierte sich schließlich Ende der 70er Jahre bundesweit zur Partei der Grünen. Als Antiparteien-Partei mit starken basisdemokratischen Elementen verstanden sich die Grünen als Alternative zu den herkömmlichen Parteien. Einen Teil der Anhängerschaft bildeten ehemalige APO-Anhänger, aber es waren auch viele andere, häufig jüngere, Bürger unter ihnen, die von der Energie-, Umwelt- und Rüstungspolitik der sozial-liberalen Koalition enttäuscht waren.

Die Grünen

KONSOLIDIERUNG IN OST UND WEST

MATERIAL
Mehr Demokratie wagen – Willy Brandt zum Demokratieverständnis der SPD 31

Vor zehn Jahren haben wir Sozialdemokraten im Godesberger Programm unsere Alternative zur konservativen und alt-liberalen Auffassung von Demokratie grundsätzlich formuliert. Wir lassen uns […] von der Überzeugung leiten, dass die Demokratie nicht auf einen noch so wichtigen Bereich – wie den staatlichen – beschränkt bleiben, dass sie nicht auf Rationen gesetzt werden kann, sondern dass sie das gesamte gesellschaftliche Leben erfassen muss. Demokratie ist, aus dieser Sicht, ein fortwährender Prozess – eine Aufgabe, an deren Verwirklichung unablässig zu arbeiten ist. Dabei weiß ich wohl, dass es einem gehen kann wie dem Seereisenden, der den Horizont für eine feste Grenze gehalten hatte und erst erfahren musste, dass sich immer neue Horizonte öffnen.

Gleichwohl, hier ist die Alternative, die so viele übersehen haben: Für die CDU/CSU bedeutet Demokratie eine Organisationsform des Staates. Für die SPD bedeutet Demokratie ein Prinzip, das alles gesellschaftliche Sein der Menschen beeinflussen und durchdringen muss. […] Die Überwindung des Untertanengeistes, von dem Gustav Heinemann spricht und der unserem Volk so viel Schaden zugefügt hat, kann nur durch die gründliche Demokratisierung unserer Schule und unserer Universität erfolgen. Die Überwindung sozialer und wirtschaftlicher Ungerechtigkeiten und Ungereimtheiten ist nur im Sinne einer demokratischen Mitbestimmung zu erreichen. […]

Wir verteidigen diesen Staat nicht, weil wir ihn für vollkommen halten, sondern weil wir ihn verbessern und nach unseren Vorstellungen umgestalten wollen. Wir sind im Bunde mit allen, die grundlegende Reformen anstreben. […] Wir glauben an die Kraft der Ideen und unterwerfen uns den Geboten der Vernunft.

Aus: Die Neue Gesellschaft vom 1. Mai 1969, S. 3f.

MATERIAL
Dem Bürger lassen, was des Bürgers ist – 32
Jürgen Rüttgers (CDU) zu Brandts Visionen einer „neuen Gesellschaft"

(Die SPD) war überzeugt, dass nur der Zugriff auf alle Bereiche der Gesellschaft vorhandene Ungerechtigkeiten beheben konnte; es ging um staatliche Planung und Steuerung der menschlichen Lebensverhältnisse. […] Mithin sollten dem Staat, der Politik und damit auch den Parteien neue Bereiche der Mitgestaltung erschlossen werden. Neben „Planung" machte „Partizipation" als Zauberwort Karriere. Beide, Planung und Partizipation, sollten die charakteristischen Merkmale der Reform in Schule und Hochschule, in Betrieben und Unternehmen, bei der Strukturpolitik und Raumplanung sein.

Die Folgen dieser Weichenstellung blieben zwiespältig: Einerseits zeigten sich Erfolge dort, wo sich für autonome gesellschaftliche Gruppen neue Gestaltungsräume boten. Andererseits aber – und diese Entwicklung wirkte nachhaltiger – griff der Staat mehr und mehr in bis dahin selbst bestimmte Lebensbereiche seiner Bürger ein.

Im Windschatten der staatlichen Expansion erweiterten auch die Parteien ihr Handlungsfeld. Dies führte allerdings nicht dazu, dass sich die Bürger mit ihren Anliegen nachhaltig durch die Parteien vertreten fühlten. Nur zu oft stellte sich das „Ohr am Bürger" taub, mit der Folge […], dass die Vertrauenskrise der großen Volksparteien verstärkt wurde. Hinzu kommt, dass mit der Ausdehnung der Parteibefugnisse eine Verlagerung von Entscheidungen in nicht öffentliche Zirkel stattfand, ein Verfahren, das vom Bürger kaum noch als demokratisch legitimiert, sondern eher als Form der Fremdbestimmung empfunden wird.

Aus: DIE ZEIT, 15. Mai 1992, S. 14.

Plakat der SPD zur Bundestagswahl 1969.

1. Arbeiten Sie aus dem Text das Demokratieverständnis von Willy Brandt heraus. (M 31)
2. Zeigen Sie auf, zu welchem Problem – laut Rüttgers (M 32) – die Verwirklichung des Demokratiekonzeptes von Brandt führte. Was waren die Ursachen dafür?
3. Nehmen Sie Stellung zu dieser Kontroverse.

MATERIAL

33 Gleichberechtigung von Frauen und Männern – Auszug aus dem Bürgerlichen Gesetzbuch

a) Fassung von 1896:

§ 1354
Dem Manne steht die Entscheidung in allen das gemeinschaftliche eheliche Leben betreffenden Angelegenheiten zu; er bestimmt insbesondere Wohnort und Wohnung. Die Frau ist nicht verpflichtet, der Entscheidung des Mannes Folge zu leisten, wenn sich die Entscheidung als Missbrauch seines Rechtes darstellt.

§ 1356
Die Frau ist, unbeschadet der Vorschriften des § 1354, berechtigt und verpflichtet, das gemeinschaftliche Hauswesen zu leiten.
Zu Arbeiten im Hauswesen und im Geschäfte des Mannes ist die Frau verpflichtet, soweit eine solche Tätigkeit nach den Verhältnissen, in denen die Ehegatten leben, üblich ist.

b) Fassung von 1958

§ 1354: aufgehoben;

§ 1356
Die Frau führt den Haushalt in eigener Verantwortung.
Sie ist berechtigt, erwerbstätig zu sein, soweit dies mit ihren Pflichten in Ehe und Familie vereinbar ist.
Jeder Ehegatte ist verpflichtet, im Beruf und Geschäft des anderen Ehegatten mitzuarbeiten, soweit dies, nach den Verhältnissen, in denen die Ehegatten leben, üblich ist.

c) Fassung von 1977

§ 1356
Die Ehegatten regeln die Haushaltsführung im gegenseitigen Einvernehmen. Ist die Haushaltsführung einem der Ehegatten überlassen, so leitet dieser den Haushalt in eigener Verantwortung. Beide Ehegatten sind berechtigt, erwerbstätig zu sein.
Bei der Wahl und Ausübung einer Erwerbstätigkeit haben sie auf Belange des anderen Ehegatten und der Familie die gebotene Rücksicht zu nehmen.

MATERIAL
Eine neue Frauenrolle? 34

Angaben in %	1960	1970	1980	1990	2000
Frauen-Erwerbsquote (ab 15 Jahre)	41,7	37,4	38,0	53,9	57,8
davon Anteil der					
Arbeiterinnen/Angestellten	68,3	75,6	83,4	85,8	87,5
Beamtinnen	2,4	2,4	3,9	4,7	4,6
Selbstständigen	7,3	6,0	4,8	5,3	6,4
mithelfenden Familienangehörigen	22,0	16,0	7,9	4,2	1,5
Erwerbsquote verheirateter Frauen	32,8	35,2	39,3	49,0	56,7
Studentinnen auf 100 Studenten an					
Universitäten	39,5	39,5	61,9	69,5	94,3
sonstigen Hochschulen	5,6	24,3	49,3	64,2	85,4
Frauenanteil im deutschen Bundestag	9,4	6,8	8,5	20,5	30,9

Aus: Statistische Jahrbücher, hrsg. vom Statistischen Bundesamt Wiesbaden.

1. Beschreiben Sie die Veränderungen von § 1354 und § 1356 seit 1896.
2. Beschreiben Sie anhand der statistischen Angaben die Entwicklung im Berufsleben (M 34).
3. Erörtern Sie, inwieweit das Wahlplakat der SPD (S. 126 oben) auch Dokument tradierter Rollenvorstellungen ist.

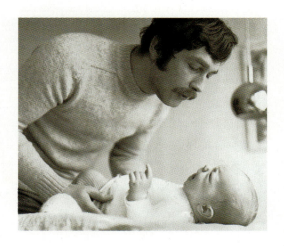

Offenheit für neue Rollen, Foto 1979.

ZWEI STAATEN – EINE NATION?

MATERIAL
35 Daten zur wirtschaftlichen und sozialen Entwicklung

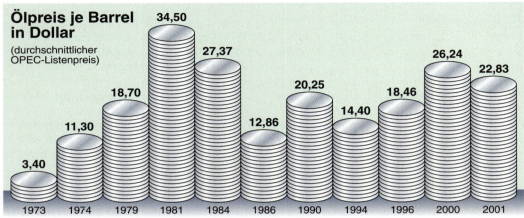

Aus: Statistische Jahrbücher, hrsg. vom Statistischen Bundesamt Wiesbaden.

KONSOLIDIERUNG IN OST UND WEST

Der technologische Wandel in der Wirtschaft war in den siebziger Jahren geprägt vom Vordringen neuer Technologien. Dazu zählte auch die Roboter- und Sensorentechnik.

MATERIAL

36 Die wirtschaftliche Lage 1981

Bundeskanzler Helmut Schmidt in seinem Bericht zur Lage der Nation am 9. April 1981:

Unter dem Druck von außen werden auch bei uns Bruttosozialprodukt und Volkseinkommen in diesem Jahr real etwas zurückgehen. Das gilt für Industrieunternehmen, das gilt für Banken – und
5 es trifft auch die Arbeitnehmer. Die Sorge um die Arbeitsplätze hat zugenommen. [...]
Für uns kommt es vor allem darauf an, unser Leistungsbilanzdefizit zu verringern, es abzubauen. Auf Hochdeutsch: Wir können nicht auf die Dau-
10 er höhere Rechnungen an das Ausland bezahlen, als wir selber an Zahlungen aus dem Ausland erhalten. Dies bedeutet vor allem, unsere Einfuhr an Öl weiterhin zu drosseln. Es bedeutet ebenso allgemeine Einsparungen von Energie, und es
15 bedeutet ebenso, die Wettbewerbsfähigkeit unserer Produkte am Weltmarkt nochmals zu verbessern, um mehr verkaufen zu können.

Aus: Archiv der Gegenwart 8, Sankt Augustin 2000, S. 7463 f.

Plakat der Grünen zur Bundestagswahl 1980.

1. Erschließen Sie aus den Daten (M 35) Informationen über die wirtschaftliche und soziale Entwicklung.
2. Zeigen Sie die Konsequenzen für die Politik der sozialliberalen Koalition auf. Brücksichtigen Sie dabei die Rede von Helmut Schmidt (M 36).

2.8 Wandel durch Annäherung ? –
Die neue Ostpolitik seit 1969

Beginn der Entspannungspolitik

Der Bau der Berliner Mauer (1961) und die Kuba-Krise (1962) markieren den Übergang vom Kalten Krieg zur Politik der Entspannung zwischen Ost und West. Beide Ereignisse zeigten, dass keine der beiden Supermächte bereit war, eine Veränderung des Status quo zu ihrem Nachteil hinzunehmen. Das atomare Patt ließ Moskau und Washington zunehmend daran denken, sich auf der Basis der Anerkennung der jeweiligen Interessensphären zu arrangieren.

Konzeption der Entspannungspolitik

Im Juni 1963 verkündete der amerikanische Präsident Kennedy daher eine neue politische Strategie: Man könne die kommunistischen Regime nicht aus der Welt schaffen, man könne nur versuchen, sie durch Evolution zu verändern. Und: Man dürfte nicht nur rüsten, man müsse auch miteinander reden. Durch Abrüstung und durch punktuelle Zusammenarbeit mit der Sowjetunion wollte Kennedy die Gefahren eines Krieges mindern; nicht zuletzt erhoffte er sich von einer Politik der Entspannung auch Anstöße für eine Liberalisierung in den sozialistischen Ländern.

Wandel durch Annäherung

Diesen Gedanken griff kurze Zeit später Egon Bahr, ein enger Vertrauter des damaligen Regierenden Bürgermeisters von Berlin und späteren Bundeskanzlers Willy Brandt auf: Wenn die Berliner Mauer aus Angst und Selbsterhaltungstrieb gebaut worden sei, dann frage es sich doch, ob man dem Ulbricht-Regime in Ost-Berlin die Sorge nach und nach nehmen könne, damit die Auflockerung der Grenze möglich werde. „Das ist eine Politik, die man auf die Formel bringen könnte: Wandel durch Annäherung."

Grundsätze der Deutschlandpolitik

Politiker der CDU/CSU sprachen daraufhin von nicht zu übersehenden „Aufweichungserscheinungen" und kündigten entschlossenen Widerstand an. Sie beschworen den deutschlandpolitischen Konsens, der noch zu Beginn der sechziger Jahre zwischen allen Bundestagsparteien geherrscht hatte: Das Deutsche Reich sei 1945 nicht untergegangen; bis zu einem Friedensvertrag bestehe es völkerrechtlich in seinen Grenzen von 1937 fort. Die Bundesrepublik sei der einzig legitime Staat auf deutschem Boden; nur die aus freien Wahlen hervorgegangene Bundesregierung sei befugt, für Deutschland zu sprechen. Die Anerkennung der DDR als zweiter deutscher Staat müsse daher weltweit verhindert werden.

Während der sechziger Jahre zerbrach nach und nach dieser Konsens. Sozial- und Freidemokraten wollten sich in ihrer Deutschland- und Ostpolitik nicht länger durch Beharren auf Rechtsprinzipien die Hände binden lassen und tatenlos einer weiteren Vertiefung der deutschen Spaltung zusehen. Als dann 1969 Willy Brandt Kanzler wurde, leitete seine sozialliberale Regierung eine neue Ostpolitik ein. Ihr lag die Überlegung zugrunde, dass die deutsche Einheit nur langfristig im Rahmen einer gesamteuropäischen Friedensordnung erreicht werden könne. Vordringliches Ziel sei daher eine Entkrampfung im Verhältnis zum Osten. Unerlässliche Voraussetzung hierfür sei, dass die Bundesrepublik die durch den Zweiten Weltkrieg in Europa geschaffenen Tatsachen, also den Status quo, akzeptiere. Ost und West sollten künftig in Wirtschaft,

KONSOLIDIERUNG IN OST UND WEST

Wissenschaft, Technik und Kultur zusammenarbeiten; Brandt versprach sich davon mittelfristig eine Annäherung. Vom „Gegeneinander" über ein „geregeltes Nebeneinander" zu einem „Miteinander" – das waren die Phasen einer Politik der vielen kleinen Schritte, die einen langen Atem erfordern und von Rückschlägen nicht frei sein würde. Willy Brandt war davon überzeugt, auf diese Weise dem Auftrag des Grundgesetzes, die Einheit der Nation zu wahren, eher gerecht zu werden als durch das ständige, aber fruchtlose Beschwören der Wiedervereinigung.

Zwischen 1970 und 1973 schloss die Bundesregierung mit der Sowjetunion, mit Polen und der Tschechoslowakei Gewaltverzichtsverträge ab. Der Gewaltverzicht war mit der Anerkennung der Unverletzlichkeit aller Grenzen in Europa einschließlich der Oder-Neiße-Linie und der innerdeutschen Grenze zwischen der Bundesrepublik

Proteste der Vertriebenenverbände in Bonn gegen die Ostverträge, 1972.

und der DDR verknüpft. Die Vertragsformulierungen hielten die deutsche Frage offen, denn sie ließen eine friedliche, einvernehmliche Vereinigung beider deutscher Staaten zu. Die Sowjetunion verzichtete auf ihr in den Feindstaatenklauseln der UN-Charta verankertes Recht zur Intervention in der Bundesrepublik. Polen verzichtete auf Reparationsforderungen und verpflichtete sich, die Übersiedlung ausreisewilliger Deutscher zu ermöglichen. 1972 kam mit der DDR der Grundlagenvertrag zustande; er beinhaltete ebenfalls einen gegenseitigen Gewaltverzicht, regelte das formale Verhältnis zwischen beiden deutschen Staaten, enthielt Zusagen der DDR-Regierung für menschliche Erleichterungen und listete Sachgebiete für eine künftige deutsch-deutsche Zusammenarbeit auf. Beide deutsche Staaten sollten nach dem Willen Bonns füreinander nicht Ausland sein; entgegen dem Wunsch der DDR erkannte die Bundesrepublik eine eigene DDR-Staatsangehörigkeit daher nicht an. Die im Grundlagenvertrag erfolgte staatliche, aber nicht völkerrechtliche Anerkennung der DDR durch die Bundesregierung war die Voraussetzung für die Aufnahme der Bundesrepublik und der DDR in die Vereinten Nationen, sie erfolgte 1973.

Ostverträge 1970–1973

Grundlagenvertrag 1972

Die bilateralen Verhandlungen der Bundesregierung mit den Regierungen in Moskau, Warschau, Prag und Ost-Berlin standen in engem Zusammenhang mit Viermächteverhandlungen über Berlin; sie führten 1971 zum „Berlin-Abkommen". Es bestätigte den besatzungsrechtlichen Sonderstatus von West-Berlin, aber auch die gewachsenen Bindungen der Stadt zur Bundesrepublik und enthielt Regelungen für den störungsfreien Transit durch die DDR beim Reiseverkehr zwischen der Bundesrepublik und West-Berlin. Es ermöglichte ferner den Bewohnern West-Berlins erstmals seit 1966 Besuche in Ost-Berlin und erstmals seit 1952 Reisen in die DDR.

Viermächteabkommen über Berlin 1971

Mit dem Abschluss der Ostverträge war auch der Weg frei für die Konferenz für Sicherheit und Zusammenarbeit in Europa (KSZE). Die am 1. August 1975 von 33 europäischen Staaten sowie den USA und Kanada unterzeichnete Schlussakte von Helsinki trug zu einer Entschärfung des Kalten Krieges bei, weil sie zu einem organisierten

KSZE

Schlussakte von Helsinki

Ost-West-Dialog führte. Zudem verständigte man sich auf „vertrauensbildende Maßnahmen" im militärischen Bereich. Nach vielen kleinen Schritten war sie vor allem deswegen ein großer Sprung nach vorn, weil es auch gelang, die kommunistischen Staaten auf genau definierte Grund- und Menschenrechte festzulegen. Überall in Osteuropa sowie in der Sowjetunion bildeten sich in den folgenden Jahren Bürgerrechtsbewegungen, die unter Berufung auf die KSZE-Akte den Kampf um die Durchsetzung von Freiheitsrechten aufnahmen.

Deutschlandpolitik in der Bewährung

In den deutsch-deutschen Beziehungen wurde der starre Konfrontationskurs überwunden. Auch die CDU und die CSU, die die neue Ostpolitik Brandts massiv bekämpft hatten und auch noch gegen die Helsinki-Akte gewesen waren, stellten sich, als sie 1982 wieder die Regierungsverantwortung in Bonn übernahmen, in die Kontinuität dieser Politik. Seit dem Abschluss des Grundlagenvertrages sind bis zum Zusammenbruch des SED-Regimes 1989 weit mehr als hundert Verträge, Abkommen und Vereinbarungen zwischen den Regierungen in Bonn und Ost-Berlin ausgehandelt worden, um den Zustand der Teilung Deutschlands erträglicher zu machen. Viele Millionen Reisen in die DDR und nach Ost-Berlin – in freilich weitaus bescheidenerem Rahmen auch in umgekehrter Richtung – ermöglichten eine unübersehbare Fülle von Kontakten, in denen Informationen augetauscht, Meinungen gebildet, Hoffnungen und Wünsche wach gehalten werden oder entstehen konnten.

MATERIAL

37 Karikatur von H. E. Köhler aus dem Jahr 1949

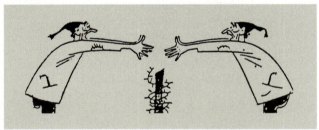

1945: „Bruder!"

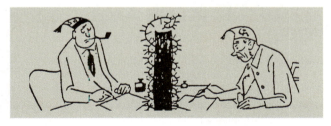

1955: *„Mein lieber Vetter!"*

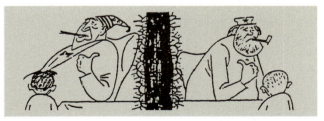

1965: „Ach ja – wir haben irgendeinen entfernten Verwandten im Ausland …"

MATERIAL
Egon Bahr erläutert seine deutschlandpolitische Konzeption **38** „Wandel durch Annäherung" (1963)

Die amerikanische Strategie des Friedens lässt sich auch durch die Formel definieren, dass die kommunistische Herrschaft nicht beseitigt, sondern verändert werden soll.

Die Änderung des Ost-West-Verhältnisses, die die USA versuchen wollen, dient der Überwindung des Status quo, indem der Status quo zunächst nicht verändert werden soll. Das klingt paradox, aber es eröffnet Aussichten, nachdem die bisherige Politik des Drucks und Gegendrucks nur zu einer Erstarrung des Status quo geführt hat. Das Vertrauen darauf, dass unsere Welt die bessere ist, die im friedlichen Sinn stärkere, die sich durchsetzen wird, macht den Versuch denkbar, sich selbst und die andere Seite zu öffnen und die bisherigen Befreiungsvorstellungen zurückzustellen. […]

Die erste Folgerung, die sich aus einer Übertragung der Strategie des Friedens auf Deutschland ergibt, ist, dass die Politik des Alles oder Nichts ausscheidet.

Entweder freie Wahlen oder gar nicht, entweder gesamtdeutsche Entscheidungsfreiheit oder ein hartes Nein, entweder Wahlen als erster Schritt oder Ablehnung, das alles ist nicht nur hoffnungslos antiquiert und unwirklich, sondern in einer Strategie des Friedens auch sinnlos. Heute ist klar, dass die Wiedervereinigung nicht ein einmaliger Akt ist, der durch einen historischen Beschluss an einem historischen Tag auf einer historischen Konferenz ins Werk gesetzt wird, sondern ein Prozess mit vielen Schritten und Stationen. […]

Wenn es richtig ist, und ich glaube, es ist richtig, dass die Zone dem sowjetischen Einflussbereich nicht entrissen werden kann, dann ergibt sich daraus, dass jede Politik zum direkten Sturz des Regimes drüben aussichtslos ist. Diese Folgerung ist rasend unbequem und geht gegen unser Gefühl, aber sie ist logisch. Sie bedeutet, dass Änderungen und Veränderungen nur ausgehend von dem zurzeit dort herrschenden verhassten Regime erreichbar sind. […]

Wir haben gesagt, dass die Mauer ein Zeichen der Schwäche ist. Man könnte auch sagen, sie war ein Zeichen der Angst und des Selbsterhaltungstriebes des kommunistischen Regimes. Die Frage ist, ob es nicht Möglichkeiten gibt, diese durchaus berechtigten Sorgen dem Regime graduell so weit zu nehmen, dass auch die Auflockerung der Grenzen und der Mauer praktikabel wird, weil das Risiko erträglich ist.

Das ist eine Politik, die man auf die Formel bringen könnte: Wandel durch Annäherung.

Aus: E. Bahr, Vortrag von der evangelischen Akademie Tutzing am 15. 7. 1963; in: Keesings Archiv der Gegenwart, 1963, S. 10700 f.

---

1. Erörtern Sie die rück- und vorausblickenden Aussagen der Karikatur aus dem Jahr 1949 (M 37).
2. Erörtern Sie, ob die Prognosen der Karikatur tatsächlich eingetreten sind.
3. Erläutern Sie Egon Bahrs ost- und deutschlandpolitische Konzeption „Wandel durch Annäherung" (M 38).
4. Setzen Sie Bahrs Formel „Wandel durch Annäherung" in Beziehung zur Karikatur. (M 37).
5. „Annäherung durch Wandel": Erörtern Sie, inwieweit diese Umkehrung der Formel Bahrs den überkommenen Prinzipien der Bonner Deutschlandpolitik entspricht.
6. In seinen Erinnerungen leitet Willy Brandt die Darstellung seiner außenpolitischen Tätigkeit mit den Worten ein: „Unsere Ostpolitik hatte im Westen zu beginnen." Erläutern Sie diese Aussage und nehmen Sie Stellung.

ZWEI STAATEN – EINE NATION?

MATERIAL
39 Karikatur aus dem Jahr 1970

Die Unterschrift des Jahres, Karikatur aus der FAZ, 1970.

MATERIAL
40 Brandt in Warschau

Bundeskanzler Brandt am Mahnmal für die Opfer aus dem Warschauer Getto, 1970.

MATERIAL
41 Aus dem Warschauer Vertrag vom 7. Dezember 1970

Artikel I
(1) Die Bundesrepublik Deutschland und die Volksrepublik Polen stellen übereinstimmend fest, dass die bestehende Grenzlinie, deren Verlauf im
5 Kapitel IX der Beschlüsse der Potsdamer Konferenz vom 2. August 1945 von der Ostsee unmittelbar westlich von Swinemünde und von dort die Oder entlang bis zur Einmündung der Lausitzer Neiße und die Lausitzer Neiße entlang bis zur
10 Grenze mit der Tschechoslowakei festgelegt worden ist, die westliche Staatsgrenze der Volksrepublik Polen bildet.
(2) Sie bekräftigen die Unverletzlichkeit ihrer bestehenden Grenzen jetzt und in der Zukunft und
15 verpflichten sich gegenseitig zur uneingeschränkten Achtung ihrer territorialen Integrität.
(3) Sie erklären, dass sie gegeneinander keinerlei Gebietsansprüche haben und solche auch in Zukunft nicht erheben werden.

20 Artikel II
(1) Die Bundesrepublik Deutschland und die Volksrepublik Polen werden sich in ihren gegenseitigen Beziehungen sowie in Fragen der Gewährleistung der Sicherheit in Europa und in der Welt von den Zielen und Grundsätzen, die in der 25 Charta der Vereinten Nationen niedergelegt sind, leiten lassen.
(2) Demgemäß werden sie entsprechend den Artikeln 1 und 2 der Charta der Vereinten Nationen alle ihre Streitfragen ausschließlich mit friedli- 30 chen Mitteln lösen und sich in Fragen, die die europäische und internationale Sicherheit berühren, sowie in ihren gegenseitigen Beziehungen der Drohung mit Gewalt oder Anwendung von Gewalt enthalten. 35

Artikel III
(1) Die Bundesrepublik Deutschland und die Volksrepublik Polen werden weitere Schritte zur vollen Normalisierung und umfassenden Entwicklung ihrer gegenseitigen Beziehungen unternehmen, 40 deren feste Grundlage dieser Vertrag bildet.
(2) Sie stimmen darin überein, dass eine Erweiterung ihrer Zusammenarbeit im Bereich der wirtschaftlichen, wissenschaftlich-technischen, kulturellen und sonstigen Beziehungen in ihrem 45 beiderseitigen Interesse liegt.

Aus: Europa-Archiv, Folge 1/1971, S. D. 26.

KONSOLIDIERUNG IN OST UND WEST   135

MATERIAL

Rundfunk- und Fernsehansprache von Bundeskanzler Willy Brandt 42
am Tag der Unterzeichung des Warschauer Vertrages (7. Dezember 1970)

Ich bin mir bewusst, dies ist eine schwere Reise. Für eine friedliche Zukunft wird sie von Bedeutung sein. Der Vertrag von Warschau soll einen Schlussstrich setzen unter Leiden und Opfer einer
5 bösen Vergangenheit. Er soll eine Brücke schlagen zwischen den beiden Staaten und den beiden Völkern. Er soll den Weg dafür öffnen, dass getrennte Familien wieder zusammenfinden können und dass Grenzen weniger trennen als bisher.

10 Und trotzdem: Dieser Vertrag konnte nur nach ernster Gewissensforschung unterschrieben werden. Wir haben uns nicht leichten Herzens hierzu entschieden. Zu sehr sind wir geprägt von Erinnerungen und gezeichnet von zerstörten Hoff-
15 nungen. Aber guten Gewissens, denn wir sind überzeugt, dass Spannungen abgebaut, Verträge über Gewaltverzicht befolgt, die Beziehungen verbessert und die geeigneten Formen der Zusammenarbeit gefunden werden müssen, um zu ei-
20 ner europäischen Friedensordnung zu gelangen.

Dabei muss man von dem ausgehen, was ist, was geworden ist. Auch in Bezug auf die Westgrenze Polens. Niemand hat uns zu dieser Einsicht gezwungen. Wir sind mündig geworden. Es geht um
25 den Beweis unserer Reife und um den Mut, die Wirklichkeit zu erkennen.

Was ich im August Ihnen aus Moskau gesagt habe, liebe Mitbürgerinnen und Mitbürger, gilt auch für den Vertrag mit Polen: Er gibt nichts
30 preis, was nicht längst verspielt worden ist. Verspielt nicht von uns, die wir in der Bundesrepublik Deutschland politische Verantwortung tragen und getragen haben, sondern verspielt von einem verbrecherischen Regime, vom National-
35 sozialismus.

Wir dürfen nicht vergessen, dass dem polnischen Volk nach 1939 das Schlimmste zugefügt wurde, was es in seiner Geschichte hat durchmachen müssen. Dieses Unrecht ist nicht ohne Folgen
40 geblieben.

Großes Leid traf auch unser Volk, vor allem unsere ostdeutschen Landsleute. Wir müssen gerecht sein: Das schwerste Opfer haben jene gebracht, deren Väter, Söhne oder Brüder ihr Leben verloren haben. Aber nach ihnen hat am bitters- 45 ten für den Krieg bezahlt, wer seine Heimat verlassen musste.

Ich lehne Legenden ab, deutsche wie polnische: Die Geschichte des deutschen Ostens lässt sich nicht willkürlich umschreiben. [...]   50

Dieser Vertrag bedeutet nicht, dass wir Unrecht anerkennen oder Gewalttaten rechtfertigen. Er bedeutet nicht, dass wir Vertreibungen nachträglich legitimieren. Ressentiments verletzen den Respekt vor der Trauer um das Verlorene – verlo- 55 ren „in Schmerzen, Krieg und auch in unerschöpflichen Tränen", wie es der Schlesier Andreas Gryphius am Ende des Dreißigjährigen Krieges sagte. Niemand kann sich dieser Trauer entziehen. Uns schmerzt das Verlorene. Und das leidgeprüfte 60 polnische Volk wird unseren Schmerz respektieren.

Namen wie Auschwitz werden beide Völker noch lange begleiten und uns daran erinnern, dass die Hölle auf Erden möglich ist: Wir haben sie erlebt. 65 Aber gerade diese Erfahrungen zwingen uns, die Aufgaben der Zukunft entschlossen anzupacken. Die Flucht vor der Wirklichkeit schafft gefährliche Illusionen.

Ich sage: Das Ja zu diesem Vertrag, zur Aussöh- 70 nung, zum Frieden ist ein Bekenntnis zur deutschen Gesamtgeschichte. Ein klares Geschichtsbewusstsein duldet keine unerfüllbaren Ansprüche. [...]

Wir müssen unseren Blick in die Zukunft richten 75 und die Moral als politische Kraft erkennen. Wir müssen die Kette des Unrechts durchbrechen. Indem wir dies tun, betreiben wir keine Politik des Verzichts, sondern eine Politik der Vernunft.

Aus: Badische Zeitung vom 8. Dezember 1970, S. 3.

ZWEI STAATEN – EINE NATION?

1. Überprüfen Sie die Aussage der Karikatur (M 39) mittels des Textes des Warschauer Vetrages.
2. Der „Kniefall" von Bundeskanzler Brandt in Warschau (M 40) hat in der Bundesrepublik Deutschland die unterschiedlichsten Reaktionen ausgelöst. Suchen Sie in der Ansprache nach möglichen Motiven Brandts und erschließen Sie, wie der Bundeskanzler seine Geste keinesfalls verstanden wissen wollte.
3. Erörtern Sie, ob die erste Polen-Reise eines deutschen Bundeskanzlers und der Warschauer Vertrag Ausdruck einer Politik des Verzichts oder der Vernunft waren.

MATERIAL

43 Überlegungen zur Ostpolitik nach dem Zusammenbruch der kommunistischen Herrschaft

War die Ostpolitik wirklich subversiv gemeint, als ein Beitrag zum Sturz des kommunistischen Systems? Mit einer solchen Absicht wäre sie von Anfang an überfordert gewesen. War doch gerade
5 dies der Ausgangspunkt: dass man sich auf die Realität dieses Systems erst einmal einstellen, ja dass man seine äußere (und damit notgedrungen auch innere) Stabilisierung bewusst in Kauf nehmen müsste, wenn man den Menschen in der
10 DDR helfen will.
Wandel durch Stabilisierung also. Zu Ende gedacht führte dies zu dem Vorschlag: die Einheit gegen die Freiheit tauschen. Es gab viele, auch außenpolitische Gründe [...] für die Behauptung:
15 Nicht die Zahl der deutschen Staaten ist das Problem, sondern das Gefälle an Wohlfahrt und Freiheit zwischen ihnen. Wenn sich die DDR im Zuge der inneren Öffnung des Systems nach und nach dem menschenrechtlichen Standard der KSZE-
20 Schlussakte annäherte, die Grenze also das Trennende verliert, dann ist die Teilung als solche auch nicht mehr die Crux.
Aber war die Annahme gerechtfertigt, das totalitäre System könne sich jemals anpassen und
25 zugleich überleben? Durften die mühsam errungenen Zugeständnisse wirklich als Beginn des Systemwandels verstanden werden? Stand man in Wirklichkeit nicht doch vor der Alternative: entweder das System stürzen – oder das Defizit an Freiheit und Demokratie hinnehmen? Da der 30 Sturz weder möglich erschien noch in seinen explosiven Dimensionen anzustreben war, sah man sich eben doch auf lange Sicht gezwungen, das Regime abzüglich der ausgehandelten Konzessionen zu stabilisieren. [...] 35
Heute wissen wir, dass sich seit Mitte der achtziger Jahre in der DDR keineswegs eine mit Konzessionen erwirkte Öffnung fortsetzte, sondern dass in Wirklichkeit – akzentuiert durch Gorbatschows Auftreten – ein repressiver und krisen- 40 hafter Rückschlag begann. Die Stimmung in der Bevölkerung verschlechterte, der wirtschaftliche Niedergang beschleunigte sich, der Stasi-Apparat wurde massiv ausgebaut, die Opposition begann sich zu artikulieren. Doch die westdeutsche 45 Politik reagierte nicht darauf. [...] Betriebsblindheit und Distanzverlust behinderten die Wahrnehmung und die, wie es so schön heißt, Thematisierung dieses Rückschlags. [...] Trotz dieser Kritik bleibt die Frage, ob eine wachsamere Wahr- 50 nehmung der Veränderungen wirklich sehr viel größere Spielräume eröffnet hätte.

Aus: R. Leicht, Trübungen auf der Netzhaut; in: DIE ZEIT Nr. 13 vom 20. 3. 1992, S. 11.

1. Stellen Sie die Thesen des Verfassers zur deutschen Ostpolitik zusammen.
2. Stützte oder stürzte die Ostpolitik die kommunistischen Regime?

2.9 Die Bundesrepublik vor den Herausforderungen der achtziger Jahre

Im Dezember 1979 verabschiedete die NATO auf Initiative von Bundeskanzler Schmidt den „Doppelbeschluss" (→ M 44). Schmidt war besorgt gewesen, weil die Sowjetunion atomar bestückte Mittelstreckenraketen in Stellung gebracht hatte, die die Sicherheit Mitteleuropas bedrohten. Die Stationierung ähnlicher Raketen, vornehmlich auf dem Boden der Bundesrepublik, sollte die UdSSR dazu zwingen, einer beiderseitigen Vernichtung dieser Waffen zuzustimmen. Die Stationierung löste in der Bundesrepublik eine unerwartet starke Protestwelle, die „Friedensbewegung", aus. Ausgehend von einer Kundgebung während des Hamburger Kirchentages 1981 unter dem Motto „Fürchtet euch, der Atomtod bedroht uns alle!" begannen zumeist junge Menschen zu demonstrieren. Millionen appellierten an die Bundesregierung, ihre Zustimmung zur Stationierung der Nuklearraketen zurückzuziehen. Auch in der DDR gab es eine Friedensbewegung. In vielen evangelischen Kirchengemeinden fanden sich Gegner des SED-Regimes zusammen und verkündeten Friedens-Losungen wie z. B. „Schwerter zu Pflugscharen".

NATO-Doppelbeschluss

Friedensbewegung

Der sozialliberalen Regierung Schmidt/Genscher blies nicht nur der Gegenwind der Friedensbewegung ins Gesicht, sie hatte auch auf wirtschaftlichem Gebiet rauen Stürmen zu trotzen. Die zweite Ölkrise 1979/80, die Erdöl bis um das Dreifache verteuerte, verschärfte die Wachstums- und Beschäftigungskrise erheblich. Sie fiel zudem zusammen mit einer Phase der technologischen Revolution, in der Mikroprozessoren und Roboter Einzug in Büros und Fabrikanlagen hielten. Menschliche Arbeitskraft galt im Vergleich dazu als teuer und unzuverlässig. Arbeitslosigkeit und Staatsverschuldung nahmen drastisch zu. (→ S. 128)

Zweite Ölkrise

In der FDP setzte sich allmählich die Auffassung durch, die fehlende Wirtschaftsdynamik gehe im Wesentlichen auf das Anwachsen der sozialstaatlichen Leistungen zurück. Die Übernahme fast aller Lebensrisiken durch den Staat habe die individuelle Leistungsbereitschaft vermindert; zudem hätten sich die staatlichen und betrieblichen Investitionsmöglichkeiten infolge der steigenden Kosten für Sozialleistungen immer weiter verringert. Die SPD suchte die Gründe für die wirtschaftliche Depression hingegen eher in weltwirtschaftlichen Zusammenhängen. Die Sozialdemokraten betrachteten deshalb ein relativ eng geflochtenes soziales Netz als unverzichtbar.

Am 9. September 1982 legte Bundeswirtschaftsminister Graf Lambsdorff auf Drängen des Bundeskanzlers sein Konzept für die Neuorientierung

„Thesenanschlag", Karikatur von Klaus Pielert, 1982. Die Reformvorschläge von FDP-Minister Lambsdorff waren der Anlass für den Bruch der sozialliberalen Koalition.

ZWEI STAATEN – EINE NATION?

„Menschenkette" – eine Friedensdemonstration gegen den Nachrüstungsbeschluss der NATO, 1982.

Lambsdorff-Papier
der Wirtschafts- und Sozialpolitik vor (M 47). Dieses Positionspapier der FDP-Mehrheit, das so genannte Lambsdorff-Papier, enthielt so drastische Sparvorschläge in der Wirtschafts-, Finanz- und Sozialpolitik, dass es für die SPD nicht annehmbar war. Es wurde zur „Scheidungsurkunde" der sozialliberalen Koalition.

Wahl Helmut Kohls zum Bundeskanzler
Am 17. September 1982 gab Bundeskanzler Schmidt den Rücktritt der vier FDP-Minister bekannt; vierzehn Tage später wurde er mit der notwendigen absoluten Mehrheit von CDU/CSU- und FDP-Abgeordneten durch ein konstruktives Misstrauensvotum abgewählt und im gleichen Wahlgang Helmut Kohl (CDU) zum neuen Bundeskanzler gewählt. Nach einem umstrittenen Misstrauensvotum der die Regierung eigentlich unterstützenden Mehrheit des Bundestages gegenüber Helmut Kohl löste der Bundespräsident den Bundestag auf; in den folgenden Bundestagswahlen wurde die CDU/CSU-FDP-Koalition von den Wählern bestätigt. Nach dieser „wirtschaftspolitischen Wende" nahm die Wirtschaftsleistung zwar wieder leicht zu, viele der von Lambsdorff vorgeschlagenen Reformen wurden aber nicht in Angriff genommen. Ein Sockel von ungefähr zwei Millionen Arbeitslosen blieb bestehen.

MATERIAL

44 Der NATO-Doppelbeschluss und die bundesdeutsche Innenpolitik

Helmut Schmidt hatte am 28. Oktober 1977 [...] die Rede vor dem Londoner Institut für strategische Studien gehalten. Er nutzte diese Gelegenheit, um auf ein ihn schon länger beschäftigendes Thema aufmerksam zu machen:
Während Amerikaner und Sowjets bei den SALT-Gesprächen[1] über die Begrenzung von nuklearstrategischen Waffen verhandelten, mit denen sich die beiden Supermächte direkt gegenseitig ins Visier nehmen konnten, blieben die Kernwaffen mit kürzeren Reichweiten außerhalb der Rüstungskontrolle. [...]. Den konkreten Hintergrund seiner Überlegungen hatte Schmidt in seiner Londoner Rede nicht direkt angesprochen: Die fortgesetzte sowjetische Aufrüstung mit modernen SS-20-Raketen, die Westeuropa, aber nicht die USA erreichen konnten.

In der Sicht Helmut Schmidts bestand die Gefahr des Entstehens einer „Grauzone" zwischen strategischen Waffen einerseits und konventionellen Waffen andererseits. Würden die Sowjets in dieser Grauzone weiterhin ungehindert aufrüsten, so bestünde die Gefahr, dass Westeuropa politisch erpressbar werde. Moskau könnte dann Bonn, Paris und London nuklear bedrohen, gleichzeitig jedoch Washington wegen seiner strategischen Parität in Schach halten.

Denn sollte ein sowjetischer Nuklearangriff mit Mittelstreckenwaffen auf Westeuropa erfolgen, wären die USA gezwungen, mit in Amerika stationierten strategischen Waffen (die die Sowjetunion treffen würden) zu reagieren. Dies würde wegen der damit verknüpften Gefahr eines sowjetischen Gegenschlages gegen das amerikanische Kernland selbst womöglich nicht geschehen. In einem Wort: Die Glaubwürdigkeit der westlichen nuklearen Abschreckung war nach Ansicht Schmidts in Gefahr. [...]

Als Resultat wurde auf der Herbsttagung der NATO im Dezember 1979 der NATO-Doppelbeschluss durch die Außen- und Verteidigungsminister verabschiedet. Das Dokument sah die Stationierung amerikanischer Mittelstreckenraketen in Westeuropa ab 1983 vor, bot jedoch der Sowjetunion bereits zuvor Verhandlungen über die Begrenzung entsprechender Systeme an. [...]

Helmut Schmidts sozialliberale Koalition war inzwischen im September 1982 gescheitert. Von konservativer Seite wurde dabei immer wieder betont, der Kanzler sei von seiner eigenen Partei in der Frage der Nachrüstung im Stich gelassen worden, wodurch seine Glaubwürdigkeit als Regierungschef unterminiert worden sei. Auch wenn es zutrifft, dass weite Teile der SPD den NATO-Doppelbeschluss ablehnten und sich in der Friedensbewegung engagierten, so waren für den Bruch der Regierung Schmidt/Genscher sicher andere Gründe ausschlaggebend – zum Beispiel die unüberbrückbaren Differenzen in der Wirtschafts- und Sozialpolitik.

_____
[1] SALT = Strategic Arms Limitation Talks (S. 71)

Aus: O. Thränert, Helmut Schmidt '77. In der nuklearen Grauzone: Londoner Rede tritt Nachrüstung los., in: Die Neue Gesellschaft, Frankfurter Hefte 1–2, 2001, S. 57 ff.

MATERIAL

„Krefelder Appell" der Friedensbewegung, 1980 **45**

Immer offensichtlicher erweist sich der Nachrüstungsbeschluss der NATO vom 12. Dezember 1979 als verhängnisvolle Fehlentscheidung. Die Erwartung, wonach Vereinbarungen zwischen den USA und der Sowjetunion zur Begrenzung der eurostrategischen Waffensysteme noch vor der Stationierung einer neuen Generation amerikanischer nuklearer Mittelstreckenwaffen in Westeuropa erreicht werden könnte, scheint sich nicht zu erfüllen. [...]

Der neu gewählte Präsident der USA, Ronald Reagan, erklärt unumwunden, selbst den bereits unterzeichneten SALT-II-Vertrag zur Begrenzung der sowjetischen und amerikanischen strategischen Nuklearwaffen nicht akzeptieren und deshalb dem Senat nicht zur Ratifizierung zuleiten zu wollen.

Ein selbstmörderischer Rüstungswettlauf [...] müsste in erster Linie die europäischen Völker einem untragbaren Risiko aussetzen.

Die Teilnehmer am Krefelder Gespräch vom 15. und 16. November 1980 appellieren daher gemeinsam an die Bundesregierung,

– die Zustimmung zur Stationierung von amerikanischen Pershing-II-Raketen und Marschflugkörpern in Mitteleuropa zurückzuziehen,

– im Bündnis künftig eine Haltung einzunehmen, die unser Land nicht länger dem Verdacht aussetzt, Wegbereiter eines neuen, vor allem die Europäer gefährdenden nuklearen Wettrüstens sein zu wollen.

Aus: I. Wilharm (Hrsg.), Deutsche Geschichte 1962–1983, Bd. 2, Frankfurt/Main 1985, S. 209 f.

1. Zeigen Sie anhand des NATO-Doppelbeschlusses den Wechselwirkungsprozess zwischen Innen- und Außenpolitik auf.

140 ZWEI STAATEN – EINE NATION?

MATERIAL
46 Plakate zur Bundestagswahl im März 1983

MATERIAL

Das „Lambsdorff-Papier", 9. September 1982 **47**

Am 9. September 1982 *legte der Bundeswirtschaftsminister Otto Graf Lambsdorff (FDP) Vorschläge zur Bewältigung der Wirtschaftskrise vor.*

Es kann im wirtschaftlichen und sozialen Bereich derzeit keine wichtigere Aufgabe geben, als die Arbeitslosigkeit zu bekämpfen, durch neues Wirtschaftswachstum wieder mehr Beschäftigung und
5 auch eine allmähliche Lösung der öffentlichen Finanzierungsprobleme zu ermöglichen und damit schließlich alle Bürger am wirtschaftlichen und gesellschaftlichen Fortschritt teilnehmen zu lassen.
10 Wir stehen vor einer wichtigen Wegkreuzung. Wer eine solche Politik als „soziale Demontage" oder gar als „unsozial" diffamiert, verkennt, dass sie in Wirklichkeit der Gesundung und Erneuerung des wirtschaftlichen Fundaments für unser Sozialsys-
15 tem dient. „Sozial unausgewogen" wäre dagegen eine Politik, die eine weitere Zunahme der Arbeitslosigkeit und eine Finanzierungskrise der sozialen Sicherungssysteme zulässt, nur weil sie nicht den Mut aufbringt, die öffentlichen Finan-
20 zen nachhaltig zu ordnen und der Wirtschaft eine neue Perspektive für unternehmerischen Erfolg und damit für mehr Arbeitsplätze zu geben. [...]

● Eine wachstums- und beschäftigungsorientierte Haushaltspolitik:
25 1. Zusätzliche wachstums- und beschäftigungsfördernde Ausgaben [...] für etwa drei Jahre für z. B.:
– Verstärkung der Infrastrukturmaßnahmen im Umweltschutz (z. B. Gewässerschutz)

– Wiederaufstockung der Mittel für die Gemein-
30 schaftsaufgabe „Regionale Wirtschaftsförderung" sowie „Agrarstruktur und Küstenschutz"
– Verstärkung der Mittel für Existenzgründung
2. Weitere Einschränkungen konsumtiver bzw.
35 nicht eindeutig wachstums- und beschäftigungsfördernder Ausgaben [...]:
– Verringerung des [...] Arbeitslosengeldes am Anfang der Bezugszeit (z. B. erste drei Monate nur 50% des letzten Nettoeinkommens) oder generelle Senkung des Arbeitslosengeldes für
40 alle allein Stehenden ohne Unterhaltsverpflichtung und/oder die Einführung von Karenztagen bei der Zahlung von Arbeitslosengeld [...] Begrenzung des Arbeitslosengeldes auf maxi-
45 mal ein Jahr. [...]
– Mutterschaftsgeld: [...] Ersatzlose Streichung, mindestens aber mehrjährige Aussetzung. [...]
– Streichung des Schüler-BAföG
– Umstellung des BAföG für Studenten auf Voll-
50 Darlehen mit einer effizienten Härteklausel. [...]

● Eine Politik zur Förderung von Marktwirtschaft, wettbewerb und wirtschaftlicher Selbststän-
55 digkeit:
– Abbau von unnötiger Reglementierung und Bürokratie; [...] stärkere Verlagerung bisher öffentlich angebotener Leistungen auf den privaten Bereich. [...]
– Verstärkte Förderung der wirtschaftlichen Selbst-
60 ständigkeit.
– Stärkere Förderung der Beteiligung am Produktivkapital (Aktien, Fonds etc.) [...]

Aus: Neue Bonner Depesche 9/82, S. 3ff.

1. Bundeskanzler Schmidt (SPD) warf seinem Wirtschaftsminister Lambsdorff (FDP) vor, sein wirtschaftspolitisches Konzept mache „keinerlei Versuch, die Lasten der Anpassung sozial gerecht oder ausgewogen zu verteilen". Untersuchen Sie den Vorwurf anhand von M 47.
2. Verteidigen Sie in einer wirtschaftspolitischen Grundsatzrede die Vorstellungen Lambsdorffs.
3. Erörtern Sie die Ursachen für das Scheitern der sozialliberalen Koalition 1982.

2.10 Die Ära Honecker und die Krise der DDR

Wirtschaftliche Konsolidierung

Jedem Berlin-Besucher, der an der Mauer stand, wurde hier das Zwangsregime in der DDR drastisch vor Augen geführt. Mit dem Bau der Mauer 1961 hatte SED-Chef Ulbricht den Fluchtweg aus der DDR verstopft und das wirtschaftliche Ausbluten des Landes verhindert. Doch die Folgen des Mauerbaus blieben ambivalent. Die Mauer erleichterte einerseits den weiteren wirtschaftlichen Aufbau in der DDR, da auch jüngere qualifizierte Arbeitskräfte gezwungen waren, im Lande zu bleiben, und sich viele mangels Alternativen mit dem System arrangierten. Da der Arbeitskräftemangel aber trotz des Mauerbaus nach nach wie vor sehr hoch war, wurden Frauen ermuntert und aufgefordert, berufstätig zu bleiben, auch wenn sie Kinder hatten. Der forcierte Bau von Krippen für Säuglinge und Kindertagesstätten sollte ihnen dies ermöglichen.

Flucht in die private Nische

Andererseits reagierten viele Menschen auf den Bau der Mauer auch mit einem Rückzug in private Lebensräume, in Nischen – fern der Politik und der herrschenden sozialistischen Lehre. Diese Flucht ins Private führte auf längere Sicht zu einer Verkümmerung von Initiative und Kreativität im öffentlichen Bereich. Verstärkt wurde diese Entwicklung durch den vormundschaftlichen Staat selbst, der das Leben des Einzelnen umfassend von der Wiege bis zur Bahre reglementierte. Die SED versuchte der verbreiteten Gleichgültigkeit gegenüber öffentlichen Angelegenheiten mit Mobilisierungskampagnen entgegenzuwirken. So sollten beispielsweise im so genannten sozialistischen Wettbewerb die Arbeitskollektive verstärkt um Erfüllung und Übererfüllung des Wirtschaftsplans wetteifern. Die SED bediente sich hierbei eines vielfältig abgestuften Instrumentariums von Belobigungen, Auszeichnungen und Prämierungen.

Der verbreitete Rückzug ins Private erfolgte auch, weil es in der DDR keine autonomen gesellschaftlichen Gruppen und Verbände gab. Über die Massenorganisationen wie die Freie Deutsche Jugend (FDJ) oder den Freien Deutschen Gewerkschaftsbund (FDGB) kontrollierte die SED fast das gesamte öffentliche Leben. Anders als in den kommunistischen Staaten Mittel- und Osteuropas wurde manche kritische Stimme entweder ausgebürgert (z. B. der Liedermacher Wolf Biermann) oder von der Bundesregierung freigekauft. Hinzu kam die Überwachung und Bespitzelung durch die

Staatssicherheit

Mitarbeiter des allgegenwärtigen Staatssicherheitsdienstes, der auch vor Gewaltanwendung, Freiheitsberaubung, Einschüchterung und anderen diktatorischen Repressionen im Einzelfall nicht zurückschreckte. Ab Mitte der siebziger Jahre kam ein IM (Inoffizieller Mitarbeiter) der Staatssicherheit auf 100 DDR-Bürgerinnen und -Bürger.

Kirche im Sozialismus

Lediglich die Kirchen waren von unmittelbarer staatlicher Kontrolle ausgenommen. Sie standen in einem gespannten Verhältnis zum Staat. So führte beispielsweise die Einführung der staatlichen „Jugendweihe", des öffentlichen Bekenntnisses zum sozialistischen Staat, welches die kirchliche Konfirmation ersetzen sollte, zu Konflikten. In den 70er Jahren verbesserte sich jedoch das Verhältnis von Kirche und Staat. Der evangelischen Kirche gelang es, ihre interne Autonomie weitgehend zu bewahren, indem sie sich als „Kirche im Sozialismus" zu einer begrenzten politischen Loyalität gegenüber dem Staat bekannte. Sie geriet aber auch immer wieder in Konflikt mit dem SED-Staat, wenn einzelne Pfarrer öffentlich kritisierten, dass elementare Menschenrechte nicht beachtet, Menschen unterdrückt und Regimekritiker ausgebürgert wurden.

Vor allem in den 80er Jahren entstanden unter dem schützenden Dach der evangelischen Kirche zahlreiche kleine Menschenrechts-, Friedens- und Umweltgruppen. Selbst wenn es auch unter den kirchlichen Mitarbeitern einzelne IMs der Staatssicherheit gab, so bildeten die Kirchen doch einen Rückzugsort für Regimekritiker. Zahlreiche evangelische Pfarrer engagierten sich in der Zeit des Zusammenbruchs der DDR politisch. Auch die katholische Kirche konnte sich innerkirchlich Freiheiten und Handlungsmöglichkeiten bewahren, indem sie ihre Aktivitäten auf den geistlich-seelsorgerischen Bereich konzentrierte, ohne politisch Stellung zu beziehen.

1971 setzte nach dem Rücktritt Walter Ulbrichts dessen Nachfolger Erich Honecker neue Akzente in der Wirtschaftspolitik. Weitere Privatunternehmen wurden verstaatlicht und die großen Betriebe nach Produktionsschwerpunkten zu riesigen Kombinaten zusammengefasst. Man erhoffte sich dadurch eine Verbesserung der wirtschaftlichen Planung und Leitung. Um die Produktivität zu erhöhen, räumte die Regierung den Betrieben jetzt mehr Entscheidungsspielraum gegenüber der Planungszentrale ein.

Kranführerin auf der Warnow-Werft, 1959. Trotz des Mauerbaus blieb der Arbeitskräftemangel in allen Bereichen ein Problem. Viele Frauen arbeiteten in traditionell „typischen Männerberufen".

Um die Bevölkerung zufrieden zu stellen, verkündete Honecker die „Einheit von Wirtschafts- und Sozialpolitik". Die Führung der DDR erhöhte in den folgenden Jahren das Angebot an Konsumgütern; Renten und Löhne wurden angehoben und der bezahlte Mutterschaftsurlaub wurde auf 26 Wochen verlängert. Außerdem nahm die Regierung ein groß angelegtes Wohnungsbauprogramm in Angriff, dessen Ziel die Beseitigung der Wohnungsnot bis 1990 war. Gleichzeitig wurde ein Preisstopp für bestimmte Güter und Dienstleistungen festgesetzt, manche Produkte (z. B. Kinderkleidung) sogar im Preis gesenkt.

Ära Honecker

Soziale Reformen

Die Führung war durch diese politischen Entscheidungen aber gezwungen, Waren des Grundbedarfs, die Mieten sowie den öffentlichen Verkehr in hohem Maße zu subventionieren und verstärkt Konsumgüter herzustellen. Die DDR geriet in einen ökonomischen Teufelskreis: Um die Konsumgüterproduktion zu erhöhen, musste sie investieren. Da sie die Investitionen aber nicht aus eigener Kraft durchführen konnte und auch die Subventionen finanziert werden mussten, benötigte sie Devisen. Der Export in die westlichen Länder florierte jedoch längst nicht so wie erhofft, weil die angebotenen Produkte nicht attraktiv genug waren. Die DDR war deshalb gezwungen, Kredite auf den internationalen Finanzmärkten aufzunehmen. Die Folge: Die DDR lebte über ihre Verhältnisse, da mehr ausgegeben als verdient wurde.

Auslandskredite

Zwar hatte die DDR die erste westliche Ölkrise von 1973/74 dank der Tatsache, dass sie Erdöl unter dem Weltmarktpreis aus der UdSSR bezog, glimpflich überstanden.

ZWEI STAATEN – EINE NATION?

Doch die Folgen der zweiten Ölkrise von 1979/80 trafen die DDR ins Mark. Die Sowjetunion verlangte ab 1983/84 einen Ölpreis, der weit über dem international geforderten lag. Außerdem hatte sie vorher schon einseitig die Liefermenge an die DDR verringert. Fast zur gleichen Zeit hatten westliche Banken Zweifel an der Kreditwürdigkeit der DDR bekommen, nachdem sowohl Polen als auch Rumänien nicht mehr in der Lage gewesen waren, ihre Schulden zu begleichen. Ein Milliarden-Kredit einer westdeutschen Bank half der DDR-Führung zunächst einmal über diese schwierige Phase hinweg. Doch das ökonomische Fundament der DDR geriet zunehmend ins Wanken.

Drohender Staatsbankrott

Von 1978 bis 1984 sanken die Investitionen dramatisch. Die Betriebe mussten mit unzureichenden und noch dazu stark veralteten Maschinen produzieren. Investitionen in die Infrastruktur blieben praktisch völlig aus. Die Folgen wurden immer stärker spürbar. Neuinvestitionen waren dringend erforderlich, aber nur auf Kosten der Konsumgüterproduktion und weiterer Auslandsverschuldungen möglich. Trotz beträchtlicher Deviseneinnahmen, beispielsweise aus dem Freikauf politischer Häftlinge durch die Bundesregierung und aus dem Zwangsumtausch von DM in Mark der DDR bei Reisen in die DDR, trieb die DDR auf den Staatsbankrott zu.

MATERIAL
48 Was wollte die DDR?

a) *Jugendgesetz der DDR: Erziehung zur sozialistischen Persönlichkeit:*

Aufgabe jedes jungen Bürgers ist es, auf sozialistische Art zu arbeiten, zu lernen und zu leben, selbstlos und beharrlich zum Wohle seines sozialistischen Vaterlandes – der Deutschen Demo-
5 kratischen Republik – zu handeln, den Freundschaftsbund mit der Sowjetunion und anderen Bruderländern zu stärken und für die allseitige Zusammenarbeit der sozialistischen Staatengemeinschaft zu wirken. [...]
10 Alle jungen Menschen sollen sich durch die sozialistische Arbeitseinstellung und solides Wissen und Können auszeichnen, hohe moralische und kulturelle Werte ihr Eigen nennen und aktiv am gesellschaftlichen und politischen Leben, an
15 der Leitung von Staat und Gesellschaft teilnehmen. [...]
Die jungen Menschen sollen sich durch Eigenschaften wie Verantwortungsgefühl für sich und andere, Kollektivbewusstsein und Hilfsbereit-
20 schaft, Beharrlichkeit und Zielstrebigkeit, Ehrlichkeit und Bescheidenheit, Mut und Standhaftigkeit, Ausdauer und Disziplin, Achtung vor den

Älteren, ihren Leistungen und Verdiensten sowie verantwortungsbewusstes Verhalten zum anderen Geschlecht auszeichnen. Sie sollen sich ge-25 sund und leistungsfähig erhalten.

b) *Artikel 9 der DDR-Verfassung, 1974:*

(1) Die Volkswirtschaft der Deutschen Demokratischen Republik beruht auf dem sozialistischen Eigentum an den Produktionsmitteln. [...]
(2) Die Volkswirtschaft der Deutschen Demokratischen Republik dient der Stärkung der sozialis-5 tischen Ordnung, der ständig besseren Befriedigung der materiellen und kulturellen Bedürfnisse der Bürger, der Entfaltung ihrer Persönlichkeit und ihrer sozialistischen gesellschaftlichen Beziehungen.10
(3) [...] Die Volkswirtschaft der Deutschen Demokratischen Republik ist sozialistische Planwirtschaft. Das ökonomische System des Sozialismus verbindet die zentrale staatliche Leitung und Planung ist mit der Eigenverantwortung der 15 örtlichen Staatsorgane und Betriebe sowie der Initiative der Werktätigen.

Aus: Gesetzblatt der Deutschen Demokratischen Republik, Berlin 1974.

KONSOLIDIERUNG IN OST UND WEST

Bei vielen Konsumgütern kam es immer wieder zu Versorgungsengpässen.

Nach jahrelanger Vernachlässigung verfallen Altbauten in Halle/Saale, 1989.

Daten zur wirtschaftlichen Lage der DDR — MATERIAL 49

a) Ostdeutsche Arbeitsproduktivität ausgewählter Wirtschaftsbereiche 1989 (in % von Westdeutschland)

Grundstoffproduzierendes Gewerbe	28,1 %	Investitionsgüterproduz. Gewerbe	45,0 %
Verbrauchsgüterproduzierendes Gewerbe	30,3 %	Nahrungs- und Genussmittelherstellung	76,0 %

b) Kaufkraft 1985

Waren/Leistung	Menge	Zum Kauf erforderliche Arbeitszeit BRD	DDR	Waren/Leistung	Menge	Zum Kauf erforderliche Arbeitszeit BRD	DDR
2 Zimmer-Neubau mit K, D, B, Zentralheizung (Kaltmiete)	monatl.	26:32	13:24	Industriewaren			
				Herrenoberhemd, Kunstfaser, einfache Qualität	Stück	1:22	7:19
Nahrung							
Mischbrot, dunkel	1 kg	0:12	0:07	Strumpfhose	Stück	0:12	2:49
Butter	1 kg	0:36	1:39	Kühlschrank	Stück	29:54	272:19
Kartoffeln	5 kg	0:18	0:10	Personenkraftwagen	Stück	694:33	4375:00
Apfel	1 kg	0:09	0:15	**Dienstleistungen**			
Zitronen	1 kg	0:16	0:54	Straßenbahn-,			
Vollmilch-Schokolade	100 g	0:04	0:41	Busfahrt	1 Fahrt	0:08	0:02
Bohnenkaffee	250 g	0:21	4:28	Tageszeitung, Abo	monatl.	1:17	0:39

Aus: a) K. R. Korte, Die Chance genutzt? Politik zur Einheit Deutschlands, Frankfurt/Main 1994, S. 31.
b) Zahlenspiegel 1988, Bundesministerium für Innerdeutsche Beziehungen, S. 77 f.

ZWEI STAATEN – EINE NATION?

MATERIAL

50 Wie eine westdeutsche Delegation den real existierenden Sozialismus vorgeführt bekam

Szene in einem Betrieb, 1984.

Herausragendes Erlebnis [...] war die Besichtigung einer Strickerei, eines Stückes Volkseigentums also. Und wie arbeiten nun die Werktätigen in einem Betrieb, der nicht einem Ausbeuter,
5 sondern ihnen selbst gehört? An den Strickmaschinen, welche immer wieder dieselben mono-

tonen Handbewegungen abnötigen, arbeitet nur weibliches Volk. Der Direktor ist Angehöriger des männlichen Volkes und der SED. Und die „ungeheuren Fortschritte der DDR auf dem Gebiet der 10 Frauenemanzipation" manifestieren sich nicht nur darin, dass die Strickerinnen selbst sagen, für Männer sei diese Arbeit doch zu eintönig, sondern auch darin, dass die werktätigen Frauen ihren werktätigen Männern nunmehr erst nach 15 Ende des Werktages pflichtbewusste Hausfrau sein können. Aber immerhin hat die DDR die höchste Scheidungsrate auf der Welt. Das geht eben seinen sozialistischen Gang.
Vom sozialistischen Wettbewerb kündet eine gro- 20 ße Tafel am Eingang zum Maschinensaal der Fabrik. Hier steht der Name jeder Arbeiterin und jedes Arbeiters fein säuberlich aufgelistet. Dahinter dann ist zu lesen, wie oft der oder diejenige krank gewesen ist. Wie viel Stunden sie oder 25 er gearbeitet hat. Und zu wie viel Prozent sie oder er den Plan erfüllt hat. Und alle Faulenzer, die weniger als 110 Prozent Planerfüllung aufweisen können, sind in Rot gekennzeichnet.

Aus: S. Moll, Noch fünfhundert Meter bis zur Freiheit, in: Frankfurter Rundschau vom 5. Juli 1984, S. 20.

MATERIAL

51 Berufstätige Frauen in der DDR

In den sechziger Jahren vollzieht sich eine grundlegende Veränderung des Charakters weiblicher Berufstätigkeit. Sie entwickelt sich von der angelernten Erwerbsarbeit zur qualifizierten Berufs-
5 arbeit. [...]
Durch die Qualifikation verändert sich zwar nicht immer das Aufgabenfeld, in dem die Frauen ursprünglich gearbeitet haben, aber sie erhalten nun mehr Lohn für diese Arbeit. Die finanzielle
10 Anerkennung von Bildung und Qualifikation ist das ausschlaggebende Motiv, um eine oftmals zeitraubende und anstrengende Weiterbildung auf sich zu nehmen.
Die Betriebe werden dazu verpflichtet, spezielle
15 Frauenförderpläne aufzustellen und Frauen für die Weiterbildung von der Arbeit freizustellen.
Hintergrund dieser Maßnahmen ist der permanente Arbeitskräftemangel, der sich durch den

massiv betriebenen Aufbau einer leistungsfähigen Chemieindustrie noch verschärft. 20

Attraktive Löhne sind das wichtigste Mittel, um die Hausfrauen für die Berufstätigkeit zu motivieren. Dabei hilft das sich allmählich verbessernde Konsumgüterangebot, das eine ganze Reihe von Wünschen weckt, die man sich nur er- 25 füllen kann, wenn die Frauen mitarbeiten. [...]

Im Ergebnis sind Frauen, statistisch gesehen, seit Anfang der siebziger Jahre gleichermaßen qualifiziert wie Männer, wenigstens nach formalen Kriterien wie Facharbeiter-, Fachschul- oder Hoch- 30 schulabschluss. Deswegen werden sie aber noch lange nicht ihrer Qualifikation entsprechend beschäftigt oder gleich gut bezahlt wie ihre männlichen Kollegen. Wie spätere Untersuchungen

Links: Veraltete Industrieanlagen in Bitterfeld stoßen giftige Rußwolken aus, Foto 1986. Rechts: Verkehrsspiegel in Mölbis bei Leipzig, 1990. Das Metall korrodierte infolge der hohen Luftverschmutzung besonders schnell. Auch die Häuser sind von Rußschwaden geschwärzt. In den 40er Jahren galt Mölbis als das schönste Dorf Sachsens.

ausweisen, bekamen die DDR-Frauen im Durchschnitt ein Drittel weniger Lohn.
Doch in einer Atmosphäre, wo die nahezu 90-prozentige Berufstätigkeit von Frauen und eine gleichwertige Qualifikation als endgültige „Lösung der Frauenfrage" gefeiert wurden und sich die „jungen Muttis" bei der Partei und Staatsführung für die sozialpolitischen Maßnahmen bedanken durften, war es kaum noch möglich, die niedrigen Löhne in so genannten Frauenarbeitsbereichen wie zum Beispiel der Textilindustrie, aber auch von Kinderkrippenerzieherinnen oder Kindergärtnerinnen, zu problematisieren.

b) Frauenanteil in ausgewählten Bildungs- und Berufsfeldern in West- und Ostdeutschland

Angaben in %	BRD	DDR
Universitätsstudenten (1989)	41	59
Promotionen (1988)	26	38
Habilitationen (1988)	9	15
Richter (1989)	18	50
Schuldirektoren (1988)	20	32
Gewerkschaftsmitglieder (1988)	25	53
Betriebsratsvorsitz (1986/87)	21	50
(Bundes-)Ministerinnen (1988)	14	2

Aus: a) I. Merkel, Leitbilder und Lebensweisen von Frauen in der DDR, in: H. Kaelble u. a. (Hrsg.), Sozialgeschichte der DDR, Stuttgart 1994, S. 368 ff. b) M. Judt, DDR-Geschichte in Dokumenten. Bundeszentrale für politische Bildung, Bonn 1998, S. 215.

1. Vergleichen Sie den im Jugendgesetz und in der Verfassung (M 48) erhobenen Anspruch mit der Wirklichkeit des Lebens in der DDR (Abbildungen und M 49/M 50).
2. Prüfen Sie, inwieweit sich die Diskrepanz zwischen Anspruch und Wirklichkeit auch in der gesellschaftlichen Rolle der Frau zeigt (M 50/M 51).
3. Erläutern Sie, wie die in den Materialien und Abbildungen S. 144–148 deutlich werdenden Widersprüche zwischen Anspruch und Realität zu erklären sind.

ZWEI STAATEN – EINE NATION?

MATERIAL

52 Der Stasi-Staat

Die Stasi als Staat im Staate produzierte den angepassten Bürger – gehorsam, duckmäuserisch, petzend. Hunderttausende degenerierten zu Denunzianten, junge Leute zu angepassten Mitläufern. Kritiker wurden zu Kriminellen erklärt, den Opfern blieb oft nur die Anpassung: Die Unterdrückung schuf sich neue Helfer. Deren wichtigster: die allgegenwärtige Angst. […]
Die Staatssicherheit verfügte zuletzt über 85 000 fest angestellte und wenigstens 109 000 inoffizielle Mitarbeiter (IMs). […] Finanziert wurde der Moloch mit 3,6 Milliarden jährlich aus dem DDR-Staatshaushalt und damit von den Opfern selbst.

Dieser Aufwand, verbunden mit einer perfekten Post- und Telefonkontrolle, galt nicht der Republik. Als „Schild und Schwert" diente die Stasi allein der Partei und ihrer Führung. […] Keine wichtige Personalentscheidung außerhalb des sakrosankten SED-Parteiapparates lief ohne das Ja-Wort der Staatssicherheit. […] Und bedeutsam war alles: Ob jemand zum Wehrdienst eingezogen wurde oder Kombinatsdirektor werden wollte, einen Gewerbeschein beantragte oder sich an der Universität einschreiben wollte – immer saß die Staatssicherheit versteckt im Hintergrund und entschied mit.

Aus: SPIEGEL SPEZIAL II, 1990, S. 49 f.

MATERIAL

53 Freiheitsentzug

Jana K., 20 Jahre, ehemals wohnhaft in Jena, wurde zu einem Jahr Freiheitsentzug verurteilt. Sie berichtet, wie es dazu kam:

Anfang 1983 begann ich mich in der unabhängigen Friedensbewegung der DDR zu engagieren. Wir druckten Flugblätter gegen die SED […] und beteiligten uns auf unsere Art an den Demonstrationen der FDJ. Diese Aktionen liefen unter dem Namen der Jungen Gemeinde ab, einer Jugendgruppe der evangelischen Kirche […]. Im Sommer 1983 wurde mein Freund […] verhaftet, da er den Eingriff der Sicherheitsorgane gegen die Leute vom „Weißen Kreis" in Jena fotografierte. Ich sandte sofort seine Daten und den Grund seiner Verhaftung an Freunde in WestBerlin. Dies erfuhr der Staatssicherheitsdienst, worauf ich mehrmals verhört wurde, jedoch alles abstritt. […]
Im November bekam ich einen Ersatzausweis PM 12 (mein Personalausweis wurde mir weggenommen). Mindestens einmal wöchentlich ka-

men Polizei und Sicherheitsdienst in meine Wohnung wegen angeblicher Fahndungskontrollen und Ruhestörung. Mein Antrag auf Sozialunterstützung wurde von der Abteilung „Soziale Betreuung" beim Rat der Stadt Jena abgelehnt mit der Bemerkung: „Verkaufen Sie doch ein paar Klamotten oder Platten."
Als die Polizei und MfS von weiteren geplanten Aktionen zum 1. Mai (Tag der Arbeit) und zum 6. Mai (Kommunalwahlen in der DDR) erfuhren, wurden ca. 50 Personen verhaftet. Ich wurde in die Untersuchungsstrafanstalt des MfS in Gera gebracht. Bei einer Hausdurchsuchung wurden Briefe von Freunden aus West-Berlin gefunden, woraus hervorging, dass ich sie über meine Situation informiert hatte. Daraufhin wurde ich wegen ungesetzlicher Verbindungsaufnahme zu einem Jahr Freiheitsentzug verurteilt.

Aus: Menschenrechte in der DDR und Ost-Berlin. Herausgegeben von der Internationalen Gesellschaft für Menschenrechte, Frankfurt/Main 1987, S. 82 f.

1. **Wie versuchte die SED-Führung auf die Missstände und den Protest dagegen zu reagieren?**

3. Das Ringen um die nationale Einheit

Chronik der deutschen Einheit

1989

2. 5.: Ungarn beginnt mit dem Abbau des „Eisernen Vorhangs" an der Grenze zu Österreich.

11. 9.: Ungarn öffnet seine Grenzen für alle DDR-Flüchtlinge. Innerhalb von drei Tagen kommen 15 000 in die Bundesrepublik.

2.10.: Montagsdemonstrationen in Leipzig für Reformen in der DDR. Gewaltsames Ende durch Polizeieinsatz.

7. 10.: In Ost-Berlin feiert die DDR-Führung den 40. Jahrestag der Staatsgründung der DDR. Demonstrationen in Ost-Berlin werden gewaltsam aufgelöst.

9.10.: An einer genehmigten Demonstration in Leipzig nehmen 70 000 Menschen teil.

18. 10.: Erich Honecker tritt als Staats- und Parteichef zurück. Egon Krenz wird Nachfolger.

30.10.: Demonstrationen in zahlreichen Städten, darunter allein 300 000 in Leipzig.

4. 11.: Bis zu einer Million Menschen demonstrieren in Ost-Berlin. 50 000 Flüchtlinge über die CSSR in den Westen.

6. 11.: Bislang größte Demonstration in Leipzig mit 500 000 Menschen.

7. 11.: Die gesamte Regierung der DDR und das Politbüro treten zurück.

9. 11.: Öffnung der Grenze in West-Berlin.

13. 11.: Hans Modrow, bislang Dresdner SED-Bezirkschef, wird neuer Ministerpräsident.

23. 11.: 10-Punkte-Programm Bundeskanzler Kohls zur Wiedervereinigung

1. 12.: Die Volkskammer streicht den Führungsanspruch der SED aus der Verfassung.

7. 12.: Auf Einladung der beiden Kirchen beginnen 14 Parteien und politische Gruppierungen am „Runden Tisch" Vorschläge zur Überwindung der Krise zu erarbeiten.

8. 12.: Parteitag der SED in Ost-Berlin. Die Partei entschuldigt sich beim Volk und will mit ihrer Vergangenheit brechen.

15. 12.: Umbenennung der SED in PDS (Partei des demokratischen Sozialismus).

19. 12.: Treffen von Bundeskanzler Kohl mit DDR-Ministerpräsident Modrow in Dresden.

1990

15. 1.: Sturm der Bevölkerung auf die Stasi-Zentrale in Ost-Berlin.

29. 1.: Nach Beschluss des „Runden Tischs" treten die oppositionellen Gruppierungen in eine „Regierung der nationalen Verantwortung" ein.

10. 2.: Gorbatschow betont, dass die Deutschen selbst die Frage der Einheit lösen müssen.

18. 3.: Wahlen zur Volkskammer. Erste freie und geheime Wahl in der DDR seit 58 Jahren. Deutlicher Vorsprung der Ost-CDU.

12. 4.: Bildung einer Allparteienregierung unter Ausschluss der PDS.

21. 6.: Bundestag und Volkskammer erkennen Oder-Neiße-Linie als Westgrenze Polens an.

1. 7.: Die Wirtschafts-, Währungs- und Sozialunion zwischen der Bundesrepublik und der DDR tritt in Kraft.

15. 7.: Treffen zwischen Gorbatschow und Kohl im Kaukasus: Sowjetunion überlässt dem vereinten Deutschland freie Entscheidung über Bündniszugehörigkeit.

23. 8.: Volkskammer beschließt Beitritt der DDR zum Geltungsbereich des Grundgesetzes.

31. 8.: Unterzeichnung des Einigungsvertrages.

12. 9.: Unterzeichnung des „Vertrages über die abschließende Regelung in Bezug auf Deutschland" mit den 4 Siegermächten des 2. Weltkriegs (2+4-Vertrag). Volle Souveränität für das vereinigte Deutschland und Anerkennung der bestehenden deutschen Grenzen.

3. 10.: Beitritt der DDR zur Bundesrepublik Deutschland.

3.1 Die friedliche Revolution

Am 9. November 1989 fiel in Berlin die Mauer, am 1. Juli 1990 bildeten die Bundesrepublik Deutschland und die Deutsche Demokratische Republik eine Wirtschafts- und Währungsunion, am 3. Oktober 1990 kam es zur Vereinigung der beiden deutschen Staaten. Wie konnte es zu dieser radikalen politischen und wirtschaftlichen Umgestaltung kommen?

Gorbatschow

Außenpolitische Voraussetzungen

Voraussetzung der revolutionären Entwicklung war die Mitte der achtziger Jahre von Michail Gorbatschow, dem Generalsekretär der KPdSU, in der Sowjetunion eingeleitete Reformpolitik. Sie fand weltweit Beachtung; Ausdruck des neuen Denkens wurden die Begriffe „Glasnost" (Offenheit) und „Perestroika" (Umgestaltung). Gorbatschow wollte die erstarrte Wirtschafts- und Gesellschaftsordnung durch Reformen wieder beleben. In seiner Außenpolitik zielte er auf die Beendigung des Kalten Krieges, denn der gigantische Rüstungswettlauf mit dem Westen hatte die UdSSR an den Rand des finanziellen Ruins gebracht. Im Zuge der neuen Politik wurde ein wichtiger Grundsatz der sowjetischen Außenpolitik aufgehoben – die Unterordnung der ost- und mitteleuropäischen Staaten unter sowjetischen Einfluss. Diese Politik hatte 1956 zum Einmarsch sowjetischer Truppen in Ungarn und 1968 in der Tschechoslowakei geführt. Nun aber mussten die Reformbewegungen in den Ostblockstaaten keine sowjetische Intervention oder gar Invasion mehr befürchten; es wurde für sie leichter, politische Auseinandersetzungen mit den kommunistischen Regierungen zu wagen. In Ungarn versuchten Reformkommunisten innerhalb der Kommunistischen Partei selber Veränderungen durchzusetzen. In Polen hatte die Gewerkschaft Solidarność („Solidarität") unter der Führung von Lech Walesa schon seit 1980 das Machtmonopol der kommunistischen Partei herausgefordert.

Reformunfähigkeit

Während die Ostblock-Nachbarn auf den Kurs der Erneuerung einschwenkten, ließ in der DDR die SED wissen, man werde „nicht die Wohnung neu tapezieren, bloß weil es der Nachbar mache". Stattdessen wurde im November 1988 sogar die in der DDR populäre sowjetische Zeitschrift „Sputnik" verboten, die Gorbatschows Reformpolitik propagierte. Diese galt als „konterrevolutionär" und sogar gefährlich: Würde der Sozialismus in Frage gestellt, war – in den Augen der SED-Führung – gleichzeitig die DDR als eigenständiger Staat gefährdet.

Die überalterte, immer selbstherrlicher agierende SED-Führung schien nicht nur reformunwillig, sondern auch entschlossen, mit militärischer Gewalt vorzugehen, wie Polizeieinsätze gegen Demonstranten vermuten ließen. In dieser Situation fanden am 7. Mai 1989 Kommunalwahlen statt. Mutige Bürger kontrollierten die Auszählung der Stimmen und gaben bekannt, dass die offiziellen Ergebnisse von der SED gefälscht worden waren.

„Honecker: So etwas steht dir nicht." Karikatur, Westdeutsche Allgemeine Zeitung, 21. 8. 1989.

Karikatur von Walter Hanel, September 1989.

Immer mehr Menschen artikulierten daher, häufig unter dem schützenden Dach der Kirche, ihren Unmut oder stellten Ausreiseanträge. Mehr als 46 000 Menschen konnten im ersten Halbjahr 1989 die DDR legal verlassen. Ein weiterer Weg aus der DDR bot sich für die Sommerurlauber in Ungarn. Im Spätsommer öffnete die ungarische Regierung nach Gesprächen mit der Bundesregierung „im Namen der Menschlichkeit" offiziell die Grenze nach Österreich, an der schon im Mai der Stacheldraht abgebaut worden war. Damit gab es einen ungefährlichen Fluchtweg in den Westen, der von Tausenden genutzt wurde. Wer in den Westen wollte, aber kein Reisevisum für Ungarn erhalten hatte, flüchtete in die westdeutschen Botschaften in Prag oder Warschau oder in die Ständige Vertretung der Bundesrepublik in Ost-Berlin. In Verhandlungen gelang es, Zehntausende von Botschaftsflüchtlingen in verriegelten Sonderzügen der DDR-Reichsbahn über DDR-Territorium in die Bundesrepublik ausreisen zu lassen.

Flüchtlingsströme

Vielen DDR-Bürgern schien die Flucht jedoch kein Ausweg zu sein: Am Abend des 2. Oktober 1989 demonstrierten in Leipzig nach einem Friedensgebet in der Nikolaikirche mehr als 20 000 Menschen unter den Parolen „Wir bleiben hier" und „Wir sind das Volk" für Reformen in der DDR – fünf Tage vor den geplanten Feierlichkeiten zum 40. Jahrestag der Gründung der DDR. Die SED-Spitze war jedoch zu keinem Einlenken bereit und hielt starr an ihrem politischen Kurs fest. Sie schien nicht zu erkennen, dass nicht nur ein Zuviel, sondern auch ein Zuwenig an Reformen ihre Machtposition erschüttern würde. Der zu den Jubiläumsfeiern als Ehrengast eingeladene Michail Gorbatschow soll an die Adresse Ost-Berlins die Mahnung gerichtet haben: „Wer zu spät kommt, den bestraft das Leben." Damit ließ er durchblicken,

Die Staatssicherheit konservierte Geruchsproben von Systemgegnern, um sie gegebenenfalls mit Hilfe von Spürhunden suchen zu können. Foto aus den 1990 geöffneten Archiven der Staatssicherheit.

Demonstration in Leipzig am 9. Oktober 1989.

Reformforderungen

dass er – wie vorher schon mehrfach geäußert – Reformen für überfällig hielt und dass die amtierende SED-Parteiführung eine sowjetische Unterstützung im Konfliktfall nicht erwarten konnte.

Montagsdemonstrationen

Die folgende Leipziger „Montagsdemonstration" am 9. Oktober brachte wahrscheinlich den ersten Durchbruch für die – später so genannte – friedliche Revolution. Ein großes Aufgebot an Sicherheitskräften stand einer riesigen Menschenmenge gegenüber. Doch der befürchtete Schießbefehl blieb aus. In den nächsten Wochen weitete sich die Demonstrationsbewegung für eine demokratische Erneuerung der DDR auf andere Städte aus. Dazu trugen auch die im Osten zu empfangenden Berichte des Westfernsehens über die Demonstrationen bei. Die Zahl der Demonstranten wuchs unaufhörlich. Jetzt reagierte auch die SED. Honecker wurde vom Politbüro gestürzt. Innerhalb kürzester Zeit begann das scheinbar fest gefügte, allmächtige Herrschaftssystem der SED wie ein Kartenhaus zusammenzubrechen.

Fall der Mauer und Reisefreiheit

Der zweite Durchbruch erfolgte am 9. November, als unter nicht genau geklärten Umständen die Berliner Mauer und die deutsch-deutsche Grenze geöffnet wurden. Um 19.07 Uhr hatte die amtliche DDR-Nachrichtenagentur die Öffnung angekündigt. Als die Nachricht gegen 20.30 Uhr im Bonner Bundestag eintraf, erhoben sich die Abgeordneten und stimmten spontan die Nationalhymne an. Wenig später brachen in Berlin alle Dämme. Noch am Abend und in der Nacht strömten viele Tausende über die Grenzübergänge nach West-Berlin. Dort spielten sich ergreifende Szenen ab: Wildfremde Menschen lagen sich in den Armen, in Häusern und Straßen knallten die Sektkorken, Leuchtraketen und Böller wurden gezündet. West-Berlin war von einem Hupkonzert erfüllt, aus vielen Fenstern wehten plötzlich schwarz-rot-goldene Fahnen, Menschen tanzten auf der Mauerkrone. Nach 28 Jahren war die Mauer gefallen. Ganz Berlin verwandelte sich in eine einzige große Jubelfeier, die die ganze Nacht und über das gesamte folgende Wochenende anhielt.

DAS RINGEN UM DIE NATIONALE EINHEIT

MATERIAL

Die Montagsdemonstration in Leipzig am 9. Oktober 1989 1

a) Kommandeur Günter Lutz im Auftrag der Kampfgruppenhundertschaft „Hans Geiffert":

Die Angehörigen der Kampfgruppenhundertschaft „Hans Geiffert" verurteilen, was gewissenlose Elemente seit einiger Zeit in der Stadt Leipzig veranstalten.
Wir sind dafür, dass die Bürger christlichen Glaubens in der Nikolaikirche ihre Andacht und ihr Gebet verrichten. Das garantiert ihnen unsere Verfassung und die Staatsmacht unserer sozialistischen DDR. Wir sind dagegen, dass diese kirchliche Veranstaltung missbraucht wird, um staatsfeindliche Provokationen gegen die DDR durchzuführen. [...]
Deshalb erwarten wir, dass alles getan wird, um die öffentliche Ordnung und Sicherheit zu gewährleisten, um die in 40 Jahren harter Arbeit geschaffenen Werte und Errungenschaften des Sozialismus der DDR zu schützen. [...]
Wir sind bereit und willens, das von uns mit unserer Hände Arbeit Geschaffene wirksam zu schützen, um diese konterrevolutionären Aktionen endgültig und wirksam zu unterbinden. Wenn es sein muss, mit der Waffe in der Hand!

b) Aufruf zur Friedfertigkeit im Leipziger Stadtfunk

Bürger!
Professor Kurt Masur, Pfarrer Dr. Zimmermann, der Kabarettist Bernd-Lutz Lange und die Sekretäre der SED-Bezirksleitung Dr. Kurt Meyer, Jochen Pommert und Dr. Roland Wötzel wenden sich mit folgendem Aufruf an alle Leipziger:
Unsere gemeinsame Sorge und Verantwortung haben uns heute zusammengeführt. Wir sind von der Entwicklung in unserer Stadt betroffen und suchen nach einer Lösung. Wir alle brauchen freien Meinungsaustausch über die Weiterführung des Sozialismus in unserem Land. Deshalb versprechen die Genannten heute allen Bürgern, ihre ganze Kraft und Autorität dafür einzusetzen, dass dieser Dialog nicht nur im Bezirk Leipzig, sondern auch mit unserer Regierung geführt wird. Wir bitten dringend um Besonnenheit, damit der friedliche Dialog möglich wird.

c) Susanne Rummel, 37 Jahre, Hausfrau – eine Augenzeugin:

Ein Montag war schlimmer als der andere, die Gewalttätigkeit von Seiten der Staatsmacht nahm zu. Die Sicherheitskräfte wurden immer brutaler. Es war abzusehen, dass heute alles kippen musste. Mit dem Bewusstsein, Teilnehmer einer blutigen Auseinandersetzung zu werden, ging ich gegen 14.30 Uhr aus dem Haus. [...]
Ich ging so früh, weil ich in die Nikolaikirche wollte. Ich musste durch ein Heerlager von Polizisten und Staatssicherheit.
In die Kirche gelangt, sagte mir jemand, dass sie schon seit 13.30 Uhr voll sei. Genossen hätten den Auftrag bekommen, sich hineinzusetzen und die Andacht zu stören [...] Kurz vor Beginn des Friedensgebetes um 17.00 Uhr ließ der Pfarrer die Emporen öffnen, sodass auch die wirklichen Andachtsteilnehmer noch hineinkommen konnten. [...]

Von draußen drangen die gewaltigen Sprechchöre zu uns hinein: neben Pfiffen und Buh-Rufen und Klatschen das „Stasi raus!", „Gorbi, Gorbi" und „Wir bleiben hier!" und das wunderbare „Wir sind das Volk!" Am lautesten aber der Ruf „Keine Gewalt!".
Die Atmosphäre in der Kirche war zum Zerreißen gespannt. [...] Die Pfarrer boten an, die Kirche geöffnet zu halten, für alle, die sich nicht hinauswagten. Es gingen aber alle. Und der Nikolaikirchhof war voller Menschen. Zusammen liefen wir los; zögernd, stockend zunächst – bis wir dann auf dem Karl-Marx-Platz waren. Und da sahen wir sie: die Wagen, auf denen die Spezialeinheiten mit Helmen und Schilden und wer weiß, was noch, saßen. [...]
Wir haben mit ihnen geredet, sie gefragt, ob wir wie Chaoten oder Staatsfeinde aussähen und ob sie denn tatsächlich auf uns eingeschlagen hätten. Nun, darauf haben wir keine Antwort bekommen. [...]

Aus: a) Leipziger Volkszeitung vom 6.10.1989,
   b) und c) Neues Forum Leipzig (Hrsg.), Jetzt oder nie –
      Demokratie. Leipziger Herbst 1989, Leipzig 1989,
      S. 82 f. und 83 f.

Demonstranten mit Plakaten, Oktober 1989.

Eindrucksvolle Filmmaterialien zu dem Thema „Revolution in der DDR" verleihen die Landesmedienanstalten. Zwei Vorschläge:

- *Nikolaikirche:* Verfilmung des gleichnamigen Romans von Erich Loest. Erzählt wird die Geschichte einer Leipziger Familie 1987–1989. Einige Familienmitglieder stellen sich in den Dienst der SED, andere wenden sich der Opposition zu. Dramatischer Höhepunkt ist der 9. Oktober 1989. Kinoversion (135 Min.): Sign. 42.61 828; Fernsehfassung (180 Min.): Sign. 42.60 880; Dokumentation über die Verfilmung des Romans mit Zeitzeugen (60 Min.): 42.60 879.
- *Tage der Entscheidung:* Der Film beschreibt in mehreren Kapiteln die Situation in der DDR im Oktober 1989 (43 Min.); Sign. 42.65 964.

1. Untersuchen Sie den Umbruch in der DDR nach Zielen, Akteuren, Methoden und Schauplätzen (Abbildungen und M 1). Erläutern Sie, inwiefern die Leipziger „Montagsdemonstration" am 9. Oktober 1989 einen Durchbruch darstellte.

Berliner aus Ost und West feiern den Fall der Mauer.

MATERIAL

Der britische Historiker Timothy Garton Ash über die Ursachen der Revolution in der DDR

Das Wort Wiedervereinigung schreibt (der Historiker) Michael Wolffsohn, sollte U-n-g-a-r-n buchstabiert werden; zumindest aber würde es so beginnen. Damit meint er, dass Ungarns Entscheidungen – im Mai 1989 entlang seiner Grenze zu Österreich den buchstäblichen Eisernen Vorhang zu demontieren und dann, ab dem 11. September, Flüchtlinge aus der DDR in den Westen ausreisen zu lassen – die unmittelbaren äußeren Gründe für den Zusammenbruch des Honecker-Regimes gewesen seien. Eine solche Behauptung ist natürlich höchst anfechtbar.
So mancher würde dagegen argumentieren, dass es erstens eine Vereinigung und keine Wiedervereinigung war und dass diese außerdem G-o-r-b-a-t-s-c-h-o-w buchstabiert werden müsste. Er würde auf den gesamten Hintergrund von Perestroika, Glasnost und der duldsameren sowjetischen Politik gegenüber Osteuropa verweisen und schließlich auf die Bedrängnis, in der sich das Honecker-Regime befand – durch Gorbatschows berühmten Kommentar „Wer zu spät kommt, den bestraft das Leben", vielleicht aber auch bedrängt von direkten und konspirativeren Mitteln.
Eine andere, unter deutschen Politikern beliebte Buchstabierung war nach der Vereinigung: H-e-l-s-i-n-k-i, wohingegen in Amerika und Großbritannien häufig das alternative N-a-t-o vorgezogen wurde.
Andere wiederum schrieben E-u-r-o-p-a und meinten damit in erster Linie die (West-)Europäische Gemeinschaft – die sich selbst einfach als Europa buchstabierte – oder meinten sogar K-a-p-i-t-a-l-i-s-m-u-s. Einige Ostdeutsche würden noch immer L-e-i-p-z-i-g schreiben und damit die großen Demonstrationen im Herbst 1989 meinen. Einige wenige, vor allem in Polen, würden sogar S-o-l-i-d-a-r-n-o-ś-ć vorschlagen und behaupten, dass diese polnische Bewegung nicht nur durch die versuchte, friedliche, selbstbeschränkte Revolution von 1980–81 den Weg bereitet hatte, sondern auch im Übergang vom Kommunismus, der zu Beginn des Jahres 1989 am Runden Tisch verhandelt wurde. [...]
Man kann sagen, dass Ungarn und Polen im Sommer 1989 das Tempo bestimmten. Beide befanden sich inmitten einer „Refolution", also einer Mischung aus Reform und Revolution, wobei in Polen mehr revolutionärer Druck von unten vorhanden war und in Ungarn mehr Reformstreben von oben. Im August 1989 wurde in Polen als erstem osteuropäischem Land ein nicht-kommunistischer Ministerpräsident gewählt. Die Tatsache, dass Moskau diesen Schritt akzeptierte, war noch bedeutsamer als alle allgemeinen Erklärungen über Nichteinmischung und freie Wahl.
Wolffsohn hat jedoch Recht, wenn er behauptet, dass die Entscheidungen der nominell noch immer sozialistischen ungarischen Regierung größere unmittelbare Auswirkungen auf die DDR hatten. Der Abbau des Eisernen Vorhangs ermutigte zunehmend zur Flucht aus der DDR und zum Versuch, in den westdeutschen Botschaften von Budapest, Prag und Warschau Schutz zu suchen und dann von dort ausreisen zu können. Mitte September, nach der offiziell angeordneten Öffnung der ungarischen Grenzen für Bürger der DDR, verwandelte sich der Flüchtlingsstrom in eine Flut.

Aus: T. G. Ash, Im Namen Europas. Deutschland und der geteilte Kontinent, München 1993, S. 503 ff., Übers. Y. Badal.

---

1. Stellen Sie die von Timothy Garton Ash genannten Ursachen und Faktoren des Umbruchs in der DDR zusammen. Versuchen Sie, eine Gewichtung vorzunehmen.
2. Diskutieren Sie, ob der Begriff der Revolution angebracht ist. Verwenden Sie dazu auch M 1 und M 2.

3.2 Eigenständigkeit der DDR oder deutsche Einheit?

„Deutschland, einig Vaterland"

Mit der Öffnung der Berliner Mauer am 9. November 1989 hatte in der Deutschlandpolitik ein neues Kapitel begonnen. Es begann das, was deutsche Historiker „die Wende in der Wende" genannt haben. Noch im Oktober war das Ziel der Protestbewegungen eine wirklich demokratische Reform innerhalb der DDR. Der Slogan lautete: „Wir sind das Volk". Jetzt im November veränderte jedoch der wachsende Protest der Volksmassen diese politische Parole in: „Wir sind *ein* Volk" und das Ziel wurde – ironischerweise – eine Zeile aus der DDR-Hymne: „Deutschland, einig Vaterland". Immer häufiger wurde jetzt auf Transparenten und in Sprechchören die Wiedervereinigung Deutschlands verlangt. Als Bundeskanzler Helmut Kohl bei der Vorstellung eines Zehn-Punkte-Programmes zur Deutschlandpolitik langfristig eine Konföderation beider deutschen Staaten vorschlug, war das internationale Echo jedoch – auch unter den westlichen Verbündeten – sehr zurückhaltend.

Zerfall der Staatssouveränität

Zuspitzung der Wirtschaftskrise

Doch die Entwicklung beschleunigte und verselbstständigte sich. Nachdem der Führungsanspruch der SED aus der DDR-Verfassung gestrichen worden war, gewann der „Runde Tisch", an dem neben den etablierten Parteien die verschiedenen Oppositionsgruppen gleichberechtigt saßen, zunehmend Einfluss auf die Regierungspolitik der DDR. Zu Beginn des Jahres 1990 verschärfte sich die Krise in der DDR. Die wirtschaftliche Situation spitzte sich zu und die Staatsautorität zerfiel. Mitte Januar stürmten Demonstranten in Ost-Berlin in die Zentrale des Staatssicherheitsdienstes. Zugleich forderten in den Wochen vor und nach der Jahreswende Hunderttausende auf Kundgebungen die deutsche Einheit. Der neue Ministerpräsident Hans Modrow (SED-PDS), der sich zunächst gegen eine Wiedervereinigung gestellt hatte, zeigte sich schließlich unter dem Druck der Verhältnisse kompromissbereit: Er setzte die Volkskammerwahlen auf den 18. März 1990 an und verkündete ebenfalls einen Stufenplan zur Vereinigung. Damit war die Alternative „Reform der eigenständigen DDR" oder „Deutsche Einheit" de facto zugunsten der Einheit entschieden, zumal sich auch im Ausland die Haltung änderte. Sogar der sowjetische Präsident Gorbatschow signalisierte der Bundesregierung, dass er unter bestimmten Bedingungen bereit wäre, grundsätzlich zuzustimmen – ein Zugeständnis, das ihm harte Kritik seiner innenpolitischen Gegner einbrachte. Auch die Bonner Regierung stand unter Druck. Annähernd 350 000 Übersiedler waren im Jahre 1989 in die Bundesrepublik gekommen. Der Strom versiegte nicht. Inzwischen verließen täglich mehr als zweitausend Menschen die DDR. Die Parole: „Kommt die DM, bleiben wir – kommt sie nicht, geh'n wir zu ihr" war keine leere Redensart. Hinzu kam der drohende wirtschaftliche Zusammenbruch der DDR. In dieser Lage entschloss sich Helmut Kohl, die einmalige historische Chance zu nutzen und schnell die Einheit zu suchen.

Helmut Kohl

Erste freie Volkskammerwahl

Die erste freie Volkskammerwahl in der DDR brachte mit 40,9 Prozent einen klaren Vorsprung für die Ost-CDU, die im Wahlkampf die sofortige Einheit gefordert hatte. Die von den Meinungsforschern favorisierte neu gegründete Ost-SPD, die sich für ein langsameres Tempo bei der Einigung eingesetzt hatte, erhielt nur 21,8 Prozent der Stimmen. Da die SPD das Wählervotum als klare Aussage für eine schnelle Vereinigung verstand, trat sie zusammen mit den Ost-Liberalen in eine Große Koalition unter dem neu gewählten Ministerpräsidenten Lothar de Maizière (CDU) ein. Bereits in der

Koalitionsvereinbarung entschied man sich für einen Beitritt der DDR zur Bundesrepublik nach dem damaligen Artikel 23 des westdeutschen Grundgesetzes, dem einfachsten Weg zur Bildung eines einheitlichen Staates und nicht nach Artikel 146, der die Ausarbeitung einer völlig neuen Verfassung vorsah. Die fünf neu zu bildenden Länder Brandenburg, Mecklenburg-Vorpommern, Sachsen, Sachsen-Anhalt und Thüringen sowie der Ostteil von Berlin sollten demnach dem Geltungsgebiet des Grundgesetzes beitreten. Wichtigster Auftrag der Großen Koalition sollte die Vertretung der Interessen der DDR-Bevölkerung bei der Herstellung der Einheit sein. Zwei Schritte waren in diesem Prozess von erheblicher Bedeutung:

- Am 1. Juli 1990 trat die von beiden Regierungen ausgehandelte Währungs-, Wirtschafts- und Sozialunion in Kraft. Damit wurde ein einheitliches Währungsgebiet geschaffen, das die Einheit unumkehrbar machte, noch bevor die außenpolitischen Voraussetzungen vollständig geklärt waren.
- Am 31. August 1990 schlossen die Bundesrepublik und die DDR den Einigungsvertrag ab, der mit zahlreichen Übergangsregelungen das gesamte Rechtssystem fast lückenlos auf die DDR übertrug.

MATERIAL 3

Demonstrationsparolen in der DDR Ende 1989/Anfang 1990

MATERIAL 4 Staatsvertrag zwischen der Bundesrepublik Deutschland und der DDR, 1. Juli 1990

WÄHRUNGS-UNION
- DM als einzige Währung
- Deutsche Bundesbank alleinige Zentralbank
- Umtauschkurse Mark der DDR : DM
  1:1 für Löhne und Gehälter, Renten, Mieten, Pachten, Stipendien
  1:1 für Guthaben von natürlichen Personen bis zu bestimmten Höchstgrenzen (je nach Lebensalter 2 000 – 6 000 DM)
  2:1 für alle übrigen Forderungen und Verbindlichkeiten

WIRTSCHAFTS-UNION
Die DDR schafft die Voraussetzungen für die soziale Marktwirtschaft:
- Privateigentum
- freie Preisbildung
- Wettbewerb
- Gewerbefreiheit
- freier Verkehr von Waren, Kapital, Arbeit
- ein mit der Marktwirtschaft verträgliches Steuer-, Finanz- und Haushaltswesen
- Einfügung der DDR-Landwirtschaft in das EG-Agrarsystem

SOZIAL-UNION
Die DDR schafft Einrichtungen entsprechend denen in der BR Deutschland:
- Rentenversicherung
- Krankenversicherung
- Arbeitslosenversicherung
- Unfallversicherung
- Sozialhilfe

Die DDR schafft und gewährleistet nach dem Vorbild der BR Deutschland:
- Tarifautonomie
- Koalitionsfreiheit
- Streikrecht
- Mitbestimmung
- Betriebsverfassung
- Kündigungsschutz

Die BR Deutschland gewährt für die Anschubfinanzierung Mittel aus dem Bundeshaushalt und für den Haushaltsausgleich der DDR Finanzzuweisungen aus dem „Sonderfonds Deutsche Einheit" in Höhe von 115 Mrd. DM.

MATERIAL 5 Aufruf von Intellektuellen aus der DDR am 28. November 1989

Unser Land steckt in einer tiefen Krise. Wie wir bisher gelebt haben, können und wollen wir nicht mehr leben. […] Uns bleibt nur wenig Zeit, auf die verschiedenen Möglichkeiten Einfluss zu nehmen, die sich als Ausweg aus der Krise anbieten.
Entweder: können wir auf der Eigenständigkeit der DDR bestehen und versuchen, mit allen unseren Kräften und in Zusammenarbeit mit denjenigen Staaten und Interessengruppen, die dazu bereit sind, in unserem Land eine sozialistische Gesellschaft zu entwickeln, in der Frieden und soziale Gerechtigkeit, Freiheit des Einzelnen, Freizügigkeit aller und die Bewahrung der Umwelt gewährleistet sind.
Oder: Wir müssen dulden, dass, veranlasst durch starke ökonomische Zwänge und durch unzumutbare Bedingungen, an die einflussreiche Kreise aus Wirtschaft und Politik der Bundesrepublik ihre Hilfe für die DDR knüpfen, ein Ausverkauf unserer materiellen und moralischen Werte beginnt und über kurz oder lang die Deutsche Demokratische Republik durch die Bundesrepublik vereinnahmt wird.
Lasst uns den ersten Weg gehen. Noch haben wir die Chance, in gleichberechtigter Nachbarschaft zu allen Staaten Europas eine sozialistische Alternative zur Bundesrepublik zu entwickeln. Noch können wir uns besinnen auf die antifaschistischen und humanistischen Ideale, von denen wir einst ausgegangen sind. Alle Bürgerinnen und Bürger, die unsere Hoffnung und unsere Sorge teilen, rufen wir auf, sich diesem Appell durch ihre Unterschrift anzuschließen.
Berlin, den 26. November 1989
Erstunterzeichner: Frank Beier, Regisseur; Götz Berger, Rechtsanwalt; Volker Braun, Schriftsteller; Tamara Danz, Rocksängerin; Stefan Heym, Schriftsteller; Günter Krusche, Generalsuperintendent; Sebastian Pflugbeil, Physiker; Ulrike Poppe, Hausfrau; Konrad Weiß, Filmemacher; Christa Wolf, Schriftstellerin u. a.

Aus: DDR-Journal, Frankfurt/Main 1989, S. 154.

DAS RINGEN UM DIE NATIONALE EINHEIT

MATERIAL

Wolfgang Schäuble, CDU, über den Prozess der Vereinigung 1989/1990 6

Wolfgang Schäuble handelte als Beauftragter der Bundesregierung den Einigungsvertrag mit der DDR aus.

Fünf Jahre danach ist man immer schlauer. Diese und jene Weiche, so ist oft zu hören, hätte man vielleicht damals bei der Organisation der deutschen Wiedervereinigung anders stellen sollen.
Zwei Probleme standen seit dem Herbst 1989 für uns im Vordergrund. Zum einen: Wie konnte sichergestellt werden, dass die sich beschleunigenden Ereignisse in der damaligen DDR nicht eine blutige Zuspitzung erfuhren und einen Rückschlag wie schon 1953 in Ost-Berlin, 1956 in Ungarn oder 1968 in Prag nach sich zogen? Zum anderen drängte die Frage, wie überhaupt die unverhoffte und möglicherweise sehr kurze Chance zur Wiedervereinigung genutzt werden könnte. Denn ob uns die Herstellung der Einheit Deutschlands in Frieden und Freiheit ohne Blutvergießen und Chaos und in Übereinstimmung mit unseren Nachbarn überhaupt gelingen würde, war Anfang 1990 noch keineswegs ausgemacht. [...]
Der Zeit- und Problemdruck, unter den sich alle Beteiligten durch die Demonstrationen und die Übersiedlerwelle in immer stärkerem Maße gesetzt sahen, wurde zugleich zu einem Element der Lösung des Problems, die Einheit Deutschlands damals zu schaffen und die Chance nicht zu verpassen. Bei einem Besuch des Kanzlers in Dresden am 19./20. 12. 1989 wurde deutlich: Zehntausende Menschen verlangten nach der Einheit. [...]

Die schnelle Währungsunion war unsere Antwort auf den Übersiedlerstrom, der beide deutsche Staaten im Frühjahr 1990 vor große Probleme stellte. [...] In der Logik der Währungsunion lag der Beitritt der DDR zur Bundesrepublik. [...]
Die Entscheidung für den Beitritt nach Artikel 23.2 des Grundgesetzes bedeutete, dass wir uns damals sofort ans Werk machen konnten und nicht erst – wie es die Alternative über Artikel 146 erfordert hätte – eine Verfassunggebende Versammlung einberufen mussten, die vor der Vereinigung zunächst einmal eine neue Verfassung hätte aushandeln müssen. [...]
Wir standen vor einem handfesten materiellen Problem: Wie konnten die Menschen in der DDR möglichst schnell an das im Westen erreichte Niveau von Wohlstand und sozialer Sicherheit herangeführt werden, ohne dass dabei die Leistungsfähigkeit der Wirtschaft und der sozialen Sicherungssysteme im Westen überfordert und destabilisiert würden?
Heute können wir sagen, dass uns das weitestgehend gelungen ist. Die Währungsunion ist von Anfang an mit einer Sozialunion gekoppelt worden. [...] Mit der Währungsumstellung 1:1 und Transferzahlung von 150 Milliarden Mark pro Jahr in den letzten Jahren, was pro Kopf der Bevölkerung im Osten ungefähr 10 000 Mark entspricht, sind wir bis an den Rand des ökonomisch und politisch Leistbaren gegangen. Und wir werden diesen Kraftakt auch noch eine Zeit lang durchhalten müssen.

Aus: W. Schäuble, Danach ist man immer schlauer. In: ZEIT-Punkte 5/1995 Vereint, doch nicht eins, S. 32 ff.

---

1. Zeigen Sie auf, inwiefern die Demonstrationsparolen (M 3) sich im Staatsvertrag über die Wirtschafts-, Währungs- und Sozialunion (M 4) widerspiegeln. Erschließen Sie die Probleme, die sich durch diese Union ergeben.
2. Manche der Unterzeichner von M 5 waren als Oppositionelle in der DDR Schikanen oder gar Haftstrafen ausgesetzt gewesen. Erläutern Sie, warum und unter welchen Bedingungen sie sich doch für eine Eigenständigkeit der DDR aussprechen.
3. Stellen Sie ihrer Forderung nach Zweistaatlichkeit die Ausführungen Schäubles (M 6) gegenüber. Erörtern Sie, welche Chance eine Zweistaatlichkeit hatte. Vgl. auch M 3.

3.3 Kein Gesamtdeutschland ohne europäische Integration

*Europäische
Ängste*

Viele in Europa dachten, was der italienische Außenminister Andreotti 1984 so formuliert hatte: „Es gibt zwei deutsche Staaten, und zwei sollen es bleiben." In der europäischen Nachkriegsordnung galt die deutsche Zweistaatlichkeit als Garant von Stabilität und Mächtegleichgewicht. Die plötzliche Vereinigungsdynamik setzte deshalb unterschiedlich begründete Ängste über die Rolle eines künftigen Gesamtdeutschland frei. Auch engste Verbündete plagte – unausgesprochen – der Alptraum eines politisch und wirtschaftlich übermächtigen und womöglich die Bande der Europäischen Gemeinschaft sprengenden Gesamtdeutschlands. Der Einigungsprozess musste daher auch außenpolitisch nach allen Seiten abgesichert werden.

*Anerkennung der
Oder-Neiße-Linie*

*Verknüpfung
mit europäischer
Integration*

Vor allem waren die schwierigen Grenz-, Sicherheits- und Bündnisfragen zu klären. Dazu gehörte nicht zuletzt, dass der Bundestag und die Volkskammer am 21. Juni 1990 in gleich lautenden Erklärungen die deutsch-polnische Grenze (→ S. 134/135 und S. 176 ff.) entlang der Oder-Neiße endgültig akzeptierten. Auch mit den westlichen Bündnispartnern konnte relativ rasch eine Einigung erzielt werden, zumal der amerikanische Präsident George Bush sich von Anfang an für die Vereinigung stark gemacht hatte. Die USA setzten dabei die Zugehörigkeit des vereinigten Deutschlands zur NATO voraus. Die feste Einbindung in die Europäische Gemeinschaft legte ein EG-Sondergipfel im April 1990 fest, wo eine gemeinsame Initiative zur Beschleunigung der weiteren europäischen Integration verabschiedet wurde. Hier lagen die entscheidenden Wurzeln des Vertrages von Maastricht, der im Dezember 1991 unterzeichnet wurde und den Grundstein für die Europäische Union legte. Um den Befürchtungen der Nachbarn, die Deutschen könnten jetzt das Interesse an Europa verlieren und wieder nationale Alleingänge unternehmen entgegenzutreten, übernahm Deutschland eine maßgebliche Rolle in der europäischen Einigung. Zu den weiteren Schritten der europäischen Integration gehörte auch die Einführung einer gemeinsamen europäischen Währung, des Euro.

*Vereinbarungen
mit Moskau*

*Staatliche Einheit
Deutschlands*

Der eigentliche Schlüssel zur Vereinigung lag jedoch nach wie vor bei der Sowjetunion. Nachdem sie der Einheit Deutschlands anfangs nur unter dem Vorbehalt einer deutschen Neutralität zugestimmt hatte, gelang Bundeskanzler Kohl und Präsident Gorbatschow bei einem Treffen Mitte Juli 1990 im Kaukasus der Durchbruch. Die UdSSR stimmte einer NATO-Mitgliedschaft Gesamtdeutschlands zu und verpflichtete sich, ihre Truppen aus dem Gebiet der ehemaligen DDR bis Ende 1994 abzuziehen. Im Gegenzug verpflichtete sich die Bundesrepublik, diesen Abzug finanziell zu unterstützen und ihre Truppen auf 370 000 Mann zu reduzieren. Damit war der Weg frei für einen erfolgreichen Abschluss der „Zwei-plus-Vier-Verhandlungen" der beiden deutschen Staaten und der vier Siegermächte des Zweiten Weltkriegs, in denen die internationalen Rahmenbedingungen für die deutsche Einigung festgelegt wurden. Bereits am 12. September 1990 wurde der Vertrag, mit dem das vereinte Deutschland seine volle Souveränität erhielt, in Moskau unterzeichnet. Am 3. Oktober 1990 wurden fünf neue Bundesländer auf dem Gebiet der DDR gebildet und beide Teile Berlins wieder zusammengefügt. Die DDR trat gemäß einem Beschluss der Volkskammer am selben Tag dem Geltungsbereich des Grundgesetzes bei. Damit war die staatliche Einheit formell vollzogen.

DAS RINGEN UM DIE NATIONALE EINHEIT

Das Treffen im Kaukasus, Juli 1990. Im Vordergrund: In der Mitte der sowjetische Präsident Gorbatschow, rechts Bundeskanzler Kohl, links (von schräg hinten) Außenminister Genscher, neben Kohl der sowjetische Außenminister Schewardnadse (stehend).

Der außenpolitische Rahmen der deutschen Einheit im Überblick

MATERIAL 7

Aufbau einer Wirtschafts- und Politischen Union der EG-Staaten
- Übertragung von Hoheitsrechten im Währungsbereich
- Stärkung der Rechte des Europa-Parlaments
- Entwicklung einer gemeinsamen Außenpolitik

Verankerung der Bundesrepublik in der NATO
- Umbau der NATO zu einem politischen Bündnis
- Verstärkung der partnerschaftlichen Zusammenarbeit zwischen der NATO und den Staaten Osteuropas sowie der Sowjetunion

Schaffung einer neuen Sicherheitsordnung für Europa im Rahmen der OSZE
- Verabschiedung der „Pariser Charta", in der die Staaten Westeuropas (einschließlich Deutschlands) und Osteuropas ihren Willen bekunden, die Beziehungen auf eine neue Stufe zu heben
- Unterzeichnung eines Abrüstungsabkommens, das die Zahl der Panzer, Geschütze und Flugzeuge sowie Hubschrauber der NATO und der osteuropäischen Staaten begrenzt

Vertrag über die abschließende Regelung in bezug auf Deutschland (so genannter „2 + 4 - Vertrag")
- Verzicht Deutschlands auf ABC-Waffen
- Begrenzung der deutschen Streitkräfte auf 370 000 Mann
- Abzug der sowjetischen Streitkräfte aus Deutschland
- Entgültiger Verzicht der Siegermächte auf ihre letzten alliierten Vorbehaltsrechte

Deutsch-polnischer Grenzvertrag
- Anerkennung der Oder-Neiße-Grenze als polnischer Westgrenze
- Erklärung beider Seiten, keine Gebietsansprüche zu haben

Vertrag über gute Nachbarschaft, Partnerschaft und Zusammenarbeit zwischen der Bundesrepublik Deutschland und der Sowjetunion
- Ausbau der Beziehungen auf wirtschaftlichem, wissenschaftlichem und kulturellem Gebiet sowie beim Umweltschutz
- Verpflichtung beider Seiten, niemals Gewalt gegen den anderen Vertragspartner anzuwenden

MATERIAL

8 Der internationale Rahmen der deutschen Einheit – eine Analyse

Die Bush-Administration stellte sich Ende 1989 unzweideutig hinter Kohl, nachdem sie zu Beginn des Jahres 1989 entschieden hatte, dass die Bundesrepublik ihr westeuropäischer „partner in leader-ship" werden sollte. Noch wichtiger aber war, dass sie dies auch bei ihren direkten Gesprächen mit der Sowjetunion klar zum Ausdruck brachte.

Es war vor allem die amerikanische Diplomatie unter Außenminister James Baker[1], der es gelang, das französische und vor allem das sowjetische Einverständnis mit der „2+4"-Formel zu gewinnen anstelle der „4+0"-Friedenskonferenz der Siegermächte (Adenauers Alptraum Potsdam). [...]

Gleichzeitig versuchte sie, Gipfeltreffen, Rüstungskontroll- und Abrüstungsgespräche mit der Sowjetunion voranzutreiben und lieferte Moskau damit einen Anreiz, den nur die andere atomare Supermacht bieten konnte. Im Frühjahr und Frühsommer handelte sie mit Moskau die besonderen militärischen und sicherheitspolitischen Garantien für das vereinte Deutschland aus und ermöglichte damit Gorbatschow, dessen Nato-Mitgliedschaft zu akzeptieren. [...] (Die USA) bewerkstelligten, Gorbatschow und Schewardnadse[2] glauben zu machen, dass das Ziel, auf das deren gesamte Außenpolitik ausgerichtet war – eine neue kooperative Beziehung mit dem Westen, die eine Modernisierung der Sowjetunion ermöglichen würde –, nun in Moskaus greifbarer Nähe lag. Nur noch eine weitere Konzession und sie wären am Ziel! [...]

Die Geschichte der offiziellen Positionen der sowjetischen Führung zeigt einen dramatischen Rückzug. Die sowjetische Führung würde „dafür sorgen, dass der DDR kein Schaden zugefügt wird", so teilte Gorbatschow im Dezember 1989 seinem Zentralkomitee mit. Es sei „absolut ausgeschlossen", dass ein vereintes Deutschland in der Nato sein könne, betonte er im März 1990 im westdeutschen Fernsehen. Und so weiter. [...]

Drei Gruppen von Faktoren scheinen die rapide Entwicklung der sowjetischen Position bestimmt zu haben. Zum Einen gab es den inneren Kollaps der DDR und das schnelle Entstehen nichtkommunistischer Staaten in Osteuropa. Damit wurde allen klar, dass die Aufrechterhaltung des äußeren Imperiums fast unmöglich sein würde.

Zum Zweiten waren da die Entwicklungen innerhalb des inneren Imperiums der Sowjetunion. Nachdem er die Machtbefugnisse eines exekutiven Präsidenten im März erworben hatte und nach der hart umkämpften, doch erfolgreichen Verteidigung seiner Politik – auch seiner Politik gegenüber Osteuropa und Deutschland – auf dem 28. Parteitag im Juli, hatte Gorbatschow für kurze Zeit eine Führungsgewalt ohnegleichen über die nur zum Teil reformierten Strukturen des sowjetischen Parteistaates. Zur gleichen Zeit aber wurden die Grundlagen eben jener Strukturen von der Wirtschaftskrise und den Nationalitätenkonflikten erschüttert. [...]

Dies wiederum verlieh dem dritten Faktor, der aktiven Politik des Westens, umso größere Bedeutung. [...] Mittlerweile waren der Westen und vor allem die Bundesrepublik für unmittelbare Hilfe in der Krise zur letzten Hoffnung der sowjetischen Führung geworden. [...]

Die sowjetische Seite sprach offen über ihre Devisenschulden und erklärte, dass die Bundesrepublik ihr bei weitem größter Gläubiger war. [...] Während James Baker mit Schewardnadse mögliche Sicherheitsgarantien und militärische Beschränkungen für ein vereinigtes Deutschland in der Nato diskutierte, organisierte Kohl unverzüglich einen ungebundenen regierungsgarantierten Finanzkredit über 5 Milliarden DM. Als er Gorbatschow die gute Nachricht schrieb, betonte er, dass dies als Teil einer Gesamtlösung der noch immer offenen Fragen hinsichtlich der deutschen Vereinigung gesehen werden müsste.

---

[1] James Baker: Außenminister der USA
[2] Eduard Schewardnadse: Außenminister der UdSSR

Aus: T. G. Ash, Im Namen Europas. Deutschland und der geteilte Kontinent, München 1993, S. 510 ff., Übers. Y. Badal.

DAS RINGEN UM DIE NATIONALE EINHEIT   163

Der Abzug der sowjetischen Truppen aus Deutschland. Foto aus dem Jahr 1993.

1. Erschließen Sie die politischen Intentionen, Zielsetzungen und Befürchtungen der USA und Deutschlands aus der Analyse von Ash. (M 8)
2. Vergleichen Sie die getroffenen internationalen Vereinbarungen (M 7) mit den Ausgangspositionen der Verhandlungspartner und überprüfen Sie, inwieweit ihnen Rechnung getragen wurde.
3. Erläutern Sie die von Ash in M 8 genannten Gründe für das Einlenken Moskaus und erörtern Sie deren Bedeutung.

MATERIAL 9

Die deutsche Einigung und Europa – Karikaturen aus den Jahren 1989/1990

① Die britische Premierministerin Thatcher vor einem neuen Gemälde des britischen Wirtschaftsministers Ridley. Der Pudel auf dem Bild soll den französischen Präsidenten Mitterand darstellen. Karikatur von Michael Cummings aus dem Daily Express, London, Juli 1990.

ZWEI STAATEN – EINE NATION?

② „Europa". Karikatur aus Le Monde, Paris, Dezember 1989. Links die britische Premierministerin Thatcher, in der Mitte der französische Präsident Mitterand, rechts Bundeskanzler Kohl. Die französischen Abkürzungen in den Sternen: RFA = Bundesrepublik Deutschland, A = Österreich, RDA = Deutsche Demokratische Republik, H = Ungarn, TCH = Tschechoslowakei.

③ „Thatcher: Setz dich, du großer Deutscher, du machst alle sehr nervös! Kohl: Ich sitze schon …"
Karikatur der Montreal Gazette, Juli 1990.

④ „Wir sind so weit, Dachdecker, Beeilung!!!"
Karikatur von Horst Haitzinger, Februar 1990.

1. Erläutern Sie die deutsche Karikatur aus dem Frühjahr 1990 (M 9.4) und stellen Sie einen Bezug zu den Karikaturen aus dem Ausland (M 9. 1–3) her.

3.4 Das vereinigte Deutschland –
ein Staat, zwei Gesellschaften?

„Jetzt wächst zusammen, was zusammengehört", hatte der frühere Bundeskanzler Willy Brandt nach dem Fall der Mauer ausgerufen. Doch es gab auch skeptische Stimmen, die auf die schwierige und bislang unvergleichbare Aufgabe verwiesen, zwei politische, wirtschaftliche und gesellschaftliche Systeme, die sich über 40 Jahre in gegensätzliche Richtungen entwickelt hatten, wieder zusammenzufügen.

Allen war jedoch bewusst, dass es zur Bewältigung dieser Aufgabe großer Anstrengungen bedurfte. Das Grundgesetz verpflichtet in Artikel 72 die Politik, die Lebensverhältnisse in den Bundesländern einander anzugleichen. Dazu war eine grundlegende Erneuerung der Infrastruktur erforderlich, z. B. der Ausbau der Kommunikations- und Verkehrsnetze, die Verbesserung der Wohnungssituation und enorme Umweltschutzmaßnahmen. Daneben mussten in den neuen Ländern das Schul- und Bildungswesen umfassend reformiert, eine unabhängige Gerichtsbarkeit ebenso eingerichtet werden wie neue Verwaltungen auf allen Ebenen. Da eigene Fachleute oft nicht vorhanden waren oder infolge zu tiefer Verstrickungen in das System des SED-Staates nicht mehr zur Verfügung standen, benötigte man personelle Unterstützung und Amtshilfe aus den alten Bundesländern. Auch auf staatliche und privatwirtschaftliche Kapitalübertragungen aus dem Westen war man angewiesen. Fest steht, dass die Einheit ohne spürbare westliche Solidaritätsopfer nicht zu bezahlen ist. So betrug der Transfer durch Steuern und Sozialabgaben in den 90er Jahren durchschnittlich 150 Milliarden DM pro Jahr.

Angleichung der Lebensverhältnisse

Hilfe aus den westlichen Bundesländern

Verständlich werden die finanziellen Folgelasten auch, wenn man bedenkt, dass die Zentralverwaltungswirtschaft der DDR von einem Tag auf den anderen nach marktwirtschaftlichen Prinzipien umgestaltet werden musste. Im Einzelnen hieß dies: Abschaffung der zentralen Planung und Lenkung; Einführung von Gewerbefreiheit und freier Preisbildung; Gewährleistung eines freien Wettbewerbs. Die plötzliche Einführung der Marktwirtschaft und der DM führte aber gleichzeitig zu einem starken Produktionsrückgang: Die traditionellen Absatzmärkte der DDR-Wirtschaft in Osteuropa fielen fast vollständig weg, da die Importe aus der ehemaligen DDR nun mit westlichen Devisen bezahlt werden mussten, die für diese Länder zu teuer waren. Neue Märkte waren als Ausgleich kaum zu erschließen: Die häufig veralteten Betriebe mussten dort mit qualitativ besseren Produkten des Weltmarktes konkurrieren. Auch die Kunden in Ostdeutschland zogen häufig westdeutsche Produkte vor. Betriebsschließungen, Massenarbeitslosigkeit und ein Ansteigen von Kurzarbeit waren die Folge. Um den wirtschaftlichen Aufschwung im Osten in Gang zu bringen, sollten private Investoren für die Modernisierung der Produktionsanlagen und die Qualitätsverbesserung bei den Produkten sorgen. Erhebliche steuerliche Vorteile dienten dabei als Investitionsanreize. Zahlreiche „sozialistische Altlasten", wie z. B. ungeklärte Eigentumsverhältnisse oder immense Umweltbelastungen, erschwerten jedoch manche Investition. Den Verkauf der staatseigenen Unternehmen der ehemaligen DDR organisierte eine Treuhandanstalt, die im Auftrag der Bundesregierung für volkseigene und genossenschaftliche Betriebe und Immobilien private Käufer suchte.

Transformation der zentralen Planwirtschaft

Eine bleibende Herausforderung

Langfristig gesehen rechnen viele Wirtschaftsexperten mit einer deutlichen Aufwärtsentwicklung in den neuen Bundesländern. Doch wird es sicher noch geraume Zeit dauern, bis sich die Produktivität und der reale Lebensstandard weitgehend dem westlichen Niveau angeglichen haben werden. Länger, als viele in der Anfangseuphorie der wiedergewonnenen staatlichen Einheit glaubten, werden vermutlich auch die psychologischen Probleme, die sich aus der über 40-jährigen Teilung ergeben, noch andauern. Deutschland ist jetzt zwar staatlich geeint, aber die Angleichung der Lebensverhältnisse bleibt weiterhin als Herausforderung bestehen.

MATERIAL

10 Gewinner und Verlierer der Einheit

Als Gewinner der Einheit dürfen sich vor allem die Ruheständler fühlen. Seit Mitte 1990 ist der Wert der Ostrente von gut 30 Prozent auf 78 Prozent der Westrente gestiegen. Doch täuscht diese Zahl einen Abstand vor, den es längst nicht mehr gibt. Sie bezieht sich auf den so genannten Eckrentner, der 45 Jahre auf der Grundlage eines Durchschnittseinkommens Beiträge gezahlt hat. Da die Ostdeutschen durchweg längere Versicherungszeiten aufweisen, ist die Angleichung in Wirklichkeit viel weiter. Die Männer in der Ex-DDR erhalten im Schnitt bereits 1640 DM oder 91 Prozent der Westrente. Die Frauen verfügen über 1033 DM Durchschnittsrente – immerhin 263 DM mehr als die Westfrauen.

Den meisten Ostdeutschen geht es – gemessen am Realeinkommen – tatsächlich besser als früher. Allerdings gibt es auch Problemgruppen. Sorgen bereiten vor allem ehemals Erwerbstätige ab Mitte vierzig, die nie mehr richtig im Berufsleben Fuß fassen, nachdem sie einmal in die Arbeitslosigkeit entlassen worden sind. „Sie sind für den Rest ihres Lebens Verlierer der Einheit, weil sie auch im späteren Ruhestand mit niedrigen Rentenzahlungen auskommen müssen", meint Gerd Wagner vom Berliner DIW.

Aus: R. Neubauer, Handwerker sind Gewinner, in: Zeitpunkte 5/1995, S. 83.

MATERIAL

11 Osteinkommen in Prozent des Westeinkommens

Man könnte vermuten, die Unterschiede im Einkommen oder unterschiedliche Bezahlung für gleiche Arbeit belasteten das Verhältnis auf der Seite der Ostdeutschen. Doch die Bedeutung der wirtschaftlichen Unterschiede wird oft überschätzt. [...]

Bei der Frage, wie viel Geld man noch übrig habe, wenn alles Notwendige im Monat bezahlt sei, hat sich im Laufe der Jahre die Kluft zwischen Ost und West immer weiter verringert. Anfang der neunziger Jahre hatten die Ostdeutschen noch durchschnittlich 304 DM übrig zum freien Ausgeben, die Westdeutschen 508 DM. Heute sind es 250 Euro im Osten gegenüber 315 Euro im Westen. Auch der Besitz langlebiger Gebrauchsgüter zeigt die starke Annäherung der ostdeutschen an die westdeutschen Haushalte.

E. Noelle, Geteilte Freude, FAZ vom 27. November 2002, S. 5.

DAS RINGEN UM DIE NATIONALE EINHEIT

MATERIAL
Zwei Karikaturen aus den Jahren 1989 und 2002 **12**

Karikatur von Walther Hanel, 1989.

Karikatur von Burkhard Mohr, 2002.

MATERIAL
Arbeitslosigkeit in Deutschland **13**

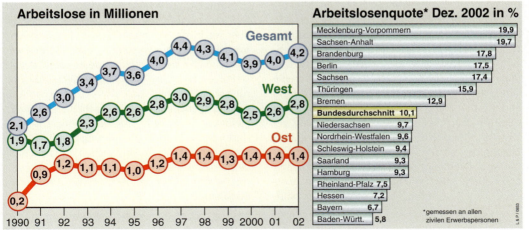

MATERIAL

14 Die Priorität der Werte Freiheit und Gleichheit

Das Allensbacher Institut für Demoskopie hat eine Dialogfrage entwickelt, um das Wertebewusstsein zu messen. Auf einem Blatt werden zwei Figuren mit Sprechblasen dargestellt.
Die eine Figur sagt: „Ich finde Freiheit und möglichst große Gleichheit, soziale Gerechtigkeit, eigentlich beide wichtig. Aber wenn ich mich für eines davon entscheiden müsste, wäre mir die persönliche Freiheit am wichtigsten, dass also jeder in Freiheit leben und sich frei entfalten kann."

Die Aussage der anderen Figur endet: „[...] Wenn ich mich persönlich entscheiden müsste, fände ich eine möglichst große Gleichheit am wichtigsten, dass also niemand benachteiligt ist und die sozialen Unterschiede nicht so groß sind."
Am Schluss heißt es dann: „Welcher von beiden sagt eher das, was auch Sie denken?" Die Ergebnisse werden für Westdeutschland seit 1976, für Ostdeutschland seit 1990 in zwei Grafiken dargestellt.

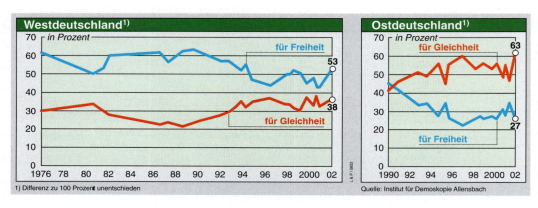

1) Differenz zu 100 Prozent unentschieden

Quelle: Institut für Demoskopie Allensbach

MATERIAL

15 Sicherheit, Gleichheit, Freiheit

Zu den großen sozialen Umbrüchen, welche die Ostdeutschen zu verarbeiten haben, gehört die bis dahin unbekannte Unüberschaubarkeit und Unsicherheit der eigenen Existenz. Ihr früheres Leben war vor abwendbaren Folgen der Wechselfälle des individuellen Lebens und des sozialen Wandels weitgehend geschützt. Planung und Lenkung bewahrten sie vor den Marktkräften, sie lebten in einem „Versorgungsstaat", der idealiter „die Grundversorgung der Bevölkerung umfassend und gleichmäßig garantiert(e). Dazu dienten die Garantie des Arbeitsplatzes und ein niedrig gehaltenes Preisniveau ebenso wie der kostenlose Zugang zum staatlichen Gesundheitssystem."
Die vom Wohlfahrtsstaat gebotene „Sicherheit und Geborgenheit" war für die Menschen der ostdeutschen Bevölkerung eine so selbstverständliche Qualität ihres Alltags, dass sie diese wohl auch vom westdeutschen Sozialstaat erwartet haben. Doch dessen Sicherungssystem ist anders verfasst: Es schützt nicht vor den Marktkräften (die negativ vor allem als Arbeitslosigkeit, aber auch als Wohnungsverlust, Verschuldung, medizinische Unterversorgung usw. erfahren werden können), sondern federt deren sozial negative Folgen ab. So ist es nicht auf gleiche Absicherung (bei Krankheit, bei Arbeislosigkeit, im Alter usw.) ausgerichtet, sondern macht sie von der Ergiebigkeit der Erwerbstätigkeit abhängig. Schwierigkeiten bei der Umorientierung auf dieses System veranlassen zum Vergleichen und zu nostalgischer Rückbesinnung, zusätzlich genährt durch die Debatten über den jetzt nötigen Umbau des Sozialstaats.

Aus: D. Mühlberg, Schwierigkeiten kultureller Assimilation, APuZ B 17/2002, S. 10.

DAS RINGEN UM DIE NATIONALE EINHEIT

MATERIAL
10 Jahre deutsche Einheit – eine Analyse **16**

Hans-Joachim Maaz, Chefarzt für Psychotherapie und
Psychosomatik am Diakoniekrankenhaus Halle/Saale:

Für Ostdeutsche hat sich in den letzten zehn Jahren fast alles verändert und für Westdeutsche fast
nichts. Aber Westdeutsche scheinen eine Riesenangst vor Veränderung zu haben, sonst hätten sie
5 die Gelegenheit viel mehr genutzt, sich auf Neugier, Austausch, Kontakte, auf Entwicklung und
gemeinsam Neues mit den Ostdeutschen einzulassen.

Viele Westler leiden offenbar an einer Ossiphobie,
10 man macht sich den Osten hässlich und sammelt böse Nachrichten über rechtsextreme Schläger, über einen Zivilisationsmangel, über faule,
aber anspruchsvolle Bürger („Arbeiten wie bei
Honecker und leben wie bei Kohl") und immer
15 noch unfreundliche Kellner in nur äußerlich verwestlichtem Ambiente. Und Ostdeutsche scheinen eine Riesengeduld zu haben, Existenzverunsicherung, Arbeitslosigkeit, Abwertung ihrer
Kompetenz und Lebenserfahrung nahezu wider
20 spruchslos hinzunehmen, als wenn sie gar nichts
anderes verdient hätten. [...]
Die schnelle Angleichung ist für sehr viele im
Osten weder ökonomisch noch kulturell und
schon gar nicht psychologisch gelungen. Dies zu
25 erwarten, erwies sich als grundlegender Irrtum.
Dabei kann sich die Anpassungsleistung der Ostdeutschen sehen lassen: [...] Jetzt waren Existenzen zu sichern, Kompetenzen zu retten, Abwicklungen zu überstehen, Umschulungen zu voll
30 bringen, die neuen Normen und Regeln zu ler

nen. Die neu gewonnene Freiheit war auf dem
Arbeitsmarkt schnell zu Ende, das Reisefieber
kühlte sich mit dem schrumpfenden Geldbeutel
bald wieder ab, und die Freude an der ersehnten
Demokratie erstickte an der neuen Bürokratie. 35
Bisherige Ideale, Werte und Ziele zerbröselten
ins Nichts, bisherige Lebensleistungen stellten
sich als wertlos oder grundverkehrt heraus, ja
nicht einmal mit großer und redlicher Anstrengung erworbener Besitz an Haus und Grund war 40
noch sicher.

Die Infragestellung und Abwertung alles Bisherigen hat aber nicht automatisch dazu geführt, das
Neue kritiklos zu übernehmen. Der „Kulturschock"
löste auch ein gesundes Misstrauen aus. Man ist 45
in die neuen Verhältnisse nicht allmählich hineingewachsen, sondern hineingestürzt und fremdelt verständlicherweise. Es formuliert sich ein
Eingeständnis: Wir sind anders! – und dies nicht
nur trotzig und ostalgisch, sondern zunehmend 50
auch als Wert begriffen. Es ist vor allem der Umgang miteinander, der einfacher, kumpelhafter
und ehrlicher erlebt wird und noch nicht so sehr
auf Äußeres und Statussymbole abhebt. [...]
Auch die Westdeutschen, die im Osten wirklich 55
leben und nicht nur herrschend unter sich bleiben, investieren in eine unausweichliche Veränderung. Nichts wird bleiben, wie es ist. Sich verändern müssen und sich doch treu bleiben, wird
zur gesundheitserhaltenden Kunst werden. Euro 60
und Europa, Globalisierung und Internet labilisieren das Gewohnte und verunsichern alle bisherigen Wert- und Orientierungssysteme. [...]

Aus: Hannoversche Allgemeine Zeitung vom 30. September 2000, Beilage, S. 2..

1. Erläutern Sie die beiden Karikaturen aus den Jahren 1989 bzw. 2002 (M 12)
   und verdeutlichen Sie ihre Aussage anhand von M 10, 11 und 13.
2. Erklären Sie die Unterschiede der Werteprioritäten in Ost- und Westdeutschland
   (M 14). Ziehen Sie dazu auch die M 15 und M 16 heran.
3. Arbeiten Sie die Hauptaussagen des ostdeutschen Psychologen über das
   Verhältnis zwischen Ost- und Westdeutschen heraus (M 16). Nehmen Sie
   Stellung dazu.

MATERIAL

17 Die Katastrophe als Chance

Der Historiker Peter Graf Kielmannsegg veröffentlichte 2000 ein Buch mit dem Titel „Nach der Katastrophe. Eine Geschichte des geteilten Deutschland". Auszüge aus der Einleitung und dem Nachwort:

a) Inzwischen ist deutlich, wie sehr der 8. Mai 1945 auch und vor allem ein Datum des Anfangs, des Neubeginns. ist. Ende und Anfang oder auch: Die beiden so gänzlich ungleichen Hälften, in die
5 das 20. Jahrhundert für Deutschland geteilt ist, haben viel miteinander zu tun.
Es war die Katastrophe, die Deutschland demokratiefähig gemacht hat. Es war die Katastrophe, die Deutschland gelehrt hat, sich in die europäi-
10 sche Staatengesellschaft einzufügen. Es war die Katastrophe, die Deutschland gezwungen hat, sich neu zu definieren.
Das heißt nicht, dass das Gelingen deutscher Geschichte in der zweiten Jahrhunderthälfte im voll-
15 ständigen Scheitern, das ihm vorausging, schon angelegt gewesen sei. Die Katastrophe war nur eine notwendige, sie war keine hinreichende Bedingung des Lernens. [...]
Aber das allein hätte für einen gelingenden Neu-
20 beginn der deutschen Geschichte wohl nicht gereicht. Es bedurfte dazu über den Katastrophenschock hinaus einer ganz außerordentlichen Gunst der Umstände.
Zum einen vollzog sich, wenn nicht die Grün-
25 dung, dann doch die Einwurzelung der Demokratie in Westdeutschland unter den vorteilhaftesten wirtschaftlichen Bedingungen. Das „Wirtschaftswunder", wie man es bald nannte, zog im ersten Jahrzehnt die Demokratie gleichsam mit.
30 Zum anderen half, vor allem in den Anfangsjahren, der Kalte Krieg. Das mag zynisch klingen, aber es hat tatsächlich so gewirkt.

Es ist für Deutschlands Schicksal entscheidend gewesen, dass die Kriegskonstellation (von 1939 – 1945), die Deutschland wenig Zukunftschancen 35 ließ, innerhalb von kaum zwei Jahren durch einen ganz andersartigen dramatischen Weltkonflikt zuerst überlagert, dann verdrängt worden ist. Dem neuen Konflikt entsprang der Zwang, Deutschland [...] aus dem Stand des Besiegten in den 40 Status des Partners auf Bewährung zu überführen. [...]
Die Folgelasten der Katastrophe hatten vor allem die Deutschen im Osten zu tragen. Die extreme, willkürliche Ungleichverteilung dieser Lasten ist 45 eines der Grundprobleme jener deutschen Geschichte, die mit dem 8. Mai 1945 begann.

b) Im April 1989, wenige Monate bevor die Agonie der DDR begann, hat Friedrich Dürrenmatt [...] gesagt: „Die große politische Leistung der Bundesrepublik besteht darin, das Ende Deutschlands zu akzeptieren." Das ist [...] das denkbar 5 schärfste Verdikt über die Wiedervereinigung. [...] Im Juli 1990 – die letzten Schritte auf dem Weg zur Vereinigung wurden gerade getan – hat Fritz Stern, als Deutscher geboren, von den Deutschen vertrieben, am Ende, als Amerikaner [...] 10 geschrieben, Deutschland sei etwas ganz Seltenes zugestoßen: „Es hat eine zweite Chance erhalten." Wer von der zweiten Chance spricht, sieht nicht nur die Wiedervereinigung, er sieht auch Deutschlands Geschichte diesseits der Katastrophe anders als Dürrenmatt. Zumindest 15 stellt er eine andere Frage an diese Geschichte, die Frage nämlich: Wie gut haben die 45 Jahre zwischen dem 8. Mai 1945 und dem 3. Oktober 1990 die Deutschen darauf vorbereitet, ihre zwei- 20 te Chance zu nutzen?

Aus: P. Graf Kielmannsegg, Nach der Katastrophe. Eine Geschichte des geteilten Deutschland, Berlin 2000, S. 10–12 und 674.

---

1. Erörtern Sie die These, dass der 8. Mai 1945 und der Kalte Krieg Deutschland gezwungen hätten, sich neu zu definieren.
2. Fritz Stern sprach im Jahr 1990 von einer „zweiten Chance für Deutschland". Diskutieren Sie, worin diese Chance bestehen könnte.

DEUTSCHLAND UND SEINE NACHBARN

4. Deutschland und seine Nachbarn

4.1 Die Aussöhnung zwischen Deutschland und Frankreich

Links: Der Soldatenfriedhof von Douaumont bei Verdun. Im Hintergrund das Beinhaus mit den Überresten von mehr als 100 000 unbekannten Soldaten, die hier im Ersten Weltkrieg gefallen sind. Rechts: Der französische Präsident de Gaulle besucht Deutschland, 1962.

Die Neuordnung der Beziehungen zwischen Deutschland und Frankreich nach dem Zweiten Weltkrieg stand vor großen Schwierigkeiten. Unter den europäischen Nachbarn waren Ressentiments und Misstrauen gegenüber Deutschland weit verbreitet, doch gleichzeitig war das oberste Ziel der Außenpolitik der europäischen Staaten die Friedenssicherung. Um diese zu erreichen und die innereuropäischen Kriegsursachen zu beseitigen, musste in erster Linie das Verhältnis zwischen Deutschland und Frankreich geregelt werden. In jedem Jahrhundert seit dem Dreißigjährigen Krieg hatte es große Kriege zwischen diesen Völkern gegeben.

Ziel der Friedenssicherung

Das konfliktreiche Verhältnis zwischen Deutschland und Frankreich lässt sich beispielhaft am Elsass zeigen. In dieser Grenzregion kollidierten immer wieder die territorialen Interessen, die Region selbst wechselte seit dem 17. Jahrhundert fünf Mal den Besitzer. Die territorialen Auseinandersetzungen wurden in aggressiv-nationalistischen Kreisen beider Länder im 19. Jahrhundert zu einer unausweichlichen „Erbfeindschaft" zwischen den Völkern stilisiert. Diese Vorstellung war in den napoleonischen Kriegen aufgekommen und fand im deutsch-französischen Krieg 1870/71 und im Ersten Weltkrieg und zuletzt während der deutschen Besetzung Frankreichs 1940 bis 1944 neue Nahrung.

Elsass

ZWEI STAATEN – EINE NATION?

Heute gilt die deutsch-französische Aussöhnung als beispielhaft in Europa: Gemeinsamkeiten werden ausgebaut, und auch bei Differenzen akzeptieren beide Länder ihre unterschiedlichen Interessenlagen und versuchen allen Seiten gerecht werdende Lösungen zu finden. Diese Aussöhnung ist das Ergebnis intensiver diplomatischer Bemühungen seit 1945, die von der Bevölkerung beider Staaten mit getragen wurde.

Montanunion Nach der Gründung der Montanunion 1952 (→ 229) wurde das besondere Verhältnis der beiden Länder zur treibenden Kraft des Prozesses, der zur Gründung der Europäischen Union führte.

Saarfrage Geradlinig und ohne Schwierigkeiten war dieser Weg nicht. So wurde in den fünfziger Jahren die Saarfrage zum Prüfstein der deutsch-französischen Beziehungen. In den 1954 abgeschlossenen Pariser Verträgen zwischen den westeuropäischen Staaten und der Bundesrepublik (→ 93 f.) hatten sich Bonn und Paris darauf geeinigt, dass das Saarland als wichtiger Standort für die Kohle- und Stahlproduktion einen europäischen Status haben, zoll- und währungspolitisch aber zu Frankreich gehören sollte. Dass diese für die Rüstungsindustrie zentrale Region auf diese Weise unter europäischer Kontrolle stehen sollte, versöhnte Frankreich mit der Wiederbewaffnung der Bundesrepublik. Um jedoch dem Prinzip der Selbstbestimmung der Völker gerecht zu werden, sollte die Bevölkerung der Saar in einer Volksabstimmung dieses Saarstatut annehmen oder ablehnen können. Nicht nur Frankreich, sondern auch Adenauer ging dabei (zumindest in der Öffentlichkeit) von einer Zustimmung der Saarländer aus; der Ministerpräsident des Saarlandes, Johannes Hoffmann, trat nachdrücklich für eine Europäisierung ein. Tatsächlich aber lehnte die Bevölkerung des Saargebietes ein Jahr später das Statut ab (67,7 % Nein-Stimmen). Frankreich respektierte diesen in einem demokratischen Verfahren sichtbar gewordenen Wunsch der Bevölkerungsmehrheit. Am 1. Januar 1957 wurde das Saarland Bundesland der Bundesrepublik Deutschland.

Elysée-Vertrag Trotz dieser Enttäuschung für Frankreich verbesserten sich die Beziehungen weiter. Als der französische Präsident de Gaulle 1962 Deutschland besuchte, bereitete ihm die Bevölkerung einen begeisterten Empfang. Ein besonderes Dokument der Freundschaft war 1963 der Elysée-Vertrag (→ M 3), unterzeichnet von Adenauer und de Gaulle. Er verpflichtete die Partner zum regelmäßigen Dialog auf allen politischen Ebenen. Daraufhin vertieften sich die wirtschafts-, verteidigungs- und außenpolitischen Kontakte; auch im kulturellen Bereich verbreitete sich der Austausch. Städte und Schulpartnerschaften führten zu unzähligen Begegnungen.

Frankreich – USA Dennoch blieben die Beziehungen nicht gänzlich frei von Spannungen. Frankreich stand der NATO und ihrer Führungsmacht USA häufig kritisch gegenüber. Während Frankreich immer wieder den Einfluss der USA in Europa begrenzen wollte, pflegte die Bundesrepublik auf Grund ihrer eigenen Geschichte und der sowjetischen Bedrohung in der Regel ein besonderes Verhältnis zu den Vereinigten Staaten. Das stellte die bundesdeutsche Außenpolitik immer wieder vor die Aufgabe, mit diplomatischem Geschick Verstimmungen der Partner zu verhindern.

Wiedervereinigung Auch die Wiedervereinigung Deutschlands zu einem großen bevölkerungsreichen und wirtschaftlich mächtigen Land weckte Befürchtungen in der französischen Öffentlichkeit und Politik (→ S. 160 und 164). Dennoch ist eine Rückkehr zu ernsthaften Spannungen völlig undenkbar.

DEUTSCHLAND UND SEINE NACHBARN

Deutschland und der Friede – eine Rede de Gaulles in Bar-le Duc am 28.7.1946

MATERIAL 1

Welches auch seine Prüfungen sein mögen, Deutschland bleibt Deutschland, dass heißt ein großes Volk tief im Herzen Europas verwurzelt, das sich im Abgrund der Höhen erinnert und das der Kriegsdämon eines Tages erneut versuchen könnte, wenn ihm die Möglichkeit gegeben würde, seine Größe wieder zu erlangen. [...]

Um Deutschland, wie es so schön heißt, unschädlich zu machen, genügt es nicht zu verhindern, dass es direkt bedrohlich ist, man muss dafür sorgen, dass es weder Versucher wird noch versucht werden kann.

Deshalb hat Frankreich sich selbst und den anderen gegenüber die Verpflichtung, sich allen Versuchen zu widersetzen, dass Deutschland von neuem der Einheits- und Zentralstaat wird, kurz das Reich wird, dessen staatliches Gefüge und dessen Triebkraft immer die Voraussetzung für seine kriegerischen Unternehmungen waren.

Aus: Ch. de Gaulles, Discours et messages, Paris 1970, S. 13–14. Übers. S. Jacob, Politik und Unterricht 3/87, S. 13.

Die deutsch-französische Aussöhnung – de Gaulle und Adenauer in Reims 1962

MATERIAL 2

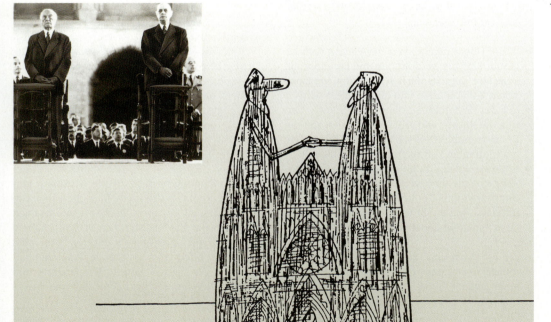

1962 lud de Gaulle Adenauer zu einer Reise nach Frankreich ein, die in der Kathedrale von Reims, in der einst die Könige Frankreichs gekrönt worden waren, ihren feierlichen Abschluss fand. „Vom Dom zur Kathedrale", Karikatur von Paul Flora in der ZEIT vom 6. Juli 1962. Links oben: Adenauer und de Gaulle in der Kathedrale von Reims, Juli 1962.

ZWEI STAATEN – EINE NATION?

MATERIAL
3 Der Elysée-Vertrag vom Januar 1963 über die deutsch-französische Zusammenarbeit

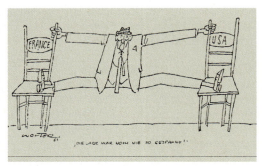

Karikatur von Jupp Wolter, 1963.

a) 1963 unterzeichneten Adenauer und de Gaulle den Elysée-Vertrag. Der Bundestag stellte ihm bei der Ratifizierung eine Präambel voran:

- In der Überzeugung, dass der Vertrag vom 22. Januar 1963 die Aussöhnung und Freundschaft zwischen dem deutschen und dem französischen Volk vertiefen und ausgestalten wird;
- mit der Feststellung, dass durch diesen Vertrag die Rechte und Pflichten aus den von der Bundesrepublik Deutschland abgeschlossenen multilateralen Verträgen unberührt bleiben;
- mit dem Willen, durch die Anwendung dieses Vertrages die großen Ziele zu fördern, die die Bundesrepublik Deutschland in Gemeinschaft mit den anderen ihr verbündeten Staaten seit Jahren anstrebt und die ihre Politik bestimmen; nämlich
  – die Erhaltung und die Festigung des Zusammenschlusses der freien Völker, insbesondere einer engen Partnerschaft zwischen Europa und den Vereinigten Staaten von Amerika,
  – die Verwirklichung des Selbstbestimmungsrechts für das deutsche Volk und die Wiederherstellung der deutschen Einheit,
  – die gemeinsame Verteidigung im Rahmen des nordatlantischen Bündnisses und die Integrierung der Streitkräfte der in diesem Bündnis zusammengeschlossenen Staaten,
  – die Einigung Europas auf dem durch die Schaffung der Europäischen Gemeinschaften begonnenen Wege unter Einbeziehung Großbritanniens und anderer zum Beitritt gewillter Staaten und die weitere Stärkung dieser Gemeinschaften, [...]

hat der Bundestag das folgende Gesetz beschlossen.

b) Der Wortlaut dieser Präambel war Ausdruck einer außenpolitischen Haltung, die de Gaulle kritisierte. Am 28. Oktober 1966 erklärte er auf einer Pressekonferenz:

Es liegt nicht an uns, wenn die von Bonn und Washington eingegangenen, bevorzugten und ständig entwickelten Bindungen den deutsch-französischen Vertrag seines Geistes und seiner Substanz beraubt haben.

Es ist gut möglich, dass unsere Nachbarn jenseits des Rheins durch diese Tatsache einige Gelegenheiten zu einem möglichen gemeinsamen Vorgehen der beiden Nationen verloren haben, denn während sie nicht mehr unseren bilateralen Vertrag, sondern die unilaterale Präambel anwandten, die dessen ganzen Sinn änderte und die sie selbst hinzugefügt haben, nahmen die Ereignisse anderswo ihren Fortgang.

Aus: a) Presse und Informationsamt der Bundesregierung. b) A. Grosser, Deutschlandbilanz, München 1980, S. 234.

MATERIAL
4 Das „Gespenst einer Supermacht"

Francois Schlosser, stellvertretender Chefredakteur der französischen weit verbreiteten Wochenzeitung Nouvel Observateur, setzte sich im November 1989 mit der Angst seiner Landsleute vor einem vereinigten Deutschland auseinander:

Ein Gespenst geht um an den Ufern der Seine – das einer Germania mit 80 Millionen Einwohnern. [...].
Ist Deutschland nicht zu einem Modell der Demokratie in Europa geworden? Das am wenigs-

DEUTSCHLAND UND SEINE NACHBARN

ten militärische, das pazifistischste Land? Gibt es nicht ein Europa, das diesen neuen Riesen, der sich in seinem Zentrum aufrichtet, absorbieren kann?

Und gar die französisch-deutsche Aussöhnung! Kennt man einen größeren Erfolg in der Geschichte der Völker? Man sehe sich die Meinungsumfrage an: Sind es doch fast mehr Franzosen als Deutsche, die meinen, dass die Wiedervereinigung logisches Ergebnis der Entwicklung sei. In zwei Jahrhunderten nationaler Geschichte hat es niemals eine Generation gegeben, die von antideutschen Vorurteilen so frei war wie die junge Generation der Franzosen von heute.

Aber das Deutschland, das die Franzosen sahen, hatte 60 Millionen Einwohner. Macht nicht der Größenunterschied auch einen Unterschied in der Qualität aus? [...]

Dazu ist klarzustellen, dass das Gespenst, das seit dem Zerfall der Berliner Mauer durch die Alpträume der französischen Führungsschicht geistert, nicht das eines militaristischen Deutschlands ist. Es ist das Gespenst einer wirtschaftlichen Supermacht, die bald in der Lage sein wird, den ganzen Kontinent zu beherrschen. Es reicht, dass diese Macht im gegebenen Moment ihre finanziellen Mittel und ihre technologischen und organisatorischen Kenntnisse einem zusammenbrechenden Ostblock anbietet.

Aus: Nouvel Observateur, 20. November 1989.

MATERIAL
Zwei Meinungsumfragen in Frankreich, veröffentlicht in der Zeitung „Le Figaro" 1989/1990 **5**

a) 13. November 1989:

Glauben sie, dass sich die beiden deutschen Staaten jetzt vereinigen werden?

Ja, ganz sicher	23%
Ja, wahrscheinlich	39%
Nein, wahrscheinlich nicht	19%
Nein, sicher nicht	9%
Ohne Meinung	10%

Finden Sie die deutsche Wiedervereinigung eine gute oder eine schlechte Sache für Frankreich?

Eine gute Sache	60%
Eine schlechte Sache	19%
Ohne Meinung	21%

Würde die Wiedervereinigung ein Hindernis sein für die Konstruktion Europas?

Ja	18%
Nein	70%
Ohne Meinung	12%

b) 26. September 1990

Die bevorstehende Einheit Deutschlands

freut mich	37%
lässt mich gleichgültig	32%
beunruhigt mich	27%

Aus: Deutschland – Frankreich. Ein neues Kapitel ihrer Geschichte. 1948 – 1963 – 1993, Bonn 1993, S. 135.

---

1. Erläutern Sie die Haltung de Gaulles unmittelbar nach Kriegsende (M 1)
2. Welche Wertung des deutsch-französischen Verhältnisses kommt in der Karikatur von Flora (M 2) zum Ausdruck.
3. Der Deutsche Bundestag setzte dem Elysée-Vertrag eigenmächtig eine Präambel voran (M 3 a). Erläutern Sie seine Motive und legen Sie die Reaktion de Gaulles (M 3 b) dar.
4. Überprüfen Sie, inwieweit die Meinung Schlossers repräsentativ ist für die öffentliche Meinung in Frankreich (M 4 und 5). Welcher Wandel kommt darin zum Ausdruck? Vergleichen Sie auch mit M 1.

4.2 Deutsche und Polen – zwei Nachbarn kommen sich näher

Am 31. August 1959, zum 20. Jahrestag des Kriegsausbruches, hielt Bundeskanzler Konrad Adenauer eine Rundfunkansprache, in der er besonders auf Polen einging: „Ein besonderes Wort aber muss heute dem Volke gelten, das durch den Einfall der Truppen Hitler-Deutschlands und der Sowjetunion das erste Opfer des Krieges geworden ist, ich meine das polnische Volk. Weit länger als ein Jahrhundert hat dieses sympathische Volk, ohne dass es irgendeine Schuld traf, unter den politischen und kriegerischen Auseinandersetzungen in Europa gelitten, dreimal wurde es zerrissen und geteilt, und vor zwanzig Jahren wurde es das erste Opfer des letzten Krieges, als Hitler-Deutschland und die Sowjetunion in das Land einfielen und es grausam zerstörten. Das heutige Deutschland ist ein anderes Deutschland als jenes unter Hitler. […] Darum sage ich aus innerer Überzeugung, dass dieses Deutschland, das neue Deutschland, einmal ein guter Nachbar Polens werden wird."

Polen im Zweiten Weltkrieg

Polen hatte im Zweiten Weltkrieg nicht nur viele Tote und materielle Schäden zu beklagen, sondern hatte auch Territorien verloren. Es hatte seine östlichen Gebiete an die Sowjetunion verloren und war um 200 km nach Westen bis an die Oder und Görlitzer Neiße verschoben worden. 18 % der Bevölkerung in Ostpolen, das erst 1920 – in einer Schwächephase der Roten Armee – von Polen erobert worden war und nun sowjetisch wurde, waren Polen. Diese wurden in die bis 1945 deutschen Gebiete umgesiedelt. Die Deutschen – etwa 9 Millionen Menschen – wurden fast alle enteignet und vertrieben; ca. 2 Millionen kamen dabei ums Leben.

Schwierige Nachkriegsjahre

Vorbehalte oder gar Feindschaft bestimmten daher in den Nachkriegsjahren das Verhältnis von Deutschen und Polen. Mit der sozialistischen DDR, dem politischen Bündnispartner war die Nachbarschaft offiziell gut. Die DDR erkannte am 7. Juli 1950 die Oder-Neiße-Linie als polnische Westgrenze an. Das Verhältnis zwischen der Bundesrepublik Deutschland und der kommunistischen Volksrepublik Polen war dagegen in erster Linie von der jeweiligen Blockzugehörigkeit beider Staaten im Kalten Krieg geprägt; bis 1970 bestanden keine diplomatischen Beziehungen. Adenauers Rede war daher von der kommunistischen polnischen Regierung als Worte mit „wohlbemessenen Krokodilstränen" abgetan worden. Erst als die Konfrontation der Supermächte in Europa im Rahmen der Entspannungspolitik der 60er Jahre nachließ, konnte es auch zu einer deutsch-polnischen Annäherung kommen.

Warschauer Vertrag

Solidarność

Eine entscheidende Verbesserung der Beziehungen gelang mit dem Abschluss des Warschauer Vertrages am 7. Dezember 1970, durch den die Bundesrepublik die polnische Westgrenze de facto anerkannte (→ S. 131 und 134–135). Dennoch blieben die Schatten der Vergangenheit und die Ängste aus der Zeit des Kalten Krieges. Zu einem Wandel des Verhältnisses kam es erst Anfang der 80er Jahre, als die unabhängige polnische Gewerkschaftsbewegung Solidarność in ihrem Kampf gegen die kommunistische Staatsmacht freie Wahlen und Meinungsfreiheit forderte. Diese Bürgerbewegung gewann die Sympathie weiter Kreise in der westdeutschen Bevölkerung; zwei Millionen Pakete, welche die Westdeutschen 1982 dem in einer tiefen Wirtschaftskrise Not leidenden polnischen Volk zuschickten, trugen zu einer positiven Entwicklung des Deutschenbildes in Polen bei.

DEUTSCHLAND UND SEINE NACHBARN

Aufruf zur Versöhnung, Demonstration in Göttingen, 1966.

Die Ereignisse der Jahre 1989/90 – die Auflösung des sowjetischen Satellitengürtels, die Wahl Mazowieckis zum ersten nichtkommunistischen Ministerpräsidenten Mittel-Osteuropas in Polen nach dem Zweiten Weltkrieg im Juni 1989, der Fall der Mauer in Deutschland im November 1989 und die deutsche Wiedervereinigung 1990 – legten den Grund für eine völlig neue Nachbarschaft.

Deutsch-polnischer Vertrag 1990

Am 14. November 1990 wurde der deutsch-polnische Vertrag „über die Bestätigung der zwischen beiden Staaten bestehenden Grenze" unterzeichnet. Das wiedervereinigte Deutschland erkannte damit die Oder-Neiße-Linie als endgültige deutsch-polnische Grenze an. Wenige Monate später, am 17. Juni 1991, unterzeichneten die deutsche und die polnische Regierung einen „Vertrag über gute Nachbarschaft und freundschaftliche Zusammenarbeit". Ergänzt wurde er durch weitere Abmachungen, so durch das deutsch-polnische Jugendwerk, das nach dem Vorbild des deutsch-französischen Jugendwerks geschaffen wurde. Es förderte allein im Jahr 2000 Begegnungen zwischen 130 000 deutschen und polnischen Jugendlichen. 1992 wurde die Europa-Universität „Viadrina" in Frankfurt/Oder gegründet; 2002 hatte sie rund 4 000 Studentinnen und Studenten, von denen ein Drittel aus Polen stammt.

Seit März 1999 ist das Land Mitglied der NATO, im Jahr 2004 soll es in die Europäische Union aufgenommen werden. Der Beitritt zur EU ist in Polen nicht unumstritten. Die Anpassung an den EU-Standard verlangt große Anstrengungen, die Angleichung ist durch die Unterentwicklung des ländlichen Raumes besonders schwierig. In dieser und in anderen Fragen werden noch Übergangslösungen gesucht. Deutschland ist heute der wichtigste Wirtschaftspartner Polens, im Jahr 2000 gingen rund 35 % seines Exports in die Bundesrepublik, fast ein Viertel seiner Imports stammt aus Deutschland. Da Polen eine wichtige Brückenfunktion zu anderen mittelosteuropäischen Staaten hat, ist sein Beitritt für die EU besonders wertvoll.

MATERIAL

 "Anliegen der Polen": Gedanken eines polnischen Journalisten im Jahr 1946

1945/46 bereiste der polnische Journalist Edmund Jan Osmanczyk Deutschland. Er hielt sich längere Zeit in Berlin auf, berichtete von der Potsdamer Konferenz und vom Nürnberger Prozess gegen die Hauptkriegsverbrecher. Folgender, im Jahr 1946 publizierte Artikel traf in der polnischen Öffentlichkeit auf heftige Kritik.

Fünfzehn Monate nach Beendigung des verbrecherischen deutschen Krieges ist klar, dass sich der Hass und die Verachtung für das deutsche Volk in der Welt nicht werden halten können. Unausweichlich nähern wir uns dem Tag, an dem man das deutsche Volk, inmitten rauschender, edler, rührender Bekundungen, wie ein verirrtes Schäflein in die Weltvölkerfamilie wiederaufnehmen wird. […]

Verharren wir in Opposition zu Deutschland, dann bleiben wir vereinsamt und schwach. Deutschland wird in einem solchen Fall alle internationalen Möglichkeiten nutzen, um uns zu schwächen und uns als ewige Nörgler, ewige Aufwiegler bloßzustellen.

Dem demokratischen Deutschland […] wird es ganz bestimmt gelingen, die Sympathie für deutschen Fleiß und deutsche Gesetzestreue, deutsche Musik und Dichtung, Bildhauerkunst und Malerei, Philosophie und Wissenschaft wieder zu erlangen.

Machen wir uns nichts vor, Brüder Polen: Das viele Dutzend Millionen Menschen zählende deutsche Volk mitten in Europa wird nicht für alle Ewigkeit oder auch nur für zwanzig Jahre wie eine Leprakolonie behandelt werden, von der sich die Welt mit Abscheu abwendet. Zu viele Interessen treffen in diesem Teil Europas aufeinander, um einen solchen Zustand auch nur ein paar Jahre lang aufrechtzuerhalten. Dort, wo es Interessen gibt, entsteht auch sehr schnell der Wille zur Zusammenarbeit. […]

Wenn Deutschland stark sein will, dann muss es normal sein. Jede deutsche Regierung muss sich also darum bemühen, dass alle Deutschen genug zu essen und Wohnraum haben. Notwendigerweise wird sie sich also forciert darum bemühen, dass die deutschen Aussiedler auf dem Gebiet des Vierten Reiches Wurzeln schlagen. Wenn wir dreißig Jahre lang mit den Deutschen im Frieden durchhalten, dann wird den Deutschen nichts anderes übrig bleiben, als sich mit der Grenze an Oder und Neiße ein für allemal zu versöhnen.

Aus: Niedersächsische Landeszentrale für politische Bildung (Hrsg.), Deutschland und seine Nachbarn. Hannover 2000, S. 88f.

MATERIAL

 Aus der Denkschrift der Evangelischen Kirche in Deutschland, September 1965

Die Eingliederung der Gebiete östlich der Oder-Neiße-Linie in den polnischen und den sowjetrussischen Staatsverband wird von diesen Staaten als endgültig und rechtmäßig bezeichnet, während die Regierung der Bundesrepublik Deutschland auf die Notwendigkeit einer Regelung durch einen künftigen Friedensvertrag verweist. Die öffentliche Meinung in der Bundesrepublik ist weithin von der aus verletztem Rechtsgefühl genährten These bestimmt, die Annexion jener Gebiete und die Vertreibung von Millionen deutscher Bewohner aus ihnen habe gegen das für sie wie für alle Völker und Volksgruppen geltende „Recht auf die Heimat" verstoßen. […]

Das Völkerrecht kennt kein Strafrecht der Art, dass die angebliche Kollektivschuld eines Volkes oder die Schuld seiner Staatsführung, die einen Angriffskrieg begonnen hat und sich während dieses Krieges völkerrechtswidrig verhalten hat, den Angegriffenen berechtigte, zur Sühne nach eigenem Ermessen Sanktionen zu ergreifen. Unter diesem Gesichtspunkt war es den Angegriffenen nicht erlaubt, dem Angreifer einen Teil seines Gebietes wegzunehmen und die Bevölkerung daraus zu vertreiben.

Ernsthaft zu erwägen sind dagegen zwei andere Gesichtspunkte: Der eine wird von den östlichen

Nachbarn Deutschlands auf den Begriff einer deutschen Friedenssicherungspflicht gebracht; der polnische Staat habe nach seinen bitteren geschichtlichen Erfahrungen gegenüber Deutschland ein gesteigertes Recht auf Sicherheit und müsse deshalb auch die Grenze wählen dürfen, die ihm ein Höchstmaß von Sicherheit verbürge. Versteht man diese Sicherheit rein militärisch, so kann das Argument nicht überzeugen. [...]

Die Vertreibung von Millionen deutscher Bewohner hat überdies westlich von Polen einen Herd der Unzufriedenheit und der Unruhe entstehen lassen, also das Gegenteil einer Sicherheits- und Friedensgrenze geschaffen. Aber das Argument enthält einen richtigen Kern, wenn man es dahin interpretiert, dass das Erbe einer bösen Vergangenheit dem deutschen Volk eine besondere Verpflichtung auferlegt, in der Zukunft das Lebensrecht des polnischen Volkes zu respektieren und ihm den Raum zu lassen, dessen es zu seiner Entfaltung bedarf. [...]

Damit verbindet sich ein zweiter Gesichtspunkt. Die zwanzig Jahre, die verstrichen sind, seitdem Polen von dem Gebiet Besitz ergriffen hat und die deutsche Bevölkerung daraus vertrieben hat, haben auch für die rechtliche Beurteilung des Anspruchs auf Wiederherstellung ihr eigenes Gewicht.

Zwar kann der bloße Zeitablauf einen unrechtmäßigen Zustand nicht in einen rechtmäßigen verwandeln. [...] Aber der Inhalt dessen, was von deutscher Seite als Wiedergutmachung für das erlittene Unrecht verlangt werden kann, verändert sich in dem Maße, in dem Polen erfolgreiche Anstrengungen gemacht hat, den Besitz in sein Staatsgebiet zu integrieren.

Aus: Kirchenamt der Evangelischen Kirche in Deutschland (EKD), Die Lage der Vertriebenen und das Verhältnis des deutschen Volkes zu seinen östlichen Nachbarn. Eine evangelische Denkschrift, Hannover 1965, S. 25, S. 28 f.

MATERIAL 8

Aus der „Botschaft der polnischen Bischöfe an ihre deutschen Brüder in Christi Hirtenamt", November 1965

Nach alledem, was in der Vergangenheit geschehen ist – leider erst in der allerneuesten Vergangenheit –, ist es nicht zu verwundern, dass das ganze polnische Volk unter dem schweren Druck eines elementaren Sicherheitsbedürfnisses steht und seinen nächsten Nachbarn im Westen immer noch mit Misstrauen betrachtet. Diese geistige Haltung ist sozusagen unser Generationsproblem, das, Gott gebe es, bei gutem Willen schwinden wird und schwinden muss. [...]
Die Belastung der beiderseitigen Verhältnisse ist immer noch groß und wird vermehrt durch das so genannte „heiße Eisen" dieser Nachbarschaft: Die polnische Westgrenze an Oder und Neiße ist, wie wir wohl verstehen, für Deutschland eine äußerst bittere Frucht des letzten Massenvernichtungskrieges – zusammen mit dem Leid der Millionen von Flüchtlingen und vertriebenen Deutschen (auf interalliierten Befehl der Siegermächte – Potsdam 1945! – geschehen).

Ein großer Teil der Bevölkerung hatte diese Gebiete aus Furcht vor der russischen Front verlassen und war nach dem Westen geflüchtet. Für unser Vaterland, das aus dem Massenmorden nicht als Siegerstaat, sondern bis zum Äußersten geschwächt hervorging, ist es eine Existenzfrage (keine Frage „Größeren Lebensraumes"!); es sei denn, dass man ein über 30-Millionen-Volk in den engen Korridor eines „Generalgouvernements" von 1939 bis 1945 hineinpressen wollte – ohne Westgebiete; aber auch ohne Ostgebiete, aus denen seit 1945 Millionen von polnischen Menschen in die „Potsdamer Westgebiete" hinüberströmen mussten. [...]
Und trotz alledem, trotz dieser fast hoffnungslos mit Vergangenheit belasteten Lage, gerade aus dieser Lage heraus, Hochwürdige Brüder, rufen wir Ihnen zu: Versuchen wir zu vergessen! Keine Polemik, kein weiterer Kalter Krieg, aber der Anfang eines Dialogs.

Aus: O. Golombek (Hrsg.), Die katholische Kirche und die Völker-Vertreibung, Köln 1966, S. 159 ff.

1. Untersuchen Sie die Argumentation des Autors von M 6. Erörtern Sie, was bei seinen polnischen Lesern Anstoß erregt haben könnte.
2. Die Texte M 7 und M 8 wurden fünf Jahre vor der Unterzeichnung des Warschauer Vertrages (→ S. 134–135) verfasst. Stellen Sie die Gründe zusammen, die die Autoren jeweils für die Anerkennung der Grenzen nennen.
  Welche Probleme sehen sie?
3. Versuchen Sie, auch unter Berücksichtigung der Abbildung S. 177, eine Bewertung der Argumente aus der Sicht der 60er Jahre und aus heutiger Sicht.

MATERIAL

 Mitgliedschaft Polens in der EU – „Warum brauchen wir Europa?"

Ansprache des polnischen Außenministers Cimoszewicz auf dem 10. Forum Polen – Deutschland am 25. Januar 2002 in Warschau:

Heute denken das demokratische Polen und das wiedervereinigte Deutschland gemeinsam als gute Nachbarn und Verbündete – und bald auch als Partner in der Europäischen Union – über die Zukunft Europas nach: [...]
- Die Bindungen im Rahmen der EU fördern die Festigung der Demokratie und die Steigerung des Wohlstands der Bevölkerung in den einzelnen Mitgliedsländern.
- Die Gemeinsame Außen- und Sicherheitspolitik ist ein Versuch, die Herausforderungen in diesen Bereichen zu bewältigen.
- Durch Mechanismen der Zusammenarbeit auf dem Gebiet des Inneren und der Justiz gibt die Union ihren Bürgern mehr Sicherheit. Diese Beispiele ließen sich weiter aufzählen.

Alle Reformen, die in den letzten zwölf Jahren in Polen angepackt wurden, waren Vorbereitung auf die EU-Mitgliedschaft. Zusammen mit anderen Kandidaten unternehmen wir Anpassungsanstrengungen, deren Dimension in der bisherigen Integrationsgeschichte Europas keine ihresgleichen hat. Niemals zuvor war das europäische Recht so umfangreich wie heute. Selten war das wirtschaftliche Gefälle zwischen Polen und den westeuropäischen Staaten, das zwar verringert wird, so stark gewesen. Wir haben diese Anstrengungen in voller Überzeugung auf uns genommen, damit die Zukunft Polens zum vereinigten Europa gehöre. [...]

Die wirtschaftliche Rechnung des Erweiterungsprozesses lässt keine Zweifel darüber aufkommen, dass die Erweiterung zum Wirtschaftswachstum der künftigen Union beitragen wird. Anderenfalls würde die Investitions-Attraktivität Polens ja nicht immer wieder höher beurteilt werden und Polen würde nicht zu den wichtigsten Handelspartnern der heutigen EU gehören. [...]

Ich möchte aber die europäischen Prozesse nicht allein durch das Prisma der Wirtschaft betrachten. Unseren Alltag machen nicht nur die materiellen Bedingungen aus, sondern auch das Gefühl der Sicherheit, die Achtung der Gerechtigkeit und stabile, demokratische Regierungsprinzipien, die Möglichkeit, eigene Ziele zu befriedigen sowie das kulturelle und gesellschaftliche Leben.

Diese Werte lassen sich allein durch Ausgrenzung von Staaten und Gesellschaften, die die Wohlstandskriterien nicht erfüllen, nicht sicherstellen. Die Welt von heute wird durch Grundsätze der Offenheit regiert. Hier gewinnt, wer diese Grundsätze konstruktiv und engagiert umsetzt. Die Offenheit heißt Zustimmung zur Erweiterung. [...]

Beim Aufbau der europäischen Einheit können Polen und Deutsche auf eigene Erfahrungen zurückgreifen. Beide Völker haben einen tief greifenden psychologischen und moralischen Umbruch vollzogen und sich trotz der tragischen Vergangenheit miteinander verständigt und versöhnt. Diese Erfahrung dürfen sie nicht nur für sich selbst behalten. [...]

DEUTSCHLAND UND SEINE NACHBARN

Das moderne Polen: Szene in Krakau, 2002.

Polen misst der Unterstützung, die die Bundesrepublik Deutschland unseren EU-Bestrebungen zuteil werden lässt, große Bedeutung bei. [...] Wir sind uns dabei dessen bewusst, dass diese Unterstützung durch eine Reihe von Ängsten und Zweifeln in einem Teil der deutschen Bevölkerung begleitet wird. Diese hängen vor allem mit der Freizügigkeit zusammen. [...]

Ängste und Zweifel im Zusammenhang mit der EU-Erweiterung gibt es aber nicht nur in Deutschland. Sie werden auch hier, in Polen, laut. [...] Es wird befürchtet, unser Land würde in einen Absatzmarkt verwandelt werden, der mit Importware überschüttet werde. Es ist die Angst vor einer allzu starken Konkurrenz. Es ist auch eine ziemlich verbreitete Angst vor einem übermäßigen Grundstückskauf durch Ausländer, was vor dem Hintergrund der polnischen Geschichte auch symbolische Bedeutung hat.

Hinter diesen Befürchtungen und Ängsten auf beiden Seiten verbergen sich nicht nur Wissensdefizite; es ist auch ein Defizit an Vertrauen in die eigenen Fertigkeiten und Möglichkeiten. Die Befürworter der EU-Osterweiterung dürfen diese Phänomene nicht auf die leichte Schulter nehmen, sondern im Gegenteil: [...] Wir müssen langfristig denken, unermüdlich von dem Nutzen der Integration überzeugen, Vorurteile bekämpfen und Ängste abbauen. Ich bin überzeugt, hier werden wir gemeinsam Erfolg haben.

Aus: www.botschaft-polen.de/reden.

1. Stellen Sie die in M 9 genannten Vorteile der EU-Mitgliedschaft Polens für Polen und die EU zusammen. Welche Probleme werden genannt?
2. Erörtern Sie die Berechtigung der deutschen und polnischen Ängste vor einem Beitritt Polens zur EU (M 9).

Die Internet-Recherche

Das Internet enthält unzählige Informationen zu fast allen denkbaren Themen. Die zielgerichtete Suche im Internet ist aber nicht ganz leicht, da es kein zentrales Register gibt.

Formen der Recherche:
- Die Bewegung durch das Netz durch das Anklicken von „Links", das sind Verweise in einer Webseite auf eine andere Stelle derselben Seite oder auf eine andere Webseite. Diese Form der Recherche ist aber relativ ungezielt und recht zeitaufwändig.
- Der Einsatz von Suchmaschinen, die das Netz nach Seiten durchsuchen und nach vorgegebenen Kriterien auflisten. Neben deutschen und internationalen Suchmaschinen sollten Sie auch die Meta-Suchmaschinen beachten, die mehrere einzelne Suchmaschinen durchsuchen und Dubletten herausfiltern. Nutzen Sie auch die Möglichkeit der „Erweiterten Suche" oder „Profisuche", die viele Suchmaschinen anbieten. (Suchmaschinen finden Sie z. B. unter www.yahoo.de, www.google.de, www.fireball.de oder www.metager.de.)

Regeln für die Recherche:
Bei der Recherche im Netz findet man viel Interessantes und landet schließlich irgendwo, wo man eigentlich gar nicht hingewollt hatte: Es besteht die Gefahr, dass man das Ziel der Suche aus den Augen verliert. Es kontrolliert auch keiner die ins Netz gestellten Informationen auf Seriosität und Korrektheit, selbst Strafverfolgungsbehörden haben große Probleme, kriminelle Inhalte aufzuspüren und zu entfernen. Deshalb ist es sinnvoll, bei der Suche Regeln anzuwenden:
Zur Strukturierung der Suche:
- Sie sollten vor dem Beginn der Suche eine klare Fragestellung formulieren.
- Legen Sie eine Favoritenleiste (= Lesezeichenliste) mit Internetseiten an, die sie für besonders wertvoll halten, damit Sie sie schnell wieder finden können.
- Legen Sie ein Rechercheprotokoll an, das die gefundenen Webseiten bewertet (Beispiel s. unten).
Um die Seriosität einer Information einzuschätzen, sollten Sie prüfen:
- Ist der Autor/die Autorin angegeben? Hat er/sie eine erkennbare Qualifikation für seine/ihre Aussage? Gibt es Hinweise auf eine Intention, die er/sie mit der Publikation seines/ihres Textes im Netz verfolgt?
- Sie müssen auch an den Text Fragen stellen: Wann ist der Text erstellt oder aktualisiert worden? Nennt er weitere Literaturangaben? Sind Links zu weiteren elektronischen Texten angelegt? Ist eine intendierte Zielgruppe genannt? Ist der Text sinnvoll aufgebaut, ist er sachlich objektiv oder gibt er eher Meinungen wieder?
Und am allerwichtigsten: Nicht das Finden von Informationen ist das Ziel einer Untersuchung, sondern ihre Auswertung!

Internetadresse	Autor/in – Quelle	Inhalt	+/–
www.willy-brandt.org/biographie	Bundeskanzler Willy Brandt Stiftung	Biographie Brandts mit Film-Tondokumenten und Links	+
www.dhm.de/lemo/html/DasGeteilte Deutschland/KontinuitaetUndWandel/ NeueOstpolitik/	Deutsches Historisches Museum, Berlin	Wortlaut der Verträge, Auszug aus Umfragen, gut gemacht!	+ +
www.glasnost.de/hist/brd/chron.html	Glasnost Archiv (?)	nur Zeitleiste	– –

Anfang eines Rechercheprotokolls, Thema „Warschauer Vertrag 1970 – Zustimmung und Ablehnung"

Ohne Fragestellung ist jede Recherche sinnlos. Ein amerikanischer Forscher drückte dies so aus: „Wer nicht weiß, wo er hinwill, braucht sich nicht zu wundern, wenn er wo anders herauskommt."

Werkstatt Geschichte

1. Der Balkan als Konfliktherd

Der Staat Jugoslawien und seine Teilstaaten, 1981.

Die neue Staatenordnung auf dem Gebiet des ehemaligen Jugoslawien, 2002.

MATERIAL

1 Schlaglichter auf den Balkankonflikt

a) *Der britische Politiker Winston Churchill, 1925:*
Der Balkan produziert mehr Geschichte, als er verbrauchen kann.

b) *Aus den Informationen des deutschen Verteidigungsministeriums, 2000:*
Seit 1992 hat der UN-Sicherheitsrat mehr als 80 Resolutionen verabschiedet, die sich mit dem Konflikt im ehemaligen Jugoslawien befassen. Die OSZE hat sich mehr als 30 Mal mit dem Konflikt beschäftigt.

c) *Der bosnische Slawist Milos Okuka, einst Professor in Sarajewo, heute in München, 1999:*
Der Kosovo-Mythos ist der nationale Mythos der Serben. Er rankt sich um die Schlacht auf dem Amselfeld von 1389 (Anm.: „Amselfeld" ist das Kosovo). Trotz der damaligen Niederlage gegen die Türken sind die Serben davon überzeugt, das Abendland vor dem Islam gerettet und sich für dieses geopfert zu haben. Sie sehen sich dazu auserwählt, wie Christus für das Himmelreich zu streiten, zu leiden und zu sterben.

d) *Aus den Informationen des deutschen Verteidigungsministeriums, 2000:*
Das Kosovo hatte 1995 ca. 2,1 Mio. Einwohner. Dies entsprach einem Viertel der jugoslawischen Bevölkerung. [...]
Im Kosovo leben außer ethnischen Albanern und Serben in geringer Zahl auch Angehörige anderer Ethnien. Darunter befinden sich Türken, Mazedonier, Kroaten, slawische Muslime sowie Sinti und Roma. Die Bevölkerungsstruktur hat sich seit

den 50er Jahren stark verändert. Waren 1953 im Kosovo noch 24% der Bevölkerung Serben und 65% Albaner, so ist der Anteil der Serben bis 1991 auf etwa 10% gesunken und der Anteil der Albaner [...] bis heute auf ca. 82% angestiegen. [...] Die Religionszugehörigkeit ähnelt den ethnischen Strukturen. Die Albaner sind mehrheitlich sunnitische Muslime, die anderen Volksgruppen überwiegend serbisch-orthodoxe Christen.

e) *Hessische Stiftung Friedens- und Konfliktforschung, 2000:*
Gegenwärtig steht das Kosovo unter dem Schutz der internationalen Gemeinschaft, de facto der NATO, und der Verwaltung der UNMIK (Übergangsverwaltung der UNO). Zwar gilt die Region staatsrechtlich noch als serbische Provinz, doch zum ersten Mal in ihrer Geschichte sehen die albanischen Kosovaren eine Möglichkeit, ihre Angelegenheiten selbstbestimmt regeln zu können.

f) *Viktor Meier, Jugoslawiens Erben, 2001:*
Man kann ruhig sagen, dass Jugoslawien im Kosovo gestorben ist. [...]
Die Mehrheit der Makedonier, einschließlich der Minderheiten wäre wohl lieber in einem auf Gleichberechtigung gegründeten Jugoslawien geblieben, aber infolge des von Milošević betriebenen großserbischen Hegemonismus sahen sie sich genötigt, ebenfalls den Weg der staatlichen Selbstständigkeit einzuschlagen.

g) *dpa-Meldung, 12. Februar 2002:*
Vor dem UN-Kriegsverbrechertribunal in Den Haag hat der Prozess gegen Slobodan Milošević begonnen. Das Verfahren soll etwa zwei Jahre dauern.

h) *Südwest-Presse, 13. Februar 2002:*
Zum ersten Mal muss sich ein Staatsoberhaupt vor einem internationalen Gericht verantworten.

Das „Internationale Tribunal für Verbrechen im ehemaligen Jugoslawien" in Den Haag klagte am 27. Mai 1999 den jugoslawischen Präsidenten Milošević als Kriegsverbrecher an.

Die Anklage wirft dem jugoslawischen Ex-Präsidenten Milošević Völkermord, Folter, Verfolgung und Vertreibung von hunderttausenden Menschen vor.

i) *Christian Schmidt-Häuer, DIE ZEIT, 24. Januar 2002:*
Das UN-Kriegsverbrechertribunal will mit dem Prozess gegen Milošević pädagogische Justiz üben. Doch das Land des angeklagten Despoten wird davon ziemlich unberührt bleiben. Es möchte seine Vergangenheit ganz einfach entsorgen. Es will nichts mit dem Tribunal zu tun haben. Und nichts mehr mit Milošević.

Aus: a) und c) Neue Zürcher Zeitung – Folio, Juni 1999, S. 5, 32.
b) und d) Hrsg. BMdV, Friedenstruppe KFOR, 2000, S. 5, 16.
e) B. Meyer u. P. Schlotter, HSFK-Report 1/2000, S. 52.
f) V. Meier, Jugoslawiens Erben, München 2001, S. 49, 118.

Anregungen zur Auswertung:
1. Stellen Sie die hier enthaltenen Informationen und Wertungen unter Hauptgesichtspunkten zusammen und bilden Sie Thesen über Träger und wesentliche Elemente des Balkankonflikts.
2. Formulieren Sie Leitfragen zur Untersuchung des Konflikts.

1.1 Der historische Hintergrund – eine lange Geschichte

Unbewältigte Vergangenheit

„Dem Nachbar soll die Kuh krepieren", sagte der balkanische Bauer, als ihm nach dem Tod seiner einzigen Kuh von Gott ein Wunsch freigestellt wurde. Diese Fabel zitierten die jugoslawischen Medien nach 1990 oft, denn genau in ihrem Geist wurden von Juli 1991 bis Juni 1999 zahlreiche blutige Kriege geführt. Diese lange Kriegszeit hat Wurzeln, die weit in die Geschichte der betroffenen Völker zurückreichen. Die unbewältigte Vergangenheit holte die Gegenwart des nachkommunistischen Jugoslawien unbarmherzig ein. Dreh- und Angelpunkt der Konflikte war dabei die Frage, ob es nationalen Minderheiten gestattet sein sollte, einen eigenen Staat zu bilden.

Jugoslawien mit seinen fast 24 Millionen Einwohnern (Stand 1991) auf 255 000 qkm war eine der kompliziertesten Staatsgründungen des 20. Jahrhunderts. Tito, Staatspräsident von 1945 bis 1980, hat das Problem einst auf die Formel gebracht: „Ich regiere ein Land mit zwei Alphabeten, drei Sprachen, vier Religionen und fünf Nationalitäten, die in sechs Republiken leben, von sieben Nachbarn umgeben sind und mit acht nationalen Minderheiten auskommen müssen."

Als der jugoslawische Staat auseinander fiel, hatten sich die Teilrepubliken auf das Selbstbestimmungsrecht der Völker berufen, das die UNO-Charta garantiert. Weil die meisten von ihnen jedoch in sich auch wieder Vielvölkergebilde sind, hatte die Trennung einzelner Republiken vom jugoslawischen Bundesstaat eine ganze Kettenreaktion von Sezessionsbestrebungen in immer kleinere Einheiten ausgelöst. Bei konsequenter Verwirklichung des Selbstbestimmungsrechtes müssten auf dem Gebiet des untergegangenen Jugoslawien so mehr als ein Dutzend winziger Nationalstaaten entstanden sein.

Vielvölkerstaat Jugoslawien

Im sozialistischen Jugoslawien lebten neben einer Vielzahl nationaler Minderheiten sechs laut Verfassung „staatstragende" Völker: Slowenen, Kroaten, Serben, Bosniaken (Muslime), Montenegriner und Makedonier. Die Albaner im Kosovo und die Ungarn in der Vojvodina hatten einen autonomen Status. Hinzu kommt eine über tausend Jahre getrennt verlaufende Geschichte mit unterschiedlichen Religionen, Kulturen und Traditionen. Die Linie entlang der Flüsse Donau – Save – Una bildete eine Bruchstelle zwischen der römisch-katholisch und westeuropäisch geprägten Region mit Slowenien und Kroatien im Nordwesten sowie den byzantinisch-orthodox oder islamisch orientierten Gebieten im Südosten. Die wichtigsten Volksgruppen sind:

- Die Slowenen, im 8. Jahrhundert von den Franken christianisiert, standen bis 1918 unter habsburgisch-österreichischem Einfluss, ihre Oberschicht sprach Deutsch.
- Die Kroaten, ebenfalls von den Franken christianisiert, verloren im 10. Jahrhundert ihre Eigenständigkeit an Ungarn und gehörten ebenfalls bis 1918 zum Habsburgerreich. Das kroatische Dalmatien stand über 500 Jahre lang unter dem Einfluss Venedigs und gehörte seit 1814 zu Österreich. Kroaten und Slowenen bewahrten ihre nationale Identität und fühlen sich heute Westeuropa zugehörig.
- Die Serben, vom oströmischen Reich byzantinisch-orthodox christianisiert, dehnten nach Erlangen ihrer Selbstständigkeit im 11. Jahrhundert ihr Reich zeitweise bis Griechenland aus. Ihr Zentrum lag ursprünglich im Kosovo, wo sie am 28. Juni 1389 auf dem Amselfeld von den Osmanen geschlagen wurden und unter türkische

DER BALKAN ALS KONFLIKTHERD

Die österreichisch-türkische Militärgrenze (Krajina) im 18. Jahrhundert. Seit dem 16. Jahrhundert sicherte das habsburgische Reich seine Grenze im Südosten gegen das osmanische Reich u. a. durch die Ansiedlung serbischer Flüchtlinge. Diese bildeten als Wehrbauern (Tschetniks) einen bewaffneten Grenzschutz und erhielten dafür Sonderrechte. Serbische Tschetniks standen auch auf der türkischen Seite der Grenze.

Herrschaft gerieten. Diese Schlacht wurde ein zentraler Punkt des serbischen Geschichtsbildes, der die emotionale Bindung an das inzwischen mehrheitlich von Albanern bewohnte Kosovo begründet.
- Die unter türkischer Herrschaft islamisierten Albaner rückten ab dem 15. Jahrhundert in das von den Serben verlassene Kosovo-Gebiet nach und erreichten hier nach 1945 einen autonomen Status innerhalb Serbiens, der 1989 aufgehoben wurde.
- Den Montenegrinern, ursprünglich Serben, gelang noch unter den Türken die Autonomie.
- In Bosnien siedelten seit dem frühen Mittelalter Serben und Kroaten. Nach der Eroberung durch die Osmanen 1463 traten viele zum Islam über. Als Bosniaken bilden sie die dritte Volksgruppe im Lande.
- Die Makedonier, auf deren Gebiet Serben, Bulgaren und Griechen historische Ansprüche erhoben und das nach den Balkankriegen 1912/13 unter diesen aufgeteilt wurde, bildeten in Jugoslawien unter Tito eine der sechs Teilrepubliken.

Im Staat Jugoslawien gab es zwei Alphabete, das lateinische und das kyrillische. Serben, Kroaten, Montenegriner und die Bewohner Bosnien-Herzegowinas sprechen serbokroatisch, Slowenen slowenisch, Makedonier makedonisch. Slowenen und Kroaten sind katholisch, Serben, Montenegriner und Makedonier sind serbisch-orthodoxe Christen. Die Bosniaken und die meisten Albaner im Kosovo sind Muslime. Kleine Minderheiten sind evangelisch oder bekennen sich zum jüdischen Glauben.

Sprachliche und religiöse Vielfalt

Der Wunsch nach Vereinigung der südslawischen Völker bildet seit Beginn des 19. Jahrhunderts das Leitmotiv im nationalen Denken der Serben. Die Integration des

WERKSTATT GESCHICHTE

Die Völker Jugoslawiens 1981.

1918: Staatsgründung

serbischen Volkes in einem gemeinsamen Staat gelang dann 1918 mit der Gründung des „Königreichs der Serben, Kroaten und Slowenen", das 1929 den Namen Jugoslawien (Jugo = Süd) erhielt. Die Siegermächte des Ersten Weltkriegs, vor allem Frankreich, hatten diese Staatsgründung unterstützt um den ungarischen und deutsch-österreichischen Einfluss im Balkan auszuschalten. Von Anfang an gab es Spannungen in dem neuen Staat, besonders zwischen Kroaten und Serben. 1934 ermordete die national-kroatische faschistische Ustascha-Bewegung den König Alexander.

Bürger- und Partisanenkrieg 1941–1945

Im Zweiten Weltkrieg zerbrach Jugoslawien am deutsch-italienisch-ungarischen Angriff 1941, das Land wurde aufgeteilt. Kroatien wurde formal souverän. Der „Unabhängige Staat Kroatien" unter der Ustascha-Partei konnte Bosnien-Herzegowina und Teile Serbiens annektieren. Die übrigen Landesteile Jugoslawiens wurden von Deutschen, Ungarn und Italienern besetzt. Bald tobte ein Bürgerkrieg im Land. 300 000 Serben sollen von kroatischen Mordkommandos getötet worden sein. Gegen den Ustascha-Staat und die deutsche Besatzung leisteten die nationalserbischen Tschetniks und kommunistisch gelenkte Partisanen unter der Führung von Tito erbitterten Widerstand. Die Deutschen reagierten darauf mit grausamen Repressalien, für einen getöteten Deutschen wurden bis zu hundert Zivilisten hingerichtet. Viele Juden und Roma wurden von den Deutschen vernichtet. Schließlich aber gelang es den Partisanen gegen Ende des Krieges, sich, anders als andere Länder Osteuropas, selbst von der Besatzung zu befreien; die sowjetischen Truppen marschierten in Jugoslawien nicht ein.

Nach dem Zweiten Weltkrieg entstand ein sozialistischer Staat unter der Führung von Marschall Tito. Die Serben besetzten fast alle Schlüsselstellungen in der Politik, in

DER BALKAN ALS KONFLIKTHERD | 189

Armee und Wirtschaft. Im Jahr 1974 wurde die Verfassung weitreichend föderalisiert, die kommunistische Partei als der eigentliche Machtfaktor herrschte jedoch weiterhin zentralistisch. In der Zeit des Kalten Krieges galt Jugoslawien jahrzehntelang als geglücktes Modell eines kommunistischen Staates, der seinen Bürgern im Vergleich zu den von Moskau abhängigen Staaten des Ostblocks relativ viel Freiheit und Wohlstand gebracht hatte. Seine Außenpolitik war blockfrei, sie verhalf ihm im Westen zu Sympathien und enormen finanziellen Hilfen.

Der Tito-Sozialismus

Doch weder im königlichen noch im kommunistischen Jugoslawien konnte sich eine demokratische politische Kultur entwickeln, die durch Toleranz, Respektierung der Menschenwürde und Berücksichtigung der Interessen anderer geprägt worden wäre. Tito hielt diesen bunt zusammengefügten Staat nur durch seine diktatorische und gleichzeitig föderalistische Politik zusammen. Seine Nachfolger scheiterten. Nach dem Ende des Ost-West-Konflikts 1989/90 zerstritt sich Jugoslawien über der Frage, ob es zentralistisch oder föderalistisch verfasst sein sollte. Ein Hauptstreitpunkt war, welche Rolle den Serben zufallen sollte, die sich als staatstragendes Volk verstanden. Weitere Faktoren für den Zerfall waren die nach 1980 offenbare Wirtschaftskrise, die regionalen Entwicklungsunterschiede zwischen Nord und Süd und die hohe Steuerbelastung der Bewohner Sloweniens und Kroatiens zugunsten der serbischen Zentrale.

Ursachen für den Zerfall

MATERIAL
Die Völker auf dem Balkan **2**

Der Versuch, Geschichte als Geschichte von „Rassen" zu schreiben, ist der Fluch der Balkanländer. Jeder, der in diesem Teil Europas gelebt hat oder gereist ist, weiß, dass es so etwas wie eine „rassisch" homogene Provinz dort nicht gibt, von einem „rassisch" homogenen Staat ganz zu schweigen. Nur wenige Menschen auf der Balkanhalbinsel können eine eindeutige Abstammung für sich in Anspruch nehmen. Trotzdem haben in den zwei letzten Jahrhunderten verlogene Theorien von „rassisch-ethnischer Identität" die Politik der Balkanländer vielfach beherrscht.
Die frühe Geschichte dieser Region zu betrachten ist notwendig, weil sie eines deutlich macht: Selbst wenn es legitim wäre, die heutige Politik an uralten Rassefragen zu orientieren – hier wäre es schlicht unmöglich.

Auf kein Land trifft dies mehr zu als auf Bosnien, ein Land, das oft als Mikrokosmos der Balkanhalbinsel bezeichnet worden ist. *Den* bosnischen Typus zum Beispiel gibt es nicht: Bosnier können blond oder dunkelhaarig sein, braunhäutig oder sommersprossig, grobknochig oder drahtig. Die Gene unzähliger verschiedener Völker haben zu diesem menschlichen Mosaik beigetragen. [...] Auf Grund ihrer Sprache und Kultur und auf Grund ihrer mehr als tausendjährigen Geschichte kann die heutige Bevölkerung Bosniens slawisch genannt werden. Die Ankunft der Slawen auf der Balkanhalbinsel ist deshalb der natürliche Ausgangspunkt für eine Geschichte Bosniens. [...] Serben und Kroaten waren von frühester Zeit an zwar gesondert, standen aber in enger Verbindung und lebten und wanderten miteinander [...]. Fest steht jedenfalls, dass es, als sie auf der Balkanhalbinsel eintrafen, dort schon eine slawische Bevölkerung gab – größer an Zahl als die Serben und Kroaten. Diese starke slawische Ursprungsbevölkerung lässt sich nicht in verschiedene ethnische Gruppen aufspalten, deshalb ist der Versuch, alte ethnische Unterteilungen unter ihren Nachkommen zu erfinden, einfach sinnlos. Sie muss ihrerseits die Reste einer Bevölkerung absorbiert haben, deren Vorfahren Illyrer, Kelten, Römer, Leute aus allen Teilen des römischen Weltreichs, Goten, Alanen, Awaren oder Hunnen waren.

Aus: N. Malcolm, Geschichte Bosniens, Frankfurt/Main 1996, S. 19 ff., Übers. I. Strasmann.

MATERIAL

3 Die jugoslawische Tragödie

a) Die fataleste Schöpfung der Achsenmächte war der „Unabhängige Staat Kroatien" unter der Führung des Ustascha¹-Gründers Ante Pavelic. Zwar musste dieses Kroatien die Küste an Italien abtreten und war dadurch von der Adria abgeschnitten. Es wurde auch in zwei Besatzungszonen aufgeteilt, in die deutsche und italienische Truppen einzogen. [...] Als Ausgleich für die territorialen Verluste schlugen die Sieger serbische Gebiete bis kurz vor Belgrad und fast ganz Bosnien-Herzegowina dem Ustascha-Staat zu.
Es war ein Danaergeschenk, da Kroatien damit ein Völker- und Religionskonglomerat erbte, dem es nicht gewachsen war. Die Kroaten stellten in ihrem neuen Staat nur etwas mehr als die Hälfte der Bevölkerung. [...] Die Kroaten beschlossen, sich der Serben in ihrem Staat, eines Drittels der Bevölkerung, zu entledigen: durch Vertreibung, Zwangsumtaufung und Massenmord. Das gleiche Schicksal dachten sie Juden und Zigeunern zu. [...] Die Ustaschen verfolgten das von ihrer Führung erhobene Ziel, zwischen einem Drittel und der Hälfte der knapp zwei Millionen Serben in Kroatien umzubringen. Der Rest sollte vertrieben oder zwangsweise zum Katholizismus bekehrt werden [...].
(Die königstreuen) Tschetniks, die ihre Kämpfer fast ausschließlich unter Serben und Montenegrinern rekrutierten [...], mordeten nicht weniger grausam als die Ustascha. (Ihre Opfer waren Kroaten und Moslems.) [...]
Der Terror der Ustascha, das Wüten der Tschetniks und die Kriegsverbrechen der Deutschen trieben Titos „Volksbefreiungsarmee" immer mehr Kämpfer aus allen Teilen der Bevölkerung und allen Nationalitäten zu. [...]
Gemessen an seiner Bevölkerungszahl, bezahlte Jugoslawien mit dem außer Polen höchsten Blutzoll im Zweiten Weltkrieg. Fast zwei Millionen Menschen, zehn Prozent der Einwohner, kamen um. Mehr als die Hälfte davon starb im Bruderkampf der jugoslawischen Völker untereinander.

b) Titos Politik, den bereits bestehenden ethnischen, religiösen und sonstigen Konflikten eine panjugoslawische, prokommunistische und gegen die Achsenmächte gerichtete Kampagne überzustülpen und jede Waffenruhe zu stören, führte tatsächlich dazu, dass aus vielen kleinen Kriegen ein einziger großer wurde, in dem Tito selbst zum obersten Befehlshaber avancierte. Weil er es so wollte, sahen sich die meisten Männer und Frauen Jugoslawiens gezwungen, sich für eine Seite zu entscheiden. So wurde die Bevölkerung von unten remilitarisiert. Bei Kriegsende wurden mindestens Hunderttausend, die sich für die falsche Seite entschieden hatten, kurzerhand von den Partisanen getötet und gesellten sich somit im Tode zu den von den proitalienischen Kroaten umgebrachten 350 000 Serben.

_____
¹ Ustascha: Kroatische National-Bewegung, 1929 gegründet, um die Unabhängigkeit Kroatiens von Jugoslawien zu erkämpfen. Die Ustascha setzte dabei auf Gewalt. Sie stand den Faschisten in Italien nahe und erreichte ihr Ziel, als die Achsenmächte (Deutschland und Italien) im Zweiten Weltkrieg Jugoslawien angriffen.

Aus: a) DER SPIEGEL 30/1992, S. 130. b) J. Keegan, Die Kultur des Krieges, Berlin 1995, S. 93f., Übers. K. A. Klewer.

MATERIAL

4 Jugoslawien nach 1945 – Der Titoismus

Die historischen Grenzen blieben gewahrt. [...] Die Serben behielten ihr traditionelles Übergewicht in Partei, Armee und Verwaltung.
Auch außerhalb Serbiens und Montenegros nahmen sie weit über ihren Bevölkerungsanteil führende Positionen in Partei, Staat und Gesellschaft ein und beherrschten mehr oder minder andere Teil-Republiken. Als die eigentlichen Profiteure des „Jugoslawismus" klammerten sie sich bis zuletzt an jugoslawische Machtpositionen. Andererseits erhielten die kleineren Minderheiten im neuen Jugoslawien erstmals Freiraum zur Betätigung ihrer eigenen kulturellen Identität durch eigene Schulen, Zeitschriften usw.
Während im neuen kommunistischen Jugoslawien die Nationalitätenfrage in der offiziellen Pro-

DER BALKAN ALS KONFLIKTHERD

Die „Stari Most", die Brücke über den Fluss Neretva in Mostar, war 1571 auf Geheiß des bosnisch-stämmigen Großwesirs Mehmet Pascha Sokolovic erbaut worden. 1994 wurde sie von kroatischen Truppen zerschossen.

paganda immer weniger eine Rolle spielen sollte, blieb der großserbische Nationalismus vor allem in der Armee ungebrochen, deren Generalität und Offizierkorps weitgehend in den Händen von Serben waren. [...]

Der Kalte Krieg spielte dem neuen Jugoslawien [...] eine buchstäbliche goldene Chance in den Schoß: Mit dem spektakulären Ausscheiden aus dem Sowjetblock 1948 erhielt Jugoslawien westliche Kredithilfe. Der Bruch mit der stalinistischen Sowjetunion, die Arbeiterselbstverwaltung in der Industrie (1950) und neue Verfassungen suggerierten auch eine innere Liberalisierung, die tatsächlich jedoch unterblieb: An die Stelle des Stalinismus trat lediglich der Titoismus. Die westlichen Finanzhilfen – geschätzte 100 Milliarden Dollar – wurden zum geringsten Teil produktiv investiert. Vielmehr gingen sie vor allem in den Konsum und dienten dem Aufbau eines gigantischen militärisch-industriellen Komplexes: 65% des Staatshaushaltes beanspruchte eine für das relativ kleine und arme Land überdimensionierte Armee mit einer besonderen Konzentration der eigenen Rüstungsindustrie in Bosnien-Herzegowina und Serbien. Unter den bosnischen Bergen wurde ein gewaltiges Waffenpotential aufgehäuft, angeblich zur Verteidigung für den Fall einer sowjetischen Invasion. In Wirklichkeit wurden Artilleriestellungen, mitten im Frieden, in einer Großstadt wie Sarajewo eingerichtet, nicht, wie allein sinnvoll, am Rande einer Stadt zu ihrem Schutz. Der Zweck solcher urbaner Artilleriepositionen wurde spätestens seit der Belagerung Sarajewos 1992 klar – Terrorisierung widerspenstiger Bevölkerung.

Aus: I. Geiss u. G. Intemann, Der Jugoslawienkrieg, Frankfurt/Main 1995, S. 48f.

Anregungen zur Auswertung
1. Als Hauptursache für den Krieg in Jugoslawien wird immer wieder der ethnische Konflikt genannt. Wie beurteilt der Autor von M 2 diese These?
2. Erläutern Sie mit Hilfe der Karte S. 187 die Bedeutung der alten Militärgrenze für Religion, Kultur, Tradition und ethnische Besiedlung Jugoslawiens bis 1991.
3. Zeigen Sie anhand von M 3 und M 4, warum die 1945 offiziell verkündete „Brüderlichkeit und Einheit" nicht existierte. Kennzeichnen Sie die innen- und außenpolitischen Faktoren und Entwicklungen, welche die Zeit ab 1945 bestimmten.

1.2 Das Zerbrechen Jugoslawiens

Der Weg in den Krieg begann, als nach dem Scheitern des sozialistischen Gesellschaftsmodells die Serben 1988 gegen die Autonomierechte im Kosovo und in der Vojvodina (→ Karte S. 188) vorgingen. 1989 wurde die Autonomie der Vojvodina und des Kosovo aufgehoben, 1990 wurden beide Gebiete Serbien einverleibt. Belgrad feierte die „Wiedererlangung der serbischen Souveränität". Der serbische Präsident Milošević brach mit der „Politik des nationalen Konsenses" und lehnte die Pläne Sloweniens und Kroatiens zur Bildung einer losen Konföderation ab.

Kroatien und Slowenien
In Volksabstimmungen sprachen sich daraufhin Kroaten und Slowenen 1990 mit großer Mehrheit für ihre Unabhängigkeit aus. Im Frühjahr 1990 führten sie auch Parlamentswahlen durch. Die alten Machteliten wurden abgelöst und durch bürgerliche Kräfte ersetzt. Serbien und Montenegro, wo sich Ende 1990 die Nachfolgeparteien der Kommunisten bei den Parlamentswahlen behaupten konnten, gründeten 1992 eine neue jugoslawische Föderation, die Bundesrepublik Jugoslawien, zu der alle Teile des alten Jugoslawien außer Slowenien und Kroatien gehörten. Damit hatte sich das „alte" Jugoslawien im April 1992 auch de jure aufgelöst.

Ein Viertel aller Serben Jugoslawiens lebte 1990 außerhalb Serbiens, rund 600 000 in Kroatien und 1,4 Millionen in Bosnien. Die serbische Regierung hatte daher für den Fall, dass Jugoslawien zerfallen sollte, beschlossen, ihre verschiedenen Siedlungsgebiete notfalls auch gewaltsam zu einem großserbischen Staat zu vereinigen. So brachen, unmittelbar nachdem Slowenien und Kroatien ihre Unabhängigkeit erklärt hatten, im Juni 1991 erste Kämpfe aus. Während die Kampfhandlungen in Slowenien, wo der serbische Bevölkerungsanteil unbedeutend ist, nur zehn Tage dauerten und durch die Vermittlung der Europäischen Gemeinschaft eingestellt werden konnten, zogen sich die Kämpfe in Kroatien lange hin. Im Januar 1992 errichteten die Serben auf fast einem Drittel des kroatischen Territoriums ihre „Serbische Republik Krajina" und vertrieben die dort lebenden Kroaten. Damit war der serbisch-kroatische Krieg vorläufig beendet. Drei Jahre später, 1995, wurden die Serben jedoch von den Kroaten ihrerseits aus diesem Gebiet vertrieben.

Krieg in Bosnien-Herzegowina
Im Februar 1992, entstand auch in Bosnien-Herzegowina ein neuer Staat. Ein Jahr nach der Unabhängigkeitserklärung Sloweniens und Kroatiens, sprachen sich in einem Referendum 99 % der Abstimmenden von Bosnien-Herzegowina für die Gründung einer eigenen „unteilbaren und souveränen" Republik aus. Doch die große serbische Bevölkerungsgruppe hatte das Referendum von vornherein boykottiert. Der neue Staat wurde schon am 7. April international anerkannt, einen Tag später begann Serbien den Krieg. Er sollte bis Ende 1995 dauern. Serbien ging besonders grausam gegen die Zivilbevölkerung vor. Serbische Truppen vertrieben alle Nichtserben aus den eroberten Gebieten, häufig nahmen sie die Männer gefangen oder töteten sie.

Die internationale Gemeinschaft stand der Gewalt hilflos gegenüber. Die UNO konnte mit ihrem Handels- und Ölembargo gegen Serbien diesen Krieg der „ethnischen Säuberungen", wie die Vertreibungen und Morde zynisch genannt wurden, nicht verhindern oder gar beenden. Schon früh begann zwar die internationale humanitäre

Hilfe, eine militärische Intervention lehnten die westlichen Regierungen jedoch ausdrücklich ab. Doch weder Sanktionen noch Friedenskonferenzen konnten den Krieg beenden.

Bis 1995 blieben die Bemühungen um eine politische Lösung erfolglos. Im Frühsommer 1995 erreichte der Glaubwürdigkeitsverlust des Westens seinen Höhepunkt. Die kroatische Armee eroberte die von UNO-Truppen kontrollierte serbische Krajina, die bosnisch-serbische Armee überrannte im Juli die UNO-Schutzzonen Srebrenica und Zepa und ermordete rund 7 000 männliche Muslime – die anwesenden Schutztruppen der UNO griffen nicht ein.

„Beginn der Friedensgespräche", Karikatur aus Newsweek vom 4. 12. 1995.

Die dramatischen Ereignisse im Sommer 1995 leiteten jedoch die Wende ein. Luftangriffe der NATO auf serbische Stellungen und diplomatische Aktivitäten der USA erzwangen im Oktober 1995 die Aufnahme von Friedensverhandlungen. Das Abkommen für Bosnien-Herzegowina, das die Präsidenten Serbiens, Kroatiens und Bosnien-Herzegowinas im November 1995 unter massivem amerikanischem Druck in Dayton (Ohio/ USA) aushandelten und am 14. Dezember 1995 in Paris unterzeichneten, trat sofort in Kraft. Das Vertragswerk will Bosnien-Herzegowina formal als einheitlichen Staat in seinen international anerkannten Grenzen erhalten, der aus zwei weitgehend selbstständigen Bundesstaaten mit gemeinsamer Zentralregierung bestehen soll. Die NATO übernahm auf der Grundlage eines UN-Mandats die militärische Absicherung des Friedens.

Intervention der NATO

Das Problem des Kosovo war im Vertrag von Dayton ausgeklammert geblieben. Die Spannungen zwischen Serben und Kosovo-Albanern verschärften sich ab 1997. Die so genannte „Befreiungsarmee für Kosovo" (UCK) kämpfte mit Waffengewalt gegen die serbischen Sicherheitskräfte und die serbische Verwaltung. Nachdem sie Mitte 1998 fast 40 % des Kosovo kontrollierte, ging Serbien militärisch gegen sie vor. Belgrad sprach dabei nie von Krieg, obwohl es unter den Kosovo-Albanern Tausende von Toten und fast eine Million Flüchtlinge gab.

Krieg im Kosovo

Als alle internationalen Bemühungen um eine politische Lösung scheiterten, entschloss sich die NATO im März 1999 zur militärischen Intervention zugunsten der albanischen Bevölkerung des Kosovo. Milošević lenkte erst im Juni 1999 ein, als die jugoslawische Infrastruktur weitgehend zerstört worden war. Die NATO erzwang die Stationierung einer internationalen Friedenstruppe im Kosovo, der Kosovo Force (KFOR), an der sich insgesamt 39 Staaten beteiligen. Die KFOR hat eine Stärke von fast 50 000 Mann, die Bundesrepublik Deutschland stellt das drittgrößte Kontingent. Die Lage bleibt trotz der Präsenz internationaler Organisationen vorläufig instabil. Formell gehört das Kosovo noch zu Serbien.

Intervention der NATO

Demonstranten der nationalistischen albanischen Befreiungsbewegung.

Kroatische Flaggen wehen am Parlamentsgebäude in Zagreb.

MATERIAL

5 Warum dieser Krieg?

Herr Malogajski (Serbe), Herr Novoselać (Kroate), Herr Zulfikarpasić (Bosnier) über den Krieg auf dem Balkan:

Zulfikarpasić: Sehen Sie, das kommunistische Regime hat in ganz Osteuropa eine politische Wüste hinterlassen. [...] Es gab für den Einzelnen kaum eine Möglichkeit, politische Erfahrungen zu sammeln. Die totalitäre kommunistische Partei hat die Leute dazu erzogen, Erfolg in der Karriere nur davon zu erwarten, dass sie einer zentralen Führung folgen. Diesen Leuten schien ein freies Leben nach westlichem Muster zu kompliziert, es gab dafür in Osteuropa keine Erfahrungen. Bei den freien Wahlen sind dann ganz rasch die nationalistischen Elemente mit ihrem militanten Schwarzweißbild – hier Freund, dort Feind – zur Stelle gewesen.

Auf dem Balkan ist der Umgang mit Nationalismen aber sehr problematisch, genauso wie der mit Religionen, weil bei uns die Diskussion mit Andersgesinnten keine Kultur hat. Sie konnte sich nicht wie in einem freiheitlichen System entwickeln. Eine brutale, vereinfachte Form des Denkens, die uns im Kommunismus anerzogen worden war, kombiniert mit nationalistischem Gefühl, hat eine spezielle Form der Militanz ergeben, aus der die heutige Situation erwachsen ist.

Novoselać: Was heute geschieht, ist eine Folge der früheren Diktatur. Am Anfang hatte man gehofft, dass der Kommunismus eine Regierung des Volkes sein werde, und übersehen, dass schon in Lenins Definition die Diktatur des Proletariats etwas ganz anderes bedeutet.
Diktaturen sind immer nur mit Druck zu erhalten: Wer nicht folgt, wird verfolgt. Druck erzeugt aber Gegendruck und dieser ist, verstärkt durch die riesigen sozialen Probleme, nun zur Entladung gekommen.
Im Tito-Jugoslawien wurde ja etwa das soziale Ost-West-Gefälle ungeheuer verstärkt. Nicht zufällig arbeiten so viele Kosovo-Albaner im Westen. Die sind nicht aus nationalen, sondern lange vor diesem Krieg aus sozialen Gründen ausgewandert.

Die freien Wahlen brachten eine regelrechte Explosion. Nicht alle verstehen unter Demokratie das gleiche.

Malogajski: Kommunismus und Nationalismus sind beides undemokratische Optionen. Dass das eine das andere abgelöst hat, ist [...] der Grund, dass Jugoslawien auseinander gefallen ist. Nach der jahrzehntelangen Frustration unter dem Kommunismus, der wirtschaftlichen Misere und der ideologischen Ratlosigkeit glaubten die nationalen Führer nun ihre Aufgabe einzig darin zu sehen, das Nationalbewusstsein und [...] den Hass gegen jene zu schüren, die schuld sind, dass es bisher nicht so ging, wie es sollte. Das waren für jeden die jeweils andern.

Aus: NZZ-Folio, September 1992, S. 32.

MATERIAL 6

Der serbische Standpunkt: Aus einer Rede des ersten Staatspräsidenten der neu gegründeten Bundesrepublik Jugoslawien Dobrica Cosić im Januar 1991

Worin besteht also heute das Wesen der serbischen Frage im jugoslawischen Kontext? Was will dieses erniedrigte, betrogene und verleumdete serbische Volk, dem mit Unverständnis und Hass begegnet wird und das selbst am allermeisten für seine jetzige Lage verantwortlich ist?
In allen seinen politischen Motiven ist der gesellschaftliche Kern, das nationale Ziel der serbischen Frage ein ausschließlich demokratisches. Es ist eine Frage der Freiheit und des Existenzrechts des serbischen Ethnos in der Gesamtheit seiner geistigen, kulturellen und geschichtlichen Identität, ohne Rücksicht auf die heutigen Republikgrenzen und die Verfassung Jugoslawiens. Wenn diese Freihheit und dieses Recht nicht garantiert werden, dann ist das historische Ziel des serbischen Volkes – die Vereinigung aller Serben in einem Staat, wofür es mehrere Kriege geführt und grauenhafte Opfer gebracht hat – nicht verwirklicht. Dabei müssen alle Rechte und bürgerlichen Freiheiten, die das serbische Volk in Jugoslawien für sich in Anspruch nimmt, auch den Kroaten und allen jugoslawischen Nationen und Nationalitäten zukommen. Der Staat, um den das serbische Volk schon zwei Jahrhunderte lang kämpft, kann und darf kein „großserbischer" und hegemonistischer, kein zentralistischer und unitaristischer sein. [...]
Die Serben haben keinen einzigen nationalen und demokratischen Grund und auch nicht das Recht, Kroaten und Slowenen an der Abspaltung von Jugoslawien und der Schaffung selbstständiger Staaten zu hindern. Aber: die Gründung ihrer autonomen Staaten kann nur auf deren ethnischen Gebiet erfolgen. Sollte die Staatsgründung jedoch unter Annexion von serbischem ethnischem Territorium erfolgen, müsste man sie als Eroberer bezeichnen und sie würden einen Krieg anzetteln. Das serbische Volk hat heute jeden historischen, nationalen und demokratischen Grund und jedes Recht, in einem Staat zu leben. Ob das ein föderatives, demokratisches Jugoslawien sein wird, werden die Nationen entscheiden, die in einem solchen Jugoslawien leben wollen. Sollte ein solches Jugoslawien von den anderen Nationen nicht gewünscht werden, so ist das serbische Volk gezwungen, frei in seinem Staat zu leben und damit nach einem zweihundertjährigen Kampf endgültig seine vitalen Fragen zu lösen.

Aus: Osteuropa 10/1991, S. A 592–A 601.

Demonstrant mit serbischer Flagge.

MATERIAL

 Aus der Unabhängigkeitserklärung Kroatiens am 25. Juni 1991

In Fortführung der dreizehn Jahrhunderte alten staatsrechtlichen Tradition auf ihrem Territorium zwischen der Adria und den Flüssen Drau und Mur hat die kroatische Nation das Bewusstsein ihrer Identität und Unabhängigkeit im unabhängigen Staat Kroatien bewahrt.
Auf Grund des Zusammentreffens historischer Umstände und ihrer Position auf der Trennlinie zwischen der östlichen und westlichen Christenheit, zweier ständig entgegengesetzter Zivilisationen und Kulturen mit verschiedenen politischen, wirtschaftlichen und anderen Interessen, war die kroatische Nation über die Jahrhunderte hinweg gezwungen, ihren [...] Staat zu verteidigen, zugleich die Nationen verteidigend, die westlich ihres Territoriums lebten. [...]
Das zentralistische, totalitäre System, das ihr von der Sozialistischen Föderativen Republik Jugoslawien aufgezwungen wurde, hinderte die Republik Kroatien daran, ihre politischen, kulturellen und anderen Interessen zu fördern und zu schützen, was aufseiten des kroatischen Volkes den Wunsch wachsen ließ, sich vom jugoslawischen Staat zu lösen. Heute sind wir mit Versuchen konfrontiert, Recht und Gesetz und die Integrität der Republik Kroatien durch von außerhalb der Republik angestiftete organisierte Gesetzlosigkeit und Terrorismus zu zerstören. [...]
Die kroatische Nation ist zusammen mit allen Bürgern, die die Republik Kroatien als ihr Heimatland ansehen, entschlossen, ihre Unabhängigkeit und territoriale Integrität gegen jede Aggression zu verteidigen, unabhängig davon, woher sie kommt.

Aus: Europa-Archiv 21/1991, D 531 f.

MATERIAL

 Erklärung der Bundesregierung zur aktuellen Lage im Kosovo, 15. April 1999

Bundeskanzler Schröder im Deutschen Bundestag:

Immer wieder hören wir die Frage, warum dieser militärische Einsatz sein musste. Wir hören diese Frage nicht zuletzt deshalb, weil noch keine Bundesregierung vor diese schwere Entscheidung gestellt worden ist, deutsche Soldaten – mit allem, was damit an Gefährdungen für unsere Soldaten verbunden ist – zu einem militärischen Kampfeinsatz gemeinsam mit unseren Partnern innerhalb der NATO zu entsenden. [...] Der gelegentlich geäußerte Einwand, dass man zu wenig auf die Möglichkeiten der Diplomatie und zu schnell und zu stark auf die Möglichkeiten des Militärs gesetzt habe, geht fehl. [...]
Milošević ist es gewesen, der jegliche Lösung, die möglich gewesen wäre, verhindert hat. [...] Die jugoslawische Regierung hat von Anfang an an den Feldzug der ethnischen Säuberung geglaubt und ihn geplant. [...] Diesem Verbrechen zuzusehen wäre zynisch und verantwortungslos gewesen. Die NATO musste auf die Eskalation der Gewalt reagieren. Wir wissen seit Kroatien, Bosnien und Herzegowina mit über 200 000 Kriegsopfern, dass sich Europa mit Zuwarten erneut schuldig gemacht hätte.
Die NATO ist eine Wertegemeinschaft: Gemeinsam mit unseren Partnern kämpfen wir im Kosovo für unsere Werte: für Menschenrechte, für Freiheit und für Demokratie. Bei unserem Engagement geht es auch darum, wie das Europa des nächsten Jahrhunderts aussehen soll. Wollen wir Europäer es nach den Erfahrungen mit zwei schrecklichen Weltkriegen in diesem Jahrhundert wirklich zulassen, dass Diktatoren unbehelligt mitten in Europa wüten können? [...]
Die Einbindung Deutschlands in die westliche Staatengemeinschaft ist Teil der deutschen Staatsräson. Einen Sonderweg kann und wird es mit uns nicht geben. So schwer es dem einen oder anderen auch fällt: Wir müssen erkennen, dass sich Deutschlands Rolle nach dem Zusammenbruch des Staatssozialismus, vor allen Dingen nach der Erlangung der staatlichen Einheit, verändert hat. Wir können uns unserer Verantwortung nicht entziehen.

Aus: bpa-bulletin vom 16. 4. 1999, Doknr. 99016.

DER BALKAN ALS KONFLIKTHERD

MATERIAL
Das Gesicht des Krieges 9

In Vinkovici (Ost-Kroatien) versucht ein Soldat eine Frau zu trösten, deren Haus in Trümmern liegt.

Bosnische Frauen an einem Massengrab, in dem ihre Männer liegen.

Fünfjähriger Junge am Grab seines Vaters.

Flüchtlingslager von Kosovoalbanern in Tetowo.

Anregungen zur Auswertung:
1. Setzen Sie sich mit den Ursachen, Zielsetzungen, Rechtfertigungen und Folgewirkungen der Kriege in Jugoslawien auseinander, die in M 5 bis M 9 deutlich werden.
2. Erörtern Sie die Rolle der Vereinten Nationen, der NATO, der Europäischen Gemeinschaft/Europäischen Union und der Bundesrepublik Deutschland im Balkankonflikt.

WERKSTATT GESCHICHTE

1.3 Jugoslawiens Erben –
die neuen Staaten und die internationale Politik

Folgen der Kriege

Die Kriege im ehemaligen Jugoslawien hatten in sämtlichen Nachfolgestaaten gravierende politische und gesellschaftliche Erschütterungen zur Folge, die noch lange nachwirken werden. Wirtschaftlich wurden die Staaten weit zurückgeworfen. Die ökonomische Depression äußert sich besonders in einer drastisch verminderten Wertschöpfung, vor allem bedingt durch den Absturz der industriellen Produktion, in einer sprunghaften Zunahme der Erwerbslosigkeit, erheblich verringerten Reallöhnen und demzufolge in einem deutlich gesunkenen Lebensstandard.

Schwelende Konflikte

Auch mehr als ein Jahrzehnt nach dem Auseinanderbrechen Jugoslawiens bleibt der Balkan im Blickpunkt der Weltöffentlichkeit. Ob das Kosovo, Bosnien-Herzegowina, Montenegro oder Makedonien – die dort noch immer schwelenden Konflikte können jederzeit wieder zum Ausbruch offener Gewalt und sogar zu Krieg führen. Um diese Entwicklung zu verhindern, hat die internationale Gemeinschaft ein Netz von politischen, wirtschaftlichen, militärischen und humanitären Strukturen geschaffen, die zur Befriedung in dieser Krisenregion Europas führen sollen. Das wichtigste Instrument zur Erreichung dieser Ziele ist der im Juni 1999 geschaffene Stabilitätspakt für Südosteuropa.

Stabilitätspakt

Jugoslawien wurde nach dem Machtwechsel im Oktober 2000, als Milošević nicht mehr die Wiederwahl zum Staatspräsidenten glückte, in den Stabilitätspakt aufgenommen. Die EU hob gleichzeitig die gegen Jugoslawien verhängten Sanktionen auf. Im Mai 2002 akzeptierte das jugoslawische Parlament einen Plan der EU, der die Auflösung der Bundesrepublik Jugoslawien vorsieht und den Weg frei macht für einen neuen Staat namens „Serbien und Montenegro". Die beiden Republiken sollen weitgehend autonom sein, jedoch zumindest für drei Jahre eine lose Union bilden.

MATERIAL

10 Der Stabilitätspakt für Südosteuropa vom 10. Juni 1999

- Ziel dieses Stabilitätspaktes ist die Entwicklung einer Perspektive von Frieden, Wohlstand und damit Stabilität. Wir wollen gewaltsame Konflikte gar nicht erst zum Ausbruch kommen lassen; wir wollen sie verhindern. Dazu müssen wir dauerhafte Voraussetzungen für Demokratie, Marktwirtschaft, regionale Zusammenarbeit und gutnachbarliche Beziehungen schaffen sowie die betreffenden Staaten nachhaltig, wenn auch Schritt für Schritt, in Europa verankern.
- Die Partner des Stabilitätspaktes auf der Seite der Empfänger sind die Staaten der Region und ihre Nachbarn: Albanien, Bosnien-Herzegowina, Bulgarien, Serbien und Montenegro, Kroatien, Makedonien, Ungarn, Rumänien, Slowenien und die Türkei. Auf der Geberseite stehen die Mitgliedsstaaten der EU, die Europäische Kommission, die USA, Kanada, Japan, Russland, Norwegen und die Schweiz. Auch internationale Organisationen sind beteiligt, u. a. die UNO, NATO, OSZE, die Weltbank, der Internationale Währungsfonds gehören dazu.
- Nahziel ist ein Netzwerk von Freihandelsabkommen zwischen den Staaten der Region bis Ende 2002.
- Die EU hat bis 2006 eine finanzielle Unterstützung von 4,66 Milliarden Euro zugesagt.

DER BALKAN ALS KONFLIKTHERD

„Kaiser Nero von Belgrad", Karikatur von Horst Haitzinger, 26. März 1999.

MATERIAL
Milošević auf der Anklagebank 11

Die Resolution 827 des UNO-Sicherheitsrates beschloss im Mai 1993 als „Maßnahme zum Schutz des Friedens" die Einsetzung eines „Internationalen Gerichtshofes für die Verfolgung von Personen, die für schwere Verletzungen des humanitären Kriegsrechts auf dem Boden des ehemaligen Jugoslawien seit 1991 verantwortlich sind". Der Beschluss fußt auf Kapitel VII und Art. 41 der UN-Charta, Rechtsgrundlage sind die Haager Landkriegsordnung (1907), die Charta des Nürnberger Gerichtshofes (1945), die Pariser Konvention zur Bestrafung von Völkermord (1948) und die Genfer Konvention zum Schutz von Kriegsopfern (1949).
1995 nahm der Gerichtshof mit der Anklage von 45 Serben und 7 Kroaten seine Arbeit auf; der Prozess gegen Milošević begann im Februar 2002.

„Völlig konstruiert" seien die Vorwürfe gegen ihn, sagte der Mann im dunkelblauen Anzug. Das wiederholt er seit letzten April, als er „unbegreiflicherweise" aus Serbien ausgeliefert wurde an das UN-Kriegsverbrechertribunal im niederländischen Den Haag. Sechs Vorverhandlungen haben seitdem stattgefunden, am kommenden Dienstag beginnt nun der Prozess gegen Slobodan Milošević.

Der 61-jährige einstige Präsident von Rest-Jugoslawien meint, dass er „eigentlich den Friedensnobelpreis verdient" habe. Wenn er das zum x-ten Mal vor dem Tribunal wiederholt, dreht man ihm das Mikrofon ab. Denn er soll etwas zur Sache sagen. Und gerade das tut er nicht. Seine Beiträge sind politische Reden und Attacken gegen das Gericht, dessen Legitimität er immer wieder bestreitet.

Seit Ende Juni sitzt er im holländischen Scheveningen in einer Einzelzelle und versteht angeblich die Welt nicht mehr. Einst träumte er als Präsident den großserbischen Traum und versuchte, ihn mit aller Gewalt umzusetzen. Doch dann, so seine Sichtweise, wurde er „gekidnappt" durch das Tribunal.

Der Milošević-Prozess wird das größte Verfahren seit Ende der Nürnberger Prozesse gegen die damals noch verbliebene Nazi-Elite sein. Die Anklage wird 90 Zeugen präsentieren, darunter rund 30 politische Insider, die Interessantes über Milošević erzählen könnten.

Aus: Südwestpresse Ulm vom 8. Februar 2002.

MATERIAL

12 „Wunden im Kopf, die nicht verheilen" – Bosnien im zehnten Jahr nach Ausbruch des Krieges

Tuzla – „Heute war", sagt Safura Suljemanovic am Abend, „der schönste Tag im Leben meiner Kinder." Es war der Tag, an dem sie das erste Mal nach sieben Jahren ein Eis essen durften in der
5 nur drei Kilometer entfernten, aufgemotzten Innenstadt von Tuzla. Die zwei Jungs bestellten sich das gletscherblaue, weil es so unecht aussah, wie Plastik. Dass es dann auch so schmeckte, war nebensächlich. Selbst der Himmel schien glet-
10 scherblau an diesem Tag, an dem Safuras jüngste Tochter Smalja lernte, dass teures Essen bitterkalt ist und teure Getränke den Magen verrückt machen. Am Abend des schönsten Tages in ihrem Leben musste Smalja sich übergeben.
15 Safura starrte den ganzen Tag lang ihre Kinder an [...]. Als Safura die Körper ihrer Kinder in den Korbsesseln eines Cafés verschwinden sah, schämte sie sich, weil sie dünn waren und kicherten, als sie für jedes Getränk ein frisches
20 Glas bekamen. Und dann fragte sie sich, ob das Überleben die ganze Mühe wert war – zehn Jahre für ein Eis und eine Cola. Es klang wie eine absurd lange Haftstrafe.

Schweiß und Angst

25 Müde war Safura Suljemanovic [...]. Sie sah ihre 17-jährige Tochter Ernesa an, ebenmäßig wie ein Gemälde, sie war schon im Krieg gefährlich schön, als sich die Männer tausendfach an den Frauen der Feinde rächten, indem sie sie entehr-
30 ten. Ihr ältester Sohn Enes saß vor seinem Eis, 16 Jahre alt, ein Strich von einem Mann. Damals, als sie mit 13 000 Muslimen aus Srebrenica nach Potocari flohen, auf jenes Fabrikgelände, in dem sie wieder mal den Schutz der UN-
35 Truppen erhofften und stattdessen die Gewehrläufe der Feinde auf sich gerichtet sahen, damals, in diesem Wahnsinn aus Schweiß und Angst, in dem 5 000 bis 8 000 ihrer Männer und Söhne massakriert wurden, hielten die Serben stunden-
40 lang eine Pistole an Safuras Schläfe: Deine Söhne oder dein Leben, sagten sie. Safura schwieg. Und jetzt musste sie täglich schweigend zusehen, wie Enes und sein ein Jahr jüngerer Bruder Edis in die abgesperrten Minenfelder gingen, um

ein paar Kilo Altmetall zu sammeln. Todesgefahr 45 für einen Euro am Tag. Die Jungs brauchten das Geld, um die Busfahrt zur Schule bezahlen zu können. [...]

Flucht ins Maisfeld

Wenn man einen trostlosen Alltag in die 50 schlimmsten und allerschlimmsten Momente unterteilen wollte, dann sind die Abendstunden für Safura und ihre Kinder der tägliche Tiefpunkt. Es sind die Stunden, in denen sie auf den Vater warten. Mittlerweile können sie es schon riechen, ob 55 es Probleme geben wird oder nicht. Wenn er nach missglückter Arbeitssuche und billigem Wodka stinkt, dann wissen sie, dass es „in ihm hochkommen wird", wie Safura es nennt. Wenn es bei ihm hochkommt, dann schlägt er: mit Hämmern, 60 Zangen, Stöcken, Fäusten. Einmal stand er mit einem Küchenmesser vor Smalja. „Sie sah aus wie ein Huhn, das geschlachtet werden soll", sagt Safura. Lustig findet das keiner. Über den Vater machen sie keine Witze. 65
Mittlerweile riecht er zwei- bis dreimal die Woche. Safura und ihre Kinder haben längst aufgehört, die Nächte zu zählen, in denen sie schon im Maisfeld geschlafen haben, das sie hinter der Garage angepflanzt haben. [...] 70

„Die Flüchtlinge sind alle eine psychologische Katastrophe", sagt auch Irfanka Pasagic, Mitarbeiterin von Tuzlanska Amica und Srebrenicaflüchtling. „Aber am schlimmsten ist es in den Familien, in denen die Männer überlebt haben." An der 75 Wand hängt ein Plakat: „Stop violence against women and children". Alles hat der Krieg durcheinander gebracht, aber am meisten die Männer, die in der traditionellen bosnischen Gesellschaft das Familienoberhaupt und diejenigen waren, die 80 das Geld nach Hause gebracht haben. Jetzt sitzen sie in fremden Häusern, haben keine Arbeit, in ihnen schlummern die Kriegserlebnisse, sie fühlen sich schuldig, weil ihre Frauen vergewaltigt wurden und ihre Kinder hungern. Deshalb trinken 85 sie und schlagen sie – dann sind sie für einen kurzen, traurigen Augenblick wieder der Chef.

Aus: K. Steinberger, Süddeutsche Zeitung vom 23./24. Februar 2002, S. 3.

DER BALKAN ALS KONFLIKTHERD

MATERIAL

Bericht der EU-Kommission über die Fortschritte Sloweniens **13**
auf dem Weg zum Beitritt, 10. Oktober 2002

Die Kommission kam in ihrer Stellungnahme von 1997 zu dem Schluss, dass Slowenien die politischen Kriterien erfüllt. Seither hat das Land beträchtliche Fortschritte bei der weiteren Konsolidierung und Stabilisierung seiner Institutionen erzielt, die Demokratie, Rechtsstaatlichkeit, Wahrung der Menschenrechte sowie Achtung und Schutz von Minderheiten gewährleisten. Diese Entwicklung hat sich auch im vergangenen Jahr bestätigt. [...]

Die slowenischen Behörden haben sich entschlossen weiter darum bemüht, den mit dem EU-Beitritt verbundenen wirtschaftlichen Anforderungen gerecht zu werden. [...]. Die Beibehaltung des derzeitigen Reformkurses dürfte es Slowenien ermöglichen, dem Wettbewerbsdruck und den Marktkräften innerhalb der Union standzuhalten. [...]

Slowenien erfüllt insgesamt die Verpflichtungen, die es in den Beitrittsverhandlungen eingegangen ist. Allerdings sind Verzögerungen bei der Abschaffung von Beschränkungen ausländischer Direktinvestitionen in Investmentfonds und Verwaltungsgesellschaften, bei der Einführung eines Registers für Fischereifahrzeuge, bei der Schaffung der Rechtsgrundlage für die Umstrukturierung des Schienenverkehrs und bei der Umsetzung der Richtlinie über die Vermeidung und Verminderung der Umweltverschmutzung eingetreten. Diese noch ausstehenden Maßnahmen müssen in Angriff genommen werden.

Angesichts der seit der Stellungnahme erzielten Fortschritte sowie des von Slowenien bisher erreichten Stands der Rechtsangleichung und der Verwaltungskapazitäten und seiner Bilanz in Bezug auf die Erfüllung der in den Beitrittsverhandlungen eingegangenen Verpflichtungen ist die Kommission der Ansicht, dass das Land in der Lage sein dürfte, die aus der Mitgliedschaft erwachsenden Verpflichtungen innerhalb des geplanten Zeitrahmens zu erfüllen.

Bericht über die Fortschritte Sloweniens auf dem Weg zum Beitritt, 10. Oktober 2002, S. 136 - 139.

Anregungen zur Weiterarbeit

- Der Konflikt auf dem Balkan ist Geschichte und Gegenwart. Zeichnen Sie die Geschichte einer ausgewählten Region des ehemaligen Jugoslawien nach.
- M 10 bis M 13 sowie die Karikatur S. 199 zeigen verschiedene Aspekte der aktuellen Lage in den Nachfolgestaaten des früheren Jugoslawien. Beschreiben Sie die allgemeine politische und wirtschaftliche Lage in einem der Nachfolgestaten mit Hilfe der vorliegenden Materialien sowie weiterer Presseberichte, des Internets und des jährlich neu erscheinenden „Fischer Weltalmanachs".
- Untersuchen Sie die Rolle der UNO, NATO, EU und OSZE bei der Befriedung der Region.
- Untersuchen Sie die Rolle der Bundesrepublik Deutschland auf der bilateralen und multilateralen Ebene (http://www.auswaertiges-amt.de, http://www.bundesregierung.de).
- Untersuchen Sie die Beziehungen einzelner Staaten zur EU (http://europa.eu.int/index_de.htm).
- Beobachten Sie den Prozessverlauf und den Prozessausgang gegen Milošević beim Internationalen Gerichtshof.

2. Die islamische Welt auf der Suche nach einem eigenen Platz in der Moderne

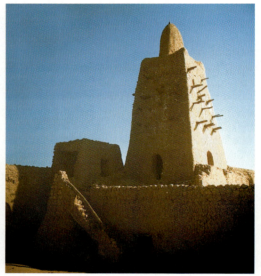

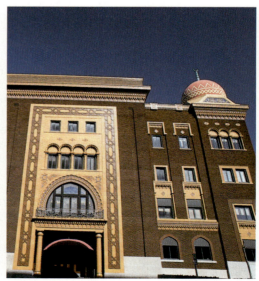

Moscheen in Ägypten (o. l.), Ghana (o. r.), China (u. l.) und in den USA (u. r.).

DIE ISLAMISCHE WELT AUF DER SUCHE NACH EINEM EIGENEN PLATZ IN DER MODERNE

2.1 Die gespaltene islamische Welt

Am 11. September 2001 lenkten Terroristen aus dem Nahen Osten Flugzeuge auf Ziele in New York und Washington, fast 3 000 Menschen kamen dabei ums Leben. Nach den Anschlägen verurteilten führende Theologen der Kairoer al-Azhar Universität, der angesehensten islamischen Hochschule der Welt, unter Berufung auf den Koran die Tat; sie erklärten, diese verletze die Grundwerte des Islam zutiefst. Islamische Fundamentalisten aber begrüßten die Attentate.

Diese gewaltbereiten Fundamentalisten stellen innerhalb der islamischen Welt eine kleine Minderheit dar. Sie haben dem Westen, der als „satanische Macht" angesehen wird, in erster Linie aber den sich am Westen orientierenden Teilen der eigenen Gesellschaft den „heiligen Krieg" erklärt. Worin besteht das Feindbild, das sich diese islamistischen Extremisten aufgebaut haben? Kurz gesagt, es ist das gesamte westliche Wertesystem, es ist die aufklärerische Vision, die auf Demokratie, politischer Freiheit, einer offenen Gesellschaft, Geschlechtergleichheit, Säkularisierung und Wirtschaftsliberalismus beruht.

Feindbild: islamische Fundamentalisten

In den Augen der islamischen Fundamentalisten sind diese Werte ihrem Religionsverständnis entgegengesetzt. Der Westen erscheint als der Fackelträger dieser „verwerflichen" Ideen. Die prowestlich orientierten Regierungen der islamischen Welt, seien es die in der säkularen Türkei oder diejenigen im religiös orthodoxen Saudi-Arabien, sind in dieser Sicht lediglich Handlanger des westlichen Säkularismus und Materialismus. Diese islamistischen Extremisten finden ihren Resonanzboden in weiten Teilen der muslimischen Gesellschaft. Breite Bevölkerungsschichten fühlen sich von den Entwicklungen der Gegenwart überholt, vom wirtschaftlichen Fortschritt ausgeschlossen,

Soziale Basis

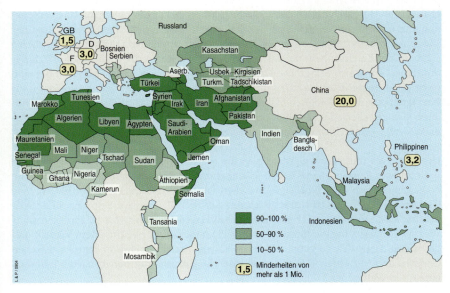

Die Welt des Islam.

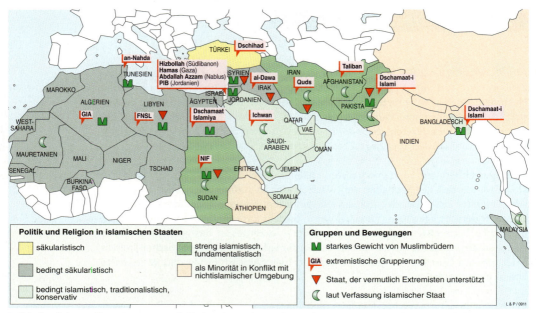

Politisch-religiöse Differenzierung innerhalb der islamischen Welt (nach G. Kettermann, Atlas zu Geschichte der islamischen Welt, Darmstadt 2001, S. 170).

von der Globalisierung überrollt, ja auch von der Egozentrik wie von der Freizügigkeit westlichen Lebensstils abgestoßen. Als Lösung all der brennenden Alltagsprobleme gilt ein fundamentalistisch verstandener Islam.

Konflikt zwischen Tradition und Moderne

Doch die Terroristen des 11. September 2001 rekrutierten sich nicht aus dieser unteren sozialen Gesellschaftsschicht. Vielmehr kamen sie aus der neuen, westlich erzogenen und orientierten Mittelklasse der arabischen Welt, die mit dem Westen und der Moderne in unmittelbaren Kontakt gekommen ist. Fundamentalismus erwächst also auch aus der Zerrissenheit, die das Leben in zwei Welten – der traditionellen und der modernen – mit sich bringt. Die Drahtzieher der Terrorakte vom 11. September sind nicht durch materielles Elend zu ihrem Handeln bewogen worden. Hauptmotiv für ihre Taten war die ideologische Überzeugung, dass die „gottlose" westliche Welt mit ihren Grundpfeilern der Demokratie, der Gleichheit sowie der Freiheitsrechte des Individuums grundsätzlich verwerflich ist.

Islamische Welt und Fundamentalisten

Unterstrichen muss auch werden, dass die meisten Regierungen in der islamischen Welt und der überwiegende Teil der islamischen Gesellschaft, ja selbst viele islamische Bewegungen sich durch diesen islamischen Fundamentalismus bedroht fühlen. Wie lässt es sich erklären, dass auf der Basis der gleichen Glaubenswurzeln sowohl die islamische Staatenwelt wie auch die islamischen Gesellschaften selbst so zerrissen sind? Wie hat sich das zurzeit sicher vorhandene Spannungsfeld zwischen dem Westen und der islamischen Welt aufgebaut? Welche Formen der Kooperation kann es zwischen Christen und Muslimen in Europa, zwischen Europa und der benachbarten islamisch geprägten Welt geben?

2.2 Das Selbstverständnis des Islam: Religion als gesellschaftliches Ordnungsprinzip

Der Islam ist wie Judentum und Christentum eine monotheistische Offenbarungsreligion. Die Tora des Moses und das Evangelium Jesu Christi werden vom Islam als Wort Gottes anerkannt. Diese Offenbarungen Gottes seien jedoch einerseits von den Juden, andererseits von den Christen verfälscht worden. Durch Mohammed (geb. 570; gest. 632), den Erwählten und Gesandten Gottes, sei deshalb Gottes Wort nochmals und in endgültiger Weise allen Menschen mitgeteilt worden. Die Mohammed durch den Engel Gabriel übermittelten göttlichen Mitteilungen heißen Koran, weil sie dazu bestimmt waren, öffentlich vorgetragen zu werden (arabisch: kara = lesen, vortragen). Die Botschaft des Koran ist verbindliche Norm für alle Muslime.

Der Islam – Eine Offenbarungsreligion

Das Denken, das Reden, das Handeln, alle zwischenmenschlichen Beziehungen, seien es die in der Familie, im Wirtschaftsleben oder im gesellschaftlichen und politischen Bereich, unterliegen nach islamischer Vorstellung der Führung Gottes und gehören damit in den direkten Einflussbereich der Religion. Eine Trennung zwischen Politik und Religion gibt es daher im Islam nicht. Die konkreten Bestimmungen, die dieser allumfassenden Lebensordnung zugrunde liegen, werden durch das religiöse Gesetz, die Scharia, vermittelt.

Scharia

Durch die Normierung der Rechtsquellen am Anfang des 9. Jahrhunderts werden vier Wurzeln des Rechts festgelegt, die bis in die Gegenwart die Basis der Scharia sind. Dadurch wurde der Spielraum der persönlichen Entscheidung des einzelnen Gläubigen zurückgedrängt und eine historisch-textkritische oder zeitgenössische Interpretation

In speziellen Schulen lernen muslimische Kinder auf der ganzen Welt, den Koran auf Arabisch zu lesen und die wichtigsten Verse auswendig zu rezitieren.

Das geistige Zentrum der islamischen Welt liegt seit dem 7. Jahrhundert im „Haram", dem heiligen Bereich von Mekka. Jedes Jahr pilgern Millionen von Gläubigen jährlich in die Geburtsstadt des Propheten. Die schwarz umhüllte „Kaaba", früher das Zentrum eines heidnischen Kults, ist Mittelpunkt der Pilgerfahrt, des „Haddsch". Hier verrichten die Pilger die vorgeschriebenen sieben Rundgänge um die „Kaaba".

Koran und Sunna

erheblich behindert. Zu den Wurzeln islamischen Rechts und Verhaltens zählen 1. der Koran, 2. die Sunna, 3. der Konsens der Gelehrten und 4. der Analogieschluss.
- Der Koran ist als direkt offenbartes Wort Gottes die Grundlage des Islam.
- Die Sunna (= eingeführter Brauch) bezeichnet den Lebensweg, das Handeln und alle überlieferten Äußerungen des Propheten Mohammed. Direkt nach dem Koran ist sie die wichtigste Glaubensquelle und Handlungsanweisung im Islam. Die Sunna Mohammeds gilt als göttlich inspiriert und hat damit den Charakter einer ewigen, zeitlosen Norm.
- Was nicht im Koran und der Sunna mit dem Anspruch auf Verbindlichkeit geregelt ist, soll im Konsens der Gelehrten und im Analogieschluss festgelegt werden. In der islamischen Welt haben sich aber keine einheitliche Organisation und keine zentrale Glaubensinstanz (die z. B. dem Papst in der katholischen Kirche vergleichbar wäre) herausgebildet. Dadurch kann es zu unterschiedlichen Konsensentscheiden der Gelehrten und zu unterschiedlichen Analogieschlüssen kommen. Diese unterscheiden sich in den einzelnen islamischen Ländern teilweise erheblich. Von einer einheitlichen islamischen Glaubenslehre und einer auf dieser basierenden einheitlichen Scharia kann also nicht gesprochen werden.

Volksislam

In die praktizierte Religion sind in den verschiedenen islamischen Gesellschaften zudem unterschiedliche regionale Traditionen eingeflossen. So ist z. B. die Beschneidung der Frauen, die in weiten Teilen der islamischen Welt bis heute praktiziert wird, ein vorislamischer Brauch, gegen den sich viele islamische Gelehrte wenden. Der Volksislam in der Sahelzone Afrikas unterscheidet sich so deutlich vom in Pakistan oder in Indonesien praktizierten Islam.

DIE ISLAMISCHE WELT AUF DER SUCHE NACH EINEM EIGENEN PLATZ IN DER MODERNE

Die größte Spaltung innerhalb des Islam fand nur wenige Jahrzehnte nach dem Tod Mohammeds statt. In der Auseinandersetzung um die rechtmäßige politische und religiöse Nachfolge Mohammeds trennte sich die Minderheit der Schiiten von den Sunniten, zu denen ca. 90 % aller Muslime gehören. Ihre Bezeichnung leitet sich von schiat Ali (= Partei des Ali) ab. Ali, der Schwiegersohn Mohammeds, galt ihnen als dessen einziger rechtmäßiger Nachfolger. Sowohl im Glauben wie in der Scharia gibt es wesentliche Unterschiede zwischen Sunniten und Schiiten. So ist die Idee des „religiösen Führers" ein wichtiger Teil der schiitischen Lehre. Danach sind die schiitischen Gelehrten berufen, bis zum Wiedererscheinen des zwölften Nachfolgers Mohammeds für die Erhaltung der rechten islamischen Lehre zu sorgen. Von einem gemeinsamen religiösen Selbstverständnis und einheitlichen Bild von islamischer Gesellschaft und islamischem Staat kann also nicht gesprochen werden.

Schiiten und Sunniten

Islam und moderne Wissenschaft

MATERIAL 1

Der Rektor der angesehensten islamischen Universität, der al-Azhar Universität in Kairo (Ägypten), äußerte sich unter dem Leitwort „Das Werk Gottes kann dem Wort Gottes nicht widersprechen" Mitte des 20. Jahrhunderts folgendermaßen:

Wahre Religion kann der Wahrheit nicht widersprechen, und wenn wir positiv von der Wahrheit einer wissenschaftlichen Bemerkung überzeugt sind, die mit dem Islam unvereinbar ist, so nur, weil wir den Koran und die Traditionen nicht richtig verstehen. In unserer Religion besitzen wir eine universale Lehre, die erklärt, dass, wenn eine apodiktische Wahrheit einem offenbarten Text widerspricht, wir dann den Text allegorisch interpretieren müssen.

Aus: A. Schimmel, Die Zeichen Gottes. Die religiöse Welt des Islam, München 1995, S. 214.

Zur Stellung der Frau im Islam

MATERIAL 2

a) Koranverse zur Stellung der Frau:

Sure 33, Vers 35:
Siehe, die muslimischen Männer und Frauen, die gläubigen, die gehorsamen, die wahrhaftigen, standhaften, demütigen, Almosen spendenden, fastenden, ihre Scham hütenden und Allahs häufig gedenkenden Männer und Frauen, bereitet hat ihnen Allah Verzeihung und gewaltigen Lohn.

Sure 4, Vers 34:
Die Männer sind den Frauen überlegen, weil Allah die einen vor den anderen ausgezeichnet hat, und weil sie von ihrem Vermögen (für die Frauen als Mitgift) auslegen.
Die rechtschaffenen Frauen sind gehorsam und sorgsam in der Abwesenheit (ihrer Gatten), wie Allah für sie sorgte. Diejenigen aber, deren Widerspenstigkeit ihr fürchtet – ermahnt sie, verbannet sie in die Frauengemächer und schlagt sie. Und so sie euch gehorchen, so unternehmt weiter nichts gegen sie; siehe Allah ist erhaben und groß.

Sure 4, Vers 7:
Die Männer sollen einen Teil von der Hinterlassenschaft ihrer Eltern und Verwandten empfangen und ebenfalls sollen die Frauen einen Teil von der Hinterlassenschaft ihrer Eltern und Verwandten empfangen.

Sure 33, Vers 59:
O Prophet, sprich zu deinen Gattinnen und deinen Töchtern und den Weibern der Gläubigen, dass sie ihr Übergewand über ihr Antlitz ziehen sollen, wenn sie ausgehen; so ist es schicklich, damit man sie als ehrbare Frauen erkenne und sie nicht belästige.

b) Hadithe[1] sind „verbürgte" Berichte von Handlungen und Aussprüchen des Mohammed. Unter den großen Hadithsammlungen, die alle ungefähr 200 Jahre nach dem Tod Mohammeds entstanden, ist die ca. 7 400 Hadithe umfassende Sammlung von Sahih al-Buhari (geb. 810 in Buchara, gest. 870 bei Samarkand) die berühmteste und angesehenste. Eine Auswahl aus dieser Sammlung zum Thema „Rolle der Frauen" in der islamischen Gesellschaft:

Abu Huraira berichtet, der Prophet habe gesagt: „Wer an Gott und den Tag des Gerichtes glaubt, fügt seinem Nächsten keinen Schaden zu. Und behandelt die Frauen fürsorglich und liebevoll!
5 Die Frauen wurden aus der Rippe geschaffen, und das am stärksten gebogene Teil einer Rippe ist das obere. Wenn du versuchst, sie gerade zu biegen, wirst du sie zerbrechen. Überlässt du sie aber sich selbst, dann bleibt sie gekrümmt. Be-
10 handelt die Frauen also fürsorglich und liebevoll!"

Abu Bakr berichtet, der Prophet habe gesagt: „Niemals wird das Volk zu Wohlstand gelangen, das seine Geschäfte einer Frau anvertraut."

Abu Hureira berichtet, der Prophet habe gesagt: 15 „Eine ältere Frau darf nur verheiratet werden, wenn dies mit ihr besprochen wurde. Und eine Jungfrau darf nur verheiratet werden, wenn sie der Heirat zustimmt." Jemand fragte ihn: „O Gesandter Gottes, wie äußert eine Jungfrau ihre Zu- 20 stimmung?" Er erwiderte: „Sie gibt dadurch ihr Jawort, dass sie schweigt."

Abu Huraira berichtet: Ein Mann kam zum Gesandten Gottes und fragte ihn: „O Gesandter Gottes, wer von den Menschen hat das größte 25 Recht auf meine Liebenswürdigkeit und mein Wohlwollen?" Der Prophet erwiderte: "Deine Mutter." – „Und als Nächstes ?" – „Deine Mutter." „Und als Nächstes?" – „Deine Mutter." – „Und als Nächstes ?" – „Dein Vater." 30

---

[1] Hadithe: Bereits 200 Jahre nach seinem Tod gab es fast 700 000 Hadithe, von denen die meisten gefälscht waren. Deshalb wurden von verschiedenen Gelehrten im 9. Jahrhundert Hadithsammlungen angefertigt, die als Echtheitskriterium die lückenlose Überlieferungskette und den Leumund der Überlieferer, nicht den Inhalt des Hadith betrachteten. Diese Sammlungen sind aber nicht identisch. Dadurch konnten sich in der islamischen Welt zahlreiche unterschiedliche Rechtsschulen entwickeln.

a) Aus: Der Koran, überarbeitete Übertragung von M. Henning, Stuttgart 1980.
b) Aus: D. Ferschl (Hrsg.), Sahih al-Buhari: Nachrichten von Taten und Aussprüchen des Propheten Mohammed, Stuttgart 1991./ F. Mernissi, Der politische Harem. Mohammed und die Frauen, Freiburg i.Br. 2002.

MATERIAL

**3 Fortschritt oder Rückständigkeit?
Der Islamwissenschaftler Albrecht Noth über die Stellung der Frau im Koran**

Entscheidend neue Akzente haben göttliche Vorschriften in dem so wesentlichen Lebensbereich des gegenseitigen Verhältnisses von Mann und Frau gesetzt, obgleich auch hier wiederum vor-
5 islamische Grundmuster nicht „abgeschafft" und durch ein gänzlich neues Konzept ersetzt wurden.

Das Bild, welches sich aus all den koranischen Vorschriften und Regeln für das Verhältnis der Geschlechter zueinander ergibt, ist von einer
10 „Gleichberechtigung" im Sinne heutiger Vorstellungen und Forderungen meilenweit entfernt. Der einzig zulässige Vergleich, nämlich derjenige

mit der Situation auf der Arabischen Halbinsel zur Zeit Muhammads, muss jedoch zu dem Urteil führen, dass hier grundlegend neue Akzentset- 15 zungen vorgenommen worden sind, die sich vielleicht so zusammenfassen lassen:

Innerhalb einer eindeutig von Männern dominierten Gesellschaft verliert die Muslimin den nahezu ausschließlichen Objekt-Charakter ihrer heid- 20 nischen Geschlechtsgenossin, ihr werden vergleichsweise bedeutsame Möglichkeiten – sowohl in materieller als auch in ideeller Hinsicht – eröffnet, auch als handelndes Subjekt aufzutreten.

Aus: M. Haarmann (Hrsg.): Der Islam. Ein Lesebuch, München 1992, S. 32 ff.

Frauen beim Gebet in einer Moschee für Frauen in Indonesien.

Café in der Nähe der Universität von Istanbul in der Türkei.

MATERIAL
Islamistische Frauenrechtlerinnen? 4

Die Tübinger Politikwissenschaftlerin Renate Kreile über islamistische Frauenrechtlerinnen:

Die Islamistinnen sind mit ihren Konzepten und in ihrer Vielstimmigkeit augenscheinlich in der Lage, ein breites soziales Spektrum zu bedienen und so politisch Einfluss zu gewinnen. Die „alte" Rolle der Hausfrau und Mutter wird ideologisch aufgewertet, neue Rollen, die mit dem Betreten des öffentlichen Raumes verbunden sind, etwa als Berufstätige, Studentin, Wissenschaftlerin etc. werden eröffnet und durch das Tragen des Schleiers sozialmoralisch abgesichert. Mit der „islamischen Bedeckung" können Frauen traditionelle Grenzen überschreiten. […]

Die islamistischen Frauenrechtlerinnen grenzen sich bewusst von westlichen Leitbildern und Rollenmodellen ab; der Schleier symbolisiert für sie nicht Unterdrückung, sondern Befreiung, etwa von dem Diktat der Modeindustrie, den Anforderungen des Schönheitsmythos, den Zwängen der Konsumideologie, den Unannehmlichkeiten und Risiken sexueller Belästigung. Für etliche junge Frauen fungiert der Schleier auch als Mittel zur generationellen Rebellion; sie können dadurch eine moralisch-religiöse Überlegenheit demonstrieren, die sie legitimiert, die Eltern zu belehren und zu einer strikteren religiösen Lebensführung anzuhalten, und so die herkömmlichen Autoritätsverhältnisse umzukehren.

Aus: Renate Kreile, Das Verhältnis der Geschlechter und seine Instrumentalisierung, in: Der Bürger im Staat, 1998/3, S. 160.

Anregungen zur Auswertung
1. Erörtern Sie den Begriff „islamische Welt".
2. Nehmen Sie mit Hilfe von M 2 und M 3 zu der These Stellung, dass das koranische Frauenbild progressiv ist.
3. Welchen Schwierigkeiten begegnen moderne Frauen in der heutigen islamischen Welt?

2.3 Zwischen Austausch und Konfrontation:
das Verhältnis von islamischer und westlicher Welt

Aufforderung Mohammeds: Suche Wissen selbst in China.

Arabische Lehnworte im Deutschen: Algebra – Alkali – Alkohol – Alkoven – Aprikose – Artischocken – Banane – Benzin – Bohnenkaffee – Borax – Café – Chiffon – Damast Kampfer – Kandis – Karaffe – Kattun – Kittel – Koffer – Kümmel – Lack – Laute – lila – Magazin – Matratze – Mohair – Mokka – Muskat – Musselin – Mütze – Natron – Limonade – Orange – Saccharin – Safran – Satin – Schach – scheckig – Soda – Sofa – Spinat – Taft – Talkum – Tasse – Watte – Zimt – Zwetschge.

Rezeption der Antike durch die Araber

Anders als vielfach angenommen ist der Islam nicht grundsätzlich fortschrittsfeindlich. So verkörperte vom 8. bis zum 13. Jahrhundert die islamische Welt die Moderne, auf die das christliche Abendland reagierte. Am Ende des 9. Jahrhunderts hatten die Araber weite Teile der Mittelmeerwelt erobert. Gelehrte übersetzten nun einen großen Teil des wissenschaftlichen Erbes der Antike ins Arabische. Vor allem das praktisch Nutzbare interessierte sie: Medizin, Botanik, Physik, Mathematik, Astronomie, Geographie und Politik, aber auch Logik und Metaphysik. Besonders Platon und Aristoteles wurden von den Arabern hoch geschätzt. Muslimische, aber auch jüdische Gelehrte, die in der damaligen Zeit im islamischen Kulturkreis unbehelligt tätig sein konnten, entwickelten viele Wissenschaftsbereiche selbstständig weiter. Besonders in der Mathematik und Medizin wurden große Leistungen vollbracht. So wurden auf der Basis einer systematischen Anatomie bereits im 11. Jahrhundert medizinische Lehrbücher

Araber als Vermittler antiken Erbes

entwickelt, in denen sogar Transplantationen beschrieben wurden. Das westliche Europa rezipierte ab dem 12. Jahrhundert die Ergebnisse der arabischen Wissenschaften. Faktisch fungierten damit die Araber als Vermittler des antiken Erbes.

Gebrochen wurde diese Rolle der Araber in der kulturellen Entwicklung des Mittelmeerraumes durch die verheerenden Mongoleneinfälle sowie die Unterwerfung der arabischen Welt durch das türkisch-osmanische Reich. Beides löste eine Stagnation aus. Gleichzeitig erlebte Europa selbst seit dem 15. Jahrhundert einen dynamischen Aufbruch in die Moderne, der die Lebensverhältnisse völlig veränderte. Ungestört war das Verhältnis des Westens zur islamischen Welt nie gewesen. Die Expansion der Araber und später der Türken in Afrika und Europa, die Kreuzzüge, die Reconquista Spaniens, die Zurückdrängung des Osmanischen Reichs sind Beispiele für die oft kriegerischen Beziehungen zwischen Europa und dem islamischen Orient. In den letzten 200 Jahren erfuhr die islamisch-arabische Welt weitere Rückschläge:

Arabische Welt als Opfer des Imperialismus

- Die vernichtende Niederlage, die Napoleon der zahlenmäßig weit überlegenen ägyptischen Armee im Jahre 1799 zufügte, bildete den Auftakt für die koloniale Durchdringung Nordafrikas durch Frankreich.
- Die militärisch abgesicherte Kontrolle des Suez-Kanals durch Großbritannien im Zeitalter des Imperialismus bedeutete die Unterwerfung Ägyptens.
- Nach dem Ersten Weltkrieg wurde das Osmanische Reich zerschlagen, doch die Siegermächte verweigerten Syrien, dem Libanon, Palästina und Mesopotamien die Unabhängigkeit und unterwarfen sie den demütigenden Mandatsbestimmungen

DIE ISLAMISCHE WELT AUF DER SUCHE NACH EINEM EIGENEN PLATZ IN DER MODERNE

Ein Arzt schröpft einen Patienten vor neugierigen Zuschauern (arab. Handschrift, 13. Jahrhundert).

Der Sieg Napoleons über das Ägyptische Heer bei Abukir 1799. Französisches Gemälde, 1805.

des Völkerbunds, der gleichzeitig den Aufbau einer jüdischen Gesellschaft in Palästina förderte.
- 1948 konnten die arabischen Staaten die Gründung des Staates Israel nicht verhindern, eines vermeintlichen Vorpostens des Westens gegen die nun unabhängigen arabischen Staaten.
- 1967 besiegten die israelischen Truppen im so genannten Sechs-Tage-Krieg die Truppen Ägyptens, Syriens und Jordaniens.

Gemeinsam ist diesen Ereignissen, dass sie in der arabisch-islamischen Wahrnehmung als feindseliger Ausdruck der westlichen Moderne begriffen wurden. Reagiert wurde auf diese Herausforderungen durch unterschiedliche Reformansätze:

Reformansätze in der islamischen Welt

- Umgreifende Modernisierung aller staatlichen und gesellschaftlichen Bereiche nach westlichem Vorbild, Errichtung eines säkularen Staates. Grundlage dieses Konzepts ist die Überzeugung, dass der Islam der Feind der Moderne ist. (Diesen Weg wählte beispielsweise die Türkei seit den 1920er Jahren unter Mustafa Kemal, genannt Atatürk.)
- Umgreifende Modernisierung aller staatlichen und gesellschaftlichen Bereiche nach sozialistischem Vorbild, wobei der Islam als revolutionäre Religion der Gleichheit und der Gerechtigkeit gesehen wird. (z. B. Ägypten in den 50er und 60er Jahren unter Gamal Abdel Nasser).
- Modernisierung von Teilbereichen der Gesellschaft, insbesondere der Regierungsinstitutionen und des Erziehungssystems aus der Überzeugung heraus, dass es keinen Konflikt zwischen dem Islam und moderner Wissenschaft gebe. (z. B. Politik des heutigen Malaysia).
- Eine innere Reform des Islam und die Ausrichtung aller Lebensformen am Vorbild des Korans als Voraussetzung für einen erfolgreichen Widerstand gegen die westliche Moderne; gleichzeitig Übernahme westlicher Technologie. (z. B. Iran unter Ayatollah Chomeini nach dem Sturz des Schah im Jahre 1979).

Auf dem Weg in die Moderne. Links: Eine unverschleierte Frau führt als Verkörperung der freien Türkei das Pferd eines siegreichen Generals. Plakat 1923. Rechts: Petrochemische Anlagen in Saudi-Arabien.

MATERIAL

5 Ein islamische Antwort auf die koloniale Herausforderung

Der Ägypter Scheich Muhammad Abduh (1849–1905) ist einer der wichtigsten islamischen Reformer des 19. Jahrhunderts. Seine Wirkung reicht weit über seine Heimat und seine Lebenszeit hinaus. In einem Gespräch mit dem englischen Kriegsminister im Jahr 1884 prallen kolonialer Anspruch und geistiger Widerstand einer in die Defensive gedrängten islamischen Kultur aufeinander:

Lord Harrington fragte: Sind die Ägypter nicht zufrieden, dass sie unter der Macht der englischen Regierung in Sicherheit und Ruhe leben? [...]
5 Darauf antwortete der Scheich Muhammad Abduh: Die Ägypter sind ein arabisches Volk, und bis auf wenige sind sie alle Muslime. Unter ihnen gibt es nicht weniger Vaterlandsliebe als im englischen Volk. Keinem Einzigen von ihnen käme es
10 in den Sinn, sich der Gewalt derer, die sich ihnen gegenüber in Religion und Rasse unterscheiden, zu unterwerfen. [...]
Der Minister erwiderte daraufhin: Wollen Sie etwa leugnen, dass die Unwissenheit in Ägypten allgemein verbreitet ist? Und dass das gesamte 15 Volk zwischen dem ausländischen und dem einheimischen Herrscher keinen Unterschied macht? [...]
Der Scheich antwortete: Die Verabscheuung der ausländischen Herrschaft, die Verachtung, ihrer 20 Macht hörig zu sein, ist in der Wesensnatur des Menschen angelegt und bedarf keiner weiteren Untersuchung. [...] Die Muslime [...] verfallen niemals in einen derartigen Grad von Unbildung wie in der Vorstellung des Ministers. Denn auch 25 die Analphabeten oder jene, die zwar lesen, aber nicht schreiben können, bleiben auf Grund der Erfordernisse der Religion nicht vom Wissen ausgespart. [...] In den Ansprachen der Prediger in ihren Moscheen haben sie etwas, das dem Rang 30 der grundlegenden Wissenschaften entspricht. Alles, was sie an religiösen Mahnungen erhalten, warnt sie davor, sich demjenigen zu unterwerfen, der mit ihnen im Glauben nicht übereinstimmt.

Aus: A. Meier, Politische Strömungen im modernen Islam. Quellen und Kommentare, Wuppertal 2002, S. 47.

DIE ISLAMISCHE WELT AUF DER SUCHE NACH EINEM EIGENEN PLATZ IN DER MODERNE

MATERIAL
Die Türkei – der Reformansatz Atatürks 6

Mustafa Kemal, genannt Atatürk (= Vater der Türken; 1881–1938), über die Modernisierung der Türkei:

Die muslimischen Geistlichen haben die Form der Verfassung, die geringsten Handlungen und Gesten eines Bürgers festgesetzt, seine Nahrung, die Stunden für Wachen und Schlafen, den
5 Schnitt der Kleider, den Lehrstoff in der Schule, Sitten und Gewohnheiten und selbst die intimsten Gedanken. Der Islam, diese absurde Gotteslehre eines unmoralischen Beduinen, ist ein verwesender Kadaver, der unser Leben vergiftet. […]
10 Es gibt verschiedene Länder, aber nur eine Zivilisation. Voraussetzung für den Fortschritt der Nation ist, an dieser Zivilisation teilzuhaben. […]

Religion und Staat müssen voneinander getrennt werden. Wir müssen uns der östlichen Zivilisa-
15 tion entziehen und der westlichen zuwenden. Wir müssen die Unterschiede zwischen Mann und Frau aufheben und so eine neue soziale Ordnung gründen. Wir müssen die Schrift, die uns hindert, an der westlichen Zivilisation teilzunehmen, 20 abschaffen, wir müssen ein Alphabet, das auf der lateinischen Schrift beruht, finden, und wir müssen uns 25 in jeder Beziehung bis hin zu unserer Kleidung auf den Westen hin ausrichten. […] Es war notwendig, den 30 Fes abzuschaffen, der auf den Köpfen unserer Nation als ein Zeichen von Ignoranz, Nachlässigkeit, Fanatismus und Hass gegenüber Fortschritt und Zivilisation saß. […] 35
Unsere Frauen sind bewusste und denkende Menschen wie wir. […] Die Frauen sollen ihre Gesichter der Welt zeigen, und sie sollen die Welt mit ihren Augen aufmerksam betrachten können. Dabei gibt es doch nichts zu befürchten. 40

Kemal Atatürk.

Aus: U. Steinbach, Die Türkei im 20. Jahrhundert, Bergisch-Gladbach 1996, S. 100 ff.

MATERIAL
Die arabische Wiedergeburt durch einen revolutionären arabischen Nationalismus 7

Der Syrer Michel Aflaq gründete 1941 die „Partei der arabischen Wiedergeburt" (Baath-Partei), die heute in Syrien und im Irak als Einheitspartei die politische Basis der jeweiligen Diktatoren bildet. Im ersten Parteiprogramm von 1947 heißt es:

Artikel 6: Die Baath-Partei ist revolutionär: Sie glaubt, dass ihre grundlegenden Ziele im Rahmen der Wiedererweckung des arabischen Nationalismus und des Aufbaus des Sozialismus nur
5 auf dem Weg des revolutionären Umsturzes und Kampfes verwirklicht werden können, wohingegen das Prinzip allmählicher Entwicklung und die Beschränkung auf oberflächliche Teilreformen diese Ziele mit Scheitern und völligem Verlust
10 bedrohen.
Deshalb beschließt die Partei:

Den Kampf gegen den ausländischen Kolonialismus bis zur absoluten Befreiung des vollständigen arabischen Vaterlandes.
Den Kampf zur Vereinigung sämtlicher Araber in 15 einem einzigen unabhängigen Staat.
Die Rebellion gegen die Missstände der Wirklichkeit unter Einschluss sämtlicher Bereiche des intellektuellen, wirtschaftlichen, gesellschaftlichen und politischen Lebens. 20
Artikel 11: Jeder, der unter kolonialistischen Zielen in das arabische Vaterland eingewandert ist, wird aus dem arabischen Vaterland vertrieben.
Artikel 12: Die arabische Frau genießt sämtliche staatsbürgerlichen Rechte. Die Partei kämpft zur 25 Hebung des Status der Frauen, sodass sie würdig sind, sich dieser Rechte zu erfreuen.

Aus: A. Meier, Der politische Auftrag des Islam, Wuppertal 1994, S. 138.

MATERIAL

 „Es gibt keinen Konflikt zwischen Islam und Moderne" –
Die Algerische Nationalcharta von 1986

Indem der Islam zum Nachdenken über das Phänomen der Schöpfung und zur Selbstvertiefung gleichermaßen motiviert, hat er religiöse Praxis und humanes Verhalten fest miteinander verbunden. Auf diese Weise zeigt sich die Praxis der Religion in ständiger Reflexion und prüfender Aufmerksamkeit auf alles, was in der Welt vor sich geht, um der Unterentwicklung zu entkommen und unseren fortschrittlichen Bestrebungen Genüge zu leisten. […]
Um die Jugend in angemessener Weise auf die Zukunft vorzubereiten, ist es wichtig, dass der Staat ihr eine moderne Bildung sicherstellt, die sich dem wissenschaftlichen Fortschritt öffnet und sich für jene Phänomene interessiert, die für die Zukunft der Menschheit entscheidend sind. […]
In diesem Rahmen müssen die Stellung der religiösen Disziplinen als grundlegende Fächer in den Programmen des Unterrichts gefestigt […] werden. Die Verwirklichung dieses Ziels erfordert allerdings die Ausbildung religiöser Führungskräfte, die in den religiösen Wissenschaften gründlich geschult und mit den modernen wissenschaftlichen und kulturellen Mitteln ausgerüstet sind, in vollendeter Kenntnis der zivilisatorischen und spirituellen Geschichte des Islam.

Aus: A. Meier, Der politische Auftrag des Islam, Wuppertal 1994, S. 275 f.

MATERIAL

 Reform nach der Lehre des Koran – die Überzeugung des Ayatollah Chomeini

Der iranische Revolutionsführer Chomeini, der 1979 die Macht im Iran übernahm, im Jahr 1970:

Wenn ein Industriestaat wissenschaftlich oder technisch etwas Neues leistet, so fühlen manche von uns ihre Schwäche und sind der Meinung, unsere Unzulänglichkeit liege in unserer Religion begründet, und es gebe für uns keinen anderen Ausweg als die Abschaffung des Islam und seiner Gesetze, um am Fortschritt teilzuhaben. Als die anderen auf dem Mond landeten, waren und sind diese Wankelmütigen der Meinung, unsere Religion verbiete ihnen, auf dem Mond zu landen!
Ich möchte diesen Leuten Folgendes sagen: Nicht die Gesetze des Ostblocks oder des Westblocks ermöglichen die Landung auf dem Mond. […] In meinen Augen sind beide rückständig, weil sie nicht in der Lage sind, in ihrer Gesellschaft die moralischen Tugenden zu verwirklichen. […] Sie sind immer noch unfähig, ihre sozialen Probleme zu lösen, weil die Lösung dieser Probleme und die Beseitigung des Elends der Menschen diese moralischen Tugenden erfordert. […]
Der islamische Staat unterscheidet sich von anderen Staatssystemen dadurch, dass diese Staaten ihre Verfassungen entweder vom König oder den Volksvertretern erhalten, während der islamische Staat seine Gesetzgebungskraft von Gott erhielt. Staat im Islam heißt, die Gesetzgebung, die Gott dem Propheten übertragen hat, zu verwirklichen und sich ihr zu unterwerfen.

Aus: Archiv der Gegenwart, 49. Jg., 1979, S. 22931.

Anregungen zur Auswertung
1. M 5 vermittelt einen Eindruck von dem Bild, das Europa und die gebildete arabisch-islamische Welt vor ca. hundert Jahren voneinander hatten. Erläutern Sie.
2. Arbeiten Sie unterschiedliche Modernisierungsansätze in der islamischen Welt heraus und setzen Sie sich mit ihnen auseinander. (M 6 bis 9)

2.4 Fundamentalismus und Islamismus

Der Begriff „Fundamentalismus" ist zunächst in den USA für christliche Bewegungen aufgekommen. „Fundamentalists" nannten sich jene Protestanten, die mit der Heiligen Schrift als Waffe in der Hand die Unfehlbarkeit des biblischen Buchstabens behaupteten und sich gegen die Säkularisierung der Gesellschaft und den naturwissenschaftlichen Darwinismus wandten. In den siebziger Jahren wurde der Begriff auf bestimmte religiöse Gruppen der islamischen Gesellschaften übertragen. Das Schlagwort „islamischer Fundamentalismus" ist also eine Fremdbezeichnung; seine Anhänger selbst bezeichnen sich als „Islamisten". Wie der protestantische Fundamentalismus ist auch der Islamismus ein Protest gegen die säkulare Moderne, er lehnt jede auf die europäische Aufklärung zurückgehende Ethik ab.

„Fundamentalismus"

„Islamismus"

Für die Islamisten hat die Gemeinschaft der Gläubigen deutlich Vorrang vor dem einzelnen Menschen als einem autonomen Individuum. Von daher erklärt es sich, dass die Islamisten sich nicht nur als politische, sondern auch als soziale Bewegung verstehen. In Konkurrenz zum Staat bieten sie soziale Dienstleistungen der verschiedensten Art an und bauen islamistische Selbsthilfeorganisationen auf. Damit verschaffen sie sich auch eine breite soziale Basis, die politisch leicht zu mobilisieren ist.

Das fundamentalistische Denken des Islamismus ist das Ergebnis tiefer Krisen. Die politische Dominanz des Westens auch in der arabischen Welt, die wirtschaftliche Abhängigkeit von den USA und von Europa, die militärische Überlegenheit Israels, die soziale Verelendung weiter Teile der Bevölkerung gelten als Beleg für das Scheitern aller sich an der westlichen Moderne orientierenden Reformkonzepte. Die Krisen lassen sich nach Ansicht der Islamisten darauf zurückführen, dass die Botschaft des Islam durch Koran und Sunna in der Vergangenheit vernachlässigt wurde.

Islamismus als Krisenphänomen

Studentinnen der Universität Istanbul protestieren 1997 gegen das staatliche Verbot, ein Kopftuch zu tragen.

WERKSTATT GESCHICHTE

Der Islam ist die „Lösung"

Der Islam gilt den Islamisten als ein zeitloses, geschlossenes und allumfassendes System. Sie verstehen sich selbst als Reformer, die den Islam von allen „unguten" Entwicklungen reinigen wollen, die seit der koranischen Offenbarung den Islam „verfälscht" haben. Reform und Modernisierung bedeuten für die Islamisten also den Rückgriff auf das vermeintlich goldene Zeitalter der islamischen Gesellschaft zur Zeit des Propheten. Insofern ist der Islamismus eine rückwärts gewandte Utopie. Die Scharia müsse, so fordern sie, wieder zum einzig geltenden Recht erklärt werden. Damit sollen alle Teilbereiche des Staates und des gesellschaftlichen Lebens gemäß den Grundsätzen des Islam kontrolliert, die Trennung von privatem und öffentlichem Bereich aufgehoben werden. Für sämtliche Probleme biete der Islam die Lösung. Die Islamisten beanspruchen die alleinige politische Macht und stehen damit in scharfer Opposition zu den jeweiligen Regierenden in den Staaten der islamischen Welt.

„Dschihad"

So ist der islamische Fundamentalismus zwar auch ein Aufstand der Islamisten gegen den Westen, in erster Linie wendet er sich aber gegen die „oberflächlichen" Muslime. Die Fundamentalisten sind eine Minderheit, die die eigenen Regierungen stürzen und die eigenen Glaubensbrüder bekehren wollen. Innerhalb der Islamisten bilden ihrerseits die gewaltbereiten Fundamentalisten eine Minderheit, die im Namen des „Dschihad", des „Heiligen Krieges", die eigenen, angeblich verdorbenen Regime und den diese unterstützenden Westen auch mit terroristischen Mitteln bekämpfen.

MATERIAL

10 Die Gemeinschaft der Muslimbrüder – die Keimzelle der islamistischen Bewegungen

Der Ägypter Hasan al-Banna (1906–1949) gründete 1928 die „Gemeinschaft der Muslimbrüder", die die Keimzelle aller islamistischen Bewegungen ist. Sie will religiöse Erneuerung und eine gesellschaftspolitische Reform miteinander verbinden. 1936 legte Hasan al-Banna dem ägyptischen König eine Reformliste vor, die er „Aufbruch zum Licht" nannte. Seine Forderungen finden sich bis heute in allen Programmen islamistischer Bewegungen wieder. Er verlangte u. a. Folgendes:

- Reform des Rechts in dem Sinn, dass es mit der islamischen Gesetzgebung in allen ihren Ableitungen in Einklang steht.
- Unterbindung der öffentlichen und heimlichen Prostitution; Ansehen jeder Art von Unzucht als ein Verbrechen, dessen Täter die Strafe der Auspeitschung erhält.
- Erziehung der Frauen in den Regeln des weiblichen Anstandes, um das flirt- und gefallssüchtige Verhalten zu unterbinden. Verschärftes Augenmerk diesbezüglich im Blick auf Lehrerinnen, Schülerinnen, Ärztinnen, Studentinnen und ihresgleichen.

- Revision der Lehrpläne für Mädchen und unbedingte Erarbeitung solcher Unterrichtsprogramme für sie, die sich von denen der Jungen auf vielen Stufen des Unterrichts unterscheiden.
- Geschlechtertrennung an den Universitäten. Jedes ungesetzliche Alleinsein zwischen Männern und Frauen ist als Vergehen zu betrachten, für welches die Betroffenen bestraft werden.
- Schließung der Ballsäle und Tanzlokale; Verbot von Tanz und Ähnlichem. Zensur der Schauspielhäuser und Kinofilme; strenge Auswahl der Theaterstücke und Filme. Verschärfte Kontrolle, Auswahl und Zensur der Lieder und Schlager.
- Sorgfältige Auswahl der im Rundfunk übertragenen Vorträge, Lieder und Themen; Verwendung des Rundfunks im Sinn einer vorzüglichen nationalen und moralischen Erziehung. Konfiszierung der Theaterstücke, Bücher und Zeitschriften, welche Provokationen, destruktiven Skeptizismus und Frivolitäten verbreiten, indem sie die niederen Instinkte des Publikums schamlos ausbeuten.

Aus: A. Meier, Der politische Auftrag des Islam, Wuppertal 1994, S. 180 ff.

Gamal al-Banna: Das islamische Manifest, 1991

MATERIAL 11

Gamal al-Banna ist 1920 geboren und Bruder des Gründers der Muslimbrüderschaft. Das Manifest, geschrieben 1991 unter dem Eindruck des Zusammenbruchs der Sowjetunion sowie des Golfkriegs gegen den Irak, wendet sich in erster Linie an die bisherigen Anhänger eines arabischen Sozialismus.

Nach einem halben Jahrhundert der Herrschaft geriet die Sowjetunion ins Wanken, dann brach sie zusammen und kapitulierte vor dem Kapitalismus, der mit Freiheit, Wissenschaft und Technologie bis an die Zähne gerüstet war. Ist es der Menschheit bestimmt, ein zweites Mal unter die Knechtschaft des Kapitalismus zu geraten und sich in Untertanen der multinationalen Großkonzerne und ihrer kolonialistischen Wucherwirtschaft zu verwandeln? [...]
Nein, [...] tausendmal Nein!

Der Zusammenbruch des Marxismus bedeutet nicht, dass der Kapitalismus Erfolg haben wird. [...] Die Menschheit ist nicht bereit, die Erniedrigung anzunehmen und die Lasten und Fehler des Kapitalismus zu ertragen. Denn seine Sünden ragen empor wie die Berge.
Wir haben die Alternative – den Islam. Der Islam brachte die Deklaration der absoluten Gerechtigkeit zwischen den Menschen insgesamt, ohne Unterschied zwischen schwarz und weiß, männlich und weiblich, reich und arm, niedrig und edel. [...] Die Herrschaft der Despotie und der Ausbeutung ersetzte er durch die Deklaration *„des Buches und der Waage"*: [...] Den Versklavten auf der Erde hat er alle Horizonte eröffnet. Sie wurden die Erben und wurden die Herren. [...]
Dieses ist die neue Gabe des Islam, welche die Völker an ihn glauben und in Scharen in ihn eintreten ließ. Das Neue sind der Freiheitsgeist, die Prinzipien der Gerechtigkeit und der Gleichheit, die der Islam aufglänzen ließ. [...] Dieses „Manifest" bietet den Islam als die Botschaft des Aufbruchs und der Befreiung an – wie es war, als der Koran offenbart wurde und Muhammad zu ihm aufrief.

Aus: A. Meier, Politische Strömungen im modernen Islam. Quellen und Kommentare, Wuppertal 2002, S. 100 f.

Die Charta der islamistischen palästinesischen Widerstandsbewegung Hamas

MATERIAL 12

Artikel 8: Sinn und Zweck der Islamischen Widerstandsbewegung liegt in Allah. Sein Bote ist unser Vorbild, der Koran unsere Verfassung, der Heilige Krieg (Dschihad) unser Weg, der Tod im Dienste Allahs unser höchstes Ziel.
Artikel 11: Für die Islamische Widerstandsbewegung ist Palästina islamisches Vermächtnis, den Moslems anvertraut bis zum Jüngsten Gericht. [...]
Artikel 13: Die Preisgabe eines Teiles von Palästina ist wie die Preisgabe eines Teiles der Religion. [...] Für das palästinensische Problem gibt es keine Lösung außer dem Heiligen Krieg. [...]
Artikel 14: Palästina ist ein islamisches Land, [...] unter den heiligen Orten an dritter Stelle. Deshalb ist seine Befreiung persönliche Pflicht eines jeden gläubigen Moslems.
Artikel 15: An dem Tag, an dem die Feinde ein Territorium der Muslime erbeuten, wird der Heilige Krieg individuelle Pflicht für jeden Muslim. Gegen den Raub Palästinas durch die Juden gibt es nur eine Rettung: die Flagge des Heiligen Krieges zu hissen. [...]
Artikel 31: Unter dem Schutz des Islam können die Anhänger der drei Religionen – Islam, Christentum und Judentum – in Ruhe und Sicherheit zusammenleben. Ruhe und Sicherheit können nur unter dem Schutz des Islam bestehen. [...] Die Anhänger der anderen Religionen müssen aufhören, dem Islam seine Souveränität über diese Region zu bestreiten. [...]

Vergleichen Sie hierzu auch das folgende Kapitel „2.5 Jerusalem Brennpunkt des israelisch-arabischen Konflikts".

Aus: R. Tophoven, Der israelisch-arabische Konflikt, Bonn 1999, S. 68 f.

WERKSTATT GESCHICHTE

Moslemische Kämpfer in Afghanistan gegen die sowjetischen Besatzer, 1985.

MATERIAL
13 Die Islamwissenschaftlerin Angelika Hartmann zur Frage „Wer sind die Islamisten?"

Bei den Islamisten zwischen Marokko und Indonesien handelt es sich in der Regel nicht um ausgebildete Theologen. Häufig sind es Betriebswirte, Ärzte, Technokraten oder Ingenieure. Manche haben Philosophie studiert – jedoch nicht die islamische, sondern eher die europäische von Hegel bis Heidegger.
Drei Hauptgruppierungen von Islamisten lassen sich unterscheiden. Zur ersten gehören im westlichen Sinne hochgebildete Intellektuelle, die sich kraft einer Konversion, oft verbunden mit persönlichen Krisen, unbefriedigt von „westlichen" Utopien und Systemtheorien abwenden.
Die zweite Gruppe rekrutiert sich aus jungen Leuten. Sie kommen oft aus traditionellem Milieu ländlicher Gegenden oder Kleinstädte. Ihre Familien gehören der Mittelklasse an. Sie selbst sind Aufsteiger mit einer hohen Leistungsmotivation. […] Diese jungen Leute tragen die Last der Veränderung und der Anpassung von ländlichen Gesellschaftsformen an eine urbane Lebenswelt.
Die dritte Gruppierung besteht erst seit 1989. Nach dem Abzug der sowjetischen Truppen aus Afghanistan sind viele Freiwillige, die aufseiten islamistischer Gruppen gegen die Besetzer gekämpft hatten, rücksichtslos nach Nordafrika und in den Nahen Osten abgeschoben worden. Die Abgeschobenen aber, einst von Saudiarabien und den USA für den Partisanenkrieg finanziert, wurden in ihrer neuen Umgebung zum Rückgrat islamistischer Terroraktionen. Sie sind hauptsächlich in Palästina, in Jordanien, Ägypten, Jemen, Algerien, Tunesien und Marokko aktiv. […]
Die Islamisten sind in der Regel geprägt von Denkmustern eines verwestlichten Bildungssystems, das ihnen weder einen Beruf sichern kann, noch ihnen in einer sich rasch verändernden Wirklichkeit einen Daseinssinn vermitteln. Deshalb kommen sie zu der Überzeugung, dass die Schuld an ihrer Misere im starken Druck westlicher Zivilisationsimporte auf ihre Umgebung zu verstehen ist.

Aus: NZZ-Fokus, Islamismus, Zürich 1998, S. 11; Nachdruck aus NZZ vom 10. 6. 1998.

Anregungen zur Auswertung
1. Welches Bild haben die Islamisten von Europa und den USA? Erläutern Sie, welche Vorstellung sie diesem Bild entgegenstellen.
2. Recherchieren Sie die Bedeutung des koranischen Begriffs „Dschihad" und vergleichen Sie diesen mit dem islamistischen Verständnis.

DIE ISLAMISCHE WELT AUF DER SUCHE NACH EINEM EIGENEN PLATZ IN DER MODERNE

219

2.5 Jerusalem – Brennpunkt des israelisch-arabischen Konflikts

In the name of Allah the most Gracious the most Merciful
Military communiqué by Qassam Brigades
„And slay them wherever you catch them, and turn them out from where they have turned you out."
Four Zionists killed, an officer and three soldiers, and two wounded.
The Qassam Brigades, military wing of the Islamic Resistance Movement, Hamas, declare responsibility for the heroic operation that the two following heroic Mujahideen launched this morning:
Martyr Mohammed Abdul Ghani Abu Jamoos
And martyr Emad Etaiwi Abu Rizk
Who defended the holy Aqsa Mosque and the land of Arab-Islamic Palestine on behalf of the Arab and Islamic Nation. [...]
Our option is that of Jihad and resistance, which is a heavenly option that no one can deviate from and we will live to it God willing.
We vow before Allah then before you to persist along that road until the usurped homeland is liberated from this evil occupation.
And it is a Jihad until either victory or martyrdom
Allaho Akbar wa lillah Al-Hamad[1]

Qassam Brigades, Wednesday 25th Shawwal 1422 H / 9th January 2002 AD

Dieses im Internet publizierte Communiqué der fundamentalistischen Hamas-Bewegung preist eines der palästinensischen Selbstmordkommandos, die durch die Ermordung israelischer Bürger Jerusalem dem jüdisch-israelischen Anspruch entreißen wollen.

---

[1] Allah ist groß und Dank sei Allah und der Hamas.

Schreckliche Attentate, Trauer bei Angehörigen der Opfer, Jubel und stolze Bekennerschreiben wie das obige im Lager der fundamentalistischen Hamas-Bewegung und schließlich Vergeltungsaktionen der israelischen Armee – solche Nachrichten aus Israel scheinen nicht enden zu wollen.

Die Wurzel dieser Auseinandersetzung liegt tief. Juden und Palästinenser beanspruchen das gleiche Stück Land, Palästina, als Heimat und als Territorium eines eigenen unabhängigen Staates. Beide beanspruchen Jerusalem als ihre Hauptstadt. Beide betrachten den Tempelberg als unverzichtbares heiliges Gebiet. Auf diesem stand bis zur Zerstörung durch die Römer im ersten nachchristlichen Jahrhundert der jüdische Tempel. Erhalten geblieben ist von diesem Tempel nur die Westmauer des Tempelbergs, die so genannte „Klagemauer". Für die Juden ist dies der Ort, wo sie Gott im Gebet am nächsten sind. Doch auch für die Christen ist Jerusalem ein geweihter Ort, und dies gilt auch für die Muslime: Bald nach dem Tod Mohammeds wurde auf dem Tempelberg die Al-Aqsa-Moschee und der goldbehelmte Felsendom .gebaut, denn von hier aus soll Mohammed in den Himmel aufgestiegen sein.

Die heiligen Stätten Jerusalems

WERKSTATT GESCHICHTE

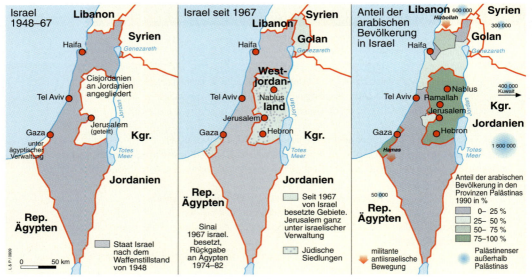

Palästina und Israel seit 1948. Von 1820 bis 1948 kamen ca. 600 000 Juden nach Palästina, v. a. aus Mittel- und Osteuropa. 1948 bis 1995 wanderten ca. 4,4 Millionen Juden ein, v. a. aus Nordafrika, Iran, Irak und Osteuropa.

Zionismus 1896 proklamierte der österreichisch-ungarische Jude Theodor Herzl in seiner Schrift „Der Judenstaat" die politische Idee der Heimkehr aller Juden nach Israel und dessen Hauptstadt Jerusalem. Seitdem steht Jerusalem im Brennpunkt des israelisch-arabischen Konflikts. Zion, der Name eines Hügels in Jerusalem, wurde das Symbol für das „gelobte Land", aus dem die Juden nach der Zerstörung ihres Tempels durch die Römer vor fast 2 000 Jahren vertrieben worden waren.

Jerusalem 1948 – eine geteilte Stadt Die jüdische Einwanderung vor dem Zweiten Weltkrieg stieß auf immer heftigeren Widerstand der Palästinenser. Nach dem Zweiten Weltkrieg beschloss die UNO angesichts der Millionen Opfer des Holocaust die Teilung Palästinas in einen jüdischen und einen arabischen Staat. Dieser Teilungsplan wurde von der arabischen Welt einhellig abgelehnt. Nach der Staatsgründung Israels 1948 wurde der junge jüdische Staat von seinen arabischen Nachbarn angegriffen, ging jedoch siegreich aus diesem seinem ersten Krieg, dem Unabhängigkeitskrieg, hervor. Jerusalem wurde eine geteilte Stadt. Die Altstadt mit den heiligen Stätten blieb unter arabischer Kontrolle und wurde von Jordanien annektiert. Viele Palästinenser flohen aus den nun zum Staat Israel gehörenden Gebieten; zahlreiche leben seitdem in Flüchtlingslagern.

Israelische Annexion Jerusalems Im Krieg von 1967 besetzte Israel die Altstadt von Jerusalem und die Gebiete westlich des Jordan. Das wiedervereinigte Jerusalem wurde annektiert und zur ewigen und unteilbaren Hauptstadt Israels erklärt. Seit 1991 schien ein israelisch-palästinensischer Annäherungsprozess die Gründung eines Staates Palästina in greifbare Nähe zu rücken. **Friedensplan von 2000** Verhandlungen unter amerikanischer Schirmherrschaft scheiterten aber im Jahr 2000 vor allem an der Frage, wer die Souveränität über Jerusalem erhalten sollte. Der Vorschlag des damaligen israelischen Ministerpräsidenten Barak, das Stadtgebiet Jerusalems durch einen Verwaltungsakt zu erweitern, um es dann in eine israelische und

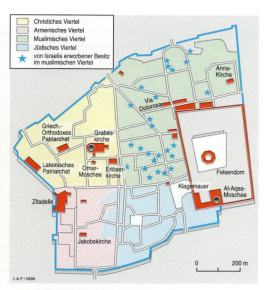

Der Tempelberg mit Felsendom, Al-Aqsa-Moschee und der Klagemauer.

Die Altstadt von Jerusalem mit dem Tempelberg und den verschiedenen Stadtvierteln.

eine palästinensische Hauptstadt teilen zu können, wurde von den Palästinensern abgelehnt. Ebenfalls auf Ablehnung stieß der ungewöhnliche Plan Baraks, den Tempelberg horizontal zu teilen (→ S. 222, M 14). Nach diesem Plan wäre die Oberfläche des Tempelbergs mit dem Felsendom und der Al-Aqsa-Moschee palästinensisches Territorium geworden, der Boden unter dem Tempelberg einschließlich der „Klagemauer" israelisch geblieben.

Dieser Plan wurde aber auch von der israelischen Opposition heftig abgelehnt. Für die religiösen, politisch eher rechts orientierten Gruppen kann das Land westlich des Jordan, das Gott, gemäß ihrem Glauben, dem jüdischen Volk als Zeichen des besonderen Bundes geschenkt hat, nicht aufgegeben werden. Und unverzichtbar ist vor allem die gesamte Altstadt von Jerusalem. So haben sich Israelis demonstrativ im muslimischen Viertel von Jerusalem Häuser gekauft.

Ende September 2000 „spazierte" der damalige Oppositionsführer und künftige Ministerpräsident Ariel Scharon demonstrativ in Begleitung von über tausend Sicherheitsleuten über den Tempelberg. Dies wurde von der Mehrheit der Palästinenser als Provokation betrachtet und war der Auslöser des nach 1987 zweiten Volksaufstandes der Palästinenser, der so genannten Al-Aqsa-Intifada. Seitdem dreht sich die Spirale der Gewalt: Israelische Zivilisten sterben durch palästinensische Selbstmordattentate in Bussen, Diskotheken und Universitäten; Überfälle auf israelische Siedlungen und militärische Einrichtungen ersticken die Bereitschaft der Israelis zu weiteren Verhandlungen. Israelische Vergeltungsangriffe auf palästinensische Dörfer und Städte, denen oft auch Zivilisten zum Opfer fallen, die Zerstörung der palästinensischen Infrastruktur und gezielte Liquidierungen von Terroristen stärken ihrerseits die radikalen fundamentalistischen, zu keinem Dialog bereiten Gruppierungen bei den Palästinensern.

Al-Aqsa-Intifada

MATERIAL

14 Der Teilungsplan von Ehud Barak, Juli 2000 – ein komplizierter Versuch, den religiösen und politischen Interessen sowohl der Juden als auch der Palästinenser gerecht zu werden

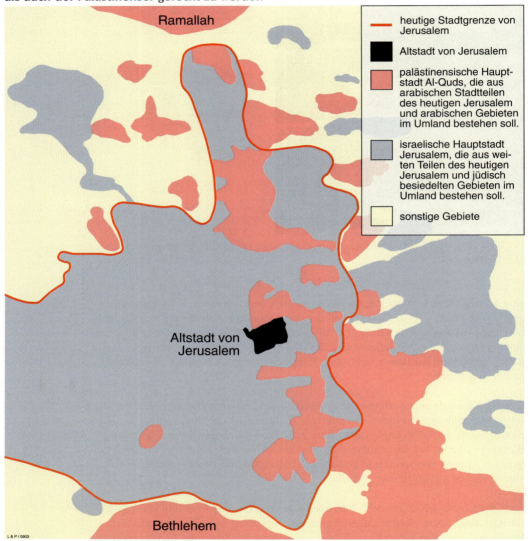

Im Sommer 2000 legte der israelische Ministerpräsident Ehud Barak einen Friedensplan vor, der erstmals eine Teilung Jerusalems in zwei Städte vorschlug: in eine jüdische Stadt namens Jerusalem, die wie bisher Hauptstadt Israels sein sollte, und in eine arabische Stadt namens Al-Quds, der arabischen Bezeichnung Jerusalems, die die Hauptstadt eines neu zu gründenden palästinensischen Staates sein sollte. Die Altstadt von Jerusalem sollte geteilt werden. Das moslemische und christliche Viertel sollten Autonomie unter israelischer Souveränität erhalten, das jüdische und armenische Viertel unter vollständiger Kontrolle Israels stehen. Der neue Staat Palästina sollte religiöse Autonomie über den Tempelberg erhalten, der Bereich der Klagemauer sollte am Fuße des Tempelberges allerdings dem Gebet der Juden vorbehalten bleiben. Der Plan wurde von den Palästinensern abgelehnt, ebenso distanzierte sich die israelische religiöse Rechte von dem Vorschlag.

DIE ISLAMISCHE WELT AUF DER SUCHE NACH EINEM EIGENEN PLATZ IN DER MODERNE

MATERIAL
Die Rolle Jerusalems – aus der Web-Seite des American Jewish Commitee 15

Die Verbundenheit des jüdischen Volkes mit dem Land Israel ist unabänderlich und unverbrüchlich. […] Sie existiert bereits seit viertausend Jahren. Dies belegt vor allem die Hebräische Bibel. […] Hier wird die Geschichte Abrahams erzählt und von seinem Bund mit dem Einzigen Gott. […] Das Gleiche gilt für die Verbundenheit des jüdischen Volkes mit Jerusalem.

Sie datiert bereits aus der Regierungszeit König Davids, der vor ungefähr 3000 Jahren lebte und Jerusalem als Hauptstadt Israels gründete. Seither ist Jerusalem nicht nur das geographische Zentrum des Judentums, sondern auch das geistige und metaphysische Herz unseres Glaubens und unserer Identität. Die Beziehung zwischen Jerusalem und dem jüdischen Volk ist wahrlich einmalig in den Annalen der Geschichte. […] Schon in den Psalmen heißt es: „Vergesse ich dein, O Jerusalem, lass meine rechte Hand ver-dorren; meine Zunge soll an meinem Gaumen kleben, wenn ich deiner nicht gedenke, wenn ich Jerusalem nicht gedenke, selbst in meiner glücklichen Stunde." Obgleich die Juden seit nahezu 1900 Jahren mit Gewalt in alle Welt zerstreut wurden, blieb ihre Sehnsucht nach Zion und Jerusalem stets am Leben.

Diese historische und religiöse Verbundenheit mit Jerusalem ist für uns besonders deshalb so wichtig, weil einige arabische Wissenschaftler und Publizisten sich bemühen, die Geschichte umzuschreiben. Sie versuchen zu belegen, dass die Juden in dieser Region eigentlich nichts weiter als „fremde Besatzer" oder „Kolonisten" sind, die keine echte Bindung an das Land haben. Solche Versuche, Israels rechtmäßigen Anspruch zu leugnen, sind falsch und müssen als Lügen gebrandmarkt werden, die sie nun einmal sind.

Aus: www.ajc.org/Languages/German.asp?did=406. Autor: David A. Harris.

MATERIAL
Die Palästinensische Vertretung bei der UNO: „Über die Geschichte Palästinas" 16

Die Web-Seite der Palästinensischen Vertretung bei der UNO zur Rolle Jerusalems:

In the year 570 AD, Prophet Mohammed ibn Abdallah, peace be upon him, was born in Mecca. The revelation of the Holy Koran to Prophet Mohammed began in the year 610 A.D., marking the beginning of the third monotheistic religion of Islam. Islam gave a distinct and special status to the city of Jerusalem, to which the Prophet Mo-hammed was taken and from which he ascended to heaven in the „Night journey". The Muslims directed their prayers towards Jerusalem before they did towards Mecca. […]
During the Umayyad Rule, Abdel Malek ibn Marwan built the Dome of the Rock and Al-Aqsa Mosque beside it. Both, along with the surrounding area, became known as Al-Haram Al-Sharif (the Holy Sanctuary). This site is the third holiest place in Islam after Mecca and Medina.

Aus: www.palestine-un.org/info/hist.html

Anregungen zur Auswertung
1. Untersuchen Sie die Rolle der Stadt Jerusalem sowie die religiöse Legitimierung politischer Ziele sowohl auf der israelischen wie auf der palästinensischen Seite.
2. Kann die Religion des Islam dem Staat Israel ein Existenzrecht im Nahen Osten zuerkennen? Ziehen Sie zur Beantwortung auch das Kapitel 2.3 (S. 210–214) heran. Erörtern Sie, welche Gruppen auf beiden Seiten inwiefern dialogfähig sind.

WERKSTATT GESCHICHTE

2.6 Europa und der Islam: Kooperation oder Konfrontation

MATERIAL

17 Oriana Fallacci: „Wut und Stolz"

Die weltbekannte italienische Journalistin und Schriftstellerin Oriana Fallaci publizierte unter dem Eindruck des 11. September 2001 den Essay „Die Wut und der Stolz". In Italien, Frankreich, Spanien und Deutschland stand das Buch im Herbst 2002 mehrere Wochen auf Platz 1 der Bestsellerliste.

Ihr begreift nicht oder wollt nicht begreifen, dass der Dschihad gewinnen wird, wenn wir uns dem nicht entgegenstellen, wenn wir uns nicht verteidigen, wenn wir nicht kämpfen. Und er wird die
5 Welt zerstören [...] Er wird unsere Kultur zerstören, unsere Kunst, unsere Wissenschaft, unsere Moral, unsere Werte, unsere Freuden. [...] Manchen ist alles egal. Amerika ist ja weit weg, sagen sie. Zwischen Europa und Amerika liegt
10 ein Ozean. O nein, meine Lieben, ihr irrt euch: Es ist nur ein Tropfen. Denn wenn das Schicksal des Westens auf dem Spiel steht, dann ist das Überleben unserer Zivilisation in Gefahr. Amerika sind wir. [...] Wenn Amerika zusammenbricht,
15 bricht Europa zusammen. [...] In jeder Hinsicht brechen wir zusammen, meine Lieben. Und anstelle der Kirchenglocken ruft dann der Muezzin, anstelle der Miniröcke tragen wir den Tschador oder vielmehr die Burkah, anstelle eines kleinen
20 Cognacs trinken wir Kamelmilch. [...]

Das Problem ist, dass der Spuk mit dem Tod Usama Bin Ladens nicht vorbei, nicht gelöst ist. Denn es gibt zu viele Usama Bin Ladens, gerade heute. [...] Es sind tatsächlich die am besten Ausgebildeten und die Intelligentesten, die nicht 25 in den Höhlen Afghanistans oder in den Moscheen Irans und Pakistans bleiben. Sie halten sich in unseren Ländern auf, unseren Städten, unseren Universitäten, unseren Unternehmen. Sie haben Zugang zu unseren Kirchen, unseren 30 Banken, unserem Fernsehen, unseren Radios, unseren Zeitungen, unseren Verlagen, unseren Gewerkschaften, unseren Parteien. Sie nisten sich in unseren technischen Nervenknoten ein, im Herz unserer Gesellschaft. Einer Gesellschaft, 35 die sie beherbergt, ohne ihr Anderssein zu hinterfragen, [...]

Kann so eine monströse Größe (der Islam) neben unseren Grundsätzen von Freiheit, unseren demokratischen Regeln, unserer Zivilisation existieren? Können wir sie hinnehmen im Namen der 40 Aufgeschlossenheit, der Nachsicht, des Einfühlungsvermögens oder des Pluralismus? Wenn dem so wäre, warum haben wir dann gegen Mussolini und Hitler gekämpft, gegen Stalin und 45 Mao Tse-tung?

Aus: O. Fallaci, Die Wut und der Stolz, München 2002, S. 82 ff.

MATERIAL

18 Die hohe Kunst des Gesprächs: öffentliches Nachdenken über den Islam

Der Bundesnachrichtendienst (BND) stellte die Frage nach dem Verhältnis zwischen Europa und dem Islam ins Zentrum seiner Pullacher Herbsttagung im November 2002.

BND-Präsident Hanning nutzte die Gelegenheit zu einer öffentlichen Warnung an die westliche Welt: Es dürfe nicht sein, daß Kooperation mit dem arabischen Raum gegen Mißtrauen ge-
5 tauscht werde, daß Sprachlosigkeit den notwen-

digen Dialog über die Folgen der Globalisierung verhindere. An Hannings Seite argumentierte der jordanische Prinz Hassan Bin Talal, Präsident des Club of Rome, der die „hohe Kunst des Gesprächs" zwischen den Kulturen propagierte und 10 ökonomischen und sozialen Beistand des Westens aufrief gegen die Handicaps, welche die in hohem Maße unterentwickelte islamische Welt in der Zeit der Globalisierung behinderten.

Der frühere schwedische Ministerpräsident Bildt […] unterlief in seiner Analyse das hochhängende Bild vom finalen Kulturkampf und stellte statistische Zahlen dagegen. Bildts These lautete, es komme zumindest für Europa nicht allein auf die Macht eines islamischen Fundamentalismus an, um die Zukunft der islamischen Welt als bedrohliches Problem zu empfinden.

Die 22 arabischen Staaten beherbergten derzeit eine Bevölkerung von 280 Millionen Menschen, in zwanzig Jahren werde ihre Zahl voraussichtlich auf 450 Millionen gestiegen sein. Die Region habe gleichzeitig den geringsten Zuwachs in der ökonomischen Entwicklung weltweit, ausgenommen die Sahelzone, die Bildungsrate sei niedrig, die Hälfte der weiblichen Bevölkerung Analphabeten. Bildt prophezeite, es werde voraussichtlich, beurteilt nach gegenwärtigen Rahmenbedingungen, in den nächsten Jahren „eine Reihe von Explosionen oder Implosionen politischer und sozialer Natur" in mehreren Ländern der Region geben.

Die Folgen für Europa würden gleichfalls politisch und sozial bedeutsam sein. […] Bildt trug vor, gegenwärtig lebten rund 15 Millionen Muslime in der Europäischen Union, in 25 Jahren könne ihre Zahl nach Schätzungen auf bis zu 60 Millionen steigen. Er analysierte die Folgen dieser Entwicklung gleichfalls in ihren sozialen und politischen Wirkungen und sah einen kulturellen Konflikt nur für den Fall voraus, daß die soziale und gesellschaftliche Integration der muslimischen Einwanderer scheitert. Bildt warnte, dann könne ein „Islam der Ghettos" in den Vororten der europäischen Großstädte entstehen, der ein Rekrutierungsfeld für Extremisten und auch für Terroristen biete. Und er rief als Beispiel den Fall junger Türken oder Tunesier auf, die als „Glaubenskrieger" in Tschetschenien kämpfen und sterben, nachdem sie in Deutschland oder anderen europäischen Ländern aufwuchsen. Dies sei ein klares Zeichen des Versagens der westlichen Gesellschaften.
Bildt propagierte als Gegenbild zum befürchteten „Ghetto-Islam" die Idee eines „Euro-Islam" […]

Minarett der Yavus-Sultan-Selim-Moschee und Kirchturm der Liebfrauenkirche in Mannheim.

Auf diese Weise sollten die Werte des muslimischen Glaubens mit den Werten der säkularen, offenen und liberalen westlichen Gesellschaften verbunden werden. Von der Toleranz im Zusammenleben, die die ansässige Gesellschaft aufzubringen hätte, und der Toleranz im Glauben, die muslimische Einwanderer als Gegenleistung zu liefern hätten, erhoffte sich Bildt eine Vorbildwirkung auf reformwillige Länder in der islamischen Welt.

Der Behandlung der Türkei maß er eine Schlüsselrolle zu. Bildt stellte fest: Wenn Europa einer Türkei die Tür ins Gesicht schlüge, die doch versuche, privaten muslimischen Glauben ihrer Bevölkerung mit einer modernen säkularen Gesellschaft und einer Demokratisierung nach europäischen Maßstäben zu verbinden, werde eine Entwicklung gefördert, die sicherlich nicht zum langfristigen Nutzen Europas ausfiele.

Aus: J. Leithäuser, FAZ, 12. November .2002, S. 12.

WERKSTATT GESCHICHTE

MATERIAL

19 „deutsche Sprache" – Gedicht von Yüksel Pazarkaya

Yüksel Pazarkaya, geboren 1940 in Izmir (Türkei), lebt
seit 1958 in Deutschland. Er studierte Chemie, Literatur-
wissenschaft und Philosophie und arbeitet heute als Rund-
funkjournalist, Übersetzer und Schriftsteller.

deutsche sprache
die ich vorbehaltlos liebe
die meine zweite heimat ist
die mir mehr zuversicht
die mir mehr geborgenheit
die mir mehr gab als die
die sie angeblich sprechen

sie gab mir lessing und heine
sie gab mir schiller und brecht
sie gab mir leibniz und feuerbach
sie gab mir hegel und marx

sie gab mir sehen und hören
sie gab mir hoffen und lieben
eine welt in der sich leben läßt

die in ihr verstummen sind nicht in ihr
die in ihr lauthals reden halten sind nicht in ihr
die in ihr ein werkzeug der erniedrigung
die in ihr ein werkzeug der ausbeutung sehen
sie sind nicht in ihr sie nicht

meine behausung in der kälte der fremde
meine behausung in der hitze des hasses
meine behausung wenn mich verbiegt die
    bitterkeit
in ihr genoß ich die hoffnung
wie in meinem türkisch.

Aus: M. Haarmann, Der Islam. Ein Lesebuch, München 1992, S. 355.

Ali Ibn Abi Talib, der Schwiegersohn und Nachfolger Mohammeds: „Die Menschen sind Feinde
dessen, was sie nicht kennen."

Der amerikanische Politikwissenschaftler Samuel P. Huntington hat 1996 in seinem in
der ganzen Welt viel beachteten Buch „Kampf der Kulturen" folgende These aufge-
stellt: „In der heraufziehenden Ära sind Kämpfe zwischen Kulturen die größte Gefahr
für den Weltfrieden, und eine auf Kulturen basierende internationale Ordnung ist der
sicherste Schutz vor einem Weltkrieg." Eine weitere These Huntingtons ist, dass die
größte Bedrohung für den Weltfrieden dabei vom Islam ausgehe. Den Thesen wurde
widersprochen: Der eigentliche Kampf der Kulturen spiele sich innerhalb der Kulturen
ab; es sei deshalb realitätsnäher, von einer Konfrontation zwischen fundamentalisti-
scher und liberaler Kultur innerhalb der Zivilisationen zu sprechen; es seien offensichtlich nicht die Kulturen der Welt, die die notwendige Verständigung und Kooperation behinderten, sondern partikulare Kräfte in ihnen; eine unkritische Verbreitung
der These Huntingtons behindere die Verständigung zwischen den Zivilisationen.

Gerade nach den Terroranschlägen vom 11. September 2001 ist die Debatte über
Huntingtons Grundthesen neu entflammt. Leicht übersehen wird in dieser Diskussion
das Plädoyer Huntingtons für eine friedensstiftende Kooperation zwischen den Kulturen. Als Basis für eine solche Kooperation zwischen Europa und der islamischen
Welt muss ein fruchtbarer Dialog auf folgenden Ebenen geführt werden:

● Ein Dialog zwischen den Mitgliedsländern der EU und den islamischen Anrainer-
staaten des Mittelmeeres über die Frage, ob und inwieweit diese Staaten an die EU
angebunden werden sollen. Wird das Mittelmeer die Grenze oder die Brücke zwischen der europäischen und der islamischen Zivilisation sein? Soll die Türkei ein
Vollmitglied der EU werden?

Muslimische Mitbürger sind fester Bestandteil der westeuropäischen Gesellschaften geworden.

- Ein Dialog der politischen und geistigen Eliten in Okzident und Orient über das eigene religiöse und kulturelle Selbstverständnis. Kann es als Zeichen der religiösen Toleranz neben modernen Moscheen in Europa auch moderne christliche Kirchen in der islamischen Welt geben?
- Ein Dialog innerhalb der europäischen Staaten mit den eigenen muslimischen Minderheiten. Wie sieht das Integrationsangebot für die nordafrikanischen Minderheiten in Frankreich, für die vom südasiatischen Subkontinent stammenden Minderheiten in Großbritannien, für die indonesischen Minderheiten in den Niederlanden oder für die türkischen und kurdischen Minderheiten in Deutschland aus? Und wie steht es um deren Integrationswilligkeit?

Anregungen zur Weiterarbeit

- „Der Islam auf dem Weg in die Moderne": Untersuchen Sie an dem Fallbeispiel eines Staates der islamischen Welt diesen Weg.
- „Der Islam in Auseinandersetzung mit der westlichen Welt": Konkretisieren Sie die Thesen von Huntington, Fallaci, Hanning, Hassan Bin Talal und Bildt an politischen Ereignissen und erörtern Sie ihre Tragfähigkeit.
- Recherchieren und dokumentieren Sie die Entwicklung des Nahost-Konflikts.
- Die Frage, ob, wann und unter welchen Bedingungen die Türkei Mitglied der Europäischen Union werden kann, wird kontrovers diskutiert. Sammeln Sie aus Presseberichten oder dem Internet Argumente für und wider. Arbeiten Sie heraus, welche Rolle der Tatsache beigemessen wird, dass die Türkei dem islamischen Kulturkreis angehört. Wird dies als Chance oder Problem begriffen? Nehmen Sie Stellung.
- Untersuchen Sie islamisches Leben in Ihrer Heimatstadt. Erörtern Sie anhand konkreter Beispiele, in welchem Maß Integration wünschenswert, notwendig oder überflüssig ist.

3. „Europa, unser gemeinsames Haus"

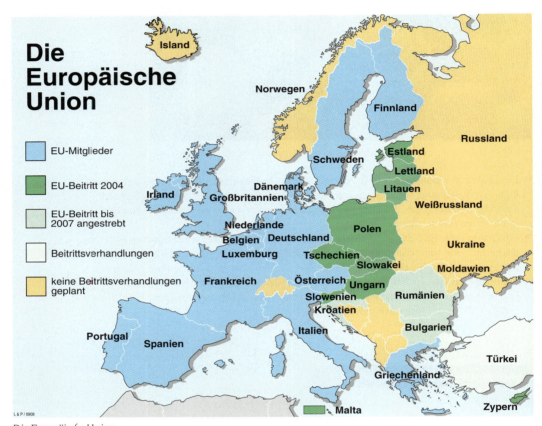

Die Europäische Union.

1987 sprach Michail Gorbatschow, der führende Politiker der Sowjetunion, in einem Pressegespräch erstmals von „Europa, unserem gemeinsamen Haus". Um in der wirtschaftlich ruinierten und stagnierenden Sowjetunion Veränderungen zu bewirken, suchte er damals für sein Land den Anschluss an den Westen. Am Beginn des 21. Jahrhunderts kann man zwar noch nicht von einem fertigen Haus sprechen, aber man beobachtet einen ständigen, weiteren Ausbau.

Was ist Europa? Was ist Europa? Geographisch wird der Kontinent vom Atlantik und vom Mittelmeer begrenzt, im Osten hat man das Ural-Gebirge als Ende definiert. Gibt es aber eine europäische Mentalität, eine gemeinsame ideelle Basis? Die Diskussion ist anlässlich der Erweiterungsdebatten der Europäischen Union in den letzten Jahren neu entfacht worden. Als Grundlagen des gemeinsamen europäischen Denkens werden die griechisch römische Antike und das Christentum genannt. Die Renaissance und der Humanismus des 15. Jahrhunderts und danach die Aufklärung schufen in West- und Mitteleuropa eine eigenständige, sich von der Kirche lösende, weltliche Kultur. Seit dem 18. Jahrhundert setzte sich im europäischen Raum auch die Vorstellung des politisch souveränen Volkes, die gedankliche Grundlage der Demokratie, allmählich durch. Die Teilhabe an diesen Ideen gilt heute als Voraussetzung für die Mitarbeit am „gemeinsamen Haus Europa".

Nationalstaaten prägten die Politik Europas im 19. und 20. Jahrhundert. Der Gedanke des Zusammenschlusses der europäischen Staaten entstand bereits im 19. Jahrhundert, seine Umsetzung war allerdings in erster Linie eine Folge der gewaltigen Katastrophen der beiden Weltkriege. Sie machten deutlich: Nur durch eine Zusammenarbeit der wichtigsten europäischen Staaten auf der Basis eines kontinuierlichen, sich ständig vertiefenden Konzepts lässt sich der Frieden in Europa langfristig bewahren.

Für ein einiges Europa warben schon der französische Schriftsteller Victor Hugo, der *Frühe Pläne* Begründer der Paneuropa-Bewegung Graf Coudenhove-Kalergi (➔ M 1) und Politiker der Zwischenkriegszeit wie der französische Außenminister Aristide Briand und Gustav Stresemann. Auch in den Staaten des östlichen Mitteleuropas wurde darüber nachgedacht. Im Exil während des Zweiten Weltkrieges beschlossen der Chef der polnischen Exilregierung Sikorski und sein tschechischer Kollege Beneš, zwischen beiden Ländern eine „engere politische und wirtschaftliche Assoziation" zu bilden, zu der auch die anderen europäischen Staaten eingeladen sein sollten. Dieser Plan war nach dem Krieg auch wegen des Ost-West-Konflikts nicht umsetzbar. Im Westen dagegen wurde vor dem Hintergrund der sowjetischen Bedrohung zielstrebig auf eine Integration zugearbeitet.

Die erste europäische Institution, die nach dem Zweiten Weltkrieg entstand, ist der im *Europarat* Jahr 1949 gegründete Europarat mit Sitz in Straßburg (der Europarat ist kein Organ der Europäischen Union). Seine Arbeit konzentriert sich vor allem auf den Schutz der Menschenrechte und der Demokratie in Europa. Er richtete einen Europäischen Gerichtshof für Menschenrechte ein, vor dem Organisationen und Körperschaften, aber auch einzelne Personen klagen können, wenn sie sich in ihren Freiheits- und Bürgerrechten bedroht sehen. Alle europäischen Staaten (auch die Türkei) mit Ausnahme Weißrusslands gehören ihm mittlerweile an.

Die ersten Schritte hin zu einer zunächst wirtschaftlichen und später auch politischen *Montanunion* Union erfolgten kurze Zeit später: Am 9. Mai 1950 – fast auf den Tag genau fünf Jahre nach dem Ende des Zweiten Weltkrieges – verkündete der französische Außenminister Robert Schuman, dass Frankreich bereit sei, mit seinem ehemaligen Kriegsgegner Deutschland auf dem Gebiet der Montanindustrie zusammenzuarbeiten. Konrad Adenauer erkannte die Chance für Deutschland, das noch unter Besatzungsrecht stand, und stimmte uneingeschränkt zu (➔ M 3, M 4). Italien und die Benelux-Länder schlossen sich an. Die sechs Staaten unterzeichneten 1951 den Pariser Vertrag zur Gründung einer Europäischen Gemeinschaft für Kohle und Stahl. Der Pariser Vertrag gilt als die „Geburtsurkunde" der Europäischen Gemeinschaft; die dynamische Sechsergemeinschaft der Montanunion löste den Europarat als „Motor" der europäischen Integration ab.

WERKSTATT GESCHICHTE

Römische Verträge
EWG

1957 unterzeichneten die sechs Mitglieder der Montanunion die Römischen Verträge zur Gründung der Europäischen Wirtschaftsgemeinschaft (EWG) und der Europäischen Atomgemeinschaft (Euratom). Ziele der Römischen Verträge waren die Errichtung eines gemeinsamen Marktes mit freiem Verkehr von Personen, Dienstleistungen und Kapital, die Angleichung der Wirtschaftspolitiken, eine gemeinsame Agrarpolitik und die Errichtung einer Zollunion mit freiem Warenverkehr. Parallel wurde von den übrigen Staaten Westeuropas, die vorerst keine stärkere politische Union wollten (z. B. die Schweiz, Norwegen und Großbritannien) die EFTA (European Free Trade Association) gegründet.

EG

Die drei selbstständigen Gemeinschaften EGKS (Europäische Gemeinschaft für Kohle und Stahl), EWG und Euratom schlossen sich 1967 zu den Europäischen Gemeinschaften (EG; meist „Europäische Gemeinschaft" genannt) zusammen. Anfang der 90er Jahre beschloss man, die Wirtschaftsgemeinschaft zu einer politischen Union weiterzuentwickeln. Dafür gab es mehrere Gründe. Ein Aspekt war, dass sich in vielen Bereichen wirtschaftliche und politische Fragen nicht mehr voneinander trennen ließen, eine politische Zusammenarbeit also nur eine konsequente Fortführung der wirtschaftlichen Kooperation war. Auch befürchteten einige der europäischen Staaten, dass Deutschland nach der Vereinigung einen Sonderweg einschlagen könnte, und wollten es mit Hilfe der politischen Union verstärkt in eine europäische Politik einbinden (→ S. 160–164). Ein entscheidender Schritt auf diesem Weg war der 1991

Vertrag von
Maastricht
EU

abgeschlossene Vertrag von Maastricht. Darin wurden die Schaffung einer Wirtschafts- und Währungsunion mit dem Ziel einer einheitlichen Währung, eine gemeinsame Außen- und Sicherheitspolitik und die Einführung einer Unionsbürgerschaft mit völliger Freizügigkeit für alle Bürger Europas vorgesehen.

Nach 1989 veränderten meist friedliche Revolutionen in Mittel- und Osteuropa das politische Erscheinungsbild dieser Regionen, das bis dahin vom Ost-West-Konflikt geprägt war. Die Staaten begannen sich an Demokratie, Menschenrechten, Rechtsstaatlichkeit und Marktwirtschaft zu orientieren. Viele dieser ehemaligen Ostblockstaaten werden mittlerweile Mitglieder der Europäischen Union oder stehen in Verhandlungen über einen Beitritt (→ Karte S. 228).

Erweiterung

Die Aufnahme neuer Mitglieder ist an verschiedene Bedingungen geknüpft. Die Kandidaten müssen nachweisen, dass die demokratische Ordnung auf Dauer gesichert ist. Die wirtschaftliche Grundordnung soll sich an der der Union orientieren. Doch die Ausgangslage ist in den Beitrittsländern sehr unterschiedlich. Befürchtungen werden daher laut, wie sich ihr Beitritt auf die Zusammenarbeit auswirken wird. Dazu stellt sich die Frage, wie das Geld aufgebracht werden kann, das zur Unterstützung der

Vertiefung

Wirtschaftsreformen in den neuen Mitgliedsländern nötig ist. Parallel zur Erweiterung arbeitet man auch an einer Vertiefung der Integration. Eine gemeinsame Verfassung wird erarbeitet, eine gemeinsame politische Spitze mit Handlungskompetenzen soll gebildet werden. Es stellt sich aber die Frage, inwieweit eine Erweiterung der EU um zusätzliche Mitglieder eine engere Zusammenarbeit erschwert.

Künftige Struk-
tur der EU

Der deutsche Außenminister, Joschka Fischer, hat im Mai 2000 eine Rede gehalten, in der er seine Gedanken über das Ziel der europäischen Integration und die damit zusammenhängende institutionelle Struktur der Union geäußert hat (→ M 7). Damit hat er eine alte Diskussion neu belebt. Denn das Ziel der europäischen Integration wird

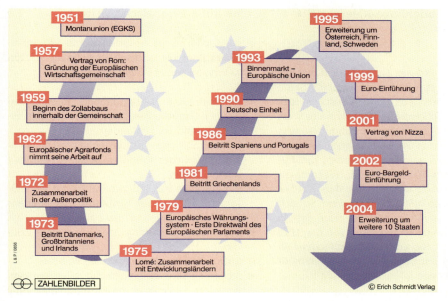

Meilensteine der europäischen Einigung.

seit ihren Anfängen diskutiert. Churchill hatte 1946 vorgetragen, es müssten eine „Art Vereinigter Staaten von Europa" errichtet werden (→ M 2). Schuman sah 1950 die Gründung der Europäischen Gemeinschaft für Kohle und Stahl als „erste Etappe der Europäischen Föderation". Auf der Haager Gipfelkonferenz der Regierungschefs der EWG wurde 1969 festgelegt, Gesamtziel der Integration solle eine (nicht näher definierte) „Europäische Union" werden. 1970 erläuterte de Gaulle dagegen sein Konzept vom „Europa der Vaterländer" (→ M 5), das ein „organisiertes, regelmäßiges Einvernehmen der verantwortlichen Regierungen" erfordere.

Künftige Struktur der EU

Heute konkurrieren verschiedene Konzepte für die zukünftige politische Gestalt der Union miteinander:
- Das Konzept der abgestuften Integration besagt, dass einzelne Mitgliedstaaten für eine begrenzte Zeit auf einem Weg vorangehen, den alle zu gehen beschlossen haben. An der Beschlussfassung in den Grundsatzfragen sind also alle Mitgliedstaaten beteiligt; nur für eine bestimmte Zeit ist die Integrationsgeschwindigkeit unterschiedlich.
- Dem Konzept vom Kerneuropa, dem Europa der konzentrischen Kreise liegt der Gedanke zu Grunde, dass bei einer kleinen Zahl von Mitgliedstaaten ein hohes Maß an Konvergenz und an politischer Übereinstimmung über die Ziele des Integrationsprozesses herrscht. Es differenziert räumlich: Um einen festen inneren Kern legen sich Ringe weniger dichter Integration.
- Auch das Konzept der differenzierten Integration basiert auf der Vorstellung von der Kernbildung. Es beschränkt sich jedoch nicht auf einen Kern, der die Integration rechtzeitig vorantreibt, sondern lässt mehrere Kerne in unterschiedlichen Politikfeldern mit unterschiedlichen Mitgliedschaften zu.

Es gibt außerdem noch eine Fülle weiterer Konzepte: Die politische Gestalt des zukünftigen Europa ist offen.

MATERIAL

1 Richard Graf Coudenhove-Kalergi (1894–1972): eine frühe europäische Vision

a) Zur Person:

Der Österreicher Richard Graf Coudenhove-Kalergi war selbst „europäischer Herkunft": Seine Vorfahren stammten aus dem flämischen Brabant und Kreta. 1923 erschien sein zentrales Werk „Paneuropa", in dem er den Zusammenschluss aller kontinentaleuropäischen Staaten außer Russland forderte. Aus seiner Sicht hatten die Europäer im Ersten Weltkrieg ihre Hegemonialstellung verloren; sie würden aber ihre Wettbewerbsposition noch halten können, wenn sie sich zusammenschlössen. Andernfalls seien sie in Gefahr, von Russland erobert oder von den USA gekauft zu werden. Sie würden also auf jeden Fall ihre Unabhängigkeit verlieren. Der Zusammenschluss werde Kriege in Zukunft unmöglich machen.
Sein Konzept hatte keinen Erfolg. Offizielle Anerkennung für seine Bemühungen fand er erst nach dem Zweiten Weltkrieg; 1950 wurde ihm die bedeutendste europäische Auszeichnung, der Aachener Karlspreis, verliehen.

b) Aus dem Programm der von ihm gegründeten paneuropäischen Bewegung, an dessen Formulierung sich über 2000 Personen aus 24 Staaten beteiligten, 1923:

- Ein europäischer Staatenbund unter gegenseitiger Garantie der Gleichberechtigung, Sicherheit und Selbstständigkeit aller Staaten.
- Ein europäisches Bundesgericht zur Schlichtung sämtlicher Konflikte zwischen europäischen Staaten.
- Ein europäisches Militärbündnis mit gemeinsamer Luftflotte zur Sicherung des Friedens und gleichmäßiger Abrüstung.
- Schrittweise Schaffung des europäischen Zollvereins. […]
- Eine gemeinsame europäische Währung.
- Sicherung aller nationalen und religiösen Minderheiten Europas gegen Entnationalisierung und Unterdrückung.
- Zusammenarbeit Europas mit […] dem Völkerbund.

Aus: R. Coudenhove-Kalergi, Kommen die Vereinigten Staaten von Europa?, Glarus 1938, S. 40.

Vor dem Hintergrund der Katastrophe des Ersten Weltkriegs entwickelte Graf Coudenhove-Kalergi sein Konzept eines Vereinten Europa. Ludwig Meidner (1884–1966), Apokalyptische Vision, 1913.

MATERIAL 2: Der britische Staatsmann Churchill in einer Rede in Zürich (1946)

Ich möchte heute über die Tragödie Europas zu Ihnen sprechen. Dieser edle Kontinent, der letzten Endes die schönsten und kultiviertesten Gebiete der Erde umschließt und sich eines gemäßigten und ausgeglichenen Klimas erfreut, ist die Heimat aller großen Stammvölker der westlichen Welt. Er ist die Quelle des christlichen Glaubens und der christlichen Ethik. Er war in alter und neuer Zeit der Ursprung fast jeglicher Kultur, Kunst, Philosophie und Wissenschaft. Wenn Europa einmal einträchtig sein gemeinsames Erbe verwalten würde, dann könnten seine drei- oder vierhundert Millionen Einwohner ein Glück, einen Wohlstand und einen Ruhm ohne Ende genießen. Und doch brach in Europa jene Reihe entsetzlicher nationalistischer Streitigkeiten aus, entfacht von den deutschen Nationen, die wir in unserem 20. Jahrhundert, während unseres eigenen Lebens, den Frieden zerstören und die Hoffnungen der ganzen Menschheit vernichten sahen. [...]

Doch es gibt ein Heilmittel, das, allenthalben und aus freien Stücken angewandt, wie durch ein Wunder die ganze Szene verwandeln und innerhalb weniger Jahre ganz Europa oder wenigstens dessen größeren Teil, ebenso frei und glücklich machen könnte, wie es die Schweiz heute ist. Worin besteht dieses Heilmittel? Darin, dass man die europäische Familie oder doch einen möglichst großen Teil davon, wiederaufrichtet und ihr eine Ordnung gibt, unter der sie in Frieden, Freiheit und Sicherheit leben kann. Wir müssen eine Art Vereinigte Staaten von Europa schaffen. [...]

Wenn Europa vor unermesslichem Elend, ja vor dem endgültigen Verderben bewahrt werden soll, dann ist ein Akt des Glaubens an die europäische Familie nötig und ein Akt des Vergessens, was die Verbrechen und Torheiten der Vergangenheit angeht. [...]

Der erste Schritt der Neubildung der europäischen Familie muss eine Partnerschaft Frankreichs und Deutschlands sein [...]

Es wird keine Erneuerung Europas geben ohne ein geistig großes Frankreich und ein geistig großes Deutschland.

Aus: R. Foerster, Die Idee Europa 1300–1946, München 1963, S. 253 ff.

MATERIAL 3: Aus der Erklärung des französischen Außenministers Robert Schuman vom 9. Mai 1950

Europa lässt sich nicht mit einem Schlage herstellen und auch nicht durch eine einfache Zusammenfassung: Es wird durch konkrete Tatsachen entstehen, die zunächst eine Solidarität der Tat schaffen.

Die Vereinigung der europäischen Nationen erfordert, dass der jahrhundertealte Gegensatz zwischen Frankreich und Deutschland ausgelöscht wird. Das begonnene Werk muss in erster Linie Deutschland und Frankreich erfassen. [...]

Die französische Regierung schlägt vor, die Gesamtheit der französisch-deutschen Kohle- und Stahlproduktion unter eine gemeinsame Oberste Aufsichtsbehörde zu stellen, in einer Organisation, die den anderen europäischen Ländern zum Beitritt offen steht. Die Zusammenlegung der Kohlen- und Stahlproduktion wird sofort die Schaffung gemeinsamer Grundlagen für die wirtschaftliche Entwicklung sichern – die erste Etappe der europäischen Föderation – und die Bestimmung jener Gebiete ändern, die lange Zeit der Herstellung von Waffen gewidmet waren, deren sicherste Opfer sie gewesen sind.

Die Solidarität der Produktion, die so geschaffen wird, wird bekunden, dass jeder Krieg zwischen Frankreich und Deutschland nicht nur undenkbar, sondern materiell unmöglich ist. Die Schaffung dieser mächtigen Produktionsgemeinschaft [...] mit dem Zweck, allen Ländern, die sie umfasst, die notwendigen Grundstoffe für ihre industrielle Produktion zu gleichen Bedingungen zu liefern, wird die realen Fundamente zu ihrer wirtschaftlichen Vereinigung legen.

Aus: Europa, Bd. 2, Bonn 1962, S. 680.

MATERIAL

4 Aus einer Rede Adenauers vor dem Deutschen Bundestag (1951)

Als im Mai des Jahres 1950 Herr Schuman diesen Vorschlag machte, ging es ihm in erster Linie darum, die althergebrachten Gegensätze zwischen Frankreich und Deutschland dadurch aus der Welt
5 zu schaffen, dass auf dem Gebiete der Grundstoffindustrien gemeinsam gearbeitet und dass dadurch jeder Gedanke, einer wolle gegen den anderen rüsten, unmöglich würde. […] Aber wie bei wirklich konstruktiven Gedanken hat sich im
10 Laufe der Entwicklung gezeigt, dass in diesem Vorschlag eine solche lebendige Kraft lag, dass man über den ursprünglichen Zweck jetzt schon weit hinausgekommen ist. […]
Man hat weiter erkannt, dass man die Integration
15 Europas nicht mit Reden, mit Erklärungen herbeiführen kann, sondern dass man sie nur herbeiführen kann durch gemeinsame Interessen und durch gemeinsames Handeln.
Etwas Weiteres hat sich im Laufe der Verhand-
20 lungen ergeben:
Ich glaube, dass wohl zum ersten Mal in der Geschichte, sicher der Geschichte der letzten Jahrhunderte, Länder freiwillig und ohne Zwang auf einen Teil ihrer Souveränität verzichten wollen,
25 um die Souveränität einem supranationalen Gebilde zu übertragen. Das ist – ich betone das nachdrücklich –, wie mir scheint, ein Vorgang von welthistorischer Bedeutung, ein Vorgang, der das Ende des Nationalismus in all diesen
30 Ländern bedeutet.

Verhandlungen des Deutschen Bundestages I. Wahlperiode, Bd. 8. S. 650.

MATERIAL

5 Charles de Gaulle, Für ein Europa der Vaterländer, 1970

Seit jeher, und heute mehr denn je, habe ich gespürt, was doch die Nationen, die Europa bevölkern, gemeinsam haben. […] Und so entspricht es ihrer Natur, dass sie ein Ganzes werden, das in
5 dieser Welt seinen Charakter und seine Gestalt findet. Dank dieser Bestimmung Europas regierten es die römischen Kaiser, versuchten Karl der Große, Karl V. und Napoleon es zu sammeln, erhob Hitler den Anspruch, ihm seine erdrückende
10 Herrschaft aufzuzwingen. […]
Doch stets erzeugte die willkürliche Zentralisierung den Gegendruck virulenter Nationalitäten. Darum glaube ich, dass heute, wie in allen verflossenen Epochen, die Einigung Europas nicht
15 im Verschmelzen der Völker liegen, sondern nur das Ergebnis ihrer systematischen Annäherung sein kann, sein muss. […]
Welch tiefer Illusion und Voreingenommenheit muss man verfallen, um glauben zu können, eu-
20 ropäische Nationen, die der Hammer unzähliger Mühen und zahlloser Leiden auf dem Amboss der Jahrhunderte schmiedete, deren jede ihre eigene Geographie, ihre Geschichte, ihre Sprache, ihre besonderen Traditionen und Institutionen
25 hat, könnten ihr Eigenleben ablegen und nur noch ein einziges Volk bilden? Welche Kurzsichtigkeit verrät der oft von naiven Gemütern vorgebrachte Vergleich dessen, was Europa tun sollte, mit dem, was die Vereinigten Staaten getan ha-
30 ben, die doch von Wellen um Wellen entwurzelter Siedler, ausgehend vom Nichts, auf jungfräulichem Boden geschaffen wurden? Und wie ließe sich vorstellen, dass ausgerechnet die Sechs (gemeint sind die sechs Gründungsstaaten der EG)
35 mit einem Schlag gemeinsame Außenziele haben sollten, da Herkunft, Lage und Streben jedes Einzelnen anders aussehen? […]
Könnten andererseits diese Länder, sofern man erkennt, dass jedes seine nationale Persönlich-
40 keit besitzt und sofern man zugibt, dass sie sie behalten müssen, nicht regelmäßig ihre Minister oder Regierungschefs zusammenkommen lassen und […] Lust verspüren und sich daran gewöhnen, alle Fragen gemeinsamen Interesses mit-
45 einander zu prüfen und, soweit möglich, eine gemeinsame Haltung zu ihnen einnehmen? Könnte nicht diese umfassende Zusammenarbeit […] zu einem wahrhaft europäischen vorgehen führen?

Aus: C. de Gaulle, Memoiren der Hoffnung, Frankfurt/Main 1978, S. 139f.

EUROPA, UNSER GEMEINSAMES HAUS

Karikatur von Gerhard Glück, 2002 **MATERIAL 6**

Welche Hoffnungen drückt diese Karikatur aus?

MATERIAL

 7 Der deutsche Außenminister Joschka Fischer: Vom Staatenbund zur Föderation

Der deutsche Außenminister Joschka Fischer hielt im Mai 2000 zum 50. Jahrestag des Schuman-Plans in der Humboldt-Universität in Berlin eine Rede über die Ziele der europäischen Integration.

Quo vadis Europa?, fragt uns ein weiteres Mal die Geschichte unseres Kontinents. Und die Antwort der Europäer kann aus vielerlei Gründen, wenn sie es gut mit sich und ihren Kindern meinen, nur lauten: Vorwärts bis zur Vollendung der europäischen Integration. […]

Wir werden […] die Ost- und Südosterweiterung der EU zuwege bringen müssen. Und gleichzeitig, um […] die neuen Mitgliedstaaten integrieren zu können, ohne dabei die Handlungsfähigkeit der EU substantiell infrage zu stellen, müssen wir den letzten Baustein in das Gebäude der europäischen Integration einfügen, nämlich die politische Integration. Die Notwendigkeit, diese beiden Prozesse parallel zu organisieren, ist die wohl größte Herausforderung, vor der die Union seit ihrer Gründung jemals gestanden hat. Aber keine Generation kann sich ihre historischen Herausforderungen aussuchen. […]

Die Erweiterung wird eine grundlegende Reform der europäischen Institutionen unverzichtbar machen. Wie stellt man sich eigentlich einen Europäischen Rat mit dreißig Regierungschefs vor? […] Wie lange werden Ratssitzungen dann eigentlich dauern? Tage oder gar Wochen? […] Wie will man verhindern, dass die EU damit endgültig intransparent, die Kompromisse immer unfasslicher und merkwürdiger werden, und die Akzeptanz der EU bei den Unionsbürgern schließlich weit unter den Gefrierpunkt sinken wird?

Fragen über Fragen, auf die es allerdings eine ganz einfache Antwort gibt: den Übergang vom Staatenverbund der Union hin zur vollen Parlamentarisierung in einer Europäischen Föderation […] Und das heißt nichts Geringeres als ein europäisches Parlament und eine ebensolche Regierung, die tatsächlich die gesetzgebende und die exekutive Gewalt innerhalb der Föderation ausüben. […]

Mit den Ängsten und Rezepten des 19. und 20. Jahrhunderts können die Probleme des 21. Jahrhunderts nicht gelöst werden. […] Es heißt, je mehr die Globalisierung und Europäisierung bürgerferne Superstrukturen und anonyme Akteure schaffen, umso mehr werden die Menschen an ihrer Sicherheit und Geborgenheit vermittelnden Nationalstaaten festhalten. Nun, alle diese Einwände teile ich, denn sie sind richtig. Nur wenn die europäische Integration die Nationalstaaten in eine solche Föderation mitnimmt, wird ein solches Projekt machbar sein. […] Die Vollendung der europäischen Integration lässt sich erfolgreich nur denken, wenn dies auf der Grundlage einer Souveränitätsteilung von Europa und Nationalstaat geschieht. Genau dieses Faktum aber steckt hinter dem Begriff der „Subsidiarität", der gegenwärtig allenthalben diskutiert und von kaum jemandem verstanden wird. […]

Nun wird es den Einwand geben, dass Europa ja bereits heute viel zu kompliziert und für die Unionsbürger viel zu undurchschaubar geworden sei, und nun wolle man es noch komplizierter machen. Aber genau das Gegenteil wird hier intendiert. Die Souveränitätsteilung von Föderation und Nationalstaaten setzt einen Verfassungsvertrag voraus, der festlegt, was europäisch und was weiterhin national geregelt werden soll. […] Die klare Zuständigkeitsregelung sollte die Kernsouveränitäten und nur das unbedingt notwendig europäisch zu Regelnde der Föderation übertragen, der Rest aber bliebe nationalstaatliche Regelungskompetenz. Dies wäre eine schlanke und zugleich handlungsfähige Europäische Föderation, voll souverän und doch auf selbstbewussten Nationalstaaten als Glieder dieser Föderation beruhend. Zudem wäre dies auch eine Föderation, die von den Bürgern durchschaut und verstanden würde, weil sie ihr Demokratiedefizit überwunden hätte

Aus: Infoservice des Auswärtigen Amtes.

EUROPA, UNSER GEMEINSAMES HAUS

MATERIAL 8

Die Erweiterung der Europäischen Union: statistische Daten aus dem Jahr 2001

	Bevölkerung in Mio.	BIP pro Kopf in %[1]	Produktion der LWS[2]	Beschäftigte in der LWS[3]	Arbeits-losenquoten
Estland	1,4	42	6,3	7,4	12,4
Lettland	2,4	33	4,5	13,5	13,1
Litauen	3,7	38	7,6	19,6	16,5
Polen	38,6	40	3,3	18,8	18,4
Tschechisch. Rep.	10,3	57	3,9	5,1	8,0
Slowakei	5,4	48	4,5	6,7	19,4
Ungarn	10,0	51	4,8	6,5	5,7
Slowenien	2,0	69	3,2	9,9	5,7
Malta	0,4	55	2,3	1,9	6,5
Zypern	0,8	80	3,8	3,4	4,0
Bulgarien	8,2	28	14,5	k. A.	19,9
Rumänien	22,2	25	12,6	42,8	6,6
Türkei	65,3	22	14,6	34,9	8,5

[1] Bruttoinlandsprodukt in Prozent des EU-Durchschnitts in Kaufkraftstandards, die anhand eines repräsentativen und vergleichbaren Korbes von Waren und Dienstleistungen errechnet wurden.
[2] Produktion der Landwirtschaft in Prozent des Bruttoinlandproduktes
[3] In der Landwirtschaft Beschäftigte in Prozent aller Beschäftigten

Aus: Eurostat.

MATERIAL 9

Struktur eines europäischen Verfassungsvertrages

Verfassungsteile
- Definition und Ziele der Union
- Unionsbürgerschaft und Grundrechte
- Zuständigkeit und Tätigkeitsbereiche der Union
- Institutionen der Union
- Umsetzung der Zuständigkeiten und Maßnahmen der Union
- Das demokratische Leben der Union
- Die Finanzen der Union
- Das Handeln der Union in der Welt
- Die Union und ihre Nachbarn
- Die Zugehörigkeit zur Union

Durchführungsregeln für einzelne Politikbereiche

Interne Politikbereiche und Maßnahmen
- Binnenmarkt
- Wirtschafts- und Währungspolitik
- Die Politik in anderen Einzelbereichen
- Innere Sicherheit
- Bereiche, in denen die Union beschließen kann, eine unterstützende Maßnahme durchzuführen

Externe Politikbereiche
- Verteidigung
- Arbeitsweise der Union

Schlussbestimmungen
- Aufhebung der vorherigen Verträge; rechtliche Kontinuität im Verhältnis zur Europäischen Gemeinschaft und zur Europäischen Union
- Geltungsbereich, Geltungsdauer, Sprachen
- Verfahren zur Änderung des Verfassungsvertrags
- Annahme, Ratifikation und Inkrafttreten des Verfassungsvertrags

Quelle: Europäischer Konvent

Die Arbeit an der Europa, Karikatur von Ort Flick, 1995.

Anregungen zur Weiterarbeit

Das Thema Europa bietet sich wie kein anderes für die eigenständige Arbeit an. In Bibliotheken stehen Sammelbände mit Quellen zur Geschichte der europäischen Integration. Zu aktuellen Entwicklungen findet man regelmäßig Artikel in der Tagespresse, eine tägliche Presserecherche im Internet wird mit Hilfe http://www.paperball.fireball.de (einer Suchmaschine für deutschsprachige Zeitungsartikel) erleichtert. Die Europäische Union bietet zu vielen Themenbereichen der europäischen Integration gut aufbereitetes Material im Internet unter http://europa.eu.int. Auch die unterschiedlichen Interessenlagen der einzelnen Mitgliedsstaaten sind dort dokumentiert.

- Zeichnen Sie die Geschichte der europäischen Integration nach und arbeiten Sie die Interessen der unterschiedlichen Mitglieder heraus.
- Welche Motive leiteten das Handeln maßgeblicher Förderer der europäischen Einheit und welchen Weg schlugen sie jeweils vor? Als erste Anhaltspunkte können Sie die Materialien 1 bis 7 verwenden.
- Die EU öffnete sich auch schon früher immer wieder für neue Mitglieder. Wählen Sie sich einzelne Länder (z. B. Großbritannien, Griechenland, Polen, Türkei usw.) aus und recherchieren Sie Chancen und Probleme aus Sicht der Beitrittsländer und der Mitgliedsländer.
- Politische Union in Europa – was könnte das bedeuten? Vergleichen Sie dazu die historischen Visionen und recherchieren Sie zentrale Aussagen zur zukünftigen Verfassung Europas und den europäischen Institutionen in der aktuellen Presse (vgl. M 9).
- Die europäische Union bemüht sich zunehmend, außenpolitisch als selbstständige Einheit zu handeln. Untersuchen Sie an einem Fallbeispiel die Möglichkeiten und Grenzen.

4. China – Entstehung eines neuen Machtzentrums

Straßenszene in Kaifeng während der Song-Kaiser, als China eine wirtschaftliche und kulturelle Hochphase erlebte. Seidenmalerei, um 1100.

Mao wollte die Industrialisierung mit einfacher Technologie und vielen Arbeitskräften vorantreiben. Von Bauern betriebene Hochöfen, 1960.

In Pudong bei Shanghai, wo sich 1990 noch Felder erstreckten, ist eine neue Stadt entstanden. Foto von 1999.

Deutsches Automobilwerk in Shanghai. Der Markteinstieg in China hat vielen Firmen einen steilen Umsatzzuwachs beschert.

4.1 Chinas langer Weg vom „Reich der Mitte" zur Weltmacht des 21. Jahrhunderts

Reich der Mitte Im Jahre 1793 schlug der englische König Georg II. dem chinesischen Kaiser Quianlong vor, zwischen China und England Handelsbeziehungen aufzunehmen. Der chinesische Kaiser beantwortete das Gesuch folgendermaßen: „Wenn ich die von Euch, o König, gesandten Tributgaben annehmen ließ, so geschah das lediglich in Anbetracht der Gesinnung, die Euch veranlasste, mir diese von weither zu senden. Wie Euer Gesandter mit eigenen Augen sehen kann, besitzen wir alles. Ich lege keinen Wert auf Gegenstände, die fremdländisch erfunden sind, und ich habe keine Verwendung für die Produktion Eures Landes. Es schickt sich, o König, meinen Willen zu achten und mir in Zukunft noch größere Verehrung und Loyalität zu erweisen."

Imperialismus Deutlich wird hier Chinas Selbstverständnis als Mittelpunkt der Welt, als „Reich der Mitte", das ausschließlich von tributpflichtigen und von „Barbaren" bewohnten Ländern umgeben ist. Knapp fünfzig Jahre später bewies England in den so genannten Opiumkriegen China seine militärische Überlegenheit und öffnete dieses gewaltsam für die wirtschaftliche, politische und kulturelle Durchdringung. Das Zeitalter des Imperialismus machte China zu einem halbkolonialen Land, in dem sich fast alle europäischen Staaten, zuletzt auch noch Japan, ihre Einflusszonen sicherten. Ausdruck des Niedergangs und der Demütigung Chinas war beispielsweise ein Schild vor einem Park im europäisch kontrollierten Shanghai „Hunden und Chinesen Zutritt verboten".

Wiederaufstieg Heute ist China als ständiges Mitglied des UN-Sicherheitsrates einer der einflussreichsten Staaten. China ist Atommacht, verfügt über Interkontinentalraketen und die größte Armee der Welt. Seit 1980 verfolgt es einen atemberaubenden Modernisierungskurs, der sich den Westen wirtschaftlich zum Vorbild nimmt. Die Zuwachsraten seiner Wirtschaft betrugen während der 90er Jahre im Durchschnitt knapp 10 %. In absehbarer Zeit wird China, absolut gesehen, über die größte Volkswirtschaft der Welt verfügen.

Wie vollzog sich dieser Wiederaufstieg Chinas? Welche Gesellschafts- und Staatsphilosophie prägte China bis heute? Welche Leitbilder verfolgten die verschiedenen chinesischen Machthaber der letzten hundert Jahre bei ihrem Versuch, China aus einem Objekt der Weltmächte zu einem Akteur der Weltpolitik zu machen? Und welche Widersprüche ergeben sich aus dem gegenwärtigen Modernisierungsprozess für den politischen Kurs wie für die gesellschaftliche Entwicklung Chinas?

Lage- und Größenvergleich China – Europa/Nordafrika.

CHINA – ENTSTEHUNG EINES NEUEN MACHTZENTRUMS

4.2 Konfuzianismus und Maoismus –
Grundlagen der chinesischen Gesellschaft?

Die Gesellschaftsordnung Chinas ist über einen Zeitraum von 2 500 Jahren durch alle *Konfuzius* politischen Wirren und Umstürze hindurch bis heute von Konfuzius[1] (551– 479 v. Chr.) geprägt. Konfuzius (die latinisierte Form des Namens Kung-fu-tzu, der auf Deutsch „Großer Meister Kung" bedeutet) lebte selbst in einer Umbruchzeit und hatte als Ziel die Rückkehr zur „guten alten Ordnung". Als politischer Ratgeber der Herrscher seiner Zeit hatte er zwar nur geringen Erfolg. Aber es gelang ihm, eine Gruppe ihm ergebener Schüler um sich zu scharen, die seine Aussprüche und Ansichten niederschrieben und daraus eine systematische Philosophie schufen, welche die Basis allen künftigen chinesischen Denkens werden sollte. Bis heute lassen sich viele gesellschaftliche Normen und Verhaltensweisen in China auf das Denken von Konfuzius zurückführen.

Im Zentrum der Überlegungen des Konfuzius stand folgende Frage: Wie können Frie- *Harmonie und* den und Harmonie in Gesellschaft und Staat wiedergewonnen werden? Er war der *Humanität* Ansicht, Ordnung und Moral könnten nur wiedererstehen, wenn die Menschen von einer verinnerlichten Ethik geleitet würden. Fundament dieser Ethik sei die Humanität, die Menschlichkeit, Liebe und Güte umfasse. Sie sei die Wurzel aller anderen Tugenden. Ein Mann mit Humanität „liebt die Menschen", er „bildet den Charakter anderer, da er seinen eigenen bilden will, er hilft anderen zum Erfolg, da er selbst erfolgreich sein will". Wer dieses Ideal der Humanität erfüllt, gilt als „Edler". Gemäß der Lehre des Konfuzius kann jeder dieses Ziel erreichen, Adel liegt im Charakter und nicht im Blut. Insofern ist Konfuzius' Philosophie antifeudalistisch.

Persönliche Vollkommenheit ist jedoch unmöglich ohne eine gute Gesellschaftsord- *Konfuzianische* nung, wobei Konfuzius die gegenseitige Abhängigkeit beider Idealformen voneinan- *Gesellschafts-* der betont. Konfuzius hebt fünf soziale Grundbeziehungen hervor: die Beziehungen *ordnung* zwischen Herrscher und Volk, zwischen Vater und Sohn, zwischen Ehemann und Ehefrau, zwischen älterem und jüngerem Bruder und die Beziehung zwischen Freunden. Nur das letzte Beziehungspaar beruht auf Gleichheit und nicht auf Unterordnung. Sein gesellschaftliches Leitbild ist die naturgegebene hierarchische Ordnung der patriarchalischen Familie, zentral ist die Ehrfurcht vor dem Alter. Die Beziehungen zwischen Herrscher und Volk werden im Lichte der Familienbeziehungen interpretiert. Der Herrscher ist der Vater des Volks, der Staat ist ein „Familienstaat" und damit von Natur aus autoritär. Die hierarchischen Beziehungen sind jedoch keine einseitigen Beziehungen der Unterordnung, sondern werden geprägt von gegenseitigen Verpflichtungen. Rechten entsprechen immer auch Pflichten. Schuldet der Geringere dem Höheren Gehorsam und Treue, so schuldet der Höhere dem Geringeren Fürsorge und Hilfe. Der Übergeordnete soll seinen Willen grundsätzlich nicht durch Zwang und Strafen durchsetzen, sondern durch die Überzeugungskraft seines moralischen Vorbildes.

---

[1] Bei der Umschrift chinesischer Bezeichnungen wird dem inzwischen allgemeinen Gebrauch der China-Forschung gefolgt und die offizielle Pinyin-Umschrift verwendet. Lediglich Eigennamen und andere Bezeichnungen, die im Westen unter ihren früheren Umschriften vertraut geworden sind, sind davon ausgenommen.

Gesellschaft und Staat befinden sich in Ordnung und Harmonie, wenn jeder Einzelne die ihm zukommenden Rollen innerhalb des Ganzen spielt. Dazu muss jeder seinen Teil der wechselseitigen Verpflichtungen erfüllen, die den verschiedenen sozialen Beziehungen innewohnen. Der Weg zur Verinnerlichung der konfuzianischen Moral führt über die Erziehung und die Erlangung von Bildung. Der Glaube an die Kraft der Erziehung hat diese in jene Schlüsselrolle gebracht, die sie bis heute in allen konfuzianischen Kulturen spielt.

Rolle des Kaisers An der Spitze der chinesischen Gesellschaft standen die Kaiser, die als Söhne des Himmels betrachtet und verehrt wurden. Der Himmel gab ihnen den Auftrag, zu herrschen, ihre grundlegende Aufgabe war es, die Harmonie zwischen Himmel und Erde zu bewahren. Diese Harmonie zeigte sich im inneren wie äußeren Frieden und im Wohlergehen des Volkes. Der Kaiser war der Ausgangspunkt aller gesetzgebenden, vollziehenden und richterlichen Gewalt. Gesetzliche Einschränkungen dieser Machtfülle gab es nicht. Aber im Gegensatz zur theokratischen Auffassung des Kaisertums in Japan oder zum Gottesgnadentum europäischer Monarchen galt der chinesische Kaiser lediglich als der Beauftragte des Himmels, dem dieser die Regierungsgewalt im Falle seines Versagens auch wieder entziehen konnte. Hungersnöte als Folgen von Dürre oder Überschwemmung wie auch Erdbeben galten als Zeichen dafür, dass der Himmel mit dem Kaiser unzufrieden war. Dann war es legitim, ja sogar geboten, den Kaiser zu entmachten. Dem Umsturz musste aber ein neuer Kaiser folgen, dessen Aufgabe es war, die Harmonie zwischen Himmel und Erde wiederherzustellen.

Mandarine Regiert und verwaltet wurde China über die Jahrtausende hinweg von einer an der konfuzianischen Ethik ausgerichteten Gelehrten-Bürokratie (Mandarine), die sich ihrerseits mehrheitlich aus dem Land besitzenden Bildungsadel rekrutierte. Die Zugehörigkeit zu dieser privilegierten Gelehrten-Bürokratie konnte durch die erfolgreiche Ablegung von Staatsprüfungen erworben werden, die theoretisch jedem Chinesen offen standen. Insofern war die chinesische Gesellschaft im Prinzip durchlässig. Sozialer Aufstieg war durch Bildung möglich, die Voraussetzung für Bildung war jedoch in der Realität Vermögen.

Bauern Die chinesische Gesellschaft unterschied sich in mehreren Punkten zentral von der vorindustriellen europäischen Gesellschaft. So gab es weder einen Feudaladel noch gab es die Leibeigenschaft. Die Bauern waren entweder selbstständig oder Pächter. Doch Landknappheit, Überbevölkerung und das damit verbundene Ernährungsproblem waren Grundprobleme der gesamten chinesischen Geschichte, die die Harmonie zwischen Himmel und Erde immer wieder in Frage stellten und Dynastiewechsel einleiteten. In sozialen Krisenzeiten waren die landlosen Bauern, die sich als Landarbeiter verdingen mussten, ein revolutionäres Unruhepotential.

Fehlen des Bürgertums Im Werteschema der konfuzianischen Gesellschaftsphilosophie bildete das Handwerk den Mittelstand, wenig angesehen waren jedoch die Kaufleute. Handel und das damit verbundene Gewinnstreben wurden sozial negativ bewertet. Die Städte waren anders als im mittelalterlichen Europa nicht frei und selbst verwaltet, sondern Knotenpunkte staatlich-bürokratischer Kontrolle. Die städtische Produktion und der Handel wurden gegängelt, Gewinne wurden als Steuern abgeschöpft, oft auch systemwidrig in die Taschen der Gelehrten-Bürokraten abgezweigt. Ein selbstständiges kapitalkräftiges und selbstbewusstes Bürgertum konnte deshalb in China nicht entstehen.

CHINA – ENTSTEHUNG EINES NEUEN MACHTZENTRUMS   243

Im Alter von sechs Jahren begann im alten China für die Söhne der Oberschicht die Ausbildung zum Mandarin. Foto um 1900.

Auf den ersten Blick diesem konfuzianischen Denken und der Gesellschaftsstruktur des alten China vollkommen entgegengesetzt sind das Denken und das Gesellschaftsideal Mao Tse-tungs (1893–1976), der wie kein anderer Chinese nach Konfuzius das heutige China geprägt hat. Das Ziel der Politik Mao Tse-tungs, die Errichtung einer klassenlosen Gesellschaft, ist klassisch marxistisch-leninistisch. Aber der Weg Mao Tse-tungs zu diesem Ziel orientierte sich an den sozialen Gegebenheiten Chinas und dem klassischen chinesischen Denken.

Mao Tse-tung

Maos Problem war, dass es im Agrarland China kaum ein Industrieproletariat gab, das nach Karl Marx ja der Träger der sozialistischen Revolution sein sollte. Der Kapitalismus war am Anfang des 20. Jahrhunderts in China nur ansatzweise ausgebildet, das chinesische Proletariat machte im Jahre 1921, als die Kommunistische Partei Chinas gegründet wurde, höchstens 0,5% der Bevölkerung aus. Im Zentrum der Überlegungen Mao Tse-tungs standen also die Fragen: Wie kann man in einer Gesellschaft ohne Kapitalismus und damit auch ohne ein nennenswertes Proletariat eine sozialistische Revolution durchführen? Wie kann ein kommunistisches revolutionäres Bewusstsein erreicht werden, wenn die Voraussetzungen dazu, nämlich kapitalistische Ausbeutungsverhältnisse in einer total entfremdeten Arbeitswelt, fast völlig fehlen?

Mao Tse-tungs radikale Antwort war, dass auch im chinesischen Kontext eine sozialistische Revolution möglich sei, wenn die Bauern, vor allem die armen Bauern, die Stelle des Proletariats als revolutionäre Klasse einnähmen. Die zweite Grundthese Mao Tse-tungs war, dass es möglich sei, auch ohne den Kapitalismus ein kommunistisches Bewusstsein zu erreichen und mit diesem eine sozialistische Gesellschaft zu errichten. War für Karl Marx die sozialistische politische Revolution eine Folge der industriellen Revolution, so war für Mao Tse-tung das sozialistische Bewusstsein die Voraussetzung dieser industriellen Revolution. Die Revolution habe also im Kopf zu beginnen, es

Maos Revolutionsstrategie

Modernes chinesisches Paar auf der Luxuseinkaufmeile Huai-hai in Shanghai. Foto 1995.

müsse eine Bewusstseinsrevolution stattfinden. Im Mittelpunkt politischen Handelns sollte daher die Erziehung zum Kommunismus stehen. Der „neue" Mensch werde sich eine „neue" Welt schaffen. Hier schließt Mao Tse-tung an die chinesische Tradition konfuzianischen Denkens an, auch wenn er sie überwinden wollte.

Maos Gesellschaftsideal

Wie sollte nun diese „neue" Welt aussehen? Maos Ideal war eine egalitäre Gesellschaft, in der alle im Laufe der Menschheitsgeschichte entstandenen gesellschaftlichen Ungleichheiten überwunden werden sollten: die Gegensätze zwischen Stadt und Land, zwischen Mann und Frau, zwischen Kopfarbeit und Handarbeit usw. Der Einzelne sollte seinen Egoismus überwinden und sich voll in den Dienst der Gemeinschaft stellen. Auch dieser Gedanke des Sicheinfügens in die Gesellschaft ist Bestandteil der chinesischen Tradition.

Aufbau des Sozialismus nach Deng Xiaoping

Entsprach aber dieses Erziehungsideal und Menschenbild Mao Tse-tungs der Realität? Deng Xiaoping (1902–1997), der Mitstreiter und Kontrahent Mao Tse-tungs und derjenige Politiker, auf den das moderne China von heute zurückzuführen ist, bestritt dies. Er erklärte bereits 1962: „Es kommt nicht darauf an, ob eine Katze schwarz oder weiß ist, solange sie Mäuse fängt, ist sie eine gute Katze." Nicht das „richtige" politische Bewusstsein war für Deng Xiaoping beim Aufbau einer modernen Wirtschaft entscheidend, sondern die Arbeitsleistung des Einzelnen. Der Sozialismus sollte das Ziel bleiben, aber nicht ideologische Erziehung sollte China voranbringen, sondern individuelle Leistungsanreize. „Reich werden ist schön!" Diese Parole Dengs aus dem Jahr 1992 soll dazu beitragen, die wirtschaftliche Kluft Chinas zu den führenden Industriestaaten rasch zu verringern. Wahrscheinlich wird China dieses Ziel in absehbarer Zeit erreichen, aber wird man damit auch der Errichtung einer sozialistischen Gesellschaft näher kommen, einem Ziel, an dem die allein regierende Kommunistische Partei Chinas bis heute festhält? Bricht China nicht erst jetzt radikal mit seiner konfuzianischen Tradition?

MATERIAL 1: „Die Gespräche des Konfuzius"

Die Ideen des Konfuzius sind hauptsächlich in Form von Gesprächen überliefert, die seine Schüler aufzeichneten. Die „Gespräche" beeinflussten das soziale, politische und ethische Denken der Chinesen entscheidend und wurden zu einem „Heiligen Buch", das auswendig gelernt wurde.

Der Meister sprach: „Ist der Vater am Leben, so schaue auf seinen Willen. Ist der Vater nicht mehr, so schaue auf seinen Wandel. Drei Jahre lang nicht ändern des Vaters Weg: das kann kindesliebend heißen."

Der Fürst von She redete mit dem Meister und sprach: „Bei uns zu Lande gibt es ehrliche Menschen. Wenn jemandes Vater ein Schaf entwendet hat, so legt der Sohn Zeugnis ab gegen ihn."
Der Meister sprach: „Bei uns zu Lande sind die Ehrlichen verschieden davon. Der Vater deckt den Sohn, und der Sohn deckt den Vater. Darin liegt auch Ehrlichkeit."

Der Meister sprach: „Wenn man durch Erlasse leitet und durch Strafen ordnet, so weicht das Volk aus und hat kein Gewissen. Wenn man durch Kraft des Wesens leitet und durch Sitten ordnet, so hat das Volk Gewissen und erreicht das Gute."

Der Meister sprach: „Der Edle ist bewandert in der Pflicht, der Gemeine ist bewandert im Gewinn."

Auf die Frage, was man tun müsse, um sittlich vollkommen zu werden, sprach der Meister: „Wenn du in einem Land wohnst, so diene dem Würdigsten unter seinen Großen und mache dir die Besten unter seinen Gelehrten zu Freunden."

Aus: P. B. Ebrey, China – Eine illustrierte Geschichte, Frankfurt/New York 1996, S. 46f.

MATERIAL 2: Mao Tse-tung: Bericht über den großen Bauernaufstand in Hunan, 1927

Mao Tse-tung entwickelte 1927 erstmals seine vom Marxismus-Leninismus abweichenden Gedanken:

Es muss verschiedenen Einwänden gegen die Bauernbewegung sofort widersprochen werden. [...] Nur so kann die Revolution für die Zukunft daraus Nutzen ziehen. [...]
In kurzer Zeit werden sich die Bauern zu Hunderten von Millionen [...] mit der Gewalt eines Wirbelsturmes erheben, keine noch so starke Macht kann sie mehr aufhalten. Sie werden alle Fesseln durchbrechen, die sie binden, und zum Weg der Befreiung vorstürmen. [...]

Wenn wir dem Verdienst die Ehre geben wollen und zehn Punkte für die Durchführung der demokratischen Revolution aussetzen, dann entfallen auf die Leistung der Städter und der militärischen Streitkräfte nur drei Punkte, während die übrigen sieben Punkte den Bauern für ihre Revolution auf dem Lande zukommen sollten [...]

Die Revolution ist keine Abendgesellschaft [...] Sie kann nicht so zart, so mit Muße, so ritterlich und so „sanft, freundlich, höflich, einfach und bescheiden" (Zitat nach Konfuzius) gehandhabt werden. Revolution ist Aufstand, ist die gewalttätige Handlung einer Klasse, die die Herrschaft einer anderen stürzt.

Eine Agrarrevolution ist eine Revolution der Bauernschaft zum Sturz der Herrschaft der feudalistischen Grundbesitzerklasse. Wenn die Bauern nicht Gewalt anwenden, kann die durch Jahrtausende gefestigte Macht der Grundbesitzer nie mit der Wurzel ausgerissen werden.

Eine revolutionäre Sturmflut muss über das Land gehen, um die Bauern tausendweise zu mobilisieren und zu dieser großen Streitmacht zusammenzuschweißen. [...] Die Führerrolle der armen Bauern ist sehr wesentlich. Sie ablehnen heißt, die Revolution ablehnen.

Aus: W. Bauer, China – Vom Ende des Kaiserreiches zur neuen Weltmacht, Stuttgart 1971, S. 26f.

MATERIAL

3 Mao Tse-tung: Ein Marxismus chinesischer Art

Mao Tse-tungs Bericht vor dem Plenum des VI. Zentralkomitees der Kommunistischen Partei Chinas im Oktober 1938:

Die Theorie von Marx, Engels, Lenin und Stalin hat universelle Geltung. Wir dürfen aber ihre Theorie nicht als ein Dogma, sondern müssen sie als eine Anleitung zum Handeln betrachten.
5 Man darf sich nicht mit dem Erlernen der marxistisch-leninistischen Terminologie begnügen, sondern muss den Marxismus-Leninismus als die Wissenschaft von der Revolution studieren. [...]

Eine weitere Aufgabe unseres Studiums besteht
10 darin, unser historisches Erbe zu studieren und mit Hilfe der marxistischen Methode kritisch zusammenzufassen. Unsere Nation blickt auf eine mehrtausendjährige Geschichte zurück, weist ihre Besonderheiten auf, hat eine reiche Schatz-
15 kammer von Werten gesammelt. [...] Das heutige China ist das Entwicklungsprodukt der chinesischen Geschichte; wir sind Anhänger des marxistischen Historismus, wir dürfen den Faden der geschichtlichen Kontinuität nicht abschneiden. Wir müssen unsere Geschichte von Konfuzius bis 20 Sun Yat-sen zusammenfassen und von diesem wertvollen Erbe Besitz ergreifen. [...]

Die Kommunisten sind internationalistische Marxisten, aber wir können den Marxismus nur dann in die Praxis umsetzen, wenn wir ihn mit 25 den konkreten Besonderheiten unseres Landes integrieren und ihm eine bestimmte nationale Form geben. Für die chinesischen Kommunisten, die ein Teil der großen chinesischen Nation sind, ist jedes von den Besonderheiten Chinas los- 30 gelöste Gerede über Marxismus bloß ein abstrakter, hohler Marxismus. Daher wird die konkrete Anwendung des Marxismus, die Sinisierung[1] des Marxismus, in der Weise, dass er in jeder seiner Äußerungen die erforderlichen chi- 35 nesischen Charakterzüge aufweist, zu einem dringenden Problem, das die ganze Partei verstehen und lösen muss.

---
[1] Sinisierung: Umformung gemäß chinesischer Art

Aus: S. R. Schram, Das Mao-System. Die Schriften von Mao Tse-tung. Analyse und Entwicklung, München 1972, S. 149 f.

MATERIAL

4 Der „Große Sprung nach vorne" – Sozialistisches Leben und Industrialisierung

Der „Große Sprung nach vorne" war der Versuch Mao Tse-tungs, durch eine ländliche Massenbewegung China aus dem Agrar- in das Industriezeitalter zu katapultieren und damit gleichzeitig den Kommunismus durchzusetzen. Zum Symbol dieser Kampagne (1958–1961) wurde die Stahlerzeugung im „Hinterhof" (Abb. S. 239 o. r.). Wie mit dem sowjetischen Satelliten „Sputnik" die Eroberung des Weltraums begann, sollte die bäuerliche Musterkommune „Sputnik" Anstoß für den Durchbruch ins Industriezeitalter und zum Kommunismus geben. Aus ihrer Satzung:

Artikel 2: Der Zweck der Volkskommunen besteht darin, das sozialistische System zu festigen und die Voraussetzungen und Bedingungen für einen allmählichen Übergang zum Kommunismus zu schaffen. Insbesondere sind landwirtschaftliche 5 und industrielle Produktion sowie Kultur und Erziehungswesen zu entwickeln, die technologische und kulturelle Revolution voranzutreiben und der Unterschied zwischen Stadt und Land und zwischen körperlicher und geistiger Arbeit zu beseiti- 10 gen. Unter der Voraussetzung eines steigenden Sozialproduktes und eines wachsenden Bewusstseins der Bevölkerung soll man allmählich vom Grundsatz „Jeder nach seinen Fähigkeiten, jedem nach seinen Leistungen" übergehen zum Grund- 15 satz „Jeder nach seinen Fähigkeiten, jedem nach seinen Bedürfnissen".

Der „Große Sprung" führte u. a. wegen der Materialverschwendung und der Vernachlässigung der Landwirtschaft zu einer katastrophalen Hungersnot mit 30 bis 40 Millionen Toten.

Aus: Ost-Probleme, 10. Jg., Nr. 21, 24. 10. 1958, S. 698 f.

CHINA – ENTSTEHUNG EINES NEUEN MACHTZENTRUMS

MATERIAL 5

Die Kulturrevolution – radikale Erziehung zum Kommunismus

Im Sommer 1966 zog der 72-jährige Mao in seinen letzten großen revolutionären Kampf. Um die Kontrolle über den zunehmend bürokratisierten Parteiapparat zurückzuerobern und um „seine" Revolution zu retten, inszenierte er einen Volksaufstand der Jugend, die so genannte Kulturrevolution. Träger dieser Revolution waren Oberschüler und Studenten, die „Roten Garden".

Kampftrupps der Roten Garden zogen durch die Städte, verwüsteten Museen, Tempel und die Wohnungen der Oberschicht, griffen Regierungsbeamte sowie Parteiführer als „rote Kapitalisten" an und verfolgten Lehrer, Professoren und Künstler. Mindestens 1 000 000 Menschen wurden ermordet, mehrere Millionen grausam gefoltert und eingesperrt. Die Verfolgung der Intellektuellen fand erst 1976 mit Maos Tod ein Ende.

Aus dem Programm der Pekinger Roten Garden vom 23. August 1966:

- Jeder Bürger soll manuelle Arbeit verrichten.
- In allen Kinos, Theatern, Buchhandlungen, Omnibussen usw. müssen Bilder Mao Tse-tungs aufgehängt werden.
- Luxusrestaurants und Taxis haben zu verschwinden.
- Die Politik hat vor allem Vorrang.
- Slogans müssen einen kommunistischen Charakter aufweisen.
- Die Lehre Mao Tse-tungs muss schon im Kindergarten verbreitet werden.
- Die Intellektuellen sollen in Dörfern arbeiten.
- Die Mahlzeiten sollen gemeinsam eingenommen werden.

Während der Kulturrevolution: Vor ihrer Ausfahrt lesen Fischer gemeinsam Maos Losungen. Foto, 1967.

- Auf Parfüms, Schmuckstücke, Kosmetik und nichtproletarische Kleidungsstücke und Schuhe muss verzichtet werden.
- Die Verbreitung von Photographien von so genannten hübschen Mädchen soll eingestellt werden.
- Die alte Malerei, die nicht politische Themen zum Gegenstand hat, muss verschwinden.
- Bücher, die nicht das Denken Mao Tse-tungs wiedergeben, müssen verbrannt werden.

Aus: Xinhua, 23. 8. 1968, nach: Informationen zur politischen Bildung Nr. 198: Die VR China, Bonn 1990, S. 20.

Anregungen zur Auswertung
1. Vergleichen Sie die Gesellschaftsordnungen in China und in Mitteleuropa um 1800.
2. Arbeiten Sie Unterschiede und Gemeinsamkeiten zwischen dem Denken des Konfuzius und Mao Tse-tungs heraus.
3. Erklären Sie die Begriffe „Großer Sprung nach vorne" und „Kulturrevolution". Erörtern Sie, in welchem Verhältnis der „Große Sprung nach vorn" und die Kulturrevolution zum Denken des Konfuzius und den Grundsätzen Mao Tse-tungs stehen.

4.3 Die Demütigung Chinas im Zeitalter des Imperialismus

Chinas Selbstverständnis

Das konfuzianische China war nach seinem Selbstverständnis der Mittelpunkt der Welt. Der Kaiser als „Sohn des Himmels" war nicht nur Oberhaupt des chinesischen Reiches, sondern auch Zentralherrscher des gesamten unter dem Himmel liegenden Weltreiches der Menschen. Aus diesem Weltbild ergab sich für die Chinesen die Überlegenheit des „Reiches der Mitte" über die anderen Reiche. Maßstab für die Bewertung anderer Staaten und Kulturen bildete deren Nähe zur chinesischen Kultur. Noch am Beginn des 19. Jahrhunderts schien dieses Denken durch die Realität bestätigt zu werden. China befand sich auf dem Höhepunkt seiner territorialen Ausdehnung. Die Mongolei, Tibet, Nepal, Bhutan, Sikkim, Korea, Vietnam, Laos und Burma (heute Myanmar) befanden sich unter der Oberhoheit des chinesischen Kaisers.

Opiumkrieg

Diese sinozentrische Sicht der Welt wurde ab 1839 durch die militärische, wirtschaftliche und kulturelle Expansion der westlichen imperialistischen Mächte grundlegend erschüttert. Um ihr Defizit im Handel mit China zu beseitigen, hatten die Briten begonnen, Opium aus der britischen Kolonie Indien nach China zu exportieren. Dort war der Handel mit Opium (wie auch in Großbritannien) verboten, doch der Schmuggel blühte und zerrüttete die Gesundheit der Chinesen und die Wirtschaft: Der Handelsüberschuss kehrte sich in ein ständig wachsendes Defizit um. Schließlich schritt der Kaiser energisch gegen den Handel ein und verlangte von den Briten, künftig auf jeden Opiumexport zu verzichten. Daraufhin antwortete Großbritannien mit dem Opiumkrieg, der für China in einer katastrophalen Niederlage und mit dem ersten der sog. „ungleichen Verträge" endete. China musste 1842 im Vertrag von Nanjing Hongkong abtreten und in diesem und in folgenden Verträgen mit den USA, Russland und den europäischen Mächten weitere Zugeständnisse machen:

„Ungleiche Verträge"

- uneingeschränkte Niederlassungs- und Handelsfreiheit, Steuerfreiheit
- westlich verwalteter Zoll- und Postdienst, uneingeschränkte Binnenschifffahrt
- Recht auf Erwerb von Grund und Boden
- Recht auf die Errichtung von Konsulaten und uneingeschränkte Missionstätigkeit
- Erlaubnis zur Stationierung von Truppen.

In den folgenden Jahrzehnten wurden große Gebiete Chinas und fast alle Vasallenstaaten Chinas von den imperialistischen Staaten annektiert, China wurde ein halbkoloniales Land. Aus der Sicht Chinas war der Höhepunkt dieser Demütigung, dass sich Japan, das politisch und kulturell als der „kleine Bruder" betrachtet wurde, ab Ende des 19. Jahrhunderts an dieser Unterwerfung Chinas beteiligen konnte und nach dem Ersten Weltkrieg im Versailler Vertrag sogar die Nachfolge der deutschen Kolonialgebiete übertragen bekam.

„Ihr müsst dieses Gift kaufen!" Zeichnung des französischen Karikaturisten Granville (1803–1847) zum Opiumhandel, der China ruinierte.

MATERIAL 6
Aufzeichnungen des deutschen Staatssekretärs im Auswärtigen Amt Bernhard von Bülow

Ganz geheim – Berlin, den 14. März 1899
Die ostasiatische Frage in ihrer gegenwärtigen Gestalt beruht auf der militärischen Schwäche des Chinesischen Reiches und der Unfähigkeit seiner Zentralregierung. […]
Der Machtzuwachs, welchen sich einzelne europäische Staaten durch territoriale Erwerbungen in China holen könnten, würde aber unausbleiblich auf das bestehende europäische Gleichgewicht eine fühlbare Rückwirkung ausüben. Deshalb sehen sich mehr oder weniger alle zivilisierten Nationen daran interessiert, […] einzugreifen, sobald es ihre Interessen zu erheischen scheinen. Nachdem schon früher Russland von Norden, England von Süden her in das Chinesische Reich eingedrungen waren, hat sich später Frankreich in Tonking auf Kosten Chinas ein eigenes Kolonialreich geschaffen; Japan hat sich vorläufig mit der Absperrung Formosas begnügen müssen. Deutschland kontrolliert von Kiautschou aus die Provinz Schantung, und eben ist auch Italien im Begriff, vermittelst Gründung einer Station in der Sammunbucht sich die wirtschaftliche Ausbeutung der Provinz Tschekiang zu sichern. Die Vereinigten Staaten haben ihr steigendes Interesse an den chinesischen Dingen bis jetzt nur durch lebhafte Beteiligung an dem Wettbewerb um chinesische Anleihen und Eisenbahnen bestätigt. […]

Die Niederwerfung des sog. Boxeraufstandes, Gemälde von Carl Röchling, 1902. 1900 lehnten sich in Geheimverbänden organisierte Kampfsportler landesweit gegen die demütigende Vorherrschaft der westlichen Großmächte auf.

Aus: Sammlung der Diplomatischen Akten des Auswärtigen Amtes. Band XIV, 1, Nr. 3778, Berlin 1924, S. 181 ff.

MATERIAL 7
Das Ende der Kolonialherrschaft: eine chinesische Zeitung zur Rückkehr von Hongkong

- Hongkong ist seit alters her ein Teil des chinesischen Territoriums.
- Die vergangenen chinesischen Regierungen akzeptierten die drei ungleichen Verträge nicht, die dem chinesischen Volk aufgezwungen wurden.
- Das chinesische Volk kämpfte 155 Jahre lang für die Rückkehr von Hongkong. […]

Am 1. Juli 1997 wusch sich die chinesische Nation von einer hundertjährigen Schmach rein. In der Tageswende vom 30. Juni zum 1. Juli hat Hongkong seine Trennungsgeschichte beendet und betritt eine neue Ära, in der Hongkonger Herr im Haus sind. Es ist von wichtiger historischer und internationaler Bedeutung und wird in die chinesische und Weltgeschichte eingetragen werden.

Aus: China im Bild 1997, Nr. 7, S. 10 ff.

Anregung zur Auswertung
Verschaffen Sie sich mit Hilfe eines Geschichtsatlanten und der Texte S. 248 f. einen Überblick über die Einflussbereiche der einzelnen Kolonialmächte in China.

4.4 Die Antworten auf die imperialistische Herausforderung: die Geburt des modernen China

China war auf das traumatische Erlebnis der Unterwerfung durch den europäischen Imperialismus in keiner Weise vorbereitet. Die Überlegenheit der europäischen Mächte beruhte auf der Überlegenheit ihrer Waffensysteme. Diese war eine Konsequenz der Industrialisierung und der Modernisierungsprozesse aller Lebensbereiche der europäischen Gesellschaft. Als Reaktion auf die Konfrontation mit dem Westen und auf dessen Versuche, alle Bereiche der chinesischen Gesellschaft europäischen Zielvorstellungen und Maßstäben zu unterwerfen, entwickelten sich innerhalb Chinas mehrere politische Bewegungen, deren gemeinsames Ziel es war, die Beherrschung durch die imperialistischen Mächte abzuschütteln. Sie unterschieden sich vor allem hinsichtlich ihrer Träger sowie in ihrer grundsätzlichen Einstellung zu der Frage, ob und inwieweit die Moderne des Westens für China ein nachzuahmendes Vorbild sei.

Konfuzianische Reformbewegung

Die Niederlage gegen Japan im Krieg von 1894/95 war der Geburtshelfer der sog. „Reform der Hundert Tage". Hauptinitiatoren dieser Bewegung waren westlich gebildete Akademiker, ihr Vorbild war Japan. Für ihre Ideen gewannen sie den jungen Kaiser Guangxu aus der Qing-Dynastie. Radikale Reformen in allen Bereichen der Gesellschaft sollten es China erlauben, mit dem Westen gleichzuziehen, gleichzeitig aber die konfuzianische Staats- und Sozialethik zu erhalten. Neben der Gründung einer modernen Universität in Peking, der Einführung der allgemeinen Wehrpflicht wurde auch die Abschaffung zahlreicher überflüssiger Ämter und Pfründen angeordnet. Abrupt abgebrochen wurde diese Reformbewegung 1898 durch einen Staatsstreich der Kaiserinwitwe Cixi in Verbindung mit den alten Eliten. Die Reformer wurden hingerichtet, der Kaiser bis zu seinem Tod im Jahr 1908 unter Hausarrest gestellt.

Konfuzianischer Fundamentalismus

Die Kaiserinwitwe Cixi unterstützte einen konfuzianischen Fundamentalismus, der im antiwestlichen Boxer-Aufstand von 1900 seinen Höhepunkt fand. Dieser Fundamentalismus lehnte alles westliche Gedankengut und alle technischen Neuerungen strikt ab, sein Mittel war die Gewalt. Kirchen und Missionsstationen wurden verbrannt, Missionare und einheimische Christen ermordet, Maschinen und sonstige technische Einrichtungen zerstört. Irrational glaubte man im Besitz magischer Kräfte zu sein, die auch Schutz vor modernen Waffen gewähren würden. Der Boxer-Aufstand ging über in einen formellen Krieg Chinas mit den westlichen Mächten einschließlich Japans und endete in einer militärischen und politischen Katastrophe für China (→ Abbildung S. 249). Cixi und der Hof flohen tief ins Landesinnere, die Dynastie der Qing hatte in den Augen der Chinesen das Vertrauen des Himmels verloren.

Revolution von 1911

Der Erstarrung Chinas folgte die Revolution von 1911. Diese beendete mit der Ausrufung der Republik die jahrtausendealte Geschichte des konfuzianischen Kaiserreichs und war zugleich der Beginn einer Periode des Chaos. In Bürgerkriegen zerrissen blieb China Spielball ausländischer Interessen.

Sun Yatsen

Die moderne sich am Westen orientierende Nationalbewegung wurde durch den „Vater der Republik" Sun Yatsen (1866–1925) und seine Nationale Volkspartei (Guo-

CHINA – ENTSTEHUNG EINES NEUEN MACHTZENTRUMS   251

„Schreie China". Holzschnitt von Li Hua, 1936.
Lu Xun Memorial, Shanghai.

„China den Chinesen!". Zeichnung in einer deutschen
kommunistischen Zeitschrift, um 1930.

mindang) verkörpert. Sein prowestliches Modernisierungskonzept sollte den Westen aus China wieder hinausdrängen. Nach dem Tod Sun Yatsens wurde das Programm von General Chiang Kaishek (1887–1975) weiterverfolgt. Jahrzehntelang stand er im Bürgerkrieg gegen zahlreiche regionale Kriegsherren (1916–1930) und gegen die seit 1921 landesweit organisierten Kommunisten (1927–1949), auch im auswärtigen Krieg gegen die in China einfallenden Japaner (1931 sowie 1937–1945) führte er das Kommando. In diesen Kriegen entwickelte er sich zum Militärdiktator, der sowohl die als notwendig erkannte Landreform wie auch politische Reformen erst nach dem „Endsieg" realisieren wollte. 1949 musste sich Chiang Kaishek nach seiner militärischen Niederlage gegen die Kommunisten Mao Tse-tungs unter amerikanischem Schutz auf die Insel Taiwan vor der Küste Chinas zurückziehen.

Nationalbewegung – am Westen orientiert

In China unbestritten ist das Verdienst Mao Tse-tungs, 1949 auf dem Festland (von Hongkong und Macao abgesehen) die Einheit des chinesischen Reiches und die vollständige Souveränität Chinas wiederhergestellt zu haben. Umstritten ist jedoch sein Modernisierungskonzept, sein Kurs beim Aufbau des Sozialismus. Der „Kampf zweier Linien" prägte die innere Entwicklung Chinas seit Gründung der Volksrepublik 1949. Die maoistische Linie pochte auf die permanente Revolution, den absoluten Vorrang der Ideologie und des „richtigen" sozialistischen Bewusstseins sowie auf einen Kurs der wirtschaftlichen Autarkie. Inszenierte Massenkampagnen sollten so genannte „Feinde der Revolution" brandmarken, für die Durchsetzung der Ziele der Partei in den Städten und auf dem Land sorgen und die ideologische Kontrolle über die Menschen sichern. Die liuistische Linie dagegen, so benannt nach dem langjährigen Staatsoberhaupt Liu Shaoqi, sieht als wichtigste Voraussetzung für den Sozialismus politische und gesellschaftliche Stabilität, einen politischen Pragmatismus und die Einbindung in die Weltwirtschaft. Nach dem Tode Mao Tse-tungs setzte sich die liuistische Linie unter Deng Xiaoping durch. Sie prägt das heutige China.

Maoistische revolutionäre Bewegung

MATERIAL

8 Das Verhältnis zum Westen: die „Reform der Hundert Tage"

In einem der letzten Edikte der „Reform der Hundert Tage" vom 13. 9. 1898 heißt es:

Unsere Liebe für Unser Volk und Unser Streben danach, das Reich aus seiner selbstzerstörenden Lethargie und Korruption zu retten, haben Uns dazu veranlasst, diese Ära der Reform zu beginnen. [...] Die Völker des Westens sind uns insofern überlegen, als sie größeren Eifer und größere Ausdauer beim Erwerb von Wissen besitzen. [...] Alle ihre Vorteile können von ihren Systemen der Regierung und der Erziehung abgeleitet werden. [...] Sowie das ganze Volk über die Vorteile der Reformen aufgeklärt ist, können wir Uns darauf verlassen, dass das Volk dieselben durchführen und so als Unsere rechte Hand wirken wird. Dann wird es ein starkes China geben und ein glückliches, zufriedenes Volk.

Aus: G.-K. Kindermann, Der Aufstieg Ostasiens in der Weltpolitik 1840–2000, München 2001, S. 83f.

MATERIAL

9 Das Verhältnis zum Westen: die Boxerbewegung

Aus einem Interview des „Daily Express" mit einem Mitglied der Boxerbewegung:

Die westliche Zivilisation ist in unseren Augen [...] wie ein Ding von gestern. Die chinesische Zivilisation dagegen ist ungezählte Jahrtausende alt. [...] Auch bei uns gab es eine Zeit, da wir unsern „Kampf ums Dasein", unsre Jagd nach Reichtum, unsern Machthunger, unser Hasten und unsere Qual hatten. Auch wir hatten unsere klugen Erfindungen [...], aber wir haben lange genug gelebt, um zu erkennen, wie wenig notwendig und wie nutzlos alles das ist. [...] Und nun kommt ihr aus eurer westlichen Welt zu uns mit dem, was ihr eure „neuen Ideen" nennt. Ihr bringt uns eure Religion – ein Kind von neunzehnhundert Jahren; ihr fordert uns auf, Eisenbahnen zu bauen. [...] Ihr wollt Fabriken bauen und dadurch unsere schönen Künste und Gewerbe verdrängen. [...]
Gegen alles das erheben wir Einspruch. Wir wollen allein gelassen werden. [...] Wenn wir euch bitten wegzugehen, so weigert ihr euch und bedroht uns gar, wenn wir euch nicht unsere Häfen, unser Land, unsere Städte geben. Daher sind wir [...] nach reiflicher Überlegung zu der Erkenntnis gekommen, dass die einzige Möglichkeit, euch loszuwerden, darin liegt, dass wir euch töten.

Aus: W. Keller u.a., China im Unterricht, Freiburg/Würzburg 1980, S. 58.

MATERIAL

10 Das Verhältnis zum Westen: Auszüge aus Reden und Aufsätzen Sun Yatsens

Sun Yatsen (1866–1925).

a) Die Revolutionen im Ausland begannen mit dem Kampf für die Freiheit. [...] Wenn erst der Staat in der Lage ist, in Freiheit zu handeln, dann wird China ein starker Staat werden. Wenn wir das wollen, dann müssen wir alle von unserer Freiheit opfern. [...]
Warum wollen wir die Freiheit für den Staat? Weil China von den Mächten unterdrückt wird und seinen Platz als Staat verloren hat. [...] China ist Kolonie aller Länder, Sklave aller Länder, China ist jetzt Sklave von mehr als zehn Herren. (1920)

b) Während der letzten paar Jahrhunderte hat sich in Europa die materielle Kultur ungeheuer entwickelt. Oberflächlich gesehen ist daher die europäische Kultur besser als die des Orients. Allein wenn man das innere Gefüge der westlichen Kultur bloßlegt – woraus besteht sie in Wahrheit? Aus einem wissenschaftlichen Denken, das mit aller Leidenschaft den Standpunkt des äußeren Nutzens betont. Wenn sie dieses Denken auf die menschliche Gesellschaft anwenden, so sehen sie nichts als materiellen Fortschritt, nämlich: Flugzeuge, Bomben, Maschinengewehre. Es ist eine Kultur der Gewalt. Die Europäer halten uns Asiaten durch die Macht ihrer materiellen Errungenschaften zu Boden. […] Wir sind im Besitz einer Kultur, deren Wesen Güte und Gerechtigkeit ist. […] Wenn wir Europa nachahmen, so lediglich zum Zwecke der Selbstverteidigung. (1924)

Aus: W. Bauer, China – Vom Ende des Kaiserreichs zur neuen Weltmacht, Stuttgart 1971, S. 9 ff.

MATERIAL 11

„Der Kampf zweier Linien" Die Entwicklungsmodelle Mao Tse-tungs und Liu Shaoqis (bzw. Deng Xiaopings)

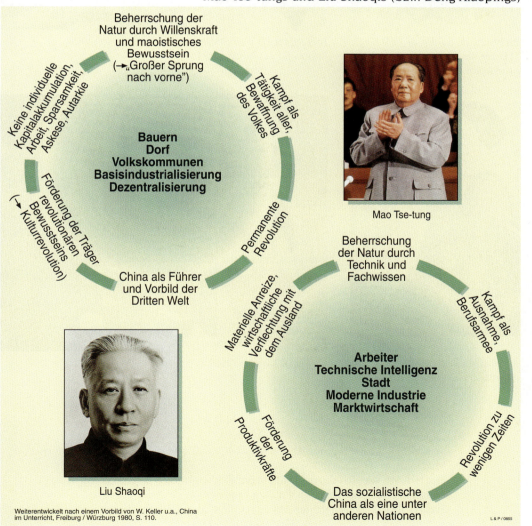

Weiterentwickelt nach einem Vorbild von W. Keller u.a., China im Unterricht, Freiburg / Würzburg 1980, S. 110.

MATERIAL 12 Chinesische Frauenbilder

Bis ins 20. Jh. wurden die Füße junger Mädchen der chinesischen Oberschicht eingebunden: Sie konnten nur trippeln.

Arbeiterinnen in einer Stahlfabrik, Foto aus einer chinesischen Zeitung für das Ausland, 1976.

„Ich fördere wertvolle Ablagerungen für unser Vaterland". Plakat, 1979.

Eine junge Chinesin, 2002.

Anregungen zur Auswertung
1. Vergleichen Sie die Haltung der chinesischen Reformbewegungen zur westlichen Moderne.
2. Erörtern Sie, wie sich das maoistische Entwicklungsmodell auf das Leben eines Chinesen oder einer Chinesin auf dem Land oder in der Stadt auswirken mochte. Suchen Sie in Lebensberichten aus dem China jener Zeit gezielt nach Zeugnissen.

CHINA – ENTSTEHUNG EINES NEUEN MACHTZENTRUMS

4.5 Aufstieg zum Machtzentrum

Die westlichen Mächte standen der Republik China und den verschiedenen Reform-konzepten feindlich gegenüber. Nach dem Einfall Japans in die Mandschurei im Jahre 1931 und auch nach dem Kriegsausbruch mit Japan im Jahre 1937 blieb China noch weitgehend auf sich selbst gestellt. Erst der Überfall Japans auf Pearl Harbor Ende 1941 machte China zum Alliierten der USA und Großbritanniens. Allerdings war die militärische Unterstützung für China wegen der für die Westmächte so ungünstigen Kriegslage bis gegen Ende des Zweiten Weltkriegs sehr gering.

Zweiter Weltkrieg

Die Kapitulation Japans nach den Atombombenabwürfen über Hiroshima und Naga-saki erhob China zur asiatischen Großmacht. Der Erzrivale Japan, der China seit 1894 immer wieder mit Krieg überzogen, den Menschen unendliches Leid und dem Land riesige Zerstörungen zugefügt hatte, war ausgeschaltet. Mit der weitgehenden Auf-hebung der „ungleichen Verträge" war das Joch der imperialistischen Unterdrückung beseitigt und die Souveränität Chinas wiederhergestellt. Ihren sichtbaren Ausdruck fand die Anerkennung Chinas als Siegermacht des Zweiten Weltkrieges in der Zu-erkennung eines ständigen Sitzes im Sicherheitsrat der UNO und dem damit verbun-denen Vetorecht.

Aber Frieden kehrte damit in China noch lange nicht ein. Der Bürgerkrieg zwischen der Kommunistischen Partei Mao Tse-tungs und der Guomindang begann von neu-em. Der sich ab 1946 immer deutlicher abzeichnende Kalte Krieg verwandelte diesen Bürgerkrieg in den ersten Stellvertreterkrieg zwischen der USA und der Sowjetunion. Erst im Herbst 1949 wurde mit der Ausrufung der Volksrepublik China durch Mao Tse-tung und der Flucht der Truppen Chiang Kaisheks nach Taiwan der chinesische Bürgerkrieg beendet. Die Intervention der USA im Korea-Krieg führte bereits ein Jahr später zu einer direkten militärischen Konfrontation zwischen den USA und China. Es wurde der erste größere Krieg in der Geschichte der USA, den diese nicht als Sieger beenden konnten.

Gründung der Volksrepublik China

Mao Tse-tungs Vision einer kommunistischen Gesellschaft, seine wirtschaftlichen und gesellschaftlichen Experimente im „Großen Sprung nach vorne" und in der „Kultur-revolution" forderten die Sowjetunion allerdings noch stärker heraus als die westliche Welt. China stellte damit nämlich den Führungsanspruch der Sowjetunion im sozialis-tischen Lager und ihre Rolle als revolutionäres Vorbild für die Dritten Welt in Frage. Aber gleichzeitig geriet China durch die Radikalität der maoistischen Politik in eine selbst gewählte internationale Isolierung.

Internationale Isolierung

Nach dem Tod Maos im Jahre 1976 beendete Deng Xiaoping, der alte Rivale Maos, des-sen radikale Linie und leitete gemäß dem liuistischen Entwicklungsmodell (→ S. 253) die Politik der „Vier Modernisierungen" der Industrie, der Landwirtschaft, der Bildung und Wissenschaft sowie der Landesverteidigung ein. Diese führten zu einem beispiel-losen Wirtschaftsaufschwung. Dieser hat China mit seiner Bevölkerung von 1,3 Milli-arden Menschen in kurzer Zeit zur Wirtschaftskraft der USA aufschließen lassen (be-rechnet nach Kaufkraftparität, → M 14). Im Besitz von Atomwaffen und Interkonti-nentalraketen ist China bereits heute eine der stärksten Militärmächte der Welt.

Chinas Wirtschafts-aufschwung

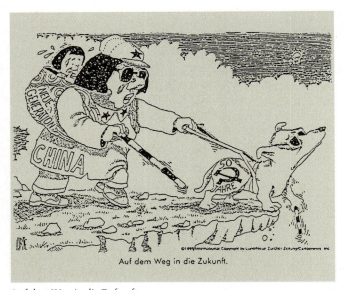

Auf dem Weg in die Zukunft.
Karikatur in der „Neuen Züricher Zeitung", 1999.

Trotzdem darf nicht übersehen werden, dass der Aufstieg Chinas durch zahlreiche Faktoren vor allem im Inneren gefährdet ist. Als Krisensymptome sind zu nennen:
- die ökonomische Krise durch den desolaten Zustand der Staatsbetriebe
- die ökologische Krise mit Phänomenen wie Bodenerosion, Wüstenbildung, Wasserknappheit, Umweltverschmutzung
- soziale Krisenerscheinungen wie Korruption, Wirtschaftsverbrechen und starke Zunahme der Gewaltkriminalität
- der rasch wachsende Widerspruch zwischen einer prosperierenden städtischen Bevölkerung hauptsächlich der Küstengebiete und einer verarmenden ländlichen Bevölkerung vor allem in Innerchina
- der Glaubwürdigkeitsverlust der dem Namen nach immer noch maoistischen Leitideologie, ausgelöst durch den Aufbruch in eine privatisierte Marktwirtschaft bei gleichzeitigem Festhalten an kommunistischen Zielvorstellungen
- der Widerspruch zwischen dem Machtmonopol der Kommunistischen Partei und der Forderung großer Teile der Bevölkerung nach Partizipation.

Innere Widersprüche Diese Widersprüche führten 1989 zu wochenlangen Demonstrationen von Studenten und jungen Arbeitern auf dem Platz des Himmlischen Friedens (Tian'anmen) in Peking. Am 4. Juni 1989 wurden die Massenproteste blutig niedergeschlagen. Die folgende erneute außenpolitische Isolierung konnte die Wirtschafts- und Militärmacht China allerdings bald aufbrechen.

MATERIAL
13 Überschriften in der wöchentlich erscheinenden Beijing (= Peking)-Rundschau, 1992

Nr. 8: Shanghai – Bahnbrecher der Finanzreform
Nr. 16: Das Tumen-Delta – Das künftige „Rotterdam des fernen Ostens"
Nr. 22: Neuer Freihafen Yangpu
Nr. 24: Neue Wirtschaftsmechanismen
Nr. 26: China – Baldige Mitgliedschaft im GATT
Nr. 27: Besseres Investitionsklima in Zheijang
Nr. 28: Die zehn besten Jointventures
Nr. 31: Fuyang sucht ausländische Partner
Nr. 32: China im Wertpapierfieber
Nr. 34: Wirtschaftsstrukturen ändern sich
Nr. 35: Ein großer Plan für Chinas wissenschaftlich-technische Entwicklung
Nr. 37: Größere Aufgaben für junge Wissenschaftler
Nr. 38: Henan öffnet seine Tore zur Welt
Nr. 43: Marktwirtschaft auf dem Lande
Nr. 45: Allseitige Entfaltung des Immobiliengeschäfts
Nr. 46: Staatsbetriebe in die Selbstständigkeit entlassen
Nr. 47: Ausländische Banken in China

MATERIAL 14
Daten zur Wirtschaftsentwicklung Chinas

a) *Bruttoinlandsprodukt (BIP), Pro-Kopf-Einkommen und Wachstum Chinas im Vergleich*

Die Berechnung der Wirtschaftsleistung durch einfache Umrechnung des BIP nach dem offiziellen Devisenkurs in US-$ verzerrt den Vergleich.

So kann man in China für 8,30 Yuan (= 1 US-$) ungleich mehr (heimische) Industriegüter, Nahrungsmittel und Dienstleistungen kaufen als in den USA. Weltwährungsfonds und Weltbank sind daher 1992 dazu übergegangen, das Sozialprodukt nach der Kaufkraftparität (KKP) umzurechnen.

1999	BIP in Milliarden US-$ (absolute Zahlen)	Pro-Kopf-Einkommen in US-$ (absolute Zahlen)	BIP nach KKP in Milliarden US-$	Pro-Kopf-Einkommen nach KKP in US-$
USA	8 878	31 910	8 878	31 910
Japan	4 395	34 720	3 185	25 170
Deutschland	2 081	25 350	1 930	23 510
China (ohne Hongkong)	991	790	4 475	3 550
Indien	460	460	2 224	2 230

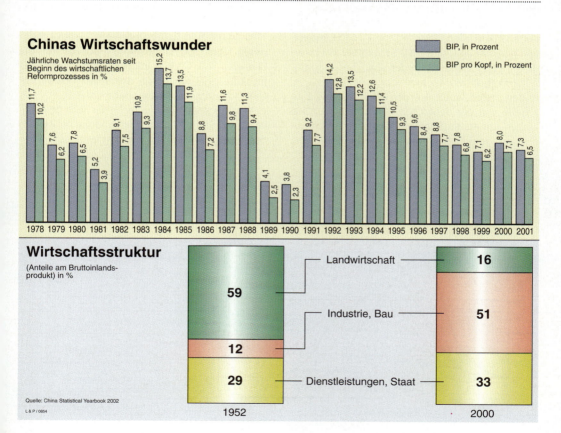

Quelle: China Statistical Yearbook 2002

b) Chinas Exporte

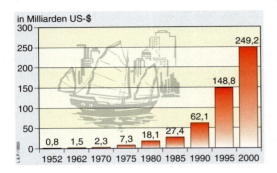

c) Die größten Exportnationen im Jahr 2000

Land	Exportwert in Milliarden US-$	Anteil am Welthandel in %
1. USA	781	12,6
2. Deutschland	550	8,8
3. Japan	479	7,7
4. Frankreich	298	4,8
5. Großbritannien	282	4,5
6. Kanada	277	4,5
7. China	249	4,0
8. Italien	238	3,8

MATERIAL 15 20 Jahre Shanghai-Volkswagen-GmbH – ein deutsch-chinesisches Jointventure

Im Februar 1998 lief der millionste VW-Santana vom Band. Das erregte in China kein besonderes Aufsehen. Denn heute gibt es in China einfach schon zu viele Autos. Aber vor zwanzig Jahren gab es im ganzen Land [...] nur 162 800 Pkws. Im Jahre 1978 wurden landesweit nur 2 640 Limousinen hergestellt. [...] Am 11. September 1983 wurde der erste „Santana" in der Shanghai-Automobilfabrik montiert. [...]
In den ersten Jahren wurden alle Bau- und Einzelteile von der deutschen Seite geliefert. 1986 gingen die ersten Santana-Wagen in Serienproduktion. Damals machte der Anteil der in China hergestellten Bau- und Einzelteile des Autos (es handelte sich dabei um 4 Teile: Reifen, Radio, Antenne und Kennzeichen) nur 2,7 % aus. [...] Der Prozentsatz der selbst hergestellten Autoeinzelteile erhöhte sich ständig. 1988: 13,0 %, 1989: 31,0 %, 1990 60,0 % und heute über 93 %. Heute produzieren über 300 chinesische Betriebe für die Shanghai-Volkswagen-GmbH Bau-Einzelteile. [...]
Im Jahre 1993 stellte die Shanghai-Volkswagen-GmbH neun neue Automodelle her. [...]
1998 schickte sie 20 junge Techniker nach Deutschland zu einer dreijährigen Ausbildung im Bereich der Entwicklung neuer Wagentypen.

Aus: China im Bild. 1999, Nr. 9, S. 38–46.

MATERIAL 16 Die Einkommensverteilung

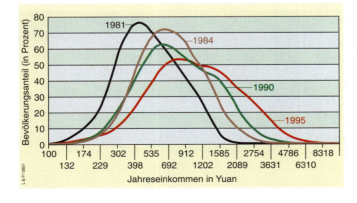

Ein Vergleich:
Anteil der 10 % Reichsten und der 10 % Ärmsten am Volkseinkommen, 1999:

	10 % Reichste	10 % Ärmste
China	30,9 %	2,2 %
USA	28,5 %	1,5 %
Dänemark	20,5 %	3,6 %
Indien	25,0 %	4,1 %
Brasilien	47,6 %	1,0 %

CHINA – ENTSTEHUNG EINES NEUEN MACHTZENTRUMS

Anregungen zur Weiterarbeit

- Geschichte Chinas:
  - Der sowjetisch-chinesische Streit über die „richtige" marxistische Ideologie
  - „Der Große Sprung nach vorne" oder die Kulturrevolution: Konzept und Schicksal von Betroffenen
- Grundlagen der chinesischen Gesellschaft und Leitbilder in China:
  - Das konfuzianische Erbe im Leben der heutigen Chinesen
  - Die Bedeutung der marxistischen Ideologie im heutigen China
  - Welche Leitbilder prägen das heutige China?
- China als Weltmacht: Die Rolle Chinas in den internationalen Krisen des letzten Jahrzehnts
- China und die Menschenrechte:
  - China und die chinesische Menschenrechtsbewegung
  - China und die Tibet-Frage
- Wirtschaftliche Entwicklung:
  - Die Entwicklung der deutsch-chinesischen Wirtschaftsbeziehungen
  - Der politische Entscheidungsprozess für das „Drei-Schluchten-Projekt", das größte Staudammprojekt der Welt
- Taiwan – der andere chinesische Staat

Hinweise zu Web-Seiten über China:

www.chinasite.com: 8 500 Links zu allen Themenbereichen

www.chinatoday.com: „offiziöse" Web-Seite der VR China, viele Links

www.cnd.org: Virtuelles Museum zu zahlreichen Themen, viele Links

www.odci.gov/cia/publications/factbook/geos/ch/html: Grundinformationen und aktuelle statistische Angaben

www.chinasite.com/regions/taiwan.html: Web-Seite zu Taiwan mit vielen Links

Zeittafel mit den wichtigsten Daten zur jüngeren chinesischen Geschichte

1644–1911	Herrschaft der Qing-Dynastie		*Landesweite Massenkampagnen der Mao-Ära*
1839–1842	Opiumkrieg	1950–1952	Landreform, Unterdrückung sog.
1889–1900	Boxeraufstand		Konterrevolutionäre
1911	Revolution, Ausrufung der Republik	1951–1952	Gegen Korruption, Bürokratismus
1921	Gründung der Kommunistischen Partei Chinas		und Betrug in der Partei und bei städtischen Unternehmern Gedankenreform: Ausrichtung der
1937–1945	Chinesisch-japanischer Krieg		Intellektuellen an Maos Schriften
1949	Sieg der Kommunisten im Bürgerkrieg, Ausrufung der Volksrepublik	1955–1956	Kollektivierung der LWS, Sozialisierung in Industrie und Handel
1964	Zündung der ersten Atombombe	1957	„Hundert Blumen": Aufruf zur parteiinternen Kritik (1. Mai bis 7. Juni)
1976	Tod Mao Tse-tungs		
1982	Beginn der vier Modernisierungen unter Deng Xiaoping		Anti-Rechts: Brandmarkung der Kritiker als Rechtsabweichler (ab Juni)
1989	Niederschlagung der Demokratiebewegung	1958–1961	Großer Sprung nach vorne
1997	Großbritannien gibt Hongkong an China zurück	1966–1976	Kulturrevolution (1966–1969: Phase der Roten Garden)

5. Japan – ein Machtzentrum im Umbruch

Blick auf Tokyo, Foto 2000.

Burg Matsumoto (erbaut 1594–1597), Foto 1999.

Junge Frau in Tokyo, Foto 2001.

Moderne und Tradition, 1999.

JAPAN – EIN MACHTZENTRUM IM UMBRUCH

5.1 Vom Musterschüler zum Auslaufmodell?

Fremd und faszinierend zugleich erscheint Japan westlichen Beobachtern bis heute: Atemberaubende Modernität, westlicher Lebensstil und Konsumrausch prägen das Land ebenso wie traditionelle Kultur und Wertvorstellungen, das Streben nach Harmonie und Gruppengeborgenheit. Noch bis vor wenigen Jahren galt Japan als das „Wirtschaftswunderland Nr. 1", als Erfolgsmodell und Vorbild für eine rasche und erfolgreiche Modernisierung. Aus dem kleinen Inselreich, das noch bis Mitte des 19. Jahrhunderts in einer selbst gewählten Isolation komplett von der Außenwelt abgeschlossen war, entwickelte sich innerhalb von wenigen Generationen die zweitgrößte Wirtschaftsmacht der Erde. Scheinbar mühelos bewältigten die Japaner den Spagat zwischen traditionellen Werten und moderner kapitalistischer Wirtschafts- und Konsumgesellschaft.

Erfolgsmodell Japan?

Heute jedoch scheint aus dem einstigen „Musterschüler" ein „Sorgenkind" geworden zu sein. Alarmierende Signale häufen sich: Das Land steckt in der längsten wirtschaftlichen Rezession seiner Geschichte. Unternehmen gehen zu Tausenden bankrott, Japans Banken sitzen auf gewaltigen Summen unzureichend gedeckter Kredite, Arbeitslosigkeit und Selbstmordrate erreichen ein in Japan bisher unbekanntes Niveau.

Japan in der Krise

Eine ernste Strukturkrise scheint die „Japan AG" eingeholt zu haben, die Diskussion über eine tief greifende Umgestaltung der japanischen Politik, Wirtschaft und Gesellschaft ist in vollem Gange. Die einen betonen, dass es Japan in seiner Geschichte stets gelungen sei, große Brüche, wie beispielsweise die gewaltsame Öffnung des Landes durch die Westmächte im 19. Jahrhundert oder den totalen Zusammenbruch 1945 zu grundlegenden Neuanfängen zu nutzen. Dagegen sehen andere das endgültige Ende des einstigen Erfolgsmodells voraus. Wie ist diese unterschiedliche Einschätzung zu begründen? Was zeichnet den viel gepriesenen und viel kritisierten japanischen „Sonderweg" aus? Wie ist der rasante Aufstieg Japans zu erklären? Und wo liegen die Ursachen für die gegenwärtige Krise?

Die japanische Zeitrechnung

Die westliche Zeitrechnung ist in Japan zwar allgemein üblich, aber daneben steht gleichberechtigt die traditionelle japanische Zeitrechnung nach Namen oder Regierungsdevisen der Kaiser.

1600 – 1868	Tokugawa- (oder Edo-) Zeit
1868 – 1912	Meiji-Zeit
1912 – 1926	Taisho-Zeit
1926 – 1989	Showa-Zeit
1989 – heute	Heisei-Zeit

Lexikon

Bushido	„der Weg des samurai", Ehrenkodex
Daimyo	Lehensfürst
Edo	das heutige Tokyo
Kokutai	Familienstaatsideologie
Samurai	Schwert tragender Kriegeradel
Shogun	höchster militärischer Rang
Tenno	„himmlischer Kaiser"
Zaibatso	von einer Familie beherrschtes Wirtschaftsunternehmen

Japanische Namen erscheinen, wie es in Japan üblich ist, zunächst mit dem Familiennamen und dann mit dem Eigennamen (der die Funktion unseres Vornamens hat).

5.2 Zwischen westlicher Bedrohung und nationaler Selbstbehauptung: die Modernisierung Japans

Abschließungs-politik Japans

Bevor die vier „schwarzen Schiffe" des amerikanischen Geschwaders unter Commodore Matthew Perry 1853 in der Bucht von Edo, dem heutigen Tokyo, auftauchten und eine gewaltsame Öffnung Japans erzwangen, lebten die Japaner über 200 Jahre in totaler Isolation. Die im 15. Jahrhundert in Japan Handel treibenden Portugiesen, Holländer und Engländer waren ebenso des Landes verwiesen worden wie die christlichen Missionare. Gegen die drohende Verwestlichung hatte der Shogun Tokugawa Ieyasu 1639 die vollkommene Selbstabschließung des Landes verordnet. Auslandsreisen und Auslandskontakte waren unter Androhung der Todesstrafe strikt verboten, 700 000 Japaner mussten dem christlichen Glauben abschwören. Einzig auf der kleinen Insel Deshima bei Nagasaki durften die Holländer noch eine kleine Handelsstation betreiben.

Tokugawa-Shogunat

Im Jahre 1600 war es dem Shogun Tokugawa Ieyasu gelungen, Japan nach langen innenpolitischen Kämpfen zwischen verschiedenen Territorialfürsten zu einigen und in der Folgezeit einen feudalen Staat zu errichten. Formal war der Kaiser zwar souveränes Oberhaupt und religiöser Führer des japanischen Staates – stammte er doch laut Mythologie direkt von der Sonnengöttin ab, die Japan, das Land der Sonne, gegründet hatte. In Wirklichkeit blieb der Kaiser allerdings machtlos und an seinem Hof in Kyoto von der Politik isoliert. Die politische Macht übte der höchste General, der Shogun, aus, der in Edo, dem heutigen Tokyo, residierte.

Gesellschafts-struktur

Japan wurde in Lehensbezirke aufgeteilt, die der Shogun an die etwa 250 Territorialfürsten (Daimyo) vergab. Die Kontrolle der Daimyo erfolgte mit Hilfe eines ausgefeilten Systems der „Residenzpflicht". So mussten die Lehensfürsten alle zwei Jahre für ein Jahr in Edo residieren und in der Zeit ihrer Abwesenheit vom Hof Frauen und Kinder als Geiseln zurücklassen. In Anlehnung an die konfuzianische Ethik (→ S. 241–242) war die Bevölkerung in vier Klassen eingeteilt: Unter den Daimyo standen in der gesellschaftlichen Hierarchie die Samurai, die Kriegerkaste, die allein die Privilegien hatten, Waffen zu tragen und Selbstjustiz zu üben. Sie lebten nach einem strengen Verhaltens- und Ehrenkodex, dem Bushido (= der Weg des Samurai), und waren eine gut ausgebildete Elite, die etwa 6 % der Gesamtbevölkerung umfasste. Als Vasallen der Daimyo erhielten sie Zuteilungen von Lebensmitteln, sog. „Reisstipendien". Die Reisbauern bildeten mit etwa 80 % den größten Teil der Bevölkerung und standen in der gesellschaftlichen Hierarchie über den Handwerkern und den im Konfuzianismus wenig geachteten Kaufleuten (→ S. 242 unten).

Die Bauern trugen allerdings die Hauptlasten des starren Feudalsystems. Für die in Reis zu entrichtenden Abgaben – bis zu 60 % der Ernteerträge – hafteten die Dörfer kollektiv. Hinzu kamen Fronarbeiten und das Verbot, in die Städte abzuwandern. Gemeinschaftssinn und Disziplin waren für die Bauern, die größtenteils in gebirgigen und unfruchtbaren Gebieten lebten, überlebenswichtig. Infolge der starken wirtschaftlichen Belastungen kam es zwar immer wieder zu Bauernunruhen, doch diese blieben lokal begrenzt und stellten das Feudalsystem nie grundsätzlich in Frage.

JAPAN – EIN MACHTZENTRUM IM UMBRUCH

Die Insel Deshima vor Nagasaki, wo ca. 20 holländische Händler lebten. Sie durften die Insel nur mit spezieller Bewilligung verlassen. Japanische Seidenmalerei, ca. 1845.

Doch unter den stabilen Herrschaftsstrukturen verschoben sich die gesellschaftlichen Machtverhältnisse. Die Kriegerkaste der Samurai wurde infolge der lang anhaltenden Friedensperiode funktionslos. Insbesondere Samurai unterer Ränge waren zudem von Verarmung bedroht. Das Shogunat und die Daimyo wiederum gerieten auf Grund der hohen Aufwendungen für den überbesetzten, starren Verwaltungsapparat und die Residenzpflicht in immer größere finanzielle Abhängigkeit von den politisch machtlosen Kaufleuten in den großen Handelszentren Edo/Tokyo, Osaka und Nagasaki. Das Shogunat reagierte auf diese tief greifenden ökonomischen und sozialen Veränderungen nur mit halbherzigen Reformversuchen. Erst unter äußerem Druck offenbarten sich die inneren Schwächen des Feudalsystems unübersehbar.

Schwächen des Feudalsystems

Als die Amerikaner durch die bloße Präsenz ihrer Kriegsschiffe schließlich 1854 die Landesöffnung erzwangen und das Shogunat in den Abschluss der „ungleichen Verträge" mit den Westmächten einwilligte, war dies das Signal für die Opposition gegen das Shogunat. Aus Furcht vor einer drohenden Verwestlichung und mit dem Schreckbild China vor Augen, das zum Spielball imperialer Interessen wurde, erzwangen nationalistische Kreise unter Führung der „unteren Samurai" 1857 die Absetzung des Shogunats. Unter dem Schlachtruf „Verehrt den Kaiser und vertreibt die Barbaren" wollten sie die Machtstellung des Kaisers wiederherstellen und das Staatswesen grundlegend reformieren. Diese Neuordnung sollte sich an westlichen Vorbildern orientieren, da sich diese als überlegen erwiesen hatten. Die Entwicklung eines modernen Zentralstaates zielte langfristig auf die Wiedergewinnung der vollen staatlichen Souveränität ab. „Bereichert das Land und stärkt die Armee" lautete die Parole der Reformer. Durch die Übernahme westlicher Technik und moderner Verfassungs-, Rechts-, Verwaltungs-, Militär- und Erziehungsgrundsätze wollten sie die Westmächte mit ihren eigenen Waffen schlagen und sie so aus Japan vertreiben. Die Restauration der kaiserlichen Macht sollte ihr Konzept legitimieren; um dieser Ausdruck zu verleihen, wurde der Kaiserhof von Kyoto nach Edo verlegt. Der Kaiser wurde offiziell zum heiligen Staatsoberhaupt der Japaner erklärt, tatsächlich blieb er jedoch politisch

Meiji-Restauration

weiterhin machtlos. Die politische Macht lag vielmehr bei einer kleinen Gruppe von Politikern, die sich aus ehemaligen Samurai und Angehörigen des Hofadels zusammensetzte.

Revolution oder Restauration

Die Bezeichnung „Meiji-Restauration", die oft für diese Reformphase verwendet wird, ist umstritten. Betonen einige Historiker die restaurativen Elemente, wie die Wiedereinsetzung des Kaisers durch Teile der traditionellen Führungselite, so heben andere die weit reichenden Reform- und Modernisierungsmaßnahmen hervor und benutzen den Begriff der „Meiji-Revolution". Einhellig ist jedoch, dass sich ein Machtwechsel innerhalb der Führungselite vollzogen hat und die Meiji-Reformer mit Hilfe radikaler Reformen von oben sowie im Rückgriff auf traditionelle japanische Werte die Modernisierung Japans vorangetrieben haben.

Modernisierung

Zunächst verzichteten die Territorialfürsten auf ihre Rechte und gaben ihre Lehen an den Kaiser zurück. Sie wurden dafür mit hohen Abfindungen entschädigt und verwalteten ihre Gebiete fortan als Provinzgouverneure weiter. Auch die Samurai mussten ihre Privilegien aufgeben; diese Selbstenteignung und -entmachtung der traditionellen Führungselite war ein einmaliger historischer Vorgang. Grund und Boden wurden neu verteilt, das Land den Bauern als Eigentum übereignet. Seit 1873 war es jedem Bauern erlaubt, Landbesitz zu erwerben und zu veräußern. Die Bauern hafteten jetzt individuell für die nun in Geld zu entrichtende Grundsteuer.

Doch nicht soziale, sondern vielmehr ökonomische Beweggründe standen hinter der Landreform. Die Grundsteuer bildete die Haupteinnahmequelle der Meiji-Regierung, die die Industrialisierung mit Hilfe von Pilotfabriken vor allem in der Textilindustrie und den strategisch wichtigen Industrien (Stahl, Schiffbau und Rüstung) einleitete. Die strukturellen Voraussetzungen für die rasche Industrialisierung waren günstig: Die Kaufleute hatten in der späten Tokugawa-Zeit trotz hermetischer Abschließung des Landes Kapital akkumulieren können; die Quote der lese- und schreibfähigen Japaner war mit ca. 30 % hoch. Einer Führungsschicht, die Pflichterfüllung und Loyalität seit Generationen internalisiert hatte, stand ein diszipliniertes Heer arbeitsgewohnter bäuerlicher Massen zur Seite. Die Bauern und insbesondere die kleinen Pächter trugen bis 1945 die Hauptlast des staatlichen Modernisierungs- und Industrialisierungsprogramms. Ihre fortgesetzte wirtschaftliche Not führte immer wieder zu, allerdings regional begrenzten, sozialen Unruhen.

Westliche Vorbilder

Nach französischem Vorbild errichteten die Meiji-Reformer eine moderne Zentralverwaltung und nach preußischem Muster ein modernes Erziehungswesen sowie ein auf der allgemeinen Wehrpflicht beruhendes Militärwesen. Auch für die japanische Verfassung von 1889 stand das preußische Modell Pate (→ M 1). In der japanischen Verfassung vermischten sich so westliches und traditionelles japanisches Gedankengut. Der Kaiser erhielt eine große Machtfülle, die Rechte des nach Zensuswahlrecht gewählten Unterhauses – nur 1 % der Bevölkerung war wahlberechtigt – blieben eng begrenzt. Heer und Marine waren direkt dem Kaiser verantwortlich und ziviler Kontrolle entzogen. Der Machterhalt der Führungselite sollte gesichert sein, die Modernisierung nach westlichen Vorbildern nicht mit Individualisierung und Demokratisierung einhergehen. Die Bevölkerung sollte vielmehr einem traditionellen japanischen Moralkodex verpflichtet bleiben, der im kaiserlichen Erziehungsedikt von 1890 verkündet und bis 1945 von der politischen Führung propagiert wurde (→ M 3).

JAPAN – EIN MACHTZENTRUM IM UMBRUCH

Westliche Vorbilder: Die Proklamation der japanischen Verfassung. Holzschnitt von Adachi Ginko, 1889.

Aus der Meiji-Verfassung vom 11. Februar 1889

MATERIAL 1

Für die japanische Verfassung von 1889 stand das preußische Modell Pate. Allerdings hatte der deutsche Kaiser japanischen Politikern bei einem Besuch in Berlin nahe gelegt, Lehren aus dem preußischen Verfassungskonflikt von 1862 zu ziehen (vgl. § 67 der japanischen Verfassung):

Kapitel 1: Der Kaiser (Tenno)
Art. 1: Das Kaiserreich Groß-Japan wird für ewige Zeiten ununterbrochen von seinem Tenno regiert.
Art. 2: Der Thron des Tenno vererbt sich nach Maßgabe des Kaiserlichen Hausgesetzes im Mannesstamm des kaiserlichen Geschlechtes.
Art. 3: Der Tenno ist heilig und unverletzlich.
Art. 4: Der Tenno ist das Staatsoberhaupt. Ihm steht die Ausübung der Staatsgewalt nach Maßgabe der Verfassungsbestimmungen zu.
Art. 5: Der Tenno übt die gesetzliche Gewalt unter Mitwirkung des Reichsparlaments aus.
Art. 6: Der Tenno sanktioniert die Gesetze, er verfügt ihre Veröffentlichung und Durchführung. [...]
Art. 8: Der Tenno erlässt bei dringendem Bedürfnis Thronverordnungen mit Gesetzeskraft, zur Aufrechterhaltung der öffentlichen Ordnung oder zur Abwehr eines öffentlichen Notstandes, in Zeiten, da der Reichstag nicht versammelt ist. Solche Verordnungen sind dem Reichstag bei seiner nächsten Sitzung vorzulegen. Wenn der Reichstag ihnen nicht zustimmt, so sind sie von der Regierung für künftig unwirksam zu erklären.
Art. 11: Der Tenno führt den Oberbefehl über das Heer und die Marine.

Kapitel 6: Finanzen
Art. 67: Der Reichstag kann bereits festgesetzte Ausgaben, die auf die verfassungsmäßigen kaiserlichen Befugnisse gegründet werden, sowie die Ausgaben, die in Auswirkung der Gesetze entstehen oder zu den gesetzlichen Verpflichtungen der Regierung gehören, ohne Einverständnis der Regierung weder verweigern noch herabsetzen.
Art. 71: Wenn der Reichstag über den Staatshaushalt nicht abgestimmt hat oder wenn der Staatshaushalt nicht zustande gekommen ist, so hat die Regierung den Staatshaushalt des Vorjahres auszuführen.

Aus: Supreme Commander of the Allied Powers (Hrsg.), Political Reorientation of Japan: September 1945 to September 1948. Report of Government Section, Washington 1949, S. 586f., Übers. B. Rosenzweig.

MATERIAL

2 Yoshida Shoin (1830–1859): Bushido – das Ethos der Ritter

Yoshida Shoin war ein bekannter politischer Erzieher in der letzten Phase des Shogunats, er gilt als der geistige Vater der Meiji-Reform. Bushido bezeichnet den Ehrenkodex der Samurai.

Alle als Mensch geborenen Wesen sollten sich über den Grund klar sein, warum der Mensch sich vom Vogel und Vierfüßler unterscheidet. Der Mensch allein besitzt die fünf menschlichen Beziehungen (gorin). Die wichtigsten darunter sind die Beziehung zwischen Herrscher und Untertan und zwischen Vater und Sohn. Deshalb ist der Mensch auf Grund seiner Loyalität und Pietät Mensch.

Alle in unserm Tenno-Reich geborenen Menschen sollten den Grund seiner Erhabenheit in der Welt kennen. Schließlich hat sich unsere Tenno-Herrschaftslinie ununterbrochen seit den ältesten Zeiten fortgesetzt. Die Vasallen erhalten ihre Lehen von Generation zu Generation. Die Herrscher ernähren das Volk und setzen die Tradition fort; das Volk der Untertanen pflegt die Loyalität und erfüllt so den Willen der Vorväter. Herrscher und Volk sind ein Körper. Loyalität und Pietät sind ein und dasselbe. Das ist die Eigenart unseres Landes allein.

Der Weg des Samurai besteht nun in der Großen Verpflichtung. Diese wirkt durch Tapferkeit, und die Tapferkeit wird größer durch deren Wirken. Das Handeln des Samurai muss einfach und aufrichtig ohne eine Spur von Falschheit sein. Es ist beschämend, durch geschicktes Lügen glänzen zu wollen. Wenn man solches vermeidet, so ist das gesamte Handeln aufrichtig und gerecht. Wer unsere neue und alte Geschichte nicht kennt und Weise und Heilige nicht zum Vorbild nimmt, der ist wahrhaftig armselig. Das Lesen von Büchern und der Verkehr mit Freunden, das zeigt den Charakter des Edlen. Das Erziehen zur Tugend und die Heranbildung der eigenen Fähigkeiten liegen zumeist in der Güte der Lehrer und in dem Nutzen der Freunde begründet; deshalb wird der Edle Sorgfalt in der Wahl seiner Bekanntschaften walten lassen.

Erst nach dem Tode ausruhen! Dieser Spruch ist kurz, aber tief an Bedeutung. Ausdauer, feste Entschlossenheit, wer daran unerschütterlich festhält, bedarf nichts anderes.

Samurai-Skulptur. Erinnerung an die vormoderne Führungselite des Kaiserreiches.

Aus: H. E. Wittig (Hrsg.), Pädagogik und Bildungspolitik Japans. Quellentexte und Dokumente von der Tokugawa-Zeit bis zur Gegenwart, München 1976, S. 75.

MATERIAL

3 Das Kaiserliche Erziehungsedikt (30. Oktober 1890)

Das Kaiserliche Erziehungsedikt wurde in Schulen feierlich verlesen, jeder Japaner kannte seinen Inhalt und hatte sich ehrfürchtig zu verbeugen, wenn der Schulleiter den Text vortrug. Die amerikanische Besatzungsmacht verbot 1945 seine öffentliche Verwendung.

Ihr, unsere lieben Untertanen!
Ich […] glaube, Unsere Kaiserlichen Vorfahren haben Unser Reich auf breiten und ewigen Fundamenten geschaffen und die Tugend (Toku) tief und fest eingepflanzt. Unsere Untertanen sind

JAPAN – EIN MACHTZENTRUM IM UMBRUCH

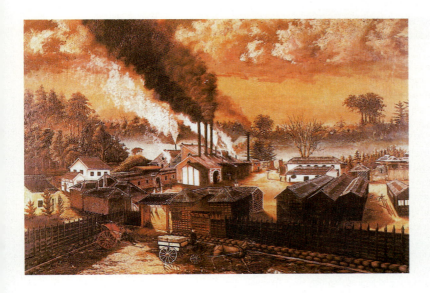

Die Papierfabrik von Mita bei Tokyo. Gemälde von Tokonami Seisei, 1880. Es ist eines der ersten japanischen Bilder, das die beginnende Industrialisierung Japans zeigt.

sehr gehorsam gegenüber dem Tenno und ihren Eltern. In kindlicher Liebe und Pflichterfüllung haben sie durch jede Generation die Herrlichkeit der schönen Tugend erhalten. Darin liegen die wesentlichen Vorzüge Unseres Nationalwesens begründet, in dem auch die Kraftquelle Eurer Bildung und Erziehung beruht.

Ihr, Unsere Untertanen, seid gehorsam gegen die Eltern, den Brüdern und Schwestern in Freundlichkeit zugetan, einträchtig als Eheleute und treu als Freunde. Haltet Euch bescheiden und seid immer sparsam, gebt allen Eure Gnade und Liebe. Lernt fleißig auch in Beruf und Künsten, entwickelt Eure geistigen Fähigkeiten und bildet Eure sittlichen Kräfte aus. Bereitet einander viel Gutes aus eigenem Antrieb, fördert das Allgemeinwohl und die öffentlichen Belange. Achtet immer die Verfassung und befolgt die Gesetze.

Wenn einmal der Staat in Not geraten sollte, dann dient ihm tapfer. Bewahrt damit den Glanz des kaiserlichen Thrones, dessen Bestand so alt ist wie der Himmel und die Erde. Dann werdet ihr nicht nur Unsere guten und treuen Untertanen sein, sondern auch die althergebrachten Traditionen Eurer Vorfahren leuchtend bewahren.

Aus: H. E. Wittig (Hrsg.), Pädagogik und Bildungspolitik Japans. Quellentexte und Dokumente von der Tokugawa-Zeit bis zur Gegenwart, München 1976, S. 89 ff.

Anregungen zur Auswertung
1. Wie kommt es, dass in Japan – anders als in China – vor dem Hintergrund imperialer Bedrohung eine rasche Modernisierungspolitik gelingt? Arbeiten Sie Gründe dafür heraus und formulieren Sie Thesen.
2. Auf welchem kulturellen Selbstverständnis wird die Modernisierung Japans eingeleitet? Diskutieren Sie mögliche Konflikte und Widersprüche zwischen traditionellen Wertvorstellungen und Modernisierung nach westlichem Vorbild.
3. Stellen Sie einen Verfassungsvergleich zwischen der deutschen Reichsverfassung und der japanischen Verfassung an. Welche Gemeinsamkeiten und Unterschiede lassen sich herausarbeiten?

5.3 Großmachtstreben und Zusammenbruch

Revision der ungleichen Verträge

Vorrangiges Ziel der Meiji-Reformer war die Rückgewinnung der vollen staatlichen Souveränität und damit die Revision der ungleichen Verträge. Daher weitete Japan zielstrebig – auch zur Sicherung der dringend benötigten Rohstoffe – seinen Einfluss in Ostasien aus. Nach raschen militärischen Erfolgen im chinesisch-japanischen Krieg 1894/95 und im russisch-japanischen Krieg 1904/05 stieg Japan zur „nicht-weißen" Imperialmacht in Ostasien auf. 1910 annektierten die Japaner Korea und ein Jahr später schüttelten sie die ungleichen Verträge mit den Westmächten ab. Auf der Pariser Friedenskonferenz 1919 erhielt Japan als Siegermacht des Ersten Weltkrieges das Mandat über alle ehemaligen deutschen „Schutzgebiete" in der Südsee (Marianen, Karolinen und Marshall Inseln) sowie die ehemaligen deutschen Sonderrechte in China zugesprochen.

Wirtschaftskrise

Ökonomisch hatte der Erste Weltkrieg Japan zu einem gewaltigen Aufschwung verholfen, der jedoch in den 20er Jahren abrupt endete. Die einseitige Abhängigkeit vom Export japanischer Rohseide und Baumwollwaren sowie die Rückeroberung der ostasiatischen Märkte durch die westlichen Industriestaaten führten zu Beginn der zwanziger Jahre zu einer schweren Wirtschaftskrise. Auch die Lage der japanischen Bauern verschlechterte sich infolge des drastischen Verfalls des Rohseidenpreises und des Sinkens des Reispreises durch Billigimporte dramatisch. Viele Bauernfamilien lebten am Rande des Existenzminimums. Die ökonomischen Probleme der zwanziger Jahre gingen mit einer Reihe außenpolitischer Niederlagen des Kaiserreiches einher. Bei der internationalen Flottenkonferenz 1921/22 in Washington blieb Japan bei der Festlegung der Flottenstärken deutlich hinter den USA und Großbritannien zurück. Auf Druck der USA musste es zudem auf wesentliche Rechte in China verzichten. In der nationalistischen Propaganda insbesondere von militärischen Kreisen wurde dies zum Inbegriff „nationaler Schmach".

Außenpolitische Krise

Taisho-Demokratie

Nach dem Ersten Weltkrieg hatten das Militär und der Hofadel für einige Jahre ihre dominierende Stellung verloren, eine Phase innenpolitischer Liberalisierung setzte ein. Der Parlamentarismus und die Stellung der Parteien wurden ausgebaut, 1925 wurde das Wahlrecht für alle Männer ab 25 Jahren eingeführt (Frauen erhielten erst 1947 das Wahlrecht). Die schweren ökonomischen Krisen und die außenpolitischen Misserfolge des Kaiserreiches führten jedoch innenpolitisch zu einer Radikalisierung. Eine Vielzahl ultranationalistischer Geheimgesellschaften entstand, die sich zu Fürsprechern der verelendeten Bauernschaft machten und die gewaltsame Beseitigung der Parteienregierung und die Errichtung einer Militärdiktatur betrieben. Sie forderten die Säuberung des japanischen Lebens von westlichen Einflüssen, wie Demokratie und Individualismus, und propagierten eine „Familienstaatsideologie" (Kokutai). Danach erschien Japan als eine göttlich geführte, auserwählte Familie, als eine homogene Nation unter Führung des göttlichen Tenno. Zahlreiche Attentate auf liberale Politiker und Umsturzversuche waren die Folge.

Radikalisierung und Militarisierung

Die Radikalisierung erreichte ihren ersten Höhepunkt, als die japanische Armee 1931 eigenmächtig und ohne Rücksprache mit Kaiser und Regierung die kriegerische Eroberung der Mandschurei einleitete. Der Protest der Großmächte gegen diese Verlet-

JAPAN – EIN MACHTZENTRUM IM UMBRUCH

Der zerstörte Stadtkern von Hiroshima kurz nach der Explosion der Atombombe im August 1945.

zung internationaler Abkommen führte 1933 zum Austritt Japans aus dem Völkerbund. Japan näherte sich den ebenfalls international isolierten faschistischen Staaten Deutschland und Italien an und unterzeichnete 1936/37 den Antikominternpakt. Im Juli 1937 lösten japanische Truppen mit einer Schießerei an der Marco-Polo-Brücke bei Peking den bis 1945 andauernden Krieg mit China aus, innerhalb weniger Monate rückte die japanische Armee tief ins Landesinnere vor. Dem „Massaker von Nanking" fielen damals in nur zwei Tagen etwa 12 000 Zivilisten zum Opfer.

Krieg mit China

Der Krieg in China wurde nach Südostasien gegen die europäischen Kolonien (Malaysia, Burma und Indonesien) ausgeweitet und als „Befreiungskampf gegen die europäischen Kolonialmächte" propagandistisch überhöht. Durch den Dreimächtepakt mit Deutschland und Italien 1940 versuchte Japan seine geplante „neue Ordnung" in Ostasien („großostasiatische Wohlstandssphäre") abzusichern. Ein Neutralitätspakt mit der Sowjetunion war neben der Achse Berlin-Rom-Tokyo die Basis für den Kriegsbeginn gegen die USA. Mit dem Überraschungsangriff auf Pearl Harbor am Morgen des 7. Dezember 1941 lösten die Japaner den asiatisch-pazifischen Krieg aus. Die japanischen Streitkräfte eroberten im folgenden Jahr große Teile Südostasiens. Erst mit der Niederlage der japanischen Marine bei den Midway-Inseln im Juni 1942 setzte die Wende im Pazifischen Krieg ein.

Zweiter Weltkrieg

Die Politik des Kaiserreiches wurde seit Kriegsbeginn 1937 von den Oberbefehlshabern des Heeres und der Marine bestimmt, die gesamte japanische Nation einer totalen Kriegführung unterworfen. Im Sommer 1945 war Japan militärisch geschlagen, aber die fanatisierten Offiziere waren nicht zur Annahme der Kapitulation bereit. Erst unter den verheerenden Erfahrungen der beiden amerikanischen Atombombenabwürfe auf Hiroshima und Nagasaki (6. und 9. August 1945) beschloss die japanische Regierung in Anwesenheit des Kaisers die Annahme der bedingungslosen Kapitulation. Der Krieg in Asien und im Pazifik hatte etwa 20 Millionen Opfer gefordert.

Ultranationalismus und Kapitulation

MATERIAL

 4 Die „Tanaka-Denkschrift" – die militärische Expansionsstrategie Japans

Auszug aus Aufzeichnungen des japanischen Ministerpräsidenten Tanaka Giichi vom Juli 1927. Diese sog. Tanaka-Denkschrift wurde erstmals 1931 von den Chinesen veröffentlicht. Vermutlich fasste sie die Ergebnisse einer Konferenz hochrangiger militärischer und ziviler Beamter zusammen. Sie spiegelt eine Haltung wider, die in den späten 20er Jahren in Japan geläufig war.

Die Mandschurei und Mongolei [...] sind begehrenswert nicht nur deshalb, weil eine dünne Bevölkerung in einem so großen Land wohnt, sondern weil sie auch sehr reich an Ackerbau, Erz-
5 lagern und Forsten sind. [...] Wenn der freie Zugang dorthin uns nicht möglich ist, so ist es klar, dass wir die Reichtümer der Mandschurei und Mongolei nicht in Besitz nehmen können. [...]

Um uns selbst zu schützen, können wir Japaner
10 nur durch eine Politik von „Blut und Eisen" die verwickelte Lage im Fernen Osten entwirren. [...]

Wenn wir in Zukunft China kontrollieren wollen, müssen wir zuerst den Einfluss der Vereinigten Staaten von Amerika ausrotten [...]. Um China zu
15 erobern, müssen wir zuerst die Mandschurei und Mongolei erobern. Wenn es gelungen ist, China zu erobern, werden die zentral- und kleinasiatischen Staaten, ferner Indien und die Südsee unsere Macht fürchten, uns verehren und sich erge-
20 ben. Dann wird die Welt sich damit abfinden, dass der Ferne Osten uns gehört, und nie wagen, uns anzugreifen. [...]

Obwohl die Macht Sowjetrusslands sich im Niedergang befindet, wollen die Russen mit ihrer Konkurrenz in der Mandschurei und Mongolei 25 dort nicht einen Augenblick zurückbleiben; sie hemmen immerfort unsere Unternehmungen. [...] Als Erstes wollen wir unter dem Vorwand, das Vordringen Sowjetrusslands nach Süden verhindern zu wollen, mit Gewalt in die Nordmand- 30 schurei eindringen, um den dortigen Reichtum an uns zu ziehen. Dann wären wir imstande, sowohl im Norden die Ausbreitung des russischen Einflusses nach Süden als auch im Süden die des chinesischen Einflusses nach Norden zu ver- 35 hindern. [...]

Wir müssen uns vor Augen halten, dass Amerika in geheimem Einverständnis mit England steht und uns hindern will, gegen China vorzugehen. Aber wenn wir an die Selbstständigkeit unseres 40 Landes denken, so wird uns nichts anderes übrig bleiben, als den Krieg gegen Amerika zu führen. Überdies ist die amerikanische Flotte bei den Philippinen nur einen Steinwurf weit von unserer Tsushima und Kurilenstraße entfernt. Wenn die 45 feindlichen U-Boote in diesen Meerengen kreuzen, so ist es bestimmt nicht möglich, Rohstoffe und Nahrungsmittel aus der Mandschurei und der Mongolei an uns zu liefern [...] Wenn Eisen und Petroleum in der Mandschurei uns in die 50 Hände fallen, werden unsere Armee und Marine eine unbezwingliche Verteidigungsmauer bilden können.

Aus: E. Krautkrämer (Hrsg.), Internationale Politik im 20. Jahrhundert. Dokumente und Materialien. Bd. I: 1919–1939, Frankfurt/Main 1976, S. 54 ff.

MATERIAL

 5 Der Grundcharakter des Kaiserreiches Japan (Kokutai no hongi), 1937

Die japanische Erziehung wurde ab 1937 einer ultranationalistischen, militaristischen Ideologie verpflichtet. Die folgende Schrift des japanischen Erziehungsministeriums wurde in mehreren Millionen Exemplaren verbreitet.

Unser Land Japan befindet sich in einer blühenden Entwicklung und zeigt die bedeutsame Tendenz, sich überseeisch auszudehnen. Vor uns

steht eine hoffnungsvolle Zukunft. Unsere Industrie bewirkt eine ständig zunehmende Produkti- 5 vität, das Ansehen der Reichswehr wird immer größer, das Volk genießt ein reiches Alltagsleben, unsere kulturelle Entwicklung ist hervorragend.

[...] Wenn wir uns aber über dieses Gedeihen unseres Landes besinnen, so erscheint die gegen- 10

JAPAN – EIN MACHTZENTRUM IM UMBRUCH

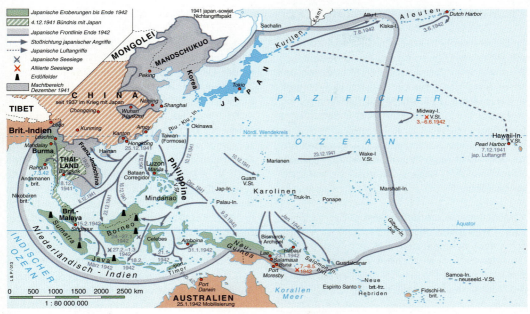

Die Expansion Japans bis 1942.

wärtige Situation Japans keineswegs friedvoll und ruhig, sondern sie ist überall, innerhalb wie außerhalb des Landes, wechselvoll und schwankend. [...]

Die ideologischen und sozialen Mängel unseres Landes sind entstanden, weil man verschiedene Formen der europäischen Kultur, Institutionen und Wissenschaften seit der Meiji-Periode voreilig akzeptiert hat. [...] Bei der Aufklärungsbewegung in Japan hat man zuerst den Gedanken des freiheitlichen Grundcharakters der Bürger, die politische Philosophie der französischen Aufklärungsepoche, und weiterhin das parlamentarische System aus England, den Utilitarismus und Pragmatismus aus den USA und sogar den Staatsgedanken aus Deutschland aufgenommen, um damit die verstockten japanischen Sitten aufzugeben. [...] So entstand das so genannte Zeitalter der Europäisierung.

Dagegen richtet sich die Bewegung des „zurück zur alten Tradition". Sie wurde unter dem Motto einer Bewahrung des „Nationalen" geführt und stellt den Zeitströmungen der europäischen Kultureinflüsse das nationale Bewusstsein gegenüber. Es scheint uns, dass die extrem betriebene Europäisierung unsere Tradition zu schädigen drohte und dadurch den nationalen Geist, der unsere Geschichte durchströmt, schwächte. [...]

Der individualistische Gedanke Europas wurde aufgenommen. [...] Radikale Gedanken, wie Sozialismus, Anarchismus oder Kommunismus und andere, beruhen im Grunde auf dem Individualismus, welcher den modernen Ideologien Europas zugrunde liegt. Selbst in Europa ist der Individualismus auf dem toten Punkt angelangt.

[...] Japan muss – sofern es auf unser Land ankommt – zum eigentlichen Standpunkt zurückfinden. [...] Wir müssen diese Aufgabe nicht nur für uns selbst, sondern auch für die Menschheit auf der Welt erfüllen, die angesichts der Stockung des Individualismus um seine Durchbrechung bemüht ist. Hier ist unsere wichtige weltgeschichtliche Aufgabe.

Aus: H. E. Wittig (Hrsg.), Pädagogik und Bildungspolitik Japans. Quellentexte und Dokumente von der Tokugawa-Zeit bis zur Gegenwart, München 1976, S. 127ff.

WERKSTATT GESCHICHTE

MATERIAL

6 Faschistische Wahlverwandtschaften? Der japanische Ultranationalismus

Selbstverständlich kann Kaiser Hirohito nicht mit Hitler oder Mussolini verglichen werden. [...]. Doch wurde der Tenno von den Militaristen und ab 1936 von der gesamten Oligarchie in eine fiktive, da machtlose Führungsrolle hineinmanövriert, sodass er die Funktion einer nationalen Integrationsfigur erfüllte. Die Regierung konnte nunmehr in seinem Namen und gewissermaßen hinter dem nicht angreifbaren, da religiös-sakralen Schutzschild des Kaisers diktatorische Vollmachten ausüben. [...]

Vergleichsweise am harmlosesten (im Vergleich zum Nationalsozialismus und italienischen Faschismus) nehmen sich die japanischen „Friedensgesetze", in Wirklichkeit politische Polizeiverordnungen, aus und unterstreichen die relative Geschlossenheit von Volk und Regierungsoligarchie in Tokio. Der allgemeine Konsens über die Ziele der nationalen Politik war in Japan noch größer als in Italien, die in Deutschland in den sozialistischen Parteien vorhandene ernsthafte Opposition fehlte in Japan völlig. [...]
Oppositionelle Kräfte in Japan wurden weder wie in Deutschland kriminalisiert oder physisch vernichtet, noch wie in Italien aus der faschistischen Gemeinschaft ausgeschlossen, sondern zwangsweise in die Gesellschaft reintegriert. Strafen bedeutete Resozialisieren. [...] Insgesamt beugten

sich von den subversiver Tätigkeit überführten Personen über 95 % dem Druck einer Gesellschaft, in der Ostrazismus (= griech. Scherbengericht, Ausschluss aus der Gesellschaft) als eine schlimmere Strafe galt als ein Todesurteil. [...] Todesurteile ergingen – bis auf eines – nicht, um keine Märtyrer zu schaffen. [...]
Nunmehr wurde, vermutlich nach dem Vorbild Deutschlands und Italiens, auch in Japan eine zeitlich begrenzte Schutzhaft erlaubt und die Überwachung politisch verdächtiger Personen intensiviert. Die Schutzhäftlinge wurden jedoch nicht in Konzentrationslagern dem Versuch zur Brechung ihrer menschlichen Substanz unterworfen, sondern zur gesellschaftlichen „Bewährung" Stätten altjapanischer Tradition, Tempeln und Hospitälern überantwortet. Eine schriftliche Anerkennung der Göttlichkeit des Tenno war ab 1940 verbindlich vorgeschrieben, um die Freiheit in der geschlossenen japanischen Gesellschaft wiederzuerlangen. [...] Schärferer Terror erübrigte sich in Japan, da sich die Bevölkerung mit dem Regierungssystem auch in der militarisierten Form voll identifizierte. [...] An westlichen Maßstäben gemessen, stellte Japan ein geschlossenes, diktatorisches Herrschaftssystem dar, das jedoch von den Japanern selbst nicht als Eingriff in gewohnte kollektive Verhaltensnormen empfunden wurde.

Aus: B. Martin, Zur Tauglichkeit eines übergeordneten Faschismus-Begriffs, in: Vierteljahrshefte für Zeitgeschichte 29 (1981), S. 64 ff

MATERIAL

7 Kamikaze – Todeskult im Namen des Kaisers

Was weckte 1944 in so vielen hoch gebildeten jungen japanischen Männern den Wunsch, sich für ihren Kaiser umzubringen, nur um so viele Amerikaner wie möglich mit sich in den Tod zu reißen? Gruppendruck? Ein gewisser Zwang, obwohl sie Freiwillige waren? Pervertierter Nationalismus? Ein pathologischer Zug in der japanischen Kultur? Der Mythos des Samurai?
Sich selbst zu opfern ist das eine. Von Soldaten wird das in jedem Krieg erwartet. Aber die Orgie der Selbstzerstörung, die Idee des patriotischen Selbstmordes als ästhetisches Ideal (die Kamika-

ze-Piloten nannte man „Kirschblüten", nach dem japanischen Ideal vergänglicher Schönheit) – das ist etwas Außergewöhnliches. Natürlich lassen sich junge Männer gern bewundern, und nicht wenige sind empfänglich für die Vorstellung von einem romantischen Tod. Viele Japaner mögen der Propaganda geglaubt haben, sie kämpften in einem „heiligen Krieg", zumal man sie mit dem Versprechen tröstete, ihre Seele werde bis in alle Ewigkeit im Tokyoter Yasukuni-Schrein verehrt werden. Aber was war der Ursprung dieses modernen Todeskultes? [...]

JAPAN – EIN MACHTZENTRUM IM UMBRUCH

Japan im Zweiten Weltkrieg: japanische Kriegsverbrechen in den eroberten Gebieten. Foto.

Das Fundament für den modernen Kamikaze-Geist dürfte etwa zu der Zeit gelegt worden sein, als die ersten Amerikaner Japan erreichten, um das Land für den Handel zu erschließen. […] Was machen Menschen, wenn sie mit einer Zivilisation konfrontiert werden, die materiell so überlegen ist wie der Westen des 19. Jahrhunderts? Sie können versuchen, so viel wie möglich vom Westen zu lernen, um gleichsam selbst eine westliche Macht zu werden. Die Japaner taten genau das. […]
Aber Verwestlichung von oben ist immer selektiv (= ausgewählt). Verwestlichende Autokraten wollen nicht, dass ihre Untertanen von so subversiven Ideen wie Demokratie oder Redefreiheit beeinflusst werden. Diese müssen als schädliches fremdes Gift bekämpft werden.

In Japan wurden der Kaiser-Kult, der Samurai-Geist und die spirituelle Reinheit des „Japanisch-Seins" als Gegenmittel eingesetzt gegen den westlichen Einfluss. […] Junge Armeeoffiziere ermordeten Politiker und Wirtschaftsführer, weil diese „den kaiserlichen Willen ignoriert" hätten. Für den Kaiser zu sterben wurde zum höchsten Ideal. Und Großbritannien und Amerika geronnen zu Symbolen des Hasses. Die liberale Demokratie und der Kapitalismus mussten zerstört werden, im In- und Ausland. […] Der Todeskult begann um sich zu greifen. Ein blutiger Krieg war nötig, um die Japaner zur Vernunft zu bringen. Und obwohl ihre Städte in Schutt und Asche gelegt worden waren, war der Augenblick der Niederlage für die meisten Japaner auch ein Akt der Befreiung. […]

Aus: I. Buruma: Pepsi oder Sterben. Der Todeskult reicht über den Islam hinaus, in: Süddeutsche Zeitung vom 1. Okt. 2001, S. 15.

Anregungen zur Auswertung
1. Vergleichen Sie die Ideologie des japanischen Ultranationalismus mit der des deutschen Nationalsozialismus. Formulieren Sie Thesen über Gemeinsamkeiten und Unterschiede.
2. Informieren Sie sich über die Ursachen und Konsequenzen der Atombombenabwürfe auf Hiroshima und Nagasaki.

5.4 Die Demokratisierung Japans
und der Aufstieg zur Wirtschaftsmacht nach 1945 – ein Überblick

Amerikanische Besatzungspolitik

Am 15. August 1945 hörten die Japaner zum ersten Mal aus dem Radio die Stimme des Kaisers. Der Tenno forderte sein Volk auf, „das Unerträgliche zu ertragen", er verkündete mit diesen Worten die bedingungslose Kapitulation des Landes. Die amerikanische Besatzungsmacht leitete auf der Basis der Potsdamer Beschlüsse die Entmilitarisierung und Demokratisierung Japans ein. Anders als in Deutschland erfolgte die Besatzung in Japan unter alleiniger Führung der USA, die das Land indirekt, das heißt mit Hilfe der alten japanischen Beamtenschaft, regierte. Die Verfolgung der Kriegsverbrecher konzentrierte sich von Beginn an ausschließlich auf die japanische Führungselite, lediglich 3,2 % der japanischen Bevölkerung wurden überprüft (zum Vergleich: in der amerikanischen Besatzungszone in Deutschland waren es 21 %).

Demokratisierung

Die Demilitarisierung der Armee, die Dezentralisierung der Verwaltung, die Zerschlagung der Zaibatsu, der mächtigen Familienunternehmen, besaßen zunächst Priorität. Japan sollte nie wieder „zu einer Bedrohung des Friedens und der Sicherheit in der Welt werden", wie es im Programm der amerikanischen Besatzungsmacht hieß. Darüber hinaus leiteten die Amerikaner weitergehende Demokratisierungsschritte ein: Der Großgrundbesitz wurde in einer Landreform enteignet und das Land den bisherigen Pächtern übergeben, die Bildung von Gewerkschaften gefördert und das Erziehungswesen nach amerikanischem Vorbild reformiert. Der Kaiser, der trotz interna-

Die Stellung des Kaisers

tionaler Proteste nicht als Kriegsverbrecher vor Gericht gestellt wurde – die Amerikaner befürchteten unkontrollierbare Proteste der japanischen Bevölkerung – musste in einer Radioansprache seiner Göttlichkeit entsagen und wurde verfassungsrechtlich entmachtet. In der unter direkter amerikanischer Einflussnahme entwickelten demokratischen Verfassung bleibt er lediglich „das Symbol des Staates", auf formale Aufgaben beschränkt. Die Verfassung, die am 3. November 1946 verabschiedet wurde, basiert auf dem Prinzip der Volkssouveränität. Wichtigste Veränderungen im Vergleich zur Meiji-Verfassung waren – abgesehen von der grundlegenden Einführung einer parlamentarischen Demokratie – das aktive und passive Wahlrecht der Frauen und der Verzicht auf eine Armee. Bei dieser Demokratisierung nach westlichem Vorbild behielten die traditionellen Führungseliten allerdings weitgehend ihre Machtstellung. Unter dem Einfluss des Kalten Krieges wurden in Japan konservative und bürgerliche Politiker schnell wieder mit politischer Verantwortung betraut.

Liberaldemokratische Partei (LDP)

Die Liberaldemokratische Partei Japans (LDP) regierte in Japan, abgesehen von einer dreijährigen Pause, ununterbrochen. Die LDP ist keine Programmpartei, sie setzt sich vielmehr aus einer Koalition einflussreicher Parteibarone zusammen, die innerparteilich Gruppen bilden und um die innerparteiliche Macht konkurrieren. In der Vergangenheit hat sich die Politik der LDP an den Interessen der Großunternehmen und ihrer Wählergruppen, insbesondere den Landwirten und den mittleren Unternehmen, ausgerichtet. Gezielte Schutz- und Subventionspolitik waren die Folge. Schien Mitte der neunziger Jahre der Einfluss der LDP zu schwinden, so konnte sie sich seit 1996, vorrangig auf Grund der Schwäche der Oppositionsparteien, wieder als Regierungspartei etablieren.

JAPAN – EIN MACHTZENTRUM IM UMBRUCH

Die japanische Schutzzollpolitik. Amerikanische Karikatur von 1989.

Die Ausgangsbedingungen für den wirtschaftlichen Aufstieg Japans zur zweitgrößten Industriemacht der Welt nach Ende des Zweiten Weltkriegs waren zunächst sehr schlecht. Die meisten Städte und Industrieanlagen waren zerstört, die industrielle Produktion lag bei weniger als einem Drittel, die der landwirtschaftlichen Produktion bei weniger als zwei Dritteln des Vorkriegsniveaus. Das Land war fast komplett von Rohstoffzufuhren aus den ehemals besetzten Ländern abgeschnitten. Die notwendigen Einfuhren wurden von der amerikanischen Besatzungsmacht finanziert. Wie in der Bundesrepublik brachte auch in Japan der Ausbruch des Korea-Krieges 1950 entscheidende Wachstumsimpulse für den Wiederaufbau der Wirtschaft. Japan profitierte als Nachschubbasis für die amerikanischen Truppen von der steigenden Nachfrage. Bereits Anfang der fünfziger Jahre konnte das Niveau der Vorkriegsproduktion wieder erreicht werden.

Voraussetzungen des Wiederaufbaus

Der Aufbau einer modernen, wettbewerbsfähigen Wirtschaft wurde von politischer Seite gezielt gefördert. Ausgewählte Industrien, wie die Energie-, die Schwer- und Grundstoffgüterindustrie besaßen zunächst Priorität, später kam die Elektroindustrie hinzu. Auf die Ölkrisen der 70er Jahre reagierte die japanische Industrie mit Rationalisierungen und verstärkten Investitionen in den Bereich Mikroelektronik. Der Staat unterstützte die Wirtschaft mit Subventionen, Steuervorteilen und dem gezielten Import von modernen Technologien; gleichzeitig verhängte er Importquoten und Schutzzölle. Neben dieser Förderung waren Hauptgründe für den beispielhaften Aufstieg die duale Struktur der japanischen Wirtschaft mit dem Nebeneinander von hoch technisierten Großbetrieben und arbeitsintensiven Klein- und Mittelbetrieben, eine hoch qualifizierte Arbeiterschaft und eine besondere Unternehmensmentalität.

Wirtschaftlicher Aufstieg

1965 wies Japan erstmals nach dem Krieg einen Handelsüberschuss aus, drei Jahre später übertraf es mit seinem Bruttosozialprodukt die Bundesrepublik Deutschland. Japan hatte eine exportorientierte Industrie entwickelt, die hochwertige Fertigprodukte auf dem Weltmarkt absetzte und gleichzeitig den eigenen Markt vor Importen

Exportorientierung

verarbeiteter Güter abschottete. Kehrseite des rapiden japanischen Wirtschaftsaufschwungs waren dramatische Umweltzerstörungen. Krankheiten, wie chronisches Asthma und Bronchitis auf Grund extremer Luftverschmutzungen waren ebenso die Folge wie Quecksilbervergiftungen durch verseuchte Industrieabwässer. Auf massiven Druck der Bevölkerung wurden Ende der 60er Jahre erste Umweltgesetze verabschiedet.

Strukturkrise seit 1990

Wirtschaftliche Probleme zeichneten sich Ende der 80er Jahre ab: Billige Kredite und der Börsenboom verleiteten zu Spekulation, wobei Immobilien- und Grundbesitz den Banken als Sicherheit geboten wurde. Aktienkurse und Immobilienpreise schaukelten sich so künstlich hoch. Diese so genannte „bubble economy" (Seifenblasenwirtschaft) platzte, als die Zentralbank 1990 die Zinsen drastisch erhöhte. In Japan setzte die längste Rezessionsphase der Nachkriegszeit ein, die bis heute andauert. Das größte Problem betrifft dabei die Banken, da zahllose Kunden die gewährten Kredite nicht zurückzahlen können, weil die Grundstücke nur noch einen Bruchteil ihres ehemaligen Wertes besitzen. Dadurch gerieten die Banken selbst in Zahlungsschwierigkeiten. In den 90er Jahren legte die japanische Wirtschaft insgesamt zehn Konjunkturprogramme im Gesamtwert von über einer Billion Euro auf, die jedoch weitgehend verpufften. Die Frage, wie Japan diese lang anhaltende ökonomische Krise bewältigen kann, ist offen. Fest steht, dass das Land heute vor seiner dritten großen Herausforderung – nach der erfolgreichen Modernisierungspolitik im 19. Jahrhundert und dem beispiellosen Wiederaufstieg nach 1945 – steht.

MATERIAL

8 Japans wirtschaftlicher Aufstieg

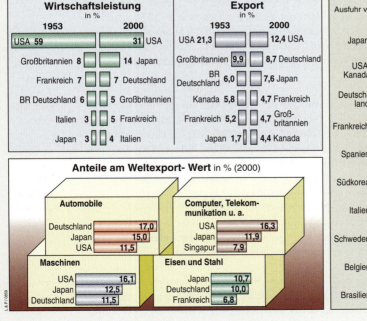
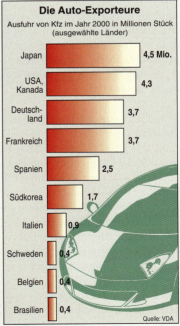

JAPAN – EIN MACHTZENTRUM IM UMBRUCH

MATERIAL
9

Eine besondere japanische Unternehmenskultur?

Eine Wissenschaftlerin, die sich lange mit der japanischen Wirtschaft beschäftigt hat, schreibt:

Im Westen wird viel über den sagenhaften Erfolg der japanischen Unternehmen gerätselt. Hierbei werden Schlagworte wie „kulturelle Spezifika", „schlankes Management" und „hohes Arbeitsethos" genannt und nicht selten missverstanden, während andere Faktoren häufig übersehen werden.

Im Wesentlichen lässt sich die Stärke der japanischen Wirtschaft mit drei Besonderheiten erklären, die Organisation und Zusammenspiel der verschiedenen Akteure kennzeichnen: die „Kultur" innerhalb des einzelnen Unternehmens, die Arbeitsteilung zwischen den Unternehmen und die enge Zusammenarbeit zwischen Wirtschaft, Politik und Bürokratie.

Wenn von der besonderen japanischen Unternehmenskultur die Rede ist, sind in der Regel große Firmen gemeint, also die Repräsentantinnen des japanischen Erfolges. [...] Management und Belegschaft in einem Großunternehmen verstehen sich als eine geschlossene Einheit, in der es auch keine Unterscheidung zwischen Arbeitern und Angestellten gibt. Diese Abschottung der Firmen ist möglich, weil die Arbeitnehmer nur auf Betriebsebene organisiert sind (Betriebsgewerkschaften) und der Arbeitsmarkt sehr stark auf das Unternehmen begrenzt ist. Das bedeutet, dass vorzugsweise Berufsanfänger ohne spezifische Berufsqualifikation eingestellt werden, diese in und für die Firma ausgebildet werden und Führungsposten fast ausschließlich mit eigenen Mitarbeitern besetzt werden.

Der Karriereverlauf sowie die Entlohnung der Angestellten sind eng mit dem Alter und der Dauer der Betriebszugehörigkeit gekoppelt. Daher überholt nur sehr selten ein jüngerer Mitarbeiter einen älteren auf der Karriereleiter (Senioritätsprinzip). In jüngster Zeit gewinnt allerdings die individuelle Leistung an Bedeutung. [...] Die hohe Arbeitsplatzsicherheit und die finanziellen Vergünstigungen gelten nur für die regulären Vollzeitangestellten (in der Regel Männer) in den Großunternehmen. Das bedeutet, dass nur rund 30 % der japanischen Beschäftigten von den viel gepriesenen Beschäftigungsbedingungen profitieren, während der Großteil unter schlechteren und unsicheren Bedingungen arbeitet. [...]

Zu den Besonderheiten des japanischen Managements gehört auch, dass man versucht, möglichst viele Mitarbeiter an Entscheidungsprozessen zu beteiligen, damit alle die Umsetzung mittragen. Das bedeutet, dass eine Entscheidungsvorlage so lange herumgereicht und abgeändert wird, bis alle mit ihrem Namensstempel ihre Zustimmung dokumentiert haben. Dieses Procedere ist zwar zunächst zeitaufwendig, dafür geht die Umsetzung anschließend gewöhnlich umso schneller, weil niemand mehr Einwände hat.
Ein anderes Mittel, die Mitarbeiter und Mitarbeiterinnen in die Geschäftsabläufe einzubeziehen, ist die ständige Aufforderung an jeden Einzelnen, Vorschläge zur Verbesserung von Arbeitsabläufen zu machen. Beide Methoden stärken die Identifikation mit der Firma, die dann mit hohem Arbeitseinsatz rechnen kann. [...]

So wie es im einzelnen Unternehmen eine klare Trennung zwischen Stammarbeitern und Randbeschäftigten gibt, ist auch die gesamte Wirtschaftsstruktur in zwei sehr unterschiedliche Bereiche geteilt: Auf der einen Seite gibt es einen kleinen Kern von leistungsstarken Großunternehmen – die oft weltweit bekannt sind – und auf der anderen Seite existieren zahllose „kleinere und mittelgroße Unternehmen", die mehr oder weniger abhängig von ihren großen Abnehmern sind. Über 95 Prozent der japanischen Betriebe sind kleinere und mittelgroße Unternehmen, rund drei Viertel der japanischen Beschäftigten sind hier tätig. Zwischen den beiden Gruppen gibt es ein scharfes Gefälle hinsichtlich Produktivität, Profitabilität, Lohnniveau, Arbeitsplatzsicherheit und auch Prestige.

Aus: F. Bosse, Wirtschaftliche Strukturen, in: Informationen zur politischen Bildung 255 (1997), S. 37 f.

WERKSTATT GESCHICHTE

MATERIAL

10 Demokratie a la Amerika?

Das Urteil eines deutschen Japanologen:

Japan ist eine parlamentarische Demokratie, die nach westlichen Grundsätzen konstruiert wurde und nach japanischen Werten funktioniert, mit anderen Worten: In Japan ist alles anders. Die ja-
5 panische Demokratie funktioniert anders als die Demokratieformen, die wir kennen. Gruppenloya-
lität, enge Verbundenheit mit der eigenen Heimat-
provinz [...] und politische Gefolgschaftstreue haben eine spezifisch japanische Demokratieform
10 entstehen lassen, die für uns nur mit einiger Mü-
he zu verstehen ist.

Alle Parteien geben vor, bestimmte Werte, wie beispielsweise „freie Marktwirtschaft" oder „Sozialismus" zu verfechten, aber Japans Wähler sind
15 nicht an Parteiprogrammen interessiert. Gewählt wird, wer in seinem Wahlkreis bekannt ist und es versteht, die Wählergunst durch gut placierte „Wohltaten" unter den Meinungsführern des Wahl-
kreises zu beeinflussen. Das kann teuer werden.
20 Deshalb gibt es in Japan enge Kontakte zwischen großem Geld und großer Politik. [...] Wahlen zu den beiden Häusern des Parlaments, aber auch zu den Regional- und Kommunalparlamenten kosten die Kandidaten kleine Vermögen. [...]

Das Diktum von der „Japan-AG" [...] soll die enge 25 Verflechtung zwischen Wirtschaft und Politik charakterisieren und zugleich kritisieren. Die Realität sieht jedoch etwas anders aus: Zwar haben die Wirtschaftskreise durch ihre Spendentätig-
keit einigen Einfluss auf Politiker der Regierungs- 30 partei, aber es wäre falsch, anzunehmen, dass sie wichtige Entscheidungen nachhaltig beeinflussen können.

Dagegen ist umgekehrt der Einfluss der Regie-
rungen auf große Unternehmen beträchtlich. Er 35 wird durch die „Bank von Japan" ausgeübt, die –
wegen der dünnen Kapitaldecke der meisten ja-
panischen Unternehmen – mit Gewährung oder Verweigerung von Exportkrediten durch die Ge-
schäftsbanken die Unternehmenspolitik steuern 40 kann. Wichtiger aber als diese direkte Einfluss-
nahme ist der informelle Kontakt: In exklusiven Clubs, teuren Restaurants oder auch einmal in einer Geisha-Bar treffen Wirtschaftler und Politiker aller Couleur zusammen und „arrangieren" 45 sich in entspannter Atmosphäre, denn unter dem Zwang zu Konsens und Harmonie stehen sie alle.

Aus: M. Pohl, Japan, München 1991, S. 189, 20 ff.

MATERIAL

11 Veränderungen der japanischen Arbeitsgesellschaft

In den letzten zehn Jahren sind milliardenschwe-
re Programme implementiert worden, die die Bin-
nenkonjunktur stimulieren sollten. Das Schwer-
gewicht lag dabei häufig auf aufwändigen Bau-
5 programmen, mit denen einerseits einflussreiche LDP-Klientelen bei der Stange gehalten wurden und andererseits die Wahrung der Vollbeschäftigung angestrebt wurde.
Weltwirtschaftliche Veränderungen, zu denen auch
10 die Verlagerung von japanischen Produktions-
stätten in Billiglohnländer gehört, sorgen jedoch dafür, dass staatliche Stützpakete immer weniger zur Aufrechterhaltung der Vollbeschäftigung beitragen können. [...]
15 Im vergangenen Herbst schlug sich diese neue Realität in Entlassungswellen bei Firmen nieder,

die zum klassischen Kern von Japans Industrie gehören. In den vergangenen Monaten wurde die japanischen Öffentlichkeit mit stets neuen Re-
kordziffern in der Arbeitslosenstatistik aufge- 20 schreckt. Im letzten Juli erreichte die Arbeitslo-
senrate erstmals seit 1963 5 %. [...]

Es sind dies im internationalen Vergleich keine sensationellen Zahlen, doch gilt es auch eine gewisse Dunkelziffer zu berücksichtigen, die sich 25 aus jenen rekrutiert, die sich, sei es aus Sozial-
prestige oder wegen Frühpensionierung, nicht als arbeitslos haben registrieren lassen. Aufschlussreicher ist der Rückgang des Arbeitsplatzange-
bots für Schulabgänger, wo jüngste Daten des Ar- 30 beitsministeriums zeigen, dass, während 2000 im

Jahresvergleich die Zahl der Schulentlassenen um 3,2 % zurückging, sich die Job-Offerten noch erheblich stärker um 7,1 % verminderten. [...]

In der Vergangenheit gab es in Japan Stellenvermittlungen nur in sehr rudimentärer Form. Zum einen rekrutierten die großen Betriebe ihren Nachwuchs direkt bei den Ausbildungsstätten, zum andern kam es kaum jemanden in den Sinn, nachdem er in seiner Firma erst einmal die Sprossen auf der Karriereleiter erklommen hatte, die Stelle zu wechseln. Abgesehen vom sozialen Stigma, das eine solche Treulosigkeit mit sich gebracht hätte, wäre der Quereinsteiger ungeachtet seiner Qualitäten am neuen Arbeitsplatz ein Fremdling geblieben. Die Tatsache, dass auch Firmen wie Toshiba, Fujitsu oder Hitachi auf dem Heimmarkt Tausende von Stellen abbauen, sorgt mehr als alle politischen Debatten für die Erkenntnis, dass künftig die Lebensstelle nicht mehr die Norm sein könnte.

Gleichzeitig mehren sich auf dem Arbeitsmarkt die Anzeichen dafür, dass der IT-Sektor sowie Firmen, bei denen vor kurzem ein ausländischer Partner eingestiegen ist, durch die externe Suche nach jungen Talenten das Senioritätsprinzip aufweichen. [...] Die Erkenntnis gewinnt an Boden, dass künftig für das berufliche Fortkommen Beweglichkeit erheblich wichtiger ist als blinde Loyalität, und, wo eine Firma nicht mehr für die Lebensstelle sorgt, da wird man auch selbstbewusster im Wahrnehmen der eigenen Rechte. Beides wiederum ist Teil eines Wertewandels, der weitreichende politische und soziale Konsequenzen haben wird.

Aus: NZZ, vom 2./3. Februar 2002, S. 9.

MATERIAL 12
Kränkelnder Riese?

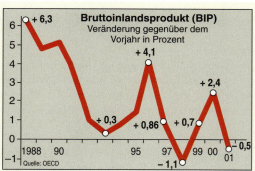

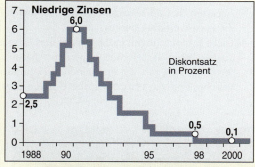

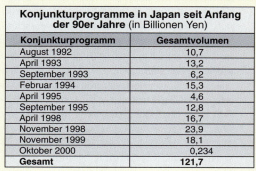

Obwohl die zunehmende öffentliche Verschuldung nicht zu einer Belebung der Konjunktur führt, schafft sie ein Problem für künftige Generationen. Mit 140 % des BIP erreichte die staatliche Gesamtverschuldung 2001 den höchsten Wert unter allen Industriestaaten (Deutschland 2001: 60 %). Noch problematischer ist, dass sie mehr als das 15fache der jährlichen Steuereinnahmen (Deutschland 2000: 2,7fache) beträgt.

Anregungen zur Weiterarbeit

Informationen über Japan finden Sie u. a. in den Länderberichten der Bundeszentrale für politische Bildung oder des Auswärtigen Amtes (mit thematisch geordneten weiterführenden Literaturangaben). Hilfreiche Internetadressen mit Links sind: www.gwdg.de/~japanfo/links.html (deutsche Homepage des Japan Forums); www.jinjapan.org/insight/ (Homepage des englischsprachigen Japan Information Network)

- Vorwissen:
  - Interviewen Sie Mitschülerinnen und Mitschüler zu ihren Kenntnissen über Japan und die Japaner. Erarbeiten Sie gemeinsam einen Fragekatalog und versuchen Sie die Antworten zu systematisieren. Welches Japanbild, welche Vorurteile und Stereotypen lassen sich herausarbeiten?
  - Sammeln Sie Meldungen und Berichte aus überregionalen Tageszeitungen und Zeitschriften über Japan. Welche Themen werden dort vorrangig behandelt? Welche Japanbilder werden vermittelt?
- Themen aus der Geschichte Japans:
  - Formulieren Sie Thesen über historische Kontinuitäten und Veränderungen in der japanischen Gesellschaft seit der Meiji-Zeit. Diskutieren Sie das Spannungsverhältnis von Tradition und Moderne, z. B. im Bereich der politischen Kultur.
  - Japans Verhältnis zu seinen asiatischen Nachbarn wird immer wieder durch die nur ansatzweise aufgearbeitete Erinnerung an die Geschichte der japanischen Expansion 1937 bis 1945 getrübt. Suchen Sie nach Artikeln zu diesem Thema. Erörtern Sie die Gründe, warum dieses Thema lange Zeit in Japan nicht öffentlich diskutiert wurde.
  - Arbeiten Sie die Ursachen für den schnellen wirtschaftlichen Wiederaufstieg Japans nach dem Zweiten Weltkrieg heraus.
- Aktuelle Entwicklungen in Wirtschaft und Gesellschaft:
  - Suchen Sie in Veröffentlichungen der letzten Jahre (Wirtschaftszeitungen und -zeitschriften, Material des BDI, jährlich erscheinende Handbücher) nach Berichten über die japanische Wirtschaft. Welches sind die Hauptursachen für die derzeitige Krise der japanischen Wirtschaft? Wie sind diese Ihrer Meinung nach zu erklären? Welche Gegenstrategien wären denkbar und werden diskutiert?
  - Ähnlich wie Deutschland ist Japan als rohstoffarmes Land auf das „Know how" seiner Bürgerinnen und Bürger angewiesen, um international konkurrenzfähig zu bleiben. Vorschul-, Schul- und Hochschulausbildung spielen daher im Leben von Kindern und ihren Eltern eine große Rolle. Gleichzeitig wird über den Prüfungsdruck diskutiert, der immer wieder Schüler in den Selbstmord treibt. Informieren Sie sich über das japanische Bildungssystem und über japanische Jugendkultur.
  - Die Rolle der Frau in der japanischen Gesellschaft: Familienstrukturen, Wandel der Arbeitswelt und politische Teilhabe.
  - Das moderne Japan und die traditionelle Philosophie und Religion (Shintoismus oder Zen-Buddhismus).

Japanische Schüler im Kalligraphieunterricht.

JAPAN – EIN MACHTZENTRUM IM UMBRUCH

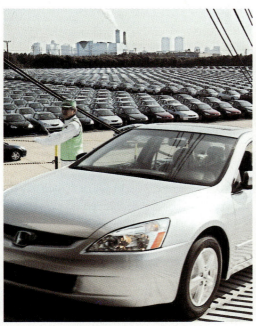

Der Export sicherte Japans Wirtschaftsaufschwung seit den 50er Jahren.

Die Konjunkturkrise hat viele Opfer: Obdachlose in Tokyo.

Religion bedeutet in Japan, anders als bei uns, weniger eine private Glaubensangelegenheit als vielmehr eine Lebenseinstellung und eine Teilnahme an traditionellem Brauchtum. Verschiedene Religionen schließen einander nicht aus, sondern verbinden sich für viele Japaner zu einer Einheit: Die Naturreligion des Shintoismus, die aufs Jenseits ausgerichtete Religion des Buddhismus und die Lehre des chinesischen Philosophen Konfuzius. Links eine Kultstätte des Shintoismus, rechts ein buddhistischer Mönch.

REGISTER

A

Ackermann, Anton 51
Adenauer, Konrad
   48, 59, 76, 87, 92 ff.,
   98, 106, 111, 114,
   173, 234,
Afghanistan 7, 71
al-Azhar-Universität 203
Albanien 185 ff.
Algerien 214
Alliierter Kontrollrat
   31, 34, 60
Anarchismus 271
Andreotti, Giulio 160
Antibolschewismus 47, 57
Antifaschismus
   53, 55 f., 99, 104, 158
antifaschistischer Schutzwall
   106
Araber 210
Arbeitslosigkeit 85, 111,
   124, 138, 167, 237, 278
Aristoteles 210
Atatürk (Mustafa Kemal)
   211, 213
Atlantik-Charta 13, 14, 23
Atomwaffen 7, 17, 30,
   70, 74, 137, 139, 240,
   255, 269
Aufklärung 215
Augstein, Rudolf 120
außerparlamentarische
   Opposition (APO)
   119, 121

B

Baath-Partei 213
Baden-Württemberg 65 ff.

BaFöG 123
Bahr, Egon 130, 133
Baker, James 162
Barak, Ehud 222
Bauern 113, 242
Beamte 50 f, 242
Bergbau 86, 112, 172,
Berliner Mauer
   7, 68, 105 f., 109,
   130, 152, 156
Berlinkrise 68, 74, 105
Besatzungstruppen
   31, 50, 58, 163, 274
BHE 35
Biermann, Wolf 142
Bipolarität 68
Bizone 46, 48, 50
Blauhelme 193
Blockbildung 68
Blockparteien 52, 56 f.
Bodenreform 52
Bonaparte, Napoleon 210
Bonn 59
Bosnien-Herzegowina
   184 ff., 192
Boxeraufstand 250, 252
Boykotthetze 61, 63
Brandenburg 157
Brandt, Willy
   123, 125, 130, 134 f., 165
Brecht, Bertolt 104
Breschnew, Leonid 70
Brüsseler Vertrag 74
Buddhismus 281
Bülow, Bernhard von 249
Bundeswehr 82, 92
Bush, George 160
Bushido 261, 262
Byrnes, James F. 44, 74

C

Chiang Kaishek 251
China 9, 18, 239 ff., 270
chinesisch-japanischer Krieg
   251, 268
Chomeini 214
Chruschtschow, Nikita
   95, 100, 103
Churchill 12, 13, 21,
   30, 32, 233
Cixi 250
Club of Rome 124, 224
Coudenhove-Kalergi,
   Richard Graf 232
Curzon-Linie 30

D

Dahrendorf, Ralf 115
Daimyo 261, 262
Danzig 33
Dayton 193
DDR 36, 60, 63, 99 ff., 130,
   142 ff., 151, 156, 160, 165
de Gaulle, Charles
   171 ff., 231, 234
Dekartellisierung 31, 45, 50
Demilitarisierung 31
Demokratisierung
   31, 44, 115, 123, 125,
   194 f., 268, 274 ff.
Demontage 31
Deng Xiaoping 244
deutsches Jahrhundert 9
deutsch-französische
   Freundschaft 172 ff.
Deutschlandvertrag 93
deutsch-polnischer Vertrag
   177

Dritter Weg 100
Dschihad 216, 224

E

Edo (siehe Tokyo)
Eichmann, Adolf 42, 118
Einigungsvertrag 157
Einkommen 166
Eisenhower 21, 95
Eiserner Vorhang
   18, 80, 149, 155
Elsass 171
Elysée-Vertrag 172, 174
Entnazifizierung 31, 41f., 51f.
Eppler, Erhard 98
Erbfeindschaft 171
Erhard, Ludwig 46, 85, 111
Erster Weltkrieg
   6, 12, 188, 210
ethnische Säuberungen 192
Euro 160, 169
Europäische Union (Euro-
   päische Gemeinschaft)
   48, 160, 172, 177, 180,
   201, 228ff.
Europäische Verteidigungs-
   gemeinschaft 93
Europäisches Parlament 236
Europarat 229
European Recovery Program
   (Marshall-Plan) 18, 46

F

Fallacci, Oriana 224
Faschismus 15, 188, 269, 272
Felsendom 223
Finnland 17
Fischer, Joseph 230, 236,
Flucht (und Vertreibung)
   27, 35f., 44, 91, 105, 149,
   151, 176ff., 185, 192, 200

Frankfurter Dokumente 58
Frauen
   29, 126f., 146f., 207ff.
Freiheit 168
Fresswelle 111
Friedensbewegung
   137, 139, 143
Friedensgesetze 272
Friedliche Koexistenz 69f.
fringsen 28
Frisch, Max 111
Fundamentalismus
   203, 215ff., 250
Fünfjahresplan 99f.

G

Gastarbeiter 111, 116
Gefangenschaft 29
Geisha 278
Generalstreik 100
Genf (Konferenz von) 72
Genscher, Hans-Dietrich
   137, 161
George II 240
Gewerkschaften
   52, 60, 86, 142, 150, 277
Glasnost 72, 150
Gleichheit 168
Globalisierung
   169, 202ff., 240ff.
Gollwitzer, Helmut 95
Gorbatschow, Michail
   7, 71, 82, 136, 150, 155,
   160f., 228f.
Grenzsoldaten 107
Griechenland 18, 21
Großbritannien 17, 30, 273
Große Koalition 112, 119
Großer Sprung nach vorne
   246, 259
Großer Vaterländischer
   Krieg 14

Grotewohl, Otto 52, 56
Grundgesetz 59, 63
Grüne (Partei) 124, 129
Guangxu 250
Guevara, Ernesto „Che"
   119
Guomindang 250f.

H

Hadithe 208,
Hamas 217, 219
Harich, Wolfgang 100
Heimatvertriebene 36, 38
Heisei 261
Herrenchiemsee
   (Konvent von) 59
Herzl, Theodor 220
Heuss, Theodor 59
Hirohito 272
Hiroshima 255, 269
Hitler
   9, 12, 19, 55, 120, 272
Ho Chi Minh 119, 121
Honecker, Erich 142ff., 152
Hongkong 248f.
Hugo, Victor 229
Humanismus 229
Huntington 226

I

Imperialismus 22, 210,
   240, 250, 261, 268, 280
Indien 270
Individualismus 216, 271
Industrialisierung
   52, 239, 246
Intellektuelle 158, 247
Internet 182
Islam 184, 202ff.
Islamismus 215ff.
Israel 211, 219ff.

J

Jalta 14, 15, 17, 23, 74
Japan 251, 255, 261 ff.
Jerusalem 219,
Jesus Christus 205
Judentum 205
Jugendorganisationen 142
Jugoslawien 184 ff., 198 ff.

K

Kalter Krieg 17, 23,
  69 ff., 105, 131, 150
Kamikaze 272
Kaufkraft 91
Kaufleute 243, 262
Kennan, George 34
Kennedy, John F. 68, 130
KFOR 193
Kielmannsegg, Peter Graf
  170
Kiesinger, Kurt-Georg
  112
Kirche 59, 82, 137, 142,
  151, 178 f., 206, 229
Klagemauer 223
Kohl, Helmut
  82, 137, 149, 156, 160 f.
Kokutai 261, 268
Konfuzius 241 ff., 262
Konzentrationslager
  7, 42, 51, 118
Koran 205, 214, 223
Koreakrieg 68, 86 f., 275
Kosovo 83, 184, 193 ff.
KPD 55, 59
Kraijna 192
Krakau 181
Kreuzzüge 210
Kriegerkaste
  (siehe Samurai)
Kriegsverbrechen 41, 199
Kroatien 184, 192, 196

KSZE (s. auch OSZE)
  71 f., 131, 136
Kuba-Krise 7, 68, 130
Kulturrevolution 247
Kurilen 270
kyrillisches Alphabet 188

L

Lastenausgleich 90
LDP 274
Lenin, Wladimir Iljitsch
  9, 12, 13, 246
Liu Shaoqi 251

M

Maastricht, Vertrag von
  160, 230
Maier, Reinhold 65
Maizière, Lothar de 157
Makedonien 187
Mandarine 242
Mandschurei 268, 270
Mao Tse Tung
  119, 243 ff., 251
Marine 264, 269
Marktwirtschaft, soziale
  85, 165
Marshall-Plan (European
  Recovery Program)
  22, 46, 74, 87
Marx, Karl 153, 243, 246
Marxismus-Leninismus 245
Massaker von Nanking 269
Mecklenburg-Vorpommern
  157
Meiji 261, 263 f., 274, 280.
Mekka 206
Mikojan, Anastas 106
Militärregierung
  44, 51, 54, 65
Milošević, Slobodan 185, 192

Missionare 248, 262
Mitscherlich, Margarete
  und Alexander 118
Mitterand, François 164
Modrow, Hans 156
Mohammed 205
Molotow, Vjatscheslaw M.
  37
Mongolei 270
Montagsdemonstrationen
  149, 151 f., 155
Montanunion
  86, 172, 229, 233
Montenegro 187
Moses 205
Münchener Abkommen 17
Muslimbruderschaft 216
Muslime 117, 186 ff.
Mussolini 13, 272

N

Nagasaki 263, 269
Nationalismus
  191 ff., 213, 234 f., 271
Nationalkomitee Freies
  Deutschland 51
Nationalsozialismus
  12 f., 15, 51, 118, 135,
  172, 188, 272
NATO 68, 94, 104,
  137 ff., 155, 185, 193
New Deal 13
Nichtverbreitungsvertrag
  70 f.
Nikolaikirche 153
Norden, Albert 107
Notstandsgesetze 119
Nürnberger Prozess 41 ff.

O

Oder-Neiße-Linie 33, 35, 59,
  128 f., 131 ff., 149, 160, 176 ff.

REGISTER

Ö
Ölkrise
   123 f., 137, 143 f., 275
One World 18
Opiumkrieg 240, 248
Osaka 263
Ostalgie 168
Ostpolitik 130 ff., 176
Ostrazismus 272
OSZE (KSZE) 184, 198

P
Palästina 219
Panslavismus 16
Pariser Verträge
   93 f., 172
Parlamentarischer Rat
   59 f., 62 f.
Parteien 45 f., 52 ff.,
   59, 75, 102, 268, 274
Pavelic, Ante 190
Pazakaya, Yüksel 226
Pearl Harbor 255
Perestroika 72, 150
Perry, Mathew 262
Philippinen 270
Pieck, Wilhelm 52, 56
Planwirtschaft 144, 165
Platon 210
Pleven, René 93
Polen 21, 33, 35,
   144, 155, 176 ff.
Politische Partizipation 46
Polizei
   56, 99, 104, 272
Potsdam (Konferenz von)
   30, 33, 64
Propaganda 101, 110

Q
Qing-Dynastie 250
Quianlong 240

R
Rassismus 240,
Reagan, Ronald 7, 72
Reconquista 210
Reform der hundert Tage
   252
Reisstipendien 262
Renaissance 229
Rente 111, 114, 166
Revolution 6, 150, 155
Rezession 111, 261, 276, 281
RGW 99
Römische Verträge 230
Roosevelt 12
Rote Armee Fraktion 123
Rundfunk 44
russisch-japanischer Krieg
   268, 270
Russlandfeldzug 12
Rüttgers, Jürgen 125

S
Saarland 94, 172
Sachsen 157
Sachsen-Anhalt 157
SALT I und II 71
Samuarai 261, 262, 273
Sarajewo 191
Saudi-Arabien 203
SBZ 20, 47
Scharia 205, 216
Scharon, Ariel 220
Schäuble, Wolfgang 159
Schewardnadse, Eduard 161 f.
Schiiten 207
Schiller, Karl 112
Schmid, Carlo 62
Schmidt, Helmut
   123, 129, 137 f.
Schnitzler,
   Karl Eduard von 108
Schröder, Gerhard 196

Schülermitverwaltung
   44, 125
Schulreform 52, 165
Schumacher, Kurt 48, 88
Schuman, Robert 233
Schutzzölle 275
Schwarzmarkt 26
Sechsmächtekonferenz 60
SED (PDS) 52 f., 56,
   75, 97, 102, 156
Serbien 184 ff., 193 ff.
Shintoismus 280
Shogun 261
Shoin Yoshida 266
Showa 261
Slowenien 186, 192, 201
SMAD 51 f.,
Sobottka, Gustav 51
Solidarność 150, 155, 176
Sowjetunion
   12 ff., 20 ff., 30, 51, 72,
   137, 160 ff., 191, 270
sozial-liberale Koalition
   120, 123, 137 f.
spanischer Bürgerkrieg 31
SPD 52 f., 55, 89, 92, 123 ff.
Spiegel-Affäre 118, 120
Sputnik 246
Srebrenica 193, 200
Staatsgründung 58
Staatssicherheit 99, 142, 148
Stabilitätspakt für
   Südosteuropa 198 f.
Stalin, Josef 9, 12 f., 16,
   30, 32, 93, 99, 246
Stalinnote 93, 96
START 72
Straßburg 229
Strauß, Franz-Joseph
   112, 118
Studentenbewegung 118
Stunde Null 25, 50
Suez-Kanal 112, 210

Sun Yatsen 250, 252
Sunna 206
Sunniten 207
Süsterhenn, Adolf 62

T

Taisho 261
Taisko-Demokratie 268
Taiwan 248, 251, 259
Tanaka Giichi 270
Teheran 10, 14
Teilung Europas
 20, 47, 60, 166
Tenno 261 ff., 265
Terror 123, 247, 268, 272
Teststoppvertrag 70 f.
Thatcher, Margret 163 f.
Thüringen 157
Tian'anmen 256
Tibet 259
Tito (Josip Broz) 186
Tokugawa Ieyasu 262
Tokugawa 261
Tokyo 262 ff.
Totalitarismus 21, 194
traditionelle Gesellschaften
 10
Treuhandanstalt 165
Truman 21, 30, 32
Truman-Doktrin 18, 74
Trümmerfrauen 29
Tschetnik 187
Türkei 18, 30, 116, 213, 237

U

UCK 193
Ulbricht, Walter
 51, 56, 99, 143
Umweltschutz 276
UN-Kriegsverbrechertribunal
 185, 199
UNO 18, 41, 68, 74,
 185, 192, 220

Unternehmenskultur 277
Uralgebirge 228
USA 12 ff. 30, 112, 160,
 172, 193, 215, 255, 270,
 273, 274 f.
Ustascha 190

V

Verdun 171
Vergangenheitsbewältigung
 118
Versorgungsstaat 168
Vertreibung (siehe Flucht)
Viadrina 177
Viermächtekonferenz
 74, 131
Vietnamkrieg 118, 121
Vojvodina 192
Völkerrecht 41
Volksdemokratie 57
Volkseigene Betriebe 99
Volksentscheid 65
Volkswagen 258

W

Wahlen
 49, 75, 140, 150, 156,
Währungs- Wirtschafts-
 und Sozialunion 157 f.
Währungsreform 84 ff.
Walesa, Lech 150
Warschauer Pakt 68
Warschauer Vertrag 131, 176
Wehrpflicht 264
Weimarer Republik 61
Westintegration 87, 92 ff., 98
WEU 94
Wiedervereinigung
 156, 159, 172, 174 f.
Wilder, Thornton 26
Wirtschaftswunder

85 f., 87 f. 261
Wissenschaft 210
Wohleb, Leo 65
World Trade Center 203

Z

Zaibatso 261, 274
Zepa 193
Zigarettenwährung 26
Zionismus 220
Zwangsarbeiter 35
Zwei-Lager-Theorie 22, 68
Zwei-Plus-Vier-Vertrag
 32, 149, 160, 162
Zweiter Weltkrieg
 6, 12 f., 17, 20, 118, 135,
 170, 172, 188, 229, 255

BILDQUELLENVERZEICHNIS

Action Press, Hamburg: 239 u.l.; AKG, Berlin: Titel, 6 o.l., 6 u.l., 11 u., 34, 38 l., 46, 56, 74 o., 76 u., 87, 95 l., 202 o.r. (Werner Forman), 213, 239 o.l. (Werner Forman), 249; Archiv der sozialen Demokratie der Friedrich-Ebert-Stiftung: 89, 126, 140 u.r.; Archiv Gerstenberg, Wietze: 74 u.; Bilderberg, Hamburg: 5 o. (Popperfoto), 25, 181, 202 o.l., 202 u.r., 209 l., 212 r., 221 r., 244; bpk, Berlin: 7 o., 58, 74 M., 95 r., 105 l. (Hilmar Pabel); Bridgeman Art Library: 202 u.l., 211. l. (London: Institut für or. Studien, St. Petersburg), 211 r. (Chateau de Versailles); Bundesarchiv Koblenz: 45 (Sign. Plak 4/4/10), 49 o.l. (Sign. Plak 4/11/39), 49 o.r. (Sign. Plak 5/4/2), 49 u.l., 57, 100 r., 143 (Sign. 146/95/37/35); Bundesbildstelle, Berlin: 82 u.r., 83 u.l. (Reineke), 161; Bundesministerium der Verteidigung: 83 u.r.; ccc, www.c5.net/Gerhard Glück: 235; ccc, www.c5.net/Horst Haitzinger: 70, 71, 124, 164 u.r., 199; ccc, www.c5.net/Walter Hanel: 151 o., 167 o.; ccc, www.c5.net/Burkhard Mohr: 167 M.; ccc, www.c5.net/Jupp Wolter: 174; Chemie GmbH, Bitterfeld: 147 l.; Deutsche Luftbild, Trittau: 5 u.; DHM, Berlin: 6 u.r., 13, 16, 53 l., 53 u.r., 76 M., 85 l. (Gerhard Gronefeld), 100 l., 102, 115 (Gerhard Gronefeld), 123; dpa, Frankfurt: Titel, 7 M., 8 o., 8 M. (Anja Niedringhaus), 8 u., 67 u., 76 o., 80 M. (Roland Holschneider), 82 M., 82 o., 82 u.l. (Fischer), 117 r. (Rehder), 119 l., 119 r., 120, 134 r., 138 (Roland Holschneider), 145 r., 146, 152, 154 u., 156 (Herbert Spies), 157 o.M., 163 o. (J. P. Kasper), 171 l. (Heuse), 185, 191 (Barone), 194 r., 197 o.l., 197 o.r., 197 u.l., 197 u.r., 206, 218, 221 r., 225, 239 u.r., 247 (publifoto), 254 u.r., 280, 281 o.l., 281 o.r.; Fabian, Edemissen: 116; Friedrich-Naumann-Stiftung: 140 u.l.; Haus der Geschichte der Bundesrepublik Deutschland, Bonn: 97 u. (Ralph Richter), 98, 137, 151, 174; Henning E. Köhler: 132, 134 l.; Japan Photo Archiv: 260 o.l., 260 o.r., 260 u.l., 260 u.r., 266; Jürgens Ost- und Europa-Foto Berlin: 154 o., 157 o.r., 157 u.; KNA-Bild: 177; Konrad-Adenauer-Stiftung e.V., Archiv für Christlich-Demokratische Politik, Plakatsammlung: 140 o.l.; Landeshauptarchiv Schwerin: 53 o.r.; Landesmedienzentrum BW : 66 o.l., 66 o.r., 66 u.r. (Dieter Jäger); Mager, Zell: 281 u.l., 281 u.r.; Mauritius: 183 o. (age), 183 u. (Benelux press); Metropolitan Museum of Art, New York: 265; Papiermuseum Tokyo: 267; Peter Hohmann, Berlin: 157 o.l.; Rijksmuseum Amsterdam: 263; Rudolf Renz, Metzingen: 147 r.; Sammlung der Familie Fishman, Milwaukee: 232; Stadtarchiv Bochum: 49 u.r.; Stadtarchiv Offenburg: 39; Süddeutscher Verlag, München: 6 o.r., 7 u., 11 o., 28 l., 28 r., 38 r., 54, 67 o., 78 M., 78 o., 78 u., 80 o., 93, 103 l., 105 r., 107, 112, 117 l., 121 r., 127, 131, 150 o., 171 r. (dpa), 173 klein, 195, 205, 215, 227, 121 l.; Tischler Fotografen, Emmenbrücke: 9; Ullstein Bild, Berlin: 51, 127, 129 o., 152, 239 o.r., 248, 252, 253 o. (publifoto), 253 u., 254 o.l., 254 o.r., 269, 273 (Reuters AG); Zenit, Berlin: 145 l.

TEXTQUELLENVERZEICHNIS

Ergänzungen zu den Angaben unter den Materialien. S. 9, M 1: Eberhard Jäckel, Deutsche Verlagsanstalt; S. 10, M 2: Eric Hobsbawm, Hanser Verlag, Übers. Yvonne Badal.; S. 14, M 1: Dietz Verlag; S. 15, M 3 a: Winston S. Churchill, Scherz Verlag, Übers. Eduard Tschorsch; S. 15, M 3 b: Ernst-Otto Czempiel, Carl-Christoph Schweitzer, Bundeszentrale für politische Bildung; S. 16, M 4: Fischer Verlag, Übers.: Hermann Junius; S. 21, M 6: Winston S. Churchill, Scherz Verlag, Übers. Eduard Tschorsch; S. 22, M 9: Curt Gasteyger (Hrsg.), Fischer Verlag; S. 23/24, M 10 a: Wilfried Loth, in: Jörg Calließ (Hrsg.), Schöningh Verlag; S. 23/24, M 10 b: Lothar Kettenacker, in: Jörg Calließ (Hrsg.), Schöningh Verlag; S. 29: M 3: Maria Eiken, Elefantenpress; S. 29, M 4: Peter Weiss, Suhrkamp Verlag; S. 32, M 5: Hrsg. Alexander Fischer, Verlag Wissenschaft und Politik, Übers. von Helga Isolde Brennan-Hein und Alexander Fischer; S. 33, M 6: Helmut Kistler, Bundeszentrale für politische Bildung; S. 34, M 7: George F. Kennan, dtv, Übers. Heidi von Alten; S. 37, M 8: Wolfgang Benz, Fischer Taschenbuch Verlag; S. 37, M 9: Rheinisch-Westfälisches Verlagskontor; S. 38, M 10: Alfred de Zayas, Kohlhammer Verlag; S. 43 M 12 a: Hans Fiedeler, Verlag Neuer Bücherdienst; S. 43, 12 b: Hans Mayer; S. 43, 12 c: Jürgen Weber, Bundeszentrale für politische Bildung; S. 48, M 15 a: Konrad Adenauer, Hrsg. von Hans-Peter Mensing, Siedler Verlag; S. 48, M 15 b: Vorstand der Sozialdemokratischen Partei, Bonn; S. 48, M 15 c: Werner Conze, Kohlhammer Verlag; S. 50, M 16: Heinrich August Winkler, Beck Verlag; S. 55, 17: Ernst Deuerlein, dtv; S. 56, M 18 a: Wolfgang Leonhard, Kiepenheuer und Witsch; S. 56, M 18 b: Ernst Deuerlein, dtv; S. 62, M 22 a: Bayerischer Schulbuchverlag; S. 62, M 22 b: Carl Christoph Schweitzer, Wissenschaftliche Buchgesellschaft; S. 64, M 25, Ernst Nolte, Klett-Cotta; S. 84, M 1 a: Lutz Niethammer (Hrsg.), Dietz Verlag; S. 88, M 2: Alfred Müller-Armack, Verlag Paul Haupt; S. 89, M 3: Christoph Kleßmann, Verlag Vandenhoeck & Ruprecht; S. 90, M 4: Klaus Jörg Ruhl, dtv; S. 94, M 6 a: Klaus Jörg Ruhl, dtv; S. 95, M 6 b: Klaus Jörg Ruhl, dtv; S. 98, M 10 b: Josef Foschepoth, Verlag Vandenhoeck & Ruprecht; S. 102, M 11: Ilse Spittmann, Edition Deutschland Archiv; S. 102, M 12: Christoph Kleßmann, Georg Wagner, Beck Verlag; S. 103, M 13: Gerhard Beier, Bund Verlag; S. 104, M 14 a: Bertolt Brecht, Suhrkamp Verlag; S. 104, M 14 b: Nomos Verlag; S. 104, M 15: Hermann Weber, dtv; S. 106, M 16: Nomos Verlag; S. 107, M 17: Militärverlag der DDR, Ost-Berlin; S. 107, M 18: Rudolf Morsey/Konrad Repgen, Mathias-Grünewald-Verlag; S. 108, M 19: Verband der Journalisten der DDR, Henschel Verlag, Berlin/Leipzig; S. 113, M 22: Anna Wimschneider, Piper Verlag; S. 114, M 23: Klaus Jörg Ruhl, dtv; S. 114, M 24 Werner Abelshauser, Schwann; S. 115, M 25: Ralf Dahrendorf, in: Werner Bührer, Piper Verlag; S. 122, M 30 b: Iring Fetscher, in Edmund Jacoby/Georg M. Hafner (Hrsg.), Büchergilde Gutenberg; S. 133, M 38: Egon Bahr, Verlag Siegler, Königswinter; S. 138/139, M 44: Oliver Thränert, Verlag Neue Gesellschaft, Bonn; S. 139, M 45: Irmgard Wilharm, Fischer Verlag; S. 141, M 47: Liberal Verlag, Sankt Augustin; S. 145, M 49 a: Karl-Rudolf Korte, Campus Verlag; S. 146/147, M 51 a: Ina Merkel, in. Hartmut Kaelble, Jürgen Kocka, Hartmut Zwahr (Hrsg.), Verlag Klett-Cotta; S. 147, M 51 b: Matthias Judt (Hrsg.), Verlag der Bundeszentrale für politische Bildung; S. 148, M 53: Fischer Verlag; S. 153, M 1 b/c: Forum Verlag; S. 155, M 2: Timothy Garton Ash, Hanser Verlag, Übers. Yvonne Badal; S. 158, M 5: Tageszeitungsverlagsgesellschaft; S. 162, M 8: Timothy Garton Ash, Hanser Verlag, Übers. Yvonne Badal; S. 166, M 10: Ralf Neubauer, DIE ZEIT; S. 166, M 11: Elisabeth Noelle; S. 168, M 15: Dietrich Mühlberg, Aus Politik und Zeitgeschichte, Beilage zu „Das Parlament", Bundeszentrale für politische Bildung; S. 170, M 17: Peter Graf Kielmannsegg, Siedler Verlag; S. 173, M 1 Charles de Gaulles, Übers. Sabine Jacob, Neckar Verlag Villingen-Schwenningen; S. 174, M 3b: Alfred Grosser, Hanser Verlag; S. 175, M 5: Deutsch-Französisches Institut Ludwigsburg (Hrsg.), Europa Union Verlag; S. 184, M 1 e: Berthold Meyer, Peter Schlotter: Die Kosovo-Kriege 1998/99 Die internationalen Interventionen und ihre Folgen, Verlag der Hessischen Friedens- und Konfliktforschung, Frankfurt; S. 184, M 1 f: Viktor Meier, C. H. Beck Verlag; S. 189, M 2: Noel Malcolm, S. Fischer Verlag, Übers. Ilse Strasmann; S. 190, M 3 b: John Keegan, Rowohlt Verlag, Übers. Karl A. Klewer; S. 190/191, M 4: Immanuel Geiss u. Gabriele Intemann, Diesterweg Verlag; S. 200, M 12: Karin Steinberger; S. 207, M 1: Annemarie Schimmel, C. H. Beck Verlag; S. 208, M 2 b: Dieter Ferschl, Reclam Universal Bibl./Fatima Mernissi, Herder Verlag, Übers. Veronika Kabis-Alamba; S. 208, M 3: Maria Haarmann, C. H. Beck Verlag; S. 209, M 4: Renate Kreile, hrsg. von der Landeszentrale für pol. Bildung Baden-Württemberg; S. 212, M 5: Andreas Meier, Hammer Verlag; S. 213, M 6: Udo Steinbach, Lübbe Verlag; S. 213, M 7: Andreas Meier, Hammer Verlag; S. 214, M 8: Andreas Meier, Hammer Verlag; S. 216, M 10: Andreas Meier, Hammer Verlag; S. 217, M 11: Andreas Meier, Hammer Verlag; S. 217, M 12: Rolf Tophoven, Bundeszentrale für politische Bildung; S. 224, M 17: Oriana Fallaci, List Verlag; S. 225, M 18: Johannes Leithäuser; S. 226, M 19: Maria Haarmann, C. H. Beck Verlag; S. 232, M 1: Richard Coudehove-Kalergi, Paneuropa Verlag; S. 233, M 2: Rolf Hellmut Foerster, dtv; S. 234, M 5: Charles de Gaulle, Fischer, Übers. nicht genannt; S. 245, M 1: Patricia Buckley Ebrey, Campus Verlag, Übers. Udo Rennert; S. 245, M 2 : Wolfgang Bauer, Klett Verlag; S. 246, M 3: Stuart R. Schram, Hanser Verlag, Übers. Karl Held; S. 252, M 8: Gottfried-Karl Kindermann, Deutsche Verlagsanstalt; S. 252, M 9: Wolfgang Keller, Verlag Ploetz; S. 252/3, M 10: Wolfgang Bauer, Klett Verlag; S. 266, M 2: Horst E. Wittig, Verlag Reinhardt; S. 266/267, M 3: Horst E. Wittig, Verlag Reinhardt; S. 270, M 4: Elmar Krautkrämer, Diesterweg Verlag; S. 270/271, M 5: Horst E. Wittig, Verlag Reinhardt; S. 272, M 6: Bernd Martin, Institut für Zeitgeschichte/Deutsche Verlagsanstalt Stuttgart; S. 272/273, M 7: Ian Buruma; S. 277, M 9: Friederike Bosse, Bundeszentrale für politische Bildung, Bonn; S. 278, M 10: Manfred Pohl, C. H. Beck Verlag.